선
불
교

지은이 **윤창화**

강원 평창 진부 출신으로 13년간 출가생활을 했다. 초등학교 졸업 후 '한 2년 절에 가서 한문이라도 배우는 것이 어떻겠냐'는 어머니의 권유에 월정사로 입산, 만화 스님의 상좌가 되었다. 수계 후 8년 동안 노사老師 탄허 큰스님 시봉을 하면서 학문의 세계와 만나게 되었다. 1972년 해인사 강원을 졸업(13회), 1978년 환속했다. 13년의 입산생활은 아름다운 추억이 가득한 기억이다. 1980년 불교 전문 출판사 민족사를 설립해 42년째 불교 책을 내고 있다. 1999년 민족문화추진회 국역연수원(한국고전번역원)을 졸업했다. 속명(윤재승)을 쓰면 무언가 정체성을 상실한 느낌이 들어 주로 수계명인 '창화'라는 이름을 쓰고 있다.
논문으로 「해방 후 역경譯經의 성격과 의의」「한암漢岩의 자전적 구도기, 일생패궐一生敗闕」「한암선사漢岩禪師의 서간문書簡文 고찰」「무자화두無字話頭 십종병十種病에 대한 고찰」(『한암사상』 3집, 2009) 「경허鏡虛의 지음자 한암漢岩」(『한암사상』 4집, 2011) 「성철性徹 스님의 오매일여론寤寐一如論 비판」(『불교평론』 36집, 2008) 「경허의 주색酒色과 삼수갑산三水甲山」(『불교평론』 52집, 2012) 등이 있고, 저서로는 『왕초보, 선禪 박사되다』『근현대 한국불교 명저 58선』『당송시대 선종 사원의 생활과 철학』 등이 있다.

선
불
교

ⓒ 윤창화, 2022

초판 1쇄 인쇄 2022년 11월 4일
초판 1쇄 발행 2022년 11월 15일

지은이   윤창화

펴낸이   윤재승
주간   사기순
기획편집팀   사기순, 윤효진, 김은지
영업관리팀   김세정

펴낸곳   민족사
등록   1980년 5월 9일 제1-149호
주소   서울 종로구 삼봉로 81 두산위브파빌리온 1131호
전화   02)732-2403, 2404
팩스   02)739-7565
홈페이지   www.minjoksa.org
페이스북   www.facebook.com/minjoksa
이메일   minjoksabook@naver.com
디자인   동경작업실
ISBN   979-11-6869-018-9 (93220)

민족사 부처님 말씀을 담아 세상으로 나아갑니다.

생활·철학·문화로 본 선불교의 모든 것

윤창화 지음

선
불
교

민족사

나의 일상이
곧 수행이다!

선불교가 활발했던 당송唐末시대
선종 사원의 생활과 철학,
그리고 선 문화 등을 통해
선불교와 선수행자의
삶을 들여다본다.
중생을 부처로 만들고
범부를 조사로 만드는 데
초점이 맞추어져 있는
선불교의 면모를 만난다.

중생을 부처로, 범부를 조사로 만들다

1

이 책은 선종禪宗의 여러 청규淸規와 문헌을 바탕으로 중국 중세 당송 시대 선종 사원의 생활과 각종 제도, 가람 구성, 그리고 그 사상적 바탕과 철학 등 선종의 생활 문화 전반을 탐구한 연구서다.

중국 당송시대 선종 사원(叢林)의 생활상, 생활철학과 각종 제도, 문화, 가람 구조, 그리고 납자 교육 및 지도 시스템의 핵심은 중생을 부처로 만들고 범부를 조사로 만드는 데 맞추어져 있었다. 단순한 종교 교단이 아니고 미혹한 인간을 전인적 인간으로 형성시키는 데 있었다.

역사상 최초의 선종 사원은 당 중기 백장회해百丈懷海가 창건한 대웅산 백장사이다. 그 이전에는 독자적인 선종 사원이 없었다. 선승들은 율종 사원에서 당우 한 채를 빌려 함께 기거하는 이른바 더부살이 형식, 또는 독살이 형식이었다.

백장회해에 의하여 비로소 율종 사찰로부터 독립하여 처음으로 독자적인 사원을 갖게 되었는데, 그는 백장총림을 세우면서 몇 가지 중요한 대원칙을 제시했다.

첫째, 불전佛殿(대웅전)을 세우지 않고 법당(說法堂)만 세운다. 둘째, 생활 경제 즉 총림의 식생활 문제는 보청普請(노동)으로 해결한다. 셋째, 주지(방장)는 불조로부터 친히 법을 부촉받은 법왕이므로 그를 높이기 위하여 불상을 모시지 않는다. 이 세 가지는 그 역사적 사실을 의심할 만큼 놀랄만한 일이다.

당대 조사선의 선승들은 반야지혜가 투철한 이들이었다. 그들은 정신적·사상적으로 치열하게 싸우고 고뇌했다. 그 결과 '부처'란 목석이나 금은으로 만든 불상이 아니고 반야지혜가 곧 부처임을 확신했다. 따라서 반야지혜가 작동되지 않는 부처는 나무토막이나 돌조각에 불과하다고 생각했다. 이것이 불전(대웅전)을 세우지 않고 법신불이 활발발하게 작용하고 있는 법당을 세운 사상적 바탕이라고 할 수 있다.

2

필자가 이 주제를 탐구하기 시작한 것은 2008년 딸아이의 안내로 아내와 함께 일본 교토(京都)에 있는 선종 사원을 답사하고 나서부터이다. 교토의 선종 사원인 묘신지(妙心寺), 겐닌지(建仁寺), 료안지(龍眼寺),

텐류지(天龍寺), 쇼코쿠지(相國寺), 도후쿠지(東福寺) 등과 후쿠이에 있는 에이헤이지(永平寺) 등 선종 사원은 당송시대 선종 사원의 모습이 비교적 많이 남아 있는 곳이다. 특히 사원의 규모와 정갈함, 방장方丈 당우와 선종 특유의 석정石庭 정원 등은 시간이 멈춰버린 듯한 문화적 충격이었다. 결정적으로 이 책을 쓰게 한 발분망식發憤忘食의 계기였다고 할 수 있다.

2008년부터 쓰기 시작해 8년 만에 탈고했다. 8년 동안 매우 행복했다. 선종 사원과 선원 총림이라는 이 주제와 대면하면 어느새 번뇌 망상을 잊고 탐구삼매에 들었다. 심지어 꿈속에서도 원고 수정에 매달렸다.

이 책에 수록된 원고들은 열 손가락으로도 모자랄 만큼 퇴고와 보완을 거듭했다. 그러나 막상 펜을 놓고 나니 아쉬움과 허전함이 길게 드리운다. 좀 더 천착했으면 하는 막연한 생각들이 뇌리를 떠나지 않았다. 두려운 마음이 앞서지만, 완벽의 끝이 어딘지 알 수 없어서 이 정도에서 일단락 짓기로 했다. '이것으로 끝났다'는 생각은 없다. 일신우일신日新又日新하여 미진했던 부분들에 더 천착해서 다양하게 발표해 볼 생각이다.

3

이 책은 『당송시대 선종 사원의 생활과 철학』의 개정판이다. 글의 순서를 주제와 흐름에 맞게 바꾸고, 문장도 좀 수정했다. 더러 몇 곳 오독誤讀한 곳도 있고 설명이 부진한 곳도 있었다. 사진을 추가하는 등 더 많은 독자들이 읽을 수 있도록 정리했다. 그리고 「선종 사원의 하루 일과」 「선승의 필수품과 도구」 「선원총림의 법구」 등 몇 장은 삭제했다.

이 책을 보완하여 개정판으로 다시 출간하게 된 데에는 이유가 있다. 지난 5월 어느 날 느닷없이 메일이 한 통 왔다. 주고 받은 대화를 소개하면서 개정판 서문으로 대신하고자 한다.

"『당송시대 선종 사원의 생활과 철학』을 너무 감명 깊게 읽었습니다. 진한 감동의 여운이 남아 몇 자 올리게 되었습니다. 불교, 더 깊게는 한국불교를 포함한 선불교의 원류를 찾아가는 느낌이었습니다. 개인적으로 역사물에 관심이 많아서 그런지 몰라도 당시의 상황을 그리며 재미있게 읽었습니다.

생활 철학 문화로 본 선불교의 모든 것을 담아내고 있는 이 책은 단순히 학술 서적으로 가두어 두기에는 너무 아깝다는 생각이 들었습니다. 만화로 표현하거나 다양한 버전으로 출간하면 어린이부터 성인까지 여러 계층의 사람들이 선불교의 태동과 지금의 한국불교를 이해하는 데 도움을 줄 수 있을 것입니다. 그래서 불자들에게는 필독서가 되어야 하지 않을까요? 오래전에 출간된 과거의 책으로 묻히기에는 아깝다는 생각이 듭니다.

그래서 몇 가지 제안을 드립니다.

첫째, '학술 서적'의 범주에 가두지 말자는 것입니다. '학술 서적' 하면 특정 범위의 사람들만 보는 어려운 책으로 인식하기 쉽습니다. 비록 과거의 자료들을 조사하고 분석한 성과물이기는 하지만 내용적 흐름이 그리 딱딱하지 않기 때문입니다.

둘째, '당송시대'로 국한하지 말자는 것입니다. 제목에서부터 '당송시대'로 국한하면 내용에서 전하고 하는 본뜻에서 멀어진다고 생각합니다. 비록 선불교가 당송시대에 꽃을 피웠다고 하지만 그 흐름이 지금 한국불교로 이어지고 있기 때문입니다."

나는 이렇게 답장했다.

"그렇게 생각하십니까? 간혹 비슷한 내용의 전화를 받기도 합니다만, 오늘 보내주신 메일은 가슴을 좀 들뜨게 합니다. 새삼 5년 전에 나온 책을 다시 보게 되었습니다. 온 힘을 쏟아부어 탐구했던, 한편으로는 제 개인의 삶과 인생이 들어간 책이기도 합니다. 몇 년 전 어느 학회 방청석에 앉아 있는데, 조금 뒤에서 두 사람이 '좋다'고 열심히 이야기하는데 바로 이 책을 두고 하는 대화였습니다.

일단 제안을 흔쾌히 받아들이겠습니다. 이 책은 추상적으로 쓴 것이 아니라 모두 자료를 바탕으로 썼고, 오늘날 한국불교 선에 대한 반성도 있습니다. 새롭게 만들어보겠습니다. 조금은 가슴이 두근거리기도 합니다."

4

필자가 이 책을 쓸 수 있도록 도움을 주신 분들이 있다. 이철교 선생님은 나의 탐구에 많은 자료를 제공해 주었다. 그분 덕분에 부족하지만 이 정도라도 정리할 수 있었다. 감사드린다. 선종, 선불교에 대하여 개안

開眼할 수 있는 계기를 마련해준 성본 스님의 학은學恩에 감사드린다. 성본 스님 강의를 들을 때마다 눈이 열리고, 만날 때마다 '내가 이렇게 있으면 안 되지!' 하고 발분망식하게 되었다. 원고에 대해 이런저런 조언을 해준 이기향 님께도 감사드린다. 그리고 항상 열정적인 민족사 직원들, 무언의 박수갈채를 보내준 가족들에게도 감사를 전한다.

2022년 가을에 다시 쓰다

윤창화

차례

일러두기

1. 이 책은 『당송시대 선종 사원의 생활과 철학』(2017, 민족사)의 개정판이다. 각 장의 제목을 새롭게 하였으며, 사진과 글을 추가하였다. 그리고 연결된 내용은 장을 합치기도 하고, 중복된 내용은 삭제하기도 하였다.

1장

한 송이 꽃이 천하를 뒤덮다

선종 사원, 총림의 독립

1. 선종의 독립

서기 510년(양무제 1), 선종의 초조 보리달마菩提達摩(?~528)가 중국 남부 해안 광주廣州에 도착했다. 그의 발낭鉢囊(바랑) 속에는 선禪이 들어 있었다. 선의 대표적 공안 '조사서래의祖師西來意'는 바로 그 발낭 속의 선을 내놓으라는 뜻으로, 참선 수행자들의 영원한 탐구 과제가 되었다. 이는 곧 '부처란 무엇인가?'라고 묻는 말이다.

벽안의 보리달마로부터 첫발을 내딛은 선불교禪佛敎가 의젓한 하나의 교단으로 세간의 관심을 끌기 시작하는 것은 그로부터 약 140년 후인 사조도신四祖道信(580~651)과 오조홍인五祖弘忍(602~675)의 동산 교단 때부터다. 이어 양경兩京(낙양과 장안)의 법주인 대통신수大通神秀(606~706)의 눈부신 활약으로 선불교는 정치와 종교의 중앙 무대인 장안과 낙양까지 진출한다.

사조도신과 오조홍인의 동산 문하에는 500명이나 되는 납자들이 운집해 있었고, 대통신수의 옥천사에도 많은 납자들이 정진하고 있었다. 그리고 남종의 정통을 자부하는 마조도일馬祖道一(709~788)의 홍주 문하에도 800명이나 되는 납자들이 총림을 이루고 있었다.

그러나 신흥불교인 선종은 아직 당唐 초기 8대 불교 종파(唐初八宗)[01]의 대열에는 끼지 못했다. 선종禪宗은 화엄종華嚴宗·천태종天台宗·율종律宗 등에 비하여 토착화 과정이 얼마되지 않았고[02] 교단의 기반도 일천하여 그 세력은 계절풍, 지역풍을 크게 벗어나지 못했다. 몇 곳을 제외하고는 여전히 독립적인 수행 공간, 독자적인 선종 사원이 없는 무주택 상태였다. 선승들은 대부분 율종 사원에서 당우(건물) 하나를 빌려서 생활하는 '더부살이 신세' '무료 셋방살이 신세' 또는 혼자 암자에서 독거獨居하는 이른바 '독살이 독각 신세'였다.

그러나 율종과 선불교는 목적, 지향하는 바, 그리고 수행 방법과 생활 방식 등에서 적지 않은 괴리가 있었다. 율종은 불상과 경전을 신성시했고 율장을 탐구, 실천, 준수하는 것이 중심이었고, 선불교는 불상이나 경전은 그다지 중요하게 여기지 않았다. 또 선불교의 수행 방법은 좌선과 명상이었으나 율종에서 좌선이나 명상은 별로 큰 비중을 차지하지 못했다. 법문이나 강의도 선불교는 비논리적이고 직관적이라 '즉심시불卽心是佛', '직지인심直指人心 견성성불見性成佛'을 강조했다. 한편

---

01   당唐 초기 8대 불교 종파(唐初八宗)는 천태종天台宗·정토종淨土宗·화엄종華嚴宗·법상종法相宗(유식종唯識宗)·구사종俱舍宗·율종律宗·밀종密宗(밀교密敎)·삼계교三階敎이다.

02   달마가 선을 중국에 전래한 것은 서기 500년을 전후한 시점으로, 마조도일(709~788) 때까지 250~300년을 넘지 못한다. 그러나 여타 종파는 선종보다는 오래되었다.

율종은 논리적이고 교리적이었으며, 경전과 율장을 강독하며 계율을 중요시하였다. 이질적인 두 종파의 동거였다.

선불교는 수행자들이 증가함에 따라 제도, 법식, 수행 방법 등에서 점점 문제가 확대, 노출되었다. 율종과 선불교라는 이질적인 두 불교집단이 한 도량에서 공주共住, 수행하기엔 한계점에 이르게 되었다. 그러나 율종 사원에 의탁해 있는 선승들로서는 율종 사원의 법식과 규칙, 생활 방식 등을 준수하지 않을 수 없었다. 선 수행에 맞는 각종 제도와 생활 방법, 의식 등 제도 개선이 절실히 필요했고, 따라서 율종 사원으로부터 독립은 당면한 과제로 대두되었다.

송宋의 고승 찬녕贊寧(930~1001)은 『대송승사략大宋僧史略』 상권 「별립선거別立禪居」(별도로 선원을 세움)에서 다음과 같이 그 사실을 전하고 있다.

달마의 도道가 행해지자 기봉機鋒(禪機)이 서로 맞는 이들은 그 도를 드날렸다. 그러나 그들은 오직 기존 사찰(율종)의 제도를 따르면서 별원에서 생활했을 뿐, 별도의 제도가 마련되어 있지 않았다. 사조도신四祖道信 선사가 동림사에 주석했고, 육조혜능六祖慧能선사가 광과사에, 담선사談禪師가 백마사에 주석했으나 모두 다 한결같이 율의律儀를 따랐을 뿐이다. 참선자 가운데 혹 어떤 이는 두타행으로 분소의糞掃衣나 누더기 옷(五衲衣)을 입는 것으로써 다름을 삼았을 뿐이었다. 그 뒤에 백장산百丈山선사 회해懷海가 새롭게 뜻을 세우고 큰 포부와 계획으로 별도로 통당通

堂(불상이 없는 텅 빈 건물)을 세우고 선당 내에 장련상長連床(평상)을 설치하여 좌선을 격려했다.[03]

선승들은 율종 사찰의 제도를 준수하면서 당우(건물)만 달리하여 생활하고 있었을 뿐, 그들에게 맞는 별도의 제도나 청규가 마련되어 있는 것은 아니었다. 선 수행에 맞는 규칙 등이 절실하게 필요했지만 율종에 의탁해 있는 입장에서 별도의 제도를 마련하기란 어려웠다.

그러나 조사선의 완성자 마조도일 시대에 이르러 이 문제는 한층 표면화되었다. 이제 율종 사원에서 독립하는 것은 더 이상 미룰 수 없는 명제가 되었다. 이는 조사선의 완성과 더불어 선승들이 주체의식과 자주성이 강화된 점과도 맥락을 같이한다고 할 수 있다.

그 역사적인 사명을 띠고 홀로 붉은 노을을 향해 걸어가고 있는 단소독보丹霄獨步의 노선승老禪僧이 있었으니, 그가 바로 '일일부작一日不作 일일불식一日不食'의 백장회해百丈懷海(720~814)이다. 그는 64세의 고령임에도 불구하고 황벽희운黃檗希運(?~850) 등 제자들과 함께 율종 사원으로부터 독립하여 선종 사원(선원총림)인 대웅산 백장사를 창건했

---

03   贊寧, 『大宋僧史略』 상권 「別立禪居」. "達磨之道旣行. 機鋒相遘者唱和. 然其所化之衆, 唯隨寺別院而居, 且無異制. 道信禪師 住東林寺, 能禪師 住廣果寺, 談禪師 住白馬寺, 皆一例律儀. 唯參學者, 或行杜多糞掃五衲衣爲異耳. 後有百丈山禪師懷海, 創意經綸, 別立通堂, 布長連床, 勵其坐禪. 坐歇則帶力, 斜臥高木, 爲桃架, 凡百道具悉懸其上, 所謂龍牙杙上也. 有朝參暮請之禮."(대정장 54권, p.260)

다. 이것이 최초의 선종 사원(선원총림)이다. 그를 가리켜 '선종의 건설자' 또는 '총림叢林(선종 사원)의 문을 연 백장대지선사(叢林開闢 百丈大智禪師)'라고 부르는 것은 이 때문이다.

2. 선종의 성립과 백장회해

선불교가 하나의 교단이나 종파로 성립한 것은 백장회해선사가 그 시작이다(禪門獨行, 由百丈之始). 그는 '선종의 독립'이라는 기치를 내걸고 최초의 선종 사원인 대웅산에 백장총림百丈叢林을 세웠다. 이어 총림의 법전法典인 청규(百丈淸規)를 제정하여 선원총림의 운영 방법 및 수행 방법, 각종 제도와 규칙, 직제, 선종 가람 구조 등 대원칙을 명문화했다. 이로써 하나의 교단으로서 기틀을 갖추는 데 성공했다. 당唐 덕종德宗 1년(784), 그의 나이 64세 무렵이었다.[04]

---

04 백장선사가 814년 94세의 나이로 입적하자 당 선종宣宗은 칙명을 내려 백장사를 크게 확장하고 선종의 전문 도량으로 삼았다. 그리고 '대지선사大智禪師'라는 시호와 '대지성선사大智聖禪寺'라는 사액을 내렸다. 원대(1338)에 『칙수백장청규勅修百丈淸規』를 편찬한 동양덕휘東陽德輝는 그의 16대 법손이다. 현재 백장사는 작은 암자 정도에 불과하며 옛 모습 가운데 남아 있는 것은 암석에 새겨진 '천하사표天下師表 백장청규百丈淸規'라는 글씨 정도이다.(『불광대사전』 3권, p.2488, 대만 불광사, 1988)

이러한 사실을 송초宋初의 한림학사翰林學士, 양억楊億(974~1020)[05]은 「선문규식禪門規式」에서 이렇게 전하고 있다.

백장대지선사百丈大智禪師는, 선종禪宗이 소실小室(달마)로부터 시작하여 조계혜능에 이르기까지 대부분 율종 사원에 거주居住하였다. 비록 별도로 당우(선원)가 있었지만, 설법과 생활이 (선禪의) 법도에 맞지 않았다. 그래서 항상 마음속의 과제가 되었다.

이에 백장은 굳은 의지로 말했다.

"조사祖師의 도道를 널리 펴고, 그 가르침이 미래에까지 존속되기를 바란다면, 어찌 아함교阿含教(소승, 즉 율종을 가리킴) 등 여러 부파와 더불어, 그 행동을 같이할 수 있겠는가?"

어떤 사람이 말했다.

"『유가론瑜伽論』과 『영락경瓔珞經』은 대승 계율인데, 어찌하여 그것을 의거, 준수하지 않습니까?"

백장선사가 말했다.

---

05 양억楊億(974~1020)은 송초의 한림학사翰林學士로 독실한 선종의 거사였다. 수산성념首山省念의 제자인 광혜원련廣慧元璉의 제자로, 성은 양楊, 휘는 억億, 자字는 대년大年, 시호는 문文이다. 그래서 양문공楊文公이라고 한다. 998년 진종眞宗 때 한림원翰林院의 학사가 되었다. 『대혜서장大慧書狀』 왕장원汪壯元 장에 나오는 양문공楊文公 대년大年이 곧 양억이다. 「선문규식」은 『전등록傳燈錄』 6권 백장회해 장章 부록에 실려 있는데, 비록 후대의 자료이지만 백장회해가 제정한 고古백장청규의 대강大綱과 정신을 잘 전하고 있는 자료로 평가받고 있다.

"내가 주장하는 바(宗)는, 대소승 계율에 국한하지도 말고, 그렇다고 대
소승 계율과 차별을 두려고도 하지 말고, 널리 잘 절충하여 올바른 제도
와 규범을 만들어야 한다는 것이다. 그래서 새로운 뜻을 세워서 별도로
선종 사원을 건립하게 된 것이다."[06]

양억의 「선문규식」은 '백장고청규의 서문(古淸規序)'에 해당한다고 말
할 정도로, 백장회해가 제정한 백장청규의 정신과 원형, 강령綱領을 잘
전하고 있는 자료이다.

장로종색長蘆宗賾의 『선원청규禪苑淸規』 10권 「백장규승송百丈規繩頌」
에도 비슷한 내용의 기록이 전한다.

오늘날 선문禪門(선종)이 (율사律寺로부터 벗어나) 독자적인 교단을 형성
할 수 있게 된 것은 백장선사로부터 시작되었다. 따라서 간략히 그 대요
大要를 서술하여 두루 훗날의 학인들에게 보여 주고자 하노니, 이러한 사
실을 중시하여, 그 근본을 망각하지 말라.[07]

---

06   양억楊億, 「禪門規式」. "百丈大智禪師, 以禪宗肇自少室, 至曹溪以來, 多居律寺.
      雖別院, 然於說法住持, 未合規度. 故, 常爾介懷. 乃曰, 祖之道, 欲誕布化元, 冀
      來際不泯者, 豈當與諸部 阿笈摩敎爲隨行耶. 或曰, 瑜伽論瓔珞經, 是大乘戒
      律, 胡不依隨哉. 師曰, 吾所宗, 非局大小乘, 非異大小乘, 當博約折中, 設於制範
      務其宜也, 於是, 創意別立禪居." 『전등록』6권 「백장회해」장 부록(대정장 51권,
      p.250c)

07   장로종색, 『重雕補註 禪苑淸規』 10권, 「百丈規繩頌」. "今禪門別行, 由百丈之

백장회해百丈懷海(720~814)선사. '일일부작一日不作 일일불
식一日不食'의 보청법 등 백장청규百丈淸規를 만들어 선종의
기틀을 갖추었다.

과거에는 납자들이 율종 사찰에서 거주했다. 그 후 별도로 선원을 만들어 선종을 개창했는데, 이것은 대지선사大智禪師(백장회해)로부터 비롯한 것이다. 그 후 비로소 조사의 도道가 받들어지게 되었음을 알아야 할 것이다.[08]

찬녕도 『송고승전』「백장회해전百丈懷海傳」에서 이렇게 말한다.

그 여러 제도와 계율을 백장선사가 완전히 새롭게 변혁시켰다. 그로부터 중국 천하의 선종은 마치 바람에 풀이 쓰러지듯 귀의했다. 선문禪門이 (율종 사원으로부터 독립하여) 독자적으로 행해지게 된 것은 백장회해로부터 시작한 것이다.[09]

이상의 여러 청규와 선종의 역사서에서 볼 수 있는 바와 같이, 선불교가 율종으로부터 나와서 독립적인 교단이 된 것은 백장회해에 의해서였다.

始. 略敍大要, 徧示後來學者, 貴不忘其本也."(신찬속장경, 63권, p.551a)

08   장로종색, 『重雕補註 禪苑清規』 10권, 「百丈規繩頌」. "(…) 昔時居律寺, 別院啓禪門, 大智禪師後, 方知祖道尊."(신찬속장경 63권, p.550a16)

09   찬녕贊寧, 『宋高僧傳』 10권, 「百丈懷海傳」. "其諸制度與毘尼, 師一倍相翻, 天下禪宗, 如風偃草, 禪門獨行, 由海之始也."(대정장 50권, p.771a)

선불교가 율종 사원으로부터 독립하고자 했던 가장 큰 이유는 율종의 수행 방법과 생활 방식, 규칙, 그리고 설법 내용 등 여러 가지 제도가 선불교의 목적, 이상理想과는 상당히 달랐기 때문이었다. 어느 종파가 더 옳다거나 부족하다고 말하기보다는 본질적으로 문화와 이상향이 달랐다.

선불교의 목적은 직지인심直指人心을 통하여 중생을 부처로 만들고 범부를 조사로 만드는 성불작조成佛作祖에 있었다. 종교적·기복적 역할을 하는 데 있지 않았다. 반면 율종은 율장律藏 탐구가 주된 공부 방법이었고 지계持戒가 곧 수행의 척도였다. 계율, 규범을 중시하는 율종과 고정관념을 부정하는 선불교는 사상적인 괴리가 심했다. 선불교는 그들의 이상에 부합하는 독자적인 생활공간 즉 독립된 선찰禪刹이 절실하게 필요했다.[10]

---

10   또 중국은 인도와는 기후와 풍토가 달라서 인도불교의 제도나 율장의 규정을 그대로 적용하기 어려웠는데, 이런 점도 선불교가 율종 사원으로부터 독립하게 되는 하나의 요인이었다. 인도에서 수행자는 걸식으로 생활했다. 밭을 갈거나 농사 등 경작을 하면 벌레를 살생하게 되는 등 계율에 어긋나기 때문이었다. 그러나 중국에서 걸식은 무위도식으로 간주되었다. 노인을 제외하고는 누구든 자신의 식량은 스스로 생산해야 한다는 것이 중국인들의 사고방식이었다. 따라서 그 누구든 무위도식은 기생寄生으로 경멸시 되었고, 비판의 대상이 되었다. 이것은 중국, 조선시대를 통관하여 유학자들이 불교를 비판하는 것 가운데 하나이기도 했다.

3. 일일부작 일일불식의 보청법

선불교가 율종 사원의 울타리로부터 독립한다는 것은 스스로 온실을
박차고 노천露天으로 뛰쳐나오는 격이나 다를 바 없었다. 많은 대중들
이 함께 생활해야 하는 구조에서 의식주 문제 등 생활경제는 가장 큰
난제였다.

당시 중국불교의 사찰과 종파는 대부분 황실이나 권력자, 지방 절도
사 등 경제력이 큰 재가불자 의존도가 높았다. 한 사찰을 유지, 운영하
자면 큰 후원자가 필요했기 때문이다. 각 사찰에서 수시로 천도재薦度
齋·수륙재水陸齋 등 각종 재회齋會를 열었던 것도 그 이면에는 이런 경
제적인 문제와 관련이 컸다. 반면 그들의 통치 기반에 종교적 이념이
뒤받침하는 등 부정적인 요소도 없지는 않았다.

그러나 백장회해는 권력자들의 후원을 거부하고, 그 대안으로 보청
법普請法(노동, 울력)을 제정했다. 수행자 모두가 직접적인 생산노동 즉 경
작耕作을 통하여 총림의 생활경제 문제를 해결하고자 한 것이다. 경제
적으로 자립하지 못한 자유인이란 예나 지금이나 관념 속의 이상에 지
나지 않았다. '일일부작一日不作 일일불식一日不食'의 보청법은 백장총림
의 경제적 자립의 기반인 동시에 생활철학이었다. 백장 문하의 납자들
이 도시 문화와는 거리가 먼 대웅산(백장산) 기슭에서 권문세가들의 손
짓을 초개草芥로 여긴 채, 오로지 자기 본분사本分事(수행)에 매진할 수

있었던 것은 자급자족의 보청법 때문이었다.

　백장선사의 대표적 공안인 '독좌대웅봉獨坐大雄峰(어떠한 속박도 초탈)'
은 독탈무의獨脫無依(일체로부터 초월)한 절대 무위진인無爲眞人의 존재, 곧
불여만법不與萬法 위려자爲侶者(만법과는 비교할 수 없는 존재)를 뜻하는 것
이지만, 한편으로는 이런 선종사적 바탕에 기반을 둔 공안이기도 하
다. 그리고 이 공안의 지리적 배경은 백장산 대웅봉大雄峰이다. 우뚝한
대웅봉은 곧 백장선사의 이상향이었다.

4. 무종의 회창폐불과 선종

만당晚唐 초에 이르러 중국 불교계를 송두리째 뒤흔드는 역사적인 사
건이 일어났다. 삼무일종三武一宗의 법난法難[11] 가운데 하나인 당 무종
武宗의 '회창폐불會昌廢佛(841~846)'[12] 사건이었다.

11　중국불교사에서 있었던 네 번의 큰 폐불사건. 이를 '삼무일종三武一宗의 법난法
　　難' 또는 '삼무일종三武一宗의 폐불廢佛'이라고 한다. 삼무三武는 북위北魏의 태
　　무제太武帝(재위 423~452), 북주北周의 무제武帝(재위 560~578), 당唐의 무종武宗
　　(재위 840~846)을 가리키고, 일종一宗은 후주後周의 세종世宗(재위 954~959)을
　　가리킨다.

12　회창폐불會昌廢佛 : 당 무종武宗 회창會昌 연간(841~846)에 일어난 폐불사건.
　　무종은 회창 3년(843) 3월, 조칙을 내려 폐불을 단행했다. 수도首都와 주군州

이 사건은 폐불 사건 중에서도 가장 피해가 컸다. 이 사건으로 말미암아 4만 여개의 사찰이 파괴, 폐사廢寺되었고, 승려 26만 명이 강제적으로 환속당했다. 불상과 동종銅鐘 등 철기鐵器는 모두 녹여서 주전鑄錢 등 기물을 만들었고 경전은 대부분 불에 타는 등 사찰과 승려 90%가 사라졌다.

회창폐불 사건은 당말 불교계에 결정적인 타격을 준 엄청난 사건이었다. 천태 · 화엄 · 법상(유식) · 율종 · 밀교 등 장안과 낙양을 기반으로 한 도시형 불교는 치명타를 받고 소생 불가능한 상태에 빠지고 말았다. 특히 국가나 귀족, 권력자 등의 보호를 받고 있던 불교 종파는 멸절滅絶 상태에 이르렀다. 그 와중에서도 비교적 타격을 적게 입은 것은 '일일부작 일일불식'의 노동형 종교인 선종과 서민형 종교인 정토종뿐이었다.

선종이 피해가 적었던 것은 대부분 선종 사원은 도시와는 거리가 먼 산속에 있었고, 경작을 통하여 자급자족의 생활을 했기 때문이었

郡에 각각 1개의 사찰만 남기고 모두 철폐시키는 조치였다. 사찰은 44,000여 개에서 4만 개를 폐쇄했고, 승려는 26만 9천여 명에서 26만 명을 환속시켰다(97% 환속). 경전은 90%가 없어지고 불상과 동종 등은 모두 녹여 주전鑄錢토록 했다(『불광대사전』 6권 p. 5474: 케네스 첸, 박해당 옮김, 『중국불교』(상) pp.245~252, 민족사). 회창폐불의 발단 요인에 대해서는 여러 가지 설이 있다. 무종이 불교를 탄압하고 도교를 숭배했기 때문. 경제적인 문제를 해결하기 위해서 폐불 단행. 또는 당시 불교 내부의 타락상과 안록산, 사사명의 난(755~763, 당 현종 시기)을 진압하기 위한 군비 모금의 일환으로 도첩을 판매했는데, 도첩의 남발은 가짜승 · 불량승을 양산하게 되었고 이것이 회창폐불의 요인이었다는 설 등이 있다.

다. 또 권력이나 귀족의 비호를 받지 않았고 도시 지향적인 종교가 아니기 때문이었다. 대중과 함께 호흡했던 불교, 그 가운데서도 강남 지역의 선종은 피해가 가장 적었는데, 혜능의 남종선이 흥기할 수 있었던 것도 이런 지리적인 환경이 작용했다.

백장회해 입적(814년) 후 30여 년 만에 불어닥친 이 사건은 중국불교의 지형도를 완전히 뒤틀어 놓았다. 기존의 불교 종파는 재기 불가능한 그로기 상태가 되었으나 뜻밖에도 선종은 전화위복轉禍爲福이 되어 비상飛翔하는 계기를 맞이했다.

회창폐불의 소용돌이는 무종武宗의 급사急死(846)로 5년 만에 막을 내렸다. 그러나 그 피해와 후유증은 전대미문의 것이었다. 무종의 뒤를 이어 황제에 오른 선종宣宗(재위 기간 846~859)은 즉위하자마자 폐불령을 철폐하고 불교, 특히 그 중에서도 선불교를 적극적으로 후원하고 지지했다. 이것은 그가 무종의 미움을 받고 한때 승려가 되어 일신一身을 선종 사원에 의탁했던 일과도 무관하지는 않았다. 16대 황제 선종은 문종(14대)의 동생으로 무종(15대)과는 숙질叔姪 간이었다. 무종은 선종이 황제의 자리를 탐했다고 판단하고 재위 기간 내내 숙부인 선종을 증오했다. 급기야 무종은 시종들을 데리고 가서 숙부에게 몰매를 가했고, 사태가 점점 더 심각해져 가고 있음을 느낀 선종은 머리를 깎고 승려가 되었다. 황족이지만 일신을 숨길만 한 곳도 마땅치 않았다. 이곳저곳을 유랑하다가 하남 향엄사에 주석하고 있는 염관제안鹽官齊安(?~842)선사의 문하로 들어가서 피신, 수행하고 있었다. 법명은 경준

瓊俊. 염관제안은 일견에 그가 평민이 아님을 알아차리고 대중들로 하여금 함부로 대하지 못하게 했다. 무종은 평소 도교를 신봉했는데, 도교의 장생불노의 비방인 금단金丹 과다 복용으로 846년 황제에 오른지 6년 만에 급사했다. 졸지에 황제가 된 선종은 그 누구보다도 적극적으로 선불교를 지지하고 후원했다. 그가 황제에 오른 뒤 백장회해에게는 '대지선사大智禪師', 황벽희운에게 '단제선사斷際禪師'라는 시호를 내렸다.[13]

상황이 이렇게 전개되자 민중들과 지식인, 관료와 사대부, 지방 절도

13　『五家正宗贊』1권,「黃蘗斷際禪師」章에는 황벽선사와 선종 사이에 있었던 일화를 다음과 같이 소개하고 있다. "師(黃蘗)在鹽官, 殿上禮佛次. 時, 唐宣宗爲沙彌. 問云. 不著佛求, 不著法求, 不著僧求. 長老禮拜當何所爲. 師曰. 不著佛求, 不著法求, 不著僧求. 常禮如是事. 彌(宣宗)曰. 用禮奚爲. 師(黃蘗)掌彌(宣宗). 彌曰. 太麤生. 師曰. 者裏是什麼所在, 說麤說細. 隨後又掌. 及宗卽位, 乃封爲麤行沙門. 裴相國諫之日. 三掌爲陛下斷三際. 易爲斷際."(신찬속장경 78권, p.581a) 같은 내용이 원오극근圜悟克勤의 『벽암록碧巖錄』11칙「黃蘗酒糟漢」평창에도 나오는데 조금 다르다. "後到鹽官會中, 請大中(宣宗)作書記. 黃蘗在彼作首座. 蘗一日禮佛次, 大中見而問曰. 不著佛求,不著法求, 不著衆求, 禮拜當何所求. 蘗云. 不著佛求, 不著法求, 不著衆求, 常禮如是. 大中(宣宗)云. 用禮何爲. 蘗便掌. 大中云. 太麤生. 蘗云. 這裏什麼所在, 說麤說細. 蘗又掌. 大中後繼國位, 賜黃蘗爲麤行沙門. 裴相國在朝, 後奏賜斷際禪師."(대정장 48권, p.152c) 『벽암록』에서 기록하고 있는 大中은 선종의 연호이다. 書記로 있었다고 말하고 있다. 서기는 선종 사원의 소임 가운데 상위직인 6두수六頭首의 하나이다(「4장 맡은 바 소임이 수행」참조). 그러나 앞『오가정종찬』에서는 사미沙彌로 있었다고 말하고 있다. 두 자료의 공통된 이야기는 선종이 염관제안선사 문하에 있을 적에 선원에서 예불禮佛하는 것을 비판하자 당시 선원의 수좌직을 맡고 있던 황벽선사가 뺨을 후려갈겼는데, 선종은 황제가 된 후 황벽선사에게 추행사문麤行沙門(행동이 거친 사문)이라는 조소적嘲笑的인 호를 내렸다. 이에 당시 상국相國 배휴裴休가 진언하여 단제선사斷際禪師라는 호로 바꾸어서 내렸다.

사들은 권위를 거부하는 서민형 종교인 선불교에 대거 귀의했다. 대붕도남大鵬圖南. 작은 물고기인 곤鯤은 커다란 붕鵬이 되어 천공天空을 비상飛翔했다. 회창폐불 사건은 선불교를 역사의 전면으로 등장하게 한 결정적인 사건이었다.

당말오대唐末五代(850~959)는 기존 불교로서는 악몽이었다. 그러나 선불교는 황금기·전성기였다. 황소黃巢의 난亂(875~884)은 기울어 가던 당 왕조를 나락으로 떨어뜨렸다. 오대五代의 정국은 혼란스러웠으나 선불교는 여전히 선종오가禪宗五家가 성립하는 등 파죽의 형세로 거침없이 영역을 확장해나갔다.

예컨대 선종오가의 마지막 주자인 운문문언雲門文偃(864~949)은 남한南漢의 왕 유엄劉龑(889~942)의 후원 아래 소주韶州 영수선원靈樹禪院에서 운문종雲門宗을 성립시켰고, 법안문익法眼文益(885~958)은 남당南唐 이변李昪의 적극적인 후원으로 강서 금릉 보은선원報恩禪院과 청량원淸涼院에서 법안종풍法眼宗風을 활짝 드날렸다.

선불교가 성대하게 꽃을 피웠던 시기는 당말오대, 이 시기 선종은 중국불교를 거의 석권했다. 율종 사원으로부터 독립한 지 250여 년 만의 일이다.

2장

부처와 조사를 만들다

선원총림의 목적과 철학

1. 총림의 의미

오늘날 우리나라에서 '총림叢林'이라고 하면 선원禪院·강원講院·율원律院을 갖춘 대사찰을 가리키지만, 원래 총림은 '선문별호총림禪門別號叢林'에서도 알 수 있듯이 선종 사원을 가리키는 특정적인 용어였다.[01] 많은 납자들이 한곳에 모여 정진·수행하는 곳으로, 마치 수목이 우거져 숲을 이루고 있는 모습과 같다고 하여 '총림'[02]이라고 한다. '선원禪苑', '선림禪林'도 같은 말이다.

총림의 의미에 대하여 『대지도론大智度論』 3권에는 "많은 승중僧衆이 화합하여 한곳에 머무르고 있는 것이 마치 나무들이 숲을 이루고 있는 것과 같아서 총림이라 한다"고 밝히고 있다. 그 밖에도 몇 가지 설이 있지만 『대지도론』의 설이 보편적이다. 총림이 선종 사원을 가리키는 특정적인 용어로 정착하게 된 것은 처음으로 선종에서 사용했기 때

---

01   『釋氏要覽』 권3. "禪門別號叢林."(대정장 54권, p.302a)

02   총림의 어원에 대해서는 여러 가지 설이 있다. 그러나 여기서는 일반적으로 널리 사용되고 있는 설을 채택했다. 고려, 조선시대에도 총림 제도가 있었는지는 문헌 기록이 없어서 구체적으로 알 수 없다. 그러나 보조국사普照國師 지눌知訥 (1158~1210)이 정혜결사定慧結社를 펼쳤던 송광사는 총림이 되고도 남고, 나옹 화상懶翁和尙이 주석했던 양주 회암사檜巖寺의 경우 옛 가람 배치도를 보면 '동방장東方丈', '서방장西方丈'이라는 명칭을 볼 수 있는데, 이는 총림의 가람 구조에서만 볼 수 있는 명칭이다. 다만 이는 원대元代 총림의 구조에 해당한다.

문으로 보인다.

선불교 역사상 최초의 선원총림은 대웅산(백장산) 백장사, 즉 '백장총림百丈叢林'이라고 할 수 있다. 백장총림은 백장회해가 율종 사원으로부터 독립하여 만든 최초의 선종 사원이었다.

백장총림은 당시 수도인 장안과 낙양으로부터 멀리 남쪽으로 떨어진 양자강 부근의 백장산 오지에 위치해 있었다. 백장총림은 부·권력·명예 등 세속적 가치관을 도외시한 채 오로지 깨달음을 이루기 위하여 함께 수행 정진하는 공동체 집단이었다.

백장회해가 제정한 『백장청규百丈清規』[03]는 백장총림의 조직과 운영방침, 규칙·생활철학 등 원칙을 밝혀 놓은 법전法典으로, 훗날 많은 선종 사원의 청규가 되었다. 그러나 이 청규는 현존하지 않는다. 훗날 원대에(1338) 새로 편찬된 『칙수백장청규勅修百丈清規』는 백장선사가 제정하고 편찬한 청규와는 차이가 크다. 무엇보다도 『칙수백장청규』는 황제의 축수祝壽(오래 살기를 빎)를 기원하는 등 권력에 대한 아부가 많다. 백장의 '독좌대웅봉'은 퇴색해가고 있었다.

---

03 『백장청규百丈清規』: 당 중기 백장회해가 만든 청규로 백장총림의 법전이다. 이후 백장청규는 모든 청규의 바탕이 되었는데, 지금은 전하지 않고 그 대강大綱이 양억楊億(974~1020)의 「선문규식」(『전등록』 6권, 「백장회해」)과 찬녕贊寧(918~999)의 『송末고승전』 제10권 「백장회해 전傳」 등에 수록되어 있다. 원나라 때(1338) 칙명에 의하여 새로 편찬한 『칙수백장청규』는 백장청규의 원래 모습에서 많이 변질된 것이다. 때문에 자료적 가치는 떨어지지만 종합적으로 체계를 갖춘 청규이므로 참고가 된다. 현존하는 청규로서 가장 자료적 가치가 높고 오래된 것은 장로종색이 1103년에 편찬한 『선원청규禪苑清規』이다.

2. 부처를 만들고 조사를 만들다

선원총림(특히 唐代)은 선불교의 이상적인 인간상을 완성시키기 위한 전문적인 수도장이다. 현세 이익이나 사후 왕생극락을 기원하는 종교적·기복적 장소가 아니다. 어리석은 중생을 전인적 인격자인 부처(佛)로 만들고, 불교적 바탕이 전혀 없는 무지한 범부를 위대한 조사祖師로 만드는 성불작조成佛作祖의 공동체였다.

선원총림은 이와 같은 이상을 실현시키기 위하여 제도와 조직, 가람 구조, 생활 방식 등 모든 시스템을 성불작조의 수행 구조에 맞추었다. 그 가운데 가장 놀라운 것은 종교적 기능의 중요한 건물인 불전佛殿(대웅전)을 폐지, 또는 건축하지 않았다(不立佛殿, 唯樹法堂). 그와 동시에 불상도 모시지 않았다.[04] 즉 신도 관리, 기도, 불공佛供 등 종교적 기능을 일체 하지 않았는데, 그 까닭은 성불작조의 핵심적인 공간은 불전이 아니고 선종 사원의 주지(방장)가 법을 설하는 법당이었기 때문이다.[05]

---

04   당말(906)까지 대부분의 선종 사원에서는 불전佛殿(대웅전)과 불상을 모시지 않았다. 불전을 두지 않았다는 것은 곧 신도 관리 등의 종교적 기능을 하지 않았다는 것을 의미한다.

05   양억의 「선문규식」과 장로종색의 『선원청규』 10권, 「백장규승송」에는 "주지는 불조로부터 법을 부촉받은 사람이다. 그를 존숭하기 위하여 그가 설법하는 공간인 법당만 세우고 불전은 세우지 않는다(不立佛殿, 唯樹法堂者, 表佛祖親囑授, 當代爲尊也)"라고 그 이유를 밝히고 있다.

선종 사원은 부처와 조사를 만드는 성불작조교成佛作祖校이고, 주지(방장)는 교장·학장이었으며, 납자는 학생, 『백장청규』등 청규는 학칙이었다. 『임제록臨濟錄』등 선어록에서는 납자를 가리켜 '학인學人'이라고 하는데, 학불지인學佛之人의 준말로 '부처가 되는 방법을 배우는 사람'이라는 뜻이다.

3. 선원총림의 조직과 운영 방법

선원총림의 조직과 직제는 주지(방장)를 정점으로 12개의 요직, 즉 6지사六知事와 6두수六頭首가 있고, 그 밑에 약 20여 개의 중하위 소임이 있다. 선원총림은 이러한 인적 구조로 운영된다(여기에 대해서 뒤의 「4장-선원총림의 요직과 상위 소임」「5장-선원총림의 중하위 소임」에서 자세히 서술한다).

선원총림은 경제적으로 자립을 추구했다. 경제적 독립 없이는 독탈무의獨脫無依한 자유인이 될 수가 없었다. 그 해결 방법으로써 등장한 것이 보청법普請法(作務, 울력)이었다. 보청을 통하여 중앙 황실이나 권력층의 경제적 지원, 또는 재력가의 보시에 의존하지 않고 직접 경작耕作 즉 생산노동을 통하여 자급자족했다.

따라서 보청에는 각 요사를 지키는 요주寮主, 직당直堂(당직), 그리고 열반당에 누워 있는 병승病僧을 제외하고는 일체 예외가 없었다. '일일부작 일일불식'의 생활철학 아래 상하노소를 막론하고 모두가 참여해야 한다. 타당한 이유 없이 불참할 경우 규율 담당인 유나維那는 곤장을 쳐서 일벌백계했고, 불복不服할 경우 추방했다.

방장(주지)의 법문은 모든 대중이 반드시 의무적으로 들어야 한다. 법문은 납자로 하여금 언하言下에 깨닫게 하는 것이 주된 목적이지만, 한편으로는 교학적 시스템이 없는 선원에서 그 간극을 보충하는 역할도 했다. 상당법문上堂法門은 5일에 한 번, 조석법문인 조참朝參과 만참晚參은 매일같이 했고, 보설普說(대중적인 법문)도 있었다. 법문이 매우 많았는데, 이 모든 법문은 방장인 주지가 담당했다.

총림의 모든 재산과 물건(動産, 不動産 등)은 오늘날과 마찬가지로 사중寺中의 공물公物이었다. 총림의 모든 재산, 또는 물건은 개인 소유가 없었다. 개인의 것으로 인정되는 것은 생활 필수품인 가사·발우·삿갓·주장자·좌구坐具 등 20여 가지 정도에 불과했다. 모든 수입과 지출은 정기적으로 공개했고, 의식주 등 생활은 검소·검약이 원칙이었다.

선원총림에서는 화합을 매우 중시했다. 많은 사람들이 함께 생활하는 공동체에서 화합은 그 무엇보다도 1순위였다. 분쟁이나 다툼은 공동체를 와해시키는 가장 큰 요인이기 때문이다. 따라서 옳고 그름을 떠나서 쌍벌죄를 적용하여 다툰 사람은 양자 모두를 징계했고, 참회하거나 개선하지 않을 경우엔 추방했다.

총림의 대중생활에서 명심해야 할 것은 다섯 가지다. 이것을 '입중오법入衆五法', 즉 '대중생활 속에서 지켜야 할 다섯 가지 법도'라고 한다.

첫째, 스스로를 낮출 것(下意). 둘째, 자비심으로 타인을 대할 것(慈心). 셋째, 윗사람과 어른을 받들 것(恭敬). 넷째, 차례와 순서를 지킬 것(知次第). 다섯째 자기가 맡은 소임 외에 다른 일에 대해서는 일체 관여하거나 언급하지 말 것(不說餘事) 등이다.

하심下心은 자신의 존재를 내세우지 않는 것으로, 이는 곧 화합의 제일 조건이었고, 수심修心의 요체였다. 존재감이나 우월감은 에고(ego)와 아만·독선이 만들어낸 무명無明의 인간상이다. 이것은 개인의 수행은 물론 공동체 생활에서도 최대 걸림돌이었다. 그래서 설두중현雪竇重顯(980~1052)이나 대혜종고大慧宗杲(1089~1163) 같은 선승은 하심 수행을 위하여 스스로 변소 청소 담당인 정두淨頭(持淨)를 자임하기도 했다.

선원총림에서는 자기가 맡은 소임 외에 타인의 소임에 대해서는 일체 관여하거나 언급하지 못하게 했다(不說餘事). 화합을 해치거나 분란을 일으키는 발단이 되므로 부질없이 다른 일(餘事)에 참견하지 말고 자신이 맡은 소임이나 잘하라는 것이다. 이상을 종합해보면 제일의 목적은 화합에 있었다.

또 총림에서는 상하의 질서를 중시했다(大者爲兄, 小者爲弟). 차례를 무시하거나 질서를 문란시키는 행위, 큰 소리로 웃고 떠드는 행위 등은 수심修心에 반하기 때문에 금지되었다. 불필요한 말은 정신을 산만하게 할 뿐, 수행에 아무런 도움을 주지 못하기 때문이었다.

하안거·동안거 기간에는 누구나 수행에 전념해야 한다. 일체 외출을 금하고 공부에 매진해야 한다. 다만 부모나 스승의 상사喪事, 또는 치료 등 부득이한 경우에는 예외적으로 외출할 수가 있었다. 이런 경우에도 15일 이내에 귀사하지 않으면 다시 입방 절차를 밟아야 했다.

선종의 총림 제도에 대하여 학자들은 중국 종교사에서도 보기 드문 합리적이고도 체계적인 제도라고 입을 모은다. 이후 이 제도는 중국 사회 일반에도 적지 않은 영향을 주었다. 송대 유학에서는 이 제도를 본받아 서원書院을 운영했고, 원元·명明·청대의 향학鄕學도 이 제도의 영향을 받았다고 한다.[06] 또 도교道敎의 일파인 전진교에서도 선원의 총림 제도를 적극적으로 활용했다고 한다. 선원총림의 운영 방식은 매우 합리적이고 선진적이었다고 할 수 있다.

4. 대웅전을 세우지 않다

앞에서 서술한 바와 같이, 선종 사원의 가장 큰 특징은 가람 건축에서 모든 불교 종파가 가장 중요시했던 불전佛殿(대웅전)을 제외, 또는 폐지시켰다는 점이다.

'불전을 세우지 않고 오직 법당만 세운다'고 하는 '불립불전不立佛殿

06 　　星雲 감수, 『불광대사전』 3권, p.2491, 백장청규 항목. 대만 불광출판사, 1989.

유수법당唯樹法堂'은 백장회해가 청규(백장청규)에서 밝힌 선종가람 창건의 대원칙이었는데, 불전을 세우지 않았으므로 당연히 불상도 모시지 않았다(그 이유에 대해서 「6장-불상 속에는 부처가 없다」에서 자세하게 서술한다).

그런데 이 '불립불전'의 진정한 본의는 불전보다는 불상을 모시지 않는다는 불치불상不置佛像에 있었다. 또 반야지혜般若智慧를 통한 성불작조成佛作祖의 중요한 공간도 불전이 아니고 법당이었기 때문이었다. 조사선祖師禪의 상징어인 '살불살조殺佛殺祖', 즉 '부처도 죽이고 조사도 죽인다'는 선어는 비윤리·비도덕적인 말이다. 그럼에도 불구하고, 조사선을 상징하는 대표적인 선어禪語로 부동의 위치를 지키고 있는 이유는, 통속적인 틀에 사로잡혀 있는 수행자에게 고정관념을 해체시켜서 깨달음을 이루게 하는 특효의 처방전이기 때문이다.

실제 선종에서는 불佛이나 성聖에 대한 권위를 배격했고, 불상을 그다지 신성시하지 않았다. 오늘날 우리나라 선원의 납자들이 조석예불을 하지 않는 것과도 일맥상통하는데, 권위의 장막(부처와 조사)을 걷어버렸을 때 비로소 독탈무의한 자유인, 깨달은 자가 될 수가 있기 때문이다.

『유마경』「불도품佛道品」에는 매우 역설적이지만 '정도正道가 아닌 비도행非道行', 즉 오무간지옥五無間地獄에 갈 악행을 하는 것이 곧 불도佛道를 통달하게 되는 길이라는 법문이 있다. 이어 많은 비도행의 종류를 나열하고 있는데, 잠시 앞부분만 보도록 하겠다.

그때에 문수사리가 유마힐에게 물었다.

"보살이 어떻게 불도를 통달합니까?"

유마힐이 말하였다.

"만약 보살이 비도非道를 행하면 이것이 곧 불도를 통달하게 되는 것입니다."[07]

'비도非道가 곧 불도佛道'라는 것인데, 상식적·윤리적·도덕적 기준으로는 도저히 납득할 수 없는 괴변에 가까운 법문이다. 그러나 '번뇌즉보리煩惱卽菩提', '생사즉열반生死卽涅槃'이라는 말과 같이 탈상식의 역설적인 언어를 통하여 그 어떤 명약으로도 치료할 수 없는 고정관념의 벽, 통속적 가치관의 벽을 허물어버리고 깨달은 부처가 되게 하는 것이다.

당대 총림의 주지(방장)는 살아있는 부처였고, 친히 불조佛祖로부터 정법을 위촉받은(佛祖親囑授) 법왕[08]이자 현신불現身佛이었다. 살아있는 부처가 법신불을 대신하여 반야지혜의 법문을 설하고 있는데, 목석木石이나 금은金銀 등으로 만든 지혜 작용이 없는 불상을 두어야 할 필

---

07   『유마경』, 「佛道品」. "爾時, 文殊師利, 問維摩詰言. 菩薩, 云何通達佛道. 維摩詰, 言. 若菩薩, 行於非道, 是爲通達佛道"

08   선원총림에서 주지(방장)가 법어를 마치면 유나는 백추白槌를 한 번 치고 나서 "법왕法王(주지=방장)의 법을 잘 관찰하시오, 법왕의 법은 이와 같습니다(諦觀法王法, 法王法如是)"라고 한다.

요가 없었던 것이다. 단하천연丹霞天然(739~824)선사가 목불木佛을 쪼개서 아궁이 장작으로 사용한 것은 이 때문이다.

불전을 폐지하고 불상을 두지 않은 것은 「6장-불상 속에는 부처가 없다」에서 더욱 자세히 서술할 작정이지만, 그야말로 놀랄 일이 아닐 수 없다. 이것은 가람 구성에 조사선의 관점이 그대로 반영된 것이라고 할 수 있는데, 금강석과 같은 투철한 반야지혜의 소유자들이 아니고는 감히 엄두도 못 낼 일이다.

5. 선원총림의 역사적 발전

당대唐代 선원총림과 조사선의 선승들은 허상, 허영, 권위를 거부하고 오직 성불작조成佛作祖를 위하여 매진했던 순선純禪(純粹禪)의 구도자들이었다.[09] 특히 조사선의 중심에 있었던 마조도일, 백장회해, 조주종심趙州從諗(778~897), 위산영우潙山靈祐(771~853), 임제의현臨濟義玄(?~867) 등 선승들은 공에 입각하여 세속적인 것들을 초개와 같이 취급

---

09   당대의 선을 순선純禪(순수선)이라고 정의한 것은 선학자 야나기다 세이잔((柳田聖山, 1922~2006)이다. 그 이전 누카리야 카이텐(忽滑谷快天, 1867~1934)은 『禪學思想史(상)』(玄黃社, 1925)에서 달마에서 대통·신수까지를 '순선純禪의 시대'라고 진단했다.

했다. 그들은 반야般若, 공空, 불성佛性, 중관中觀 등 인도 대승불교의 중요한 개념들을 한어漢語로 정의하여 중국화하였다. 그리하여 공을 무상無相·무작無作이라고 했고, 불성을 자성청정심自性淸淨心, 중관을 무집착無執着이라고 하는 등 중화적 독창성을 발휘했다.

당대唐代 선승들은 금강석과 같은 반야지혜의 소유자들이었다. 그들은 정견과 정법의 안목으로 고칙古則·공안公案을 창안·창작했고, 선의 경전인 선어록禪語錄을 만들었다.

송대의 선승들은 당대에 형성된 어록과 고칙·공안을 참구했고 그 공안에 대하여 착어着語·별어別語·대어代語 등 설명을 덧붙여 선의 세계를 한층 확장하고 발전시켜 나갔다.

송대에는 송고문학頌古文學과 함께 공안선公案禪과 문자선文字禪이 크게 바람을 일으켰다. 송고頌古는 문자인 시詩와 비문자인 선禪의 이상적인 만남을 통하여 양자를 한층 승화시켜 나갔다. 선승들은 문학성 짙은 언어로 송頌이나 착어·별어·대어를 붙여서 넌지시 고칙·공안의 의미를 드러냈다. 그들은 사유思惟를 뛰어넘는 방외方外의 시어詩語로 선의 세계를 표출했다. 사대부와 지식인들은 탈속한 선시와 송고문학에 깊이 매료되었다.

송대 선종총림은 민중들은 물론 황실과 관료들의 정신적인 귀의처였고, 사대부와 지식인들에게는 속세의 허탄함을 위로해주는 마음의 안식처였다. 지식인들은 시문학을 통하여 시선일여詩禪一如의 세계를 추구했고, 차인茶人들은 차를 통하여 다선일여茶禪一如의 세계로 진일

보했다. "거리의 아낙네들도 선을 담론했다"고 말할 정도로 이 시기 선은 정치·사회·문화 곳곳에서 대화와 담론의 주제가 되었다. 한마디로 선을 모르면 지성적인 지식인의 축에 끼지 못했다.

송대 총림의 경제적 규모는 장원莊園을 관리하는 소임인 장주莊主가 신설되는 등 경제와 조직 등 모든 면에서 과거(당대)에 비해 거의 배倍에 가까울 정도로 확장되었다. 이 시기(송대 후기) '일일부작 일일불식'의 보청의 의미는 퇴색되어 약간의 경작과 도량을 청소하는 정도가 되었다.

북송 말에 일어난 국가적 변란인 '정강의 변(靖康之變. 1126년 북송 패망)'은 봄날 같았던 북송시대를 마감하고 풍전등화나 다를 바 없는 남송시대(1127~1279)를 열었다.[10]

'정강의 변' 이후 남송의 선종 사원은 조석으로 국가의 무운장구와 국태민안, 황제의 만수무강을 기원하는 국가불교적 성격을 완연히 노출했다. 선종 사원은 점점 어용御用의 길을 걸었다.

남송은 국운융창을 위하여 오산십찰五山十刹[11] 제도를 실시했다. 남

---

10   정강의 변(靖康之變):1127년 송나라가 여진족(금나라)에게 멸망이나 다름없는 수모를 당한 사건. 중국 사상과 정치의 중심지였던 화북을 잃어버리고, 황제 휘종과 흠종이 금나라에 사로잡혀간 사건. 이 사건으로 말미암아 북송의 운명은 끝나고 남송이 시작되었다. 정강靖康은 당시 북송의 연호이다.

11   오산십찰의 5산五山은 『대지도론』에 나오는 인도의 오정사五精舍를 모방한 것으로 당시 재상인 사미원史彌遠(1164~1233)의 주청과 기획에 의해 만들어졌다고 한다. 오산은 경산사徑山寺(1위), 영은사靈隱寺(2위), 천동사天童寺(3위), 정

송 영종寧宗 가정 연간(1208~1224)에 실시한 오산십찰 제도는 황제가 5
산의 주지를 임명하는 등 선원총림은 반관사화半官寺化 되었다.

이 시기 선원총림의 가람 한가운데에는 웅장하게 불전佛殿(대웅전)이
세워졌으며, 지전知殿(대웅전 관리자)을 비롯한 대중들은 하루 세 번(三時,
朝夕과 巳時) 대웅전에 올라가 황제의 수명장수, 국운융창, 국태민안을
기원했다. 조사선의 살불살조殺佛殺祖 정신은 무너져가고 있었다. 당·
북송 시대 활발발하게 불성이 작용하던 선불교의 기개와 모습은 완전
히 상실하고 타락의 길로 접어들었다. 풍전등화 같은 남송의 시대적 운
명은 더욱더 선불교의 타락을 가속화시켰다.

1279년 드디어 남송이 망했다. 이로써 중국 천하는 역사상 처음으로
이민족이 통치하는 원元의 지배하에 들어갔다. 원대 선종 사원은 티베
트 밀교의 영향을 크게 받아서 능엄주楞嚴呪가 오늘날 우리나라 반야
심경처럼 독송되는 등 선밀禪密 습합으로 무늬만 겨우 선종이었다.

오산십찰 제도는 근대 일제강점기 본말사 제도와 같은 것으로 5개
의 본산 아래 10찰이 있었고, 10찰 아래에 말사가 있었다. 남송 오산십
찰은 원찰의 성격을 띠었고 일반 사찰과는 격이 달랐다. 또 오산십찰
과 그 주지는 여러 가지 특권을 부여받았다. 관아에서도 함부로 터치

자사淨慈寺(4위), 아육왕사阿育王寺(5위)이다. 10찰은 항주杭州 중천축사中天竺
寺, 호주湖州 만수사萬壽寺, 남경南京 영곡사靈谷寺, 소주蘇州 보은사報恩寺, 영파
寧波 설두사雪竇寺, 온주溫州 강심사江心寺, 복주福州 설봉사雪峰寺, 금화金華 쌍
림사雙林寺, 소주蘇州 운암사雲巖寺, 천태天台 국청사國淸寺이다.

하지 못했다.

원 문종文宗 때에는 오산 위에 대용상大龍翔 집경사集慶寺를 금릉金陵에 세웠다. 이로 인하여 원대 오산五山의 세력과 위상은 점차 약화되었다. 명明 홍무洪武 초년(1368)에는 대용상 집경사를 '천계사天界寺'로 개명하고 오산의 수사찰首寺刹(총본산)로 삼아 천하의 승려를 총괄하였다.

참고로 우리나라 선의 모습은 남송, 원대의 모습이다. 이는 고려가 원의 지배 아래에 있었기 때문이다. 한때 우리나라 선원에도 능엄주가 화두처럼 등장한 것 역시 원나라 선종 사원의 유습遺習이다.

한편 남송시대에는 북송 때 풍미했던 공안선과 문자선이 쇠퇴하고 대혜종고大慧宗杲(1096~1163)에 의하여 새로운 공안, 화두 참구 방법인 간화선看話禪이 탄생했다. 또 굉지정각宏智正覺(1091~1157)에 의하여 묵조선默照禪이 탄생하여 쌍벽을 이루었다.

간화선은 공안이나 선사의 답어 가운데 결구結句나 핵심어인 '무無', '간시궐', '마삼근' 등을 참구하여 깨달음에 이르는 방법이었다. 묵조선은 지관타좌只管打坐 즉 오로지 좌선을 수행했고, 본래부터 깨달은 부처이므로 부처의 모습으로 앉아 있기만 하면 된다는 것이었다.

간화선은 와일드했고 묵조선은 조용했다. 먼저 시비를 건 쪽은 대혜종고였다. 대혜선사는 묵조선을 향하여 "분명히 묘오妙悟가 있는데도 천치같이 그것도 모르고 무작정 앉아 있다"고 하면서, '묵조선은 삿된 선(默照邪禪)', '고목사회선(枯木死灰禪, 고목처럼, 싸늘한 재처럼 지혜작용이 없는 죽은 선)', '흑산하黑山下 귀굴리鬼窟裏 작활계作活計(귀신굴 속에서 활개치네)'

라고 원색적으로 비난했다.

묵조선의 진헐청료眞歇淸了(1089~1151)와 굉지정각宏智淨覺(1091~1157)도 가만히 있지 않았다. 두 선승은 간화선을 향하여 "본래 깨달은 부처인데(本覺), 또 무슨 묘오妙悟가 있다는 말인가? 어리석기도 하네"라고 하면서, 간화선을 향해 깨닫기를 기다리고 있는 '대오선待悟禪', '제자선梯子禪(사다리선, 漸修)'이라고 비꼬았다.[12] 그러나 그 비판의 수위는 대혜선사의 간화선이 월등히 높았다. 변재辯才(언변)가 달랐다.

---

12   대혜종고가 묵조사선默照邪禪이라고 비판한 직접적인 대상은 굉지정각宏智淨覺
     (1091~1157)보다는 진헐청료眞歇淸了(1089~1151)라고 한다. 진헐청료는 굉지정각
     의 사형이었다.

3장

조직이 없는 집단은 오래가지 못한다

선종 사원의 직제와 조직

1. 선원총림의 직제와 소임

선종 사원(총림)의 조직과 직제는 최고 지도자, 곧 어른으로 주지住持(方丈)가 있고, 그 밑에 중요한 소임으로 9명, 또는 12명이 있었다. 당·북송 시대에는 9명으로 4명의 지사(四知事)와 5명의 두수(五頭首)가 있었고, 남송시대에는 6명의 지사(六知事)와 6명의 두수(六頭首)가 있었다.

당대唐代의 선종 사원의 소임은 약 20~25여 개 정도였고, 북송시대에는 약 40여 개, 그리고 남송·원대에는 약 50여 개 이상의 소임이 있었다. 후대로 내려갈수록 소임이 증설되었는데, 상위직보다는 중하위직이 더 많이 증설되었다. 이는 곧 선종 사원의 규모가 후대로 갈수록 확장되었음을 의미하는데, 총림의 규모에 따라서는 이보다 더 많은 곳도 있었다.

소임이 가장 많았던 때는 남송시대이다. 남송시대에는 오산십찰 제도로 선종총림의 규모가 선종사상禪宗史上 가장 방대했다. 한 예로 항주杭州 경산사徑山寺는 남송 5산 가운데 1위로서 대혜종고가 주지(방장)로 있을 때는 수행 납자가 무려 1,500여 명이나 되었다. 또 5산 가운데 3위로서 묵조선의 거장인 천동정각天童正覺(1091~1157)이 주지로 있던 영파 천동사天童寺는 약 1,000여 명의 납자가 입방, 좌선했다. 이 두 총림은 규모가 가장 컸던 총림이었는데, 이런 대총림은 소임자가 많을 수밖에 없었다.

북송시대의 4지사가 남송시대에 이르러 6지사로 확장된 것도 이때이고, 5두수가 6두수로 확장된 것도, 수좌首座가 전당수좌前堂首座와 후당수좌後堂首座로 나누어진 것도 이때이다. 또 가람 구조에서는 산문山門이 2층 누각형으로 웅장하게 세워지고, 주지실(방장)을 전방장前方丈(접빈용)과 후방장後方丈(私室) 두 채를 둔 것도 이때이다.

남송시대 총림의 소임과 직제는 원대까지 그대로 이어졌다. 그러나 명청시대에는 다시 4지사 또는 5지사로 축소 · 통폐합되었다. 명청시대에는 6두수의 상위직이었던 지전知殿이 중위직으로 내려가고, 방장(주지)의 비서실장격인 시향시자侍香侍者가 두수頭首로 승격되었는데, 이것은 이변이라고 할 수 있다.

2. 지사와 두수

청규에서 처음으로 4지사와 5두수의 명칭이 나오는 곳은 현존하는 가장 오래된 청규로 북송 말에 편찬된(1103) 장로종색의 『선원청규』이다. 『선원청규』 3권 「지사知事」 편에는 "지사知事는 감원監院 · 유나維那 · 전좌典座 · 직세直歲를 이른다"라고 하여 모두 4개의 지사 소임이 나오고 있고, 4권 「두수頭首」 편에는 "두수란 수좌首座 · 서기書記 · 장주藏主 · 지객知

客·욕주浴主를 이른다"라고 하여 모두 5개의 두수 소임이 나온다.[01]

감원은 사무·행정·재정 등 서무 일체를 총괄 감독하는 소임이었고, 유나는 규율·기강 담당이고, 전좌는 주방장이고, 직세는 건물·산림 등 사찰을 관리하는 소임이다. 수좌는 승당의 책임자로서 납자들의 좌선지도 등 교육을 담당하는 소임이고, 서기(서장)는 문서 담당이고, 장주는 장경각 담당이고, 지객은 객승 등 접빈 담당이고, 욕주는 욕실을 담당하는 소임이다. 북송 총림의 요직은 4지사와 5두수로 모두 9명이었다.

남송시대 선원총림의 직제는 4지사에서 2직이 증설되어 6지사가 되었고, 5두수에서 1직이 증설되어 6두수가 되었다. 6지사는 도사都寺(서무, 행정, 재정 감독 및 총괄), 감사監寺(도사의 업무를 집행하는 실무자), 유나, 부사副寺(재무 담당), 전좌, 직세이다. 그리고 6두수는 수좌, 서기, 지장知藏, 지객, 지욕知浴(욕주), 지전知殿이다. 남송 총림의 요직, 상위 소임은 6지사와 6두수로 모두 12명이었다.

그리고 북송시대 선원총림의 중하위직은 고두庫頭(회계, 곡물, 금전출납), 요주寮主(衆寮, 대중방 담당), 방장시자方丈侍者(주지 시자 5인), 성승시자聖僧侍者(승당시자), 장주莊主(농장 관리), 연수당주延壽堂主(열반당 담당), 가

---

01   『重雕補註禪苑淸規』3권, 「請知事」. "知事, 謂監院 維那 典座 直歲."(신찬속장경
      63권, p.529b), 4권, 「請頭首」. "頭首者, 謂首座 書記 藏主 知客 浴主."(신찬속장경
      63권, p.531b)

방화주街坊化主(화주), 전주殿主(후대의 지전), 종두鐘頭, 반두飯頭, 채두菜頭, 원두園頭, 정두淨頭(화장실 담당), 다두茶頭, 노두爐頭(화로 담당), 탄두炭頭(숯 담당), 장두醬頭(장물), 죽두粥頭(죽 담당), 욕두浴頭(욕실 행자), 수두水頭(물 공급), 마두磨頭(정미소 담당), 등두燈頭(등불 담당), 각주閣主, 탑주塔主, 나한당주羅漢堂主, 수륙당주水陸堂主, 진당주眞堂主 등 약 30여 개가량의 소직小職이 있었고, 행자行者, 정인淨人(부목 등 속인) 등이 있었다.

이것은 장로종색의 『선원청규』 3권, 4권에 열거되어 있는 소임인데 북송시대에는 상하위직을 합하여 모두 40여 개가량이 된다.[02] 화주 소임인 미가방粥街坊, 미맥가방米麥街坊, 채가방菜街坊, 장가방醬街坊, 화엄두華嚴頭, 반야두般若頭, 경두經頭, 미타두彌陀頭 등이 있는데 이들을 합한다면 소임 수는 이보다 더 많다고 할 수 있다. 남송-원대에는 이보다 더 많은 50개 이상이나 되었다. 다음 도표를 참조해 보자.

---

02   그런데 같은 자각종색의 귀경문龜鏡文에는 약 21개의 소임이 열거되어 있는데, 이는 대략 중요한 소임만 열거한 것이라고 생각한다. 그 이유는 같은 자각종색의 『선원청규』 3, 4권에는 이보다 훨씬 더 많은 40여 개의 소임이 열거되어 있기 때문이다. 그 가운데 고두庫頭는 회계, 곡물, 금전출납 담당으로 북송시대에는 상위직이 아니었으나 남송시대에는 두수에서 지사 쪽으로 이동하여 6지사 가운데 부사副寺(재무, 회계 담당)로 명칭이 바뀌었다. 방장 시자, 요주, 농장 담당인 장주, 연수당주 등은 남송시대와 마찬가지로 중위직이었다.

〈당·북송시대 선종 사원의 조직표〉

(4지사·5두수 제도)

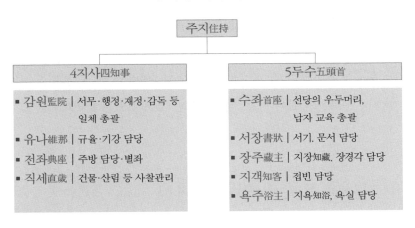

주지住持	
4지사四知事	**5두수五頭首**
■ 감원監院 | 서무·행정·재정·감독 등 일체 총괄 ■ 유나維那 | 규율·기강 담당 ■ 전좌典座 | 주방 담당·별좌 ■ 직세直歲 | 건물·산림 등 사찰관리	■ 수좌首座 | 선당의 우두머리, 납자 교육 총괄 ■ 서장書狀 | 서기. 문서 담당 ■ 장주藏主 | 지장知藏. 장경각 담당 ■ 지객知客 | 접빈 담당 ■ 욕주浴主 | 지욕知浴. 욕실 담당

〈남송시대 선종 사원의 조직표〉

(6지사, 6두수 제도)

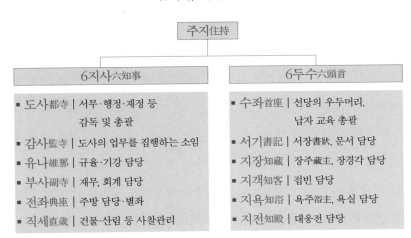

주지住持	
6지사六知事	**6두수六頭首**
■ 도사都寺 | 서무·행정·재정 등 감독 및 총괄 ■ 감사監寺 | 도사의 업무를 집행하는 소임 ■ 유나維那 | 규율·기강 담당 ■ 부사副寺 | 재무, 회계 담당 ■ 전좌典座 | 주방 담당·별좌 ■ 직세直歲 | 건물·산림 등 사찰관리	■ 수좌首座 | 선당의 우두머리, 납자 교육 총괄 ■ 서기書記 | 서장書狀, 문서 담당 ■ 지장知藏 | 장주藏主, 장경각 담당 ■ 지객知客 | 접빈 담당 ■ 지욕知浴 | 욕주浴主, 욕실 담당 ■ 지전知殿 | 대웅전 담당

총림의 직제에서 지사知事는 모두 사무, 행정, 재정, 회계, 관리, 서무 등 총림의 경영·운영 분야를 맡고 있는 소임이고, 두수頭首는 운영과 관련이 없는 수행 분야를 담당하고 있는 소임이다. 이해를 돕자면 지사는 조선시대와 근대에 있었던 사판승事判僧(事務僧)과 같은 성격이고, 두수는 이판승理判僧(수행승)과 같은 성격이라고 할 수 있다. 둘은 좌선 등 수행은 똑같이 하고, 다만 소임만 차이가 있을 뿐이다.

3. 지사와 두수의 역할과 변천

선종 사원의 상위 소임은 앞에서도 열거한 바와 같이 지사知事와 두수頭首의 두 그룹이다. 그 가운데서도 요직은 동서東序 지사의 수령격인 감원監院과 서서西序 두수의 수령격인 수좌首座이다. 감원은 사무, 행정, 재정 등 운영 분야를 총괄하고 수좌는 수행, 교육 분야를 총괄한다. 이 두 직책이 총림의 양 날개로 주지(방장)를 보좌하여 총림을 이끌어간다.

주지가 출타 중일 때, 행정, 재정 등 서무적인 전권은 감원이 관장했고, 법문, 납자 지도는 수좌가 대신했다. 주지가 입적했거나 공석일 때는 대체로 이 두 소임을 맡고 있는 사람 가운데서 새로운 주지가 선출되었는데, 감원보다는 수좌가 주지로 선출되는 빈도수가 더 높았다. 수좌가 수행 분야를 총괄했기 때문이었다.

지사知事를 '동서東序' '동반東班'이라고 하고, 두수頭首를 '서서西序' '서반西班'이라고 하는데, 이것은 당시 조정朝廷(정부)의 문무 양반兩班 제도에서 차용한 것이다. 조선시대에도 마찬가지로 조회 때 동서東序 동반(문반)은 동쪽(좌측)에 도열하고, 서서西序 서반(무반)은 서쪽(우측)에 도열한다. 법당(설법전)에서 법문을 들을 때도, 그리고 각종 법사法事·행사 때도, 동서 지사는 동쪽(좌측)에 도열하고, 서서 두수는 서쪽(우측)에 도열한다.[03]

지사知事란 '일(事)을 맡다(知)', '주관(知=主)하다'는 뜻으로, 주사主事·집사執事와 같은 말이다. 그리고 두수頭首는 '여러 사람의 우두머리'라는 뜻이다.

동서東西(東序, 西序)와 양반兩班(東班, 西班)에 대하여, 『선림상기전禪林象器箋』의 편찬자인 무착도충無著道忠(1653~1744)은 6권 양반兩班 항목에서 "조정朝廷의 제도에 문무 양반이 있었는데, 선림에서 그것을 본떴다(朝廷制有文武兩班, 禪林擬之, 故有東西兩班也)." 또 동서東序·서서西序 항

---

03   동서는 동쪽(좌측)에, 서서는 서쪽(우측)에 도열, 차서次序하는 것은 북송 말 정부 조회朝會 때 동반은 동쪽(좌측), 서반은 서쪽(우측)에 차서하는 것을 본뜬 것이다. 불전과 법당에서 좌우측의 기준은, 불상을 안치한 불단佛壇과 법문을 하는 법상法床을 기준으로 하여, 좌측은 동쪽이고 우측은 서쪽이 된다. 중국 영파 천동사에 갔는데, 재당齋堂(식당) 양쪽 기둥에 붉은 글씨로 동서東序·서서西序라고 붙어 있었다. 식당에서도 지사와 두수는 각각 동서 양쪽으로 구분해서 앉는다는 것인데, 양서 제도가 지금도 살아 있는지는 알 수 없으나 옛 제도가 완전히 사라진 것은 아닌 것 같았다.

목에서는 "동서는 지사이고 서서는 두수이다. 이것을 양반兩班이라고 한다. 조정에 문무양계文武兩階가 있는 것과 같다(東序者, 知事, 西序者, 頭首. 此謂兩班也. 猶如朝廷有文武兩階也)"라고 하여, 정부 제도에서 차용했음을 밝히고 있다.[04]

선종 사원의 모든 제도와 명칭은 대체로 당시 조정의 여러 제도와 율장에서 차용한 것이 많다는 것은 학자들의 공통된 견해이다. 동반東班·동서東序, 서반西班·서서西序도 당시 조정의 동서양반東西兩班의 직제에서 차용한 것이고, 상당법어를 5일에 한 번씩 한 것도 조정에서 5일에 한 번씩 조회를 한 데서 차용한 것이다. 그리고 공안公案도 정부의 법률 용어인 공부公府(조정)의 안독案牘(공문·판결문)에서 비롯된 말이다.

선종 사원의 직제에서 북송과 남송의 큰 차이점은 감원監院 소임이 남송시대에 와서는 업무가 과다하여, 도사都寺·감사監寺·부사副寺의 세 가지로 나누어진 점이다. 북송시대에는 4지사 제도가 남송시대에 이르러 6지사 제도가 된 것은 이 때문인데, 이는 선종 사원(총림)이 남송시대에 이르러 대외관계가 많아지고 사원의 경제도 비대해졌기 때

---

04   북송·고려·조선시대 정부 조직은 크게 문무文武 양반兩班으로 구분되었다. 문반文班을 동반東班, 무반武班을 서반西班이라고 했는데, 조회 때 옥좌玉座(王座)를 중심으로 문반인 동반은 동쪽(좌측)에 차서次序(東序)하고, 무반인 서반은 서쪽에 차서次序(西序)한다. 선원총림의 양서兩序(東序, 西序) 제도는 정부의 양반兩班(동반과 서반) 제도를 모방한 것이지만, 꼭 일치하는 것은 아니다. 예컨대 서서西序 두수는 정부 조직의 서반 즉 무반武班과 같은데, 선원의 서서西序 두수는 대부분 수행·교육 쪽이다.

문이다.

그리고 5두수에서는 불전을 관리하던 전주殿主가 남송시대에 와서는 상위직인 6두수로 승격되고 명칭도 지전知殿으로 바뀐 점이다.[05] 북송시대까지만 해도 전주는 중하위직이었는데, 상위직으로 승격되었다는 것은 남송시대에 와서 불전의 위상과 역할이 달라졌기 때문이다.

지사와 두수 제도의 변천을 일별해보면, 북송시대에는 4지사·5두수였고, 남송-원대에는 6지사·6두수였고, 명청시대에는 5지사·6두수였다. 명말明末에 행원行元이 편찬한 『총림양서수지叢林兩序須知』 동서東序 지사 명단에는 도사都寺가 없고 감사·부사·유나 등 5지사만 나온다. 여기서 감사는 도사나 감원과 같은 소임이다. 또 선종 사원에 따라서는 감원에서 셋으로 분리되었던 도사·감사·부사가 다시 감원 한 소임으로 통합된 경우도 있다. 그리고 명청시대에는 대웅전 담당인 지전이 6두수에서 탈락하고, 대신 주지(방장)의 비서실장인 방장시자(시향시자)가 6두수의 반열에 올라가 있는데, 이것은 시자의 위상과 역할이 과거보다 커졌기 때문이라고 할 수 있다.

---

05   북송 이전, 즉 당오대 선종 사원의 직제나 기구 등을 구체적으로 전하고 있는 자료는 없다. 백장회해(720~814)가 제정한 『백장청규百丈淸規』가 있지만 이미 당말오대에 산실散失되어 전하지 않고, 그 대강만 양억楊億의 「선문규식禪門規式」과 「백장규승송百丈規繩頌」(선원청규 10권 부록에 수록됨)에 전해온다. 이 두 자료(선문규식, 백장규승송)에는 장로長老(주지), 수좌首座, 유나維那(堂司), 반두, 채두, 시자가 나오고 있을 정도이다. 당대 총림의 기구와 조직은 장로종색의 『선원청규』에 나오고 있는 4지사, 5두수 범위였을 것으로 생각된다.

4. 지사·두수의 임기와 임명 과정

지사와 두수의 임기는 1년이다. 중요직이기 때문에 1년 단위로 정한 것이다. 지사와 두수는 소임을 맡은 지 1년이 되면 일괄 사직한다. 주지가 편안하게 중요직을 활용할 수 있도록 하기 위해서 일괄 사직하는 것이다. 두수는 임기가 끝나는 날 아침 공양 전에, 그리고 지사는 임기가 끝나는 날 저녁 때 방장실로 가서 삼배三拜를 한 다음 사직을 청한다. 이것을 '하지사下知事·하두수下頭首'라고 한다. 지사 소임과 두수 소임에서 내려온다는 뜻이다.

지사와 두수 등 모든 소임의 임명권자는 주지(방장)이다. 그렇다고 임의로 임명하는 것이 아니다. 먼저 전임자들의 추천을 받아서 대중들에게 세 번 적부適否 여부를 물은 다음 이의가 없으면 임명한다. 중하위직이나 소직小職은 해당 지사와 두수가 제청하면 주지가 임명한다.

『선원청규』 2권 「청지사請知事(지사와 두수의 임명을 청함)」 편에는 "주지는 지사와 두수를 임용할 때는 미리 대중을 모아 놓고 지사와 두수 후보에 대하여 적부 여부를 세 차례 물은 다음, 이의가 없으면 비로소 이를 임용해야 한다"라고 규정하고 있다. 대체로 주지의 천거에 따라 이의 없이 통과되었을 것이지만, 이런 절차를 둔 것은 대중들의 의견을 존중하기 위해서이다.

총림의 요직인 지사와 두수에 임명되면 소임자들은 먼저 방장실로 가서 주지화상에게 요직을 맡겨주셔서 감사하다는 의미에서 삼배를 한다. 주지는 차를 대접하면서 신임자들과 덕담을 나눈다.

다음에는 승당으로 가서 대중들에게 상견례 겸 신고申告를 한다. 소임자들은 한 사람씩 앞으로 나와서 "비구 ○○는 이번에 ○○직을 맡게 되었습니다"라고 한 다음 모쪼록 부족하더라도 많은 지도를 바란다는 취지의 인사말을 한다. 대중과 상견례를 하는 자리이므로 특별히 대중들에게 차 공양을 올린다.

그리고 이와는 별도로 각 소임자들이 내는 차茶가 있다. 말하자면 소임자들이 개별적으로 한턱내는 것인데, 차를 마시면서 담소함으로써 총림이 화기애애하게 운용될 수 있기 때문이다.

소임(직책)을 맡았다고 해서 좌선 시간에서 제외되는 것은 절대 아니다. 소임자라도 일을 마치면 대중과 함께 좌선해야 한다. 우리나라의 경우 사판승은 사무만, 수행승은 수행만 하지만, 중국 선종 사원은 모두가 수행자이고, 소임은 단순히 1년 동안 대중들을 위하여 봉사한다는 개념이다.

소임을 평가하는 제도도 있었다. 물론 평가는 주지가 하는 것이지만 그 이전에 대중들의 의견도 반영되었다. 1년 동안 맡은 바 소임을 잘 수행하여 대중들의 평판이 좋으면 다시 맡기지만, 대중들의 평판이 좋지 않으면 더 이상 맡기지 않는다. 소임은 목에 힘을 주는 자리가 아니고, 대중들을 위하여 봉사하는 자리이기 때문이다. 요직을 빙자하여 함부로 전횡하면 안 된다는 의도가 내포되어 있다.

지사와 두수 등 상위직은 별도로 거처하는 방이 배정되었다. 집무실인데, 수좌료首座寮·유나료維那寮·직세료直歲寮·지객료知客寮 등이 그것이다. 비록 소임으로 인하여 별도로 방사房舍를 사용했으나, 좌선과 공양은 승당에서 대중들과 함께한다. 물론 보청(울력)도 절대 빠져서는 안 된다.

당대唐代에는 임기가 끝나면 소임자들은 고하를 불문하고 승당으로 복귀했다. 그런데 송대에 와서는 전임자에 대한 예우 차원에서 별도의 방사를 배정했다. 감원, 도사, 감사, 수좌 등 상위 요직을 세 번 역임한 이는 몽당蒙堂(고위직에서 퇴임한 승려가 머무는 곳)에 배정되었고, 부사, 전좌, 직세, 지장, 지객, 지욕, 지전을 세 번 이상 맡았던 이들은 '전자료前資寮'에 배정되었다. 이것은 총림의 소임이 초기에는 대중들을 받드는 입장이었으나 후대로 내려오면서 관료화되고 있음을 뜻한다고 볼 수 있다.

동서 지사와 서서 두수 사이에는 가끔 "어느 쪽이 더 상위인가?" 하는 문제가 대두되었다. 이는 두 계열이 때로는 알력 관계에 있었음을 입증한다. 지사의 우두머리는 감원이고, 두수의 우두머리는 수좌이다. 주지가 부재중일 때 주지를 대신하여 법문을 하는 것은 수좌이고, 관아에서 외빈이나 관리가 찾아 왔을 때 주지를 대신하여 영접하는 것은 감원이다. 수좌를 지낸 이가 감원을 맡기도 하고 감원을 지낸 이가 수좌를 맡기도 했는데, 알력은 있어도 어느 쪽이 더 상위냐 하는 구분은 없었던 것으로 보인다. 같은 위치이기 때문에 청규에서도 구분하지 않았던 것 같다.

그런데 주지(방장)가 입적入寂 등으로 인하여 공석이 되었을 때는 대중 회의에서 주지를 선출하는데, 감원보다는 수좌가 선출되는 경우가 더 많았다. 권력보다는 법력이 우선이었기 때문이 아닌가 생각한다.

총림에서는 하안거나 동안거 결제를 하면 소임을 확정하여 큰방 벽에 소임자 명단, 즉 방榜을 붙이는데, 이것을 '집사단執事單'이라고 한다. 우리나라는 원나라 영향으로 이를 '용상방龍象榜' 또는 '결제방結制榜'이라고 한다. 용이나 코끼리 같은 존재가 되라는 뜻이다.

4장

맡은 바 소임이 곧 수행

선원총림의 상위 소임과 중하위 소임

1. 동서 지사

주지(방장) 밑에 요직으로 지사知事와 두수頭首가 있다. 지사를 '동서東 序'라고도 하는데, 사무, 행정, 경제(재정) 등 운영 일체를 담당하는 소임 이다. 두수는 '서서西序'라고도 하는데, 교육과 수행 분야를 담당하는 소임이다.

앞 장에서 설명한 것처럼 당말오대와 북송시대에는 4지사·5두수 제도였고, 남송-원대에는 6지사·6두수 제도였다. 지사에서 두 개 소 임이, 그리고 두수에서 한 개 소임이 증설되었는데, 직책이 증설되었다 는 것은 총림의 규모나 재정 등이 확장되었음을 시사한다.

북송시대 4지사는 감원監院·유나維那·전좌典座·직세直歲이고, 남 송-원대 6지사는 도사都寺·감사監寺·부사副寺·유나·전좌·직세이다. 즉 감원의 업무가 과다하여 도사·감사·부사로 3분三分된 것이다(소임 명은 시대에 따름). 먼저 도표로 정리해 보면 다음과 같다.

〈북송 총림의 4지사〉

감원監院	서무, 행정, 재정, 업무 감독 일체 총괄
유나維那	규율, 기강, 법회, 행사 총괄
전좌典座	주방, 식사 담당, 별좌와 같음
직세直歲	건물, 산림 등 사찰관리

〈남송·원대 총림의 6지사〉

도사都寺	행정, 사무, 살림 일체 관리 총감독
감사監寺	행정, 사무, 살림 관리 집행
유나維那	규율, 기강, 법회, 행사 총괄
부사副寺	금전, 곡물, 출납 등 재무 담당
전좌典座	주방, 식사 담당, 별좌
직세直歲	건물, 산림 등 사찰 관리

이상이 북송과 남송시대 지사인데, 북송시대 4지사의 직무(업무)는 분명한데, 남송시대에 이르러 감원의 직무가 셋으로 나누어지면서 감사監寺의 업무가 매우 모호한 편이다. 도사와 감사를 합하여 '도감사都監寺'라고도 하는데, 이 두 개의 소임이 분명 다른 소임임에도 불구하고, 『선림비용청규』와 『칙수백장청규』에는 도감사를 한 장章에 묶어 설명하고 있다.

그런데 문제는 도사의 직무에 대해서만 명시되어 있고, 감사의 직무에 대해서는 일체 언급이 없기 때문에 감사의 직무가 무엇인지 명확하지 않다.

또 도감사가 하나의 소임인지, 두 개의 소임인지도 혼동이 된다. 그래서 일본의 무착도충도 『선림상기전』 7권 「도감사都監寺」 항목에서 "(도감사는) 즉 도사이다. 도감사를 약칭하여 도사라고 한 것뿐이다. 누구는 도사와 감사 두 소임을 한꺼번에 거론한 것이라고 말하지만, 틀린 말이다(忠曰, 卽都寺也. 都監寺, 略言都寺而已. 或以爲雙擧都寺監寺二職者,

非也)"라고 하여 도감사를 하나의 직책으로 보았다. 그러나 도감사는 도사와 감사를 병칭한 것일 뿐, 두 개의 소임인 것은 분명하다. 다음에서 고증해보도록 하겠다.

남송-원대 선종 사원(총림)에서는 6지사나 6두수 등 요직을 여러 차례 맡았던 이들에 대해서는 현직에서 퇴임한 뒤에도 별도로 예우하여 단독 요사寮舍나 방사房舍(독방)가 배정되었다. 『칙수백장청규』 4권 「도감사都監寺」장의 내용이다.

부사副寺 이하(부사, 전좌, 직세)는 그 소임을 세 번 역임하지 않으면 전자료前資寮에 갈 수 없고, 감사監寺는 그 소임을 세 번 역임하지 않으면 몽당蒙堂에 갈 수 없고, 도사都寺는 그 소임을 세 번 역임하지 않으면 단독 요사에 머물 수 없다.[01]

부사, 전좌, 직세를 세 번 역임한 이들에게는 전자료前資寮라는 요사채에 독방을 배정했고, 도사, 감사, 유나, 수좌 등 지사나 두수 가운데서도 고위직을 3번 역임한 이들은 현직에서 퇴임한 후에 몽당蒙堂이라는 요사채에 독실이 배정되었다. 몽당은 전자료보다 방도 크고 시설이

---

01   『칙수백장청규』 4권, 도감사都監寺. "副寺以下非歷三次, 不歸前資. 監寺非三次, 不歸蒙堂. 都寺非三次, 不得居單寮."(대정장 48권, p.1132a) 도감사都監寺라는 용어에서도 도사가 상위임을 알 수 있다.

좋은 곳이다. 그리고 최고위직인 도사의 경우는 3번 역임하면 독립된 요사채가 배정되었다.

또 "감사監寺는 그 소임을 3번 역임하지 않으면 몽당蒙堂에 갈 수 없고(監寺非三次, 不歸蒙堂), 도사都寺는 그 소임을 3번 역임하지 않으면 단독 요사에 머물 수 없다(都寺非三次, 不得居單寮)"고 말하고 있는 것을 보아, 도사都寺와 감사監寺는 하나의 소임이 아닌 분명히 다른 소임이고, 또 감사보다는 도사가 상위직이라는 것을 알 수 있다.[02]

남송 후기인 1264년에 편찬된 『입중수지入衆須知』에는 도사와 감사가 모두 나오는데, 도사가 감사보다는 상위직이다.

남송 말인 1274년에 편찬된 된 『총림교정청규총요叢林校定淸規總要(함순청규咸淳淸規)』에는 다탕茶湯(찻자리) 즉 다석茶席 배치도가 그려져 있는데, 도사都寺·감사監寺·부사副寺 순으로 배치되어 있다. 따라서 도사와 감사는 각각 다른 소임이고 도사가 감사보다는 상위직이다.

택산일함澤山日咸의 『선림비용청규禪林備用淸規』(1311년) 「도감사」 편에는 "도감사는 산문의 중임이다. 중요한 것은 적임자를 얻는 것이다. 백장 때 감원은 공사公私를 주관했는데, 오늘날, 도사都寺가 바로 이 소임

---

02   과거(2015)에 일본 서북부 가나자와현(金澤縣) 다카오카(高岡)에 있는 조동종 선
       종 사원인 즈이류지(瑞龍寺)를 답사했다. 에도시대에 건축된 매우 큰 선종 사원
       이고, 이곳을 답사한 이유는 전형적인 남송시대 칠당가람 구조를 보기 위해서
       였다. 법당 내의 천정 가까운 벽 상단에 소임명, 즉 용상방이 있는데 도사, 감사,
       부사 순으로 나열되어 있었다. 이것으로 도사와 감사는 별개의 소임이며 도사
       가 감사보다 상위임을 알 수 있다.

이다(都監寺 山門重任. 貴在得人. 百丈監院, 幹辦公私. 今都寺是也)"[03]라고 하여, 도사가 곧 북송시대의 감원과 같은 직책이라고 말하고 있다. 물론 여기서도 감사에 대한 언급은 일체 없다.

이상을 종합해 본다면 도사와 감사는 별개의 소임이다. 그리고 특히 남송·원대에 편찬된 청규에서 도감사를 한 장章에 묶어서 설명하면서도, 도사의 직무에 대해서만 명시하고 감사의 업무에 대해서는 명시하지 않았다. 이것은 감사가 도사의 지시 사항이나 업무를 집행하는 보조적인 역할을 하는 데 그쳤기 때문이다. 그래서 여러 청규에서 도사와 감사를 한데 묶어 '도감사' 장章에서 설명한 것이다.

도사와 감사는 명말청대에 이르러서는 감사 하나로 통합된다. 명말에 편찬된 『총림양서수지』 항목에는 감사수지監寺須知만 있고, 도사수지都寺須知는 없다. 따라서 명대에는 '도사'라는 명칭과 직책은 사라지고 감사가 모든 기능을 총괄했다. 여기서 감사는 북송시대 감원과 같은 것이다.

근대(1930~40년대) 우리나라 사찰의 직책 가운데, 3직으로 감무監務, 감사監寺, 법무法務가 있었다. 감무는 오늘날 총무로 북송 때 감원, 남송 때 도사이다. 감사는 재무이고, 법무는 유나로 오늘날 교무이다.

---

03   澤山日咸, 『禪林備用淸規』(신찬속장경 63권, p.646b)

2. 지사의 직무와 역할

(1) 감원

감원監院은 서무·행정·재정 등 사원 관리 일체를 총괄·감독하는 소임으로 승당僧堂(선당)의 책임자인 수좌首座와 함께 선원총림의 양대 요직이다. 당대唐代에는 주로 '원주院主' '원재院宰' '사주寺主'라고도 했고, 당말오대와 북송시대에는 '감원', 남송·원대에는 '도사都寺'였고, 명대에는 다시 감원, 또는 '감사監寺'라고 불렸다.

감원은 동서東序 4지사(감원·유나·전좌·직세) 가운데 서열 제1위이다. 남송시대에는 감원 소임이 도사·감사·부사로 3분되었으나 여전히 총감독권은 도사(감원의 전신)가 가지고 있었다.

몇 년 전 오대산 월정사 스님들과 함께 일본 조동종 양대 본산 가운데 하나인 후쿠이(福井) 에이헤이지(永平寺)를 방문한 적이 있다. 에이헤이지는 일본 조동종을 개창한 도겐道元(1200~1253)선사가 영파 천동사에 가서 천동여정天童如淨(1163~1228)으로부터 조동선曹洞禪을 배우고 돌아와서 세운 도량이다. 교토 서북부 후쿠이(福井)의 깊은 산악 지대에 위치하고 있는데, 4월 10일인데도 잔설殘雪이 있었고, 상큼한 선기禪機가 육근六根과 오음신五陰身을 청량하게 했다. 미리 연락을 취한 덕에 답사 후 귀빈실에서 다과를 했는데, 외빈을 맞이하는 대표 스님의 직함이 감원이었다. 영평사에서 감원은 관수貫首(방장) 다음 직책인 것을 보면 고풍이 잘 전해오고 있었다. 에이헤이지는 무어라 말할 수 없을 만큼 훌륭한 선원총림이다. 그 후에도 세 번이나 답사했다.

감원은 수좌의 직무 영역인 승당僧堂(선당)과 관련된 일을 제외하고는 총림의 모든 일을 총괄·감독한다. 따라서 두수 가운데 서기·지장·지객·지욕·지전의 일도 부분적으로는 감독·관장할 수밖에 없다. 감원의 임무에 대하여 『선원청규』에는 다음과 같이 규정하고 있다.

> 감원이라고 하는 직책은 선원총림의 모든 일을 총괄한다. 관청에 나아가는 일, 관리나 시주들이 찾아오면 영접하는 일, 길흉 등 경조사, 그리고 재정의 출입과 회계, 금전과 곡식의 유무, 수입과 지출 등을 모두 담당한다.[04]

또 "감원은 어진 이와 대중을 받들며, 상하를 화목하게 하고 대중이 늘 환희심을 갖게 해야 한다. 권세를 빙자하여 대중을 경멸해서는 안 된다"고 주의를 주고 있다. 또 그 책무에 대해서도 "고사庫司(창고)에 재용財用이 부족하면 스스로 힘을 다하여 대책을 강구하되, 주지(방장)에게 알려서 마음을 쓰게 해서는 안 되며, 더구나 그 실정을 대중들이

---

04   장로종색, 『선원청규』 3권, 監院. "監院一職, 摠領院門諸事, 如官中應副 (…) 相
        看施主, 吉凶慶弔, 借貸往還, 院門歲計, 錢穀有無, 支出收入."(신찬속장경 63권,
        p.530a)

알게 해서는 안 된다"고 당부하고 있다.

주지(방장)는 납자를 지도하여 부처를 만드는 작불作佛 지도에 힘써야 하는데, 재정 등 살림살이를 걱정하게 되면 납자 지도에 전념할 수가 없게 되고, 또 대중들이 총림의 경제 등 운영이 어렵다는 것을 알게 된다면 마음 놓고 수행할 수가 없기 때문에 이런 주의를 준 것이다.

다음은 감원과 관련한 유명한 선문답이다. 법안문익이 주지로 있던 총림에서 감원 소임을 맡고 있던 현칙玄則과 법안선사 사이에 있었던 문답 내용이다.

뒤에서 상세하게 설명하겠지만, 당송시대 선종 사원의 납자 지도 시스템 가운데에는 독참獨參이라는 개별 지도 방식이 있었다. 그런데 감원 소임을 맡고 있는 현칙은 한 번도 입실入室 독참獨參하러 오지 않았다. 독참은 참구하고 있는 공안이나 화두에 대하여 방장과 일대일로 묻고 답하는 것으로 의무 사항이었다. 독참하러 오지 않는다는 것은 방장을 좀 무시하는 행위였다. 그렇다고 일반 대중도 아닌 총림의 최고 요직에 있는 감원을 꾸짖을 수도 없고 내칠 수도 없었다. 법안문익은 궁금하여 감원(현칙)을 불러서 물었다.

"(현)칙감원則監院! 그대는 어째서 입실入室 독참獨參하러 오지 않는가?"
현칙이 말했다.
"화상! 저는 이미 청림靑林(靑峰이라야 맞음) 화상 처소에서 깨달은 바가 있습니다. (그런데 굳이 독참할 필요가 있겠습니까?)"

법안이 말했다.

"아, 그렇소? 그렇다면 그 깨달은 것을 한번 말해볼 수 있겠소."

"제가 청림 화상께 '어떤 것이 부처입니까?'라고 물었더니, 청림 화상이 '병정동자丙丁童子 내구화來求火'라고 답했는데, 거기서 깨달았습니다."

법안 화상이 말했다.

"(병정동자 내구화는) 매우 좋은 법문이오. 혹 그대가 잘못 알까 걱정이 돼서 그러니 구체적으로 설명해줄 수 있겠소?"

현칙이 말했다.

"병정丙丁은 목·화·토·금·수 5행 가운데 화火 즉 불에 속합니다. 따라서 '병정동자 내구화'는 '불이 불을 찾고 있다(以火求火)'는 뜻이 되고, 이 말은 곧 자기 자신이 부처인데 다시 부처를 찾고 있다는 뜻입니다."

법안선사가 말했다.

"감원, 그대는 내가 예측했던 대로 과연 잘못 알고 있소."

그 말에 현칙은 매우 자존심이 상했다. 그는 기분이 나빠서 곧바로 감원 소임을 사직하고 법안의 문하를 떠나가버렸다.

법안 화상이 대중들에게 말했다.

"만일 현칙이 다시 돌아오면 구제할 수 있지만, 돌아오지 않는다면 (날이 넘어서) 구제 불가능하네."

현칙은 화딱지가 나서 단걸음에 양자강을 건넜다. 그런데 가다가 문득 생각해보니 법안선사의 문하에는 무려 500여 명이나 되는 많은 납자들이 수행하고 있는데, 그의 법력이 나를 속일 리가 없다는 생각이 들어

다시 발길을 돌려 법안 화상을 찾아가서 물었다.

법안 화상이 말했다.

"다시 내게 물어보시오. 그러면 내가 그대를 위하여 말해주겠소."

현칙이 물었다.

"화상, 무엇이 부처입니까?"

법안선사가 말했다.

"병정동자丙丁童子 내구화來求火(불이 불을 찾고 있네)."

똑같은 대답이지만, 현칙은 그 말이 떨어지자마자 언하言下에 대오했
다.[05]

현칙은 자신이 본래 부처임을 알았다. 그러나 그것은 관념적 지식적

---

05   원오극근,『碧巖錄』7칙. "(玄)則監院在法眼會中, 也不曾參請入室. 一日法眼問
      云. 則監院何不來入室. (玄)則云. 和尙豈不知. 某甲於靑林處, 有箇入頭. 法眼
      云. 汝試爲我擧看. (玄)則云. 某甲問如何是佛. (靑)林云. 丙丁童子來求火. 法
      眼云. 好語, 恐爾錯會, 可更說看. 則云. 丙丁屬火, 以火求火, 如某甲是佛, 更去
      覓佛. 法眼云. 監院果然錯會了也. (玄)則不憤便起單渡江去. 法眼云. 此人若回
      可救. 若不回救不得也. 則到中路自忖云. 他是五百人善知識, 豈可賺我耶. 遂回
      再參法眼云. 爾但問. 我爲爾答. 則便問. 如何是佛. 法眼云. 丙丁童子來求火.
      (玄)則於言下大悟."(대정장 48권, p.147b)『禪林類聚』9권. "玄則監院在法眼會下
      竝不入室. 忽一日眼問. 汝在此, 初不見來問話. 曾參甚人, 有何見處. 師云.某甲曾
      參見靑峰和尙來. 眼云有甚言句. 師云. 某甲問如何是學人自己. 峰云丙丁童子來
      求火. 眼云. 好語. 汝作麼生會. 師云. 丙丁屬火, 將火求火. 如將自己求自己. 眼云
      與麼會又爭得. 師當時不肯. 遂起發去眼. 問侍者則監院在甚處. 者云已起去也.
      眼云. 此僧若過江去, 救伊不得也. 師至中途再返. 求懺悔問云. 玄則只與麼. 和
      尙尊意如何. 眼云汝但問. 師便問如何是學人自己. 眼云丙丁童子來求火. 師大
      悟於言下. 後出世金陵報恩爲法眼之嗣."(신찬속장경 67권, p.55a)

으로만 이해했을 뿐, 정말 자기 자신이 부처라는 사실을 인식하지는 못했던 것이다. 그런데 법안선사의 일갈―喝에 비로소 진정으로 자기가 부처라는 사실을 깨달았던 것이다. 똑같은 말도 누가, 언제, 어떻게 말해주느냐에 따라 듣는 사람은 충격을 받기도 하고 받지 않기도 한다. 참고로 현칙은 그 후 법안의 법을 이었고 금능 보은사 주지(방장)가 되었다.

(2) 도사·감사·부사

도사都寺·감사監寺·부사副寺는 앞에서 이미 고찰한 바와 같이 감원에서 분리된 소임이다. 남송 때에 이르러 감원의 업무가 많아지자 셋으로 나누어진 것이다.

도사는 당·북송 시대 원주院主, 감원으로 주지(방장)를 대신하여 행정, 서무, 재정 등 서무 일체를 총괄·감독하는 소임이다. 오늘날 총무와 같다고 할 수 있는데, 실제는 오늘날 총무보다도 주지와 거의 같은 권한을 가지고 있다.

감사는 도사(감원)의 업무를 실질적으로 집행하는 실무자로써 도사를 보조하는 소임이다. 감사는 한때는 감원과 같은 경우도 있었다.

부사는 회계, 금전 출납, 쌀, 천, 곡식 관리 등 수입 지출을 맡고 있는 소임으로 오늘날 우리나라 사찰의 재무에 해당한다. 부사를 고두庫頭·궤두櫃頭·재백財帛·부사副司·부원副院 등으로도 불렀다. 북송 때의

『선원청규』에는 고두庫頭가 나오는데, 이 고두가 부사의 고칭이다.

(3) 유나

유나維那는 법도法度를 뜻하는 강유綱維(三綱·四維)의 '유維'와 범어 갈마다나(karma-dana, 羯磨陀那, 일을 지시하다)의 '나那'자를 따서 만든 중인中印 합성어이다.

유나는 선원총림의 기강과 규율, 그리고 법회 등 행사 진행을 담당하는 소임이다. 총림의 사법권과 판결권을 가지고 있는데, 오늘날로 말하면 검찰 수장과 법원 수장의 기능을 합한 것과 같다. 그리고 총림의 각종 법회와 행사도 유나가 담당하고 사회도 유나가 본다.

중국불교 일반에서는 유나를 '열중悅衆'이라고 한다. '대중을 기쁘게 한다'는 뜻이다. 유나가 기강과 규율에 치중하다 보면 대중은 경직될 수밖에 없다. 그렇게 되면 대중생활이 힘들게 되므로 대중을 기쁘게도 해야 한다는 뜻에서 '열중悅衆'이라고 한 것이다. 기강 확립(유나)과 대중의 화합(열중)이라는 명제를 운용의 묘妙를 통해 조화롭게 이끌어가고자 한 것이다. 『선원청규』「유나維那」 장에는 유나의 직무에 대하여 다음과 같이 길게 쓰고 있다.

범어로는 유나, 우리나라(중국)에서는 열중悅衆이라 한다. 유나는 대중들의 일(행동거지)을 관장한다. 새로 입방하고자 하는 자에 대하여 사실 여부를 조사, 확인하는 것은 물론이고, 승당 내의 모든 물품을 관장하되 모자라는 것이 있을 때엔 고사庫司(창고 담당, 부사)에게 알리고, 부서진 것은 직세直歲(건물 관리 보수 담당)에게 의뢰하여 보완, 충당토록 한다.

병승病僧이 있으면 연수당延壽堂(열반당) 담당자(간병)에게 알려서 조처하도록 하고, 당두시자(방장시자) · 연수당주(열반당 책임자) · 노두爐頭(화로 담당) · 중료의 요주寮主, 그리고 각 전각의 관리자(殿主) 등 소직小職에 대한 임명 제청권도 모두 유나가 관장한다. 만일 승당 내에 분쟁 등 큰 일이 생기면 당두(주지)에게 알리고 작은 일은 유나가 규율에 의하여 처리한다. 승당 내에 분실물이 발생하여 피해자가 수색할 것을 요청하면 대중에게 알리고 수색하되, 수색한 결과 분실물이 나오지 않을 경우에는 의뢰한 당사자를 승당에서 추방하거나 전출시킨다. 가능한 화해를 시켜 소란스럽지 않게 해야 한다.[06]

유나는 대중 가운데 살殺 · 도盜 · 음婬 · 망妄 · 주酒를 범하거나 횡령 · 착복하여 사찰의 재정을 축내거나 화합을 해치는 등 청규를 위반하는 일을 하고도 참회하거나 승복하지 않을 경우에는 그들을 추방할 수 있는 권한도 갖고 있었다.

---

06   장로종색, 『선원청규』 3권, 「維那」(신찬속장경 63권, p.530b)

위의 인용문에서도 볼 수 있듯이 유나의 권한은 광범위하다. 예컨대 주지가 공무公務로 바빠서 보청(울력)에 나올 수 없을 때에는 주지를 대신하여 시자侍者가 나오도록 되어 있는데, 시자가 나오지 않을 때엔 주지의 시자를 추방하거나 문초·전출시킬 수 있는 권한도 갖고 있었다. 실제로 주지의 시자를 전출하거나 추방시킨 사례가 있었는지는 알 수 없지만, 이런 규정을 두었다는 것은 사법권이 독립되어 있었음을 의미한다. 공동체 속에서 사법司法의 기능이 제 역할을 하지 못한다면 총림의 기강은 해이해질 수밖에 없기 때문이다.

유나는 소직小職에 대한 인사 제청권도 갖고 있었으며, 각종 행사 진행과 사회, 그리고 망승亡僧의 장례도 유나가 관장한다. 특히 새로 들어오는 입방승이나 객승에 대하여, 도첩·계첩·면정유免丁由(병역·노역 면제증)·안거증 등을 조사할 수 있는 권한도 갖고 있었다. 만일 위조나 허위 사실이 드러날 때에는 입방할 수 없는 것은 물론이고, 지방 관아에 연락하여 조처하도록 했다.

도첩제는 국가에서 승려임을 인증하는 제도인데, 북위 때부터 간헐적으로 시행되다가 당唐 현종 천보 6년(747)부터는 정식으로 시행되어 송·원대는 물론이고, 명청 때까지도 그대로 시행되었던 것으로 보인다. 도첩을 가진 자에게는 세금과 병역兵役·노역勞役의 의무가 면제되는 특권을 주었다. 때문에 승려의 이동과 사망 등에 관한 모든 사항은 반드시 지방 관아에 보고하도록 되어 있다.

(4) 전좌

전좌典座는 6지사의 하나로 대중들의 식사, 즉 공양 일체를 관장하는 소임이다. 주방장인 셈인데, 우리나라의 별좌別座(원주의 보조)와 비슷한 성격이다.

전좌에 대하여 간혹 어떤 글에는 공양주供養主·공두供頭·반두飯頭라고 설명한 곳도 있는데, 틀린 것은 아니지만 그렇다고 정확하다고 할 수도 없다. 공양주(공두), 채두菜頭(菜供), 갱두羹頭(국을 끓이는 소임), 미두米頭(쌀을 관리하는 소임) 등은 모두 전좌 밑에 딸린 소직小職(하급직)이다. 반면에 전좌는 이들을 통제·관장하는 상위직으로 6지사 가운데 하나이다.

전좌는 본래 대중의 침상寢牀, 좌구坐具(방석 등), 와구臥具(침구), 그리고 음식을 맡았던 소임이었는데, 선종 사원에서는 주방의 일을 중시하여 음식을 전담하게 된 것이다.

『사분율四分律』에는 "부처님이 기사굴산에 계실 때, 탑파마라자 비구가 대중 가운데 뽑혀서 뭇 수행자들의 상좌床座와 와구臥具, 그리고 음식 분배를 맡았다(典衆僧床座, 臥具乃分飮食)"라는 설명이 있는데, 이것이 전좌의 기원이다. '전좌'라는 말도 앞의 '전중승상좌典衆僧床座'에서 첫 글자인 '전典'과 마지막 글자인 '좌座'에서 따온 말이다. 여기서 '전典'이란 '맡다' '담당하다'는 뜻이다.

전좌의 임무 가운데 가장 중요한 것은 음식을 정갈하고 맛있게 만드는 일이다. 따라서 전좌는 대부분 음식 솜씨가 있는 나이 지긋한 고참이 담당하는데, 대중들의 공양을 담당한다는 자부심과 작복作福 개념에서 자원하는 경우도 많다.

음식을 맛있게 만들기 위해서는 무엇보다 마음 자세가 중요하다. 음식 만드는 것을 수행의 하나로 생각해야 한다는 것이다. 마음 자세가 보살이어야 하고 대중을 위하는 마음을 갖고 있어야 한다.

『선원청규』 3권 「전좌」 장에는 그 임무에 대해 자세하게 쓰여 있다.

전좌직은 대중의 재죽齋粥(밥과 죽)을 맡은 소임이다. 모름지기 도심을 움직여서 때에 맞게 음식을 바꾸어 대중들로 하여금 안락하게 해야 한다. 그리고 재료材料를 낭비하지 말라. 주방을 점검하여 깨끗하게 하라. (…) 음식을 만들 때에는 반드시 직접 살펴서 깨끗하게 해야 한다. 음식의 가지 수를 정할 때에는 미리 고사庫司나 지사知事(감원을 말함)와 상의하라. 장醬과 말린 나물 등은 모두 전좌가 관장하되 그 때를 잃지 말라. (…) 주방에 솥이나 기물이 오래되어 파손된 것이 있으면 그때마다 교환, 보충하라.

또 행자를 시켜서 공양물을 승당(또는 중료)으로 보낼 때는 모름지기 하나하나 지도하되 분명하게 알게 하라. (…) 전좌는 주방에서 공양할 때 대중이 먹는 것과 달리하지 말라. 재齋와 죽粥이 준비되면 먼저 승당을

향하여 분향하고 아홉 번 예배한 다음 음식물을 보내야 한다.[07]

이 가운데 '장과 말린 나물 등은 모두 전좌가 관장하되 그 때를 잃지 말라'는 말은 장을 담글 때를 맞추어 장을 담그는 일, 나물을 삶아서 말리는 일 등은 전좌가 알아서 해야 한다는 뜻이다.

또 전좌는 승당으로 공양을 보낼 때 '먼저 승당을 향하여 분향 9배九拜한 다음 보낸다'는 것이다. 처음 필자는 이 말을 믿지 않았다. 전좌가 승당으로 공양(음식)을 보낼 때 가사를 입고 오체투지의 9배를 한 다음 보낸다는 것은 여건상 쉽지 않기 때문이었다. 더욱이 우리나라는 그런 총림이 없었고, 이것은 단지 청규의 규정일 뿐 실제는 시행되지 않았다고 판단했다.

나는 2009년 이후 교토 선종 사원 답사를 매년 갔다. 특히 남송시대 선원총림의 문화가 비교적 많이 남아 있는 에이헤이지(永平寺)는 네 번이나 다녀왔다. 2016년 네 번째 답사의 목적은 에이헤이지 고원庫院을 보고 전좌스님을 만나서 에이헤이지는 과연 청규대로 9배를 하고 있는지 확인하기 위해서였다.

마침 조동종 이치노헤(一戸) 스님과 재무부장스님의 주선으로 고원을 둘러보고 전좌스님과 인사를 나눌 수 있었다. 당시 전좌스님은 71

---

07   장로종색, 『선원청규』 3권, 「典座」(신찬속장경, 63권, p.531a)

세의 노스님이었는데 비닐 장갑을 끼고 장화를 신고 앞치마를 두르고 식자재를 다듬고 있었다. "연로하신데 어떻게 전좌를 맡으셨느냐"고 물었더니 안내하는 국제부장스님이 "이생 마지막으로 에이헤이지 전좌를 자청했다"는 것이다.

'오!' 나는 전좌스님에게 "청규에 보면 전좌가 공양을 보낼 때 승당을 향하여 9배를 한다고 되어 있는데, 지금 혹시 에이헤이지는 어떻게 하고 있느냐"고 물었더니, 답하기를 "청규대로 9배를 하고 있다"고 하는 것이다.

일본 조동종의 개조 도겐(道元)은 천동사에서 4년간 공부했는데, 전좌가 승당을 향하여 9배한 후에 공양을 보내는 모습을 보고 엄청 큰 문화적 충격을 받았다. 그래서 귀국하고 나서 특별히 전좌 소임자를 위하여 저술한 것이『전좌교훈典座教訓』(전좌에게 주는 교훈)이다.

당말의 유명한 선승 설봉의존雪峰義存(822~908)은 가는 곳마다 전좌 소임을 자임했다. 이에 대해 원오극근圜悟克勤(1063~1135)은『불과격절록佛果擊節錄』에서 "설봉은 행각할 때 조리笊籬(쌀을 이는 도구)와 목표木杓(주걱)를 매고 다녔다. 가는 곳마다 전좌가 되었다"[08]라고 했다.

설봉의존은 당나라 후기의 선승으로 17세에 삭발했다. 24세에 회창 폐불 사태를 겪으면서, 속복을 입고 부용영훈芙蓉靈訓에게서 참구했다.

08   원오극근,『佛果擊節錄』하권. "雪峰, 擔笊籬木杓行脚, 到處作典座."(신찬속장
      경 67권, p.244c)

그 후 동산양개洞山良价 문하에서 반두飯頭(공양주)의 일을 보았다. 양개와는 특별한 인연을 맺지 못했으나, 그의 가르침에 따라 덕산선감德山宣鑑(782~865)을 참문하여 깨달음을 얻었다. 설봉이 중국 선종사의 중요한 한 페이지를 차지하게 된 것도 사실은 이 조리와 주걱 덕분이다. 그의 선에 대하여 별명을 하나 붙인다면 조리목표선笊籬木杓禪이라고 해야 할 것이다.

앞에서도 언급했듯이 도겐선사는 귀국 후 『전좌교훈』을 저술했는데, "전좌는 도심道心을 갖고 소임에 임해야 한다. 전좌는 무엇보다도 청결을 우선시해야 한다"고 하며 전좌의 마음가짐에 대하여 각별히 당부하고 있다. 정성과 도심 없이 음식을 만든다면 그 음식은 정갈하지도 않고 맛도 없을 것이다.

도겐선사의 천동사 유학 이야기다. 그가 영파 천동사에서 공부한 시기는 남송 때인 1223년부터 1228년까지로, 그의 나이 23세에서 27세까지였다. 당시 영파항은 국제항으로 지정된 곳으로, 남송의 수도 항주에서 50리 정도 거리에 있었다. 도겐은 영파항에 도착했으나 수계증 등 서류 미비로 입국하지 못하고 정박하고 있는 배 안에서 기다리고 있을 때의 일이다.

도겐은 이곳에서 노老전좌스님 두 분을 만나게 된다. 한 분은 영파 아육왕사의 전좌로 61세였고, 다른 한 분은 천동사의 전좌로 68세였다. 모두 진갑과 고희를 바라보는 노스님들이었다. 그중 아육왕사 전좌스님은 40리나 되는 길을 걸어서 영파항까지 왔는데, 단오端午를 맞이하여 대중들에게 국수 공양을 올리기 위해 표고버섯(오디라는 설도 있다)을 구하러 온 것이었다.

중국 선불교에 대하여 궁금한 것이 많았던 도겐선사는 아육왕사 전좌스님을 배 안으로 초대하여 이런저런 한담閑談을 나누다가 노스님이 안타까워 물었다.

"전좌스님, 힘든 일은 젊은 사람들에게 맡겨도 되지 않습니까? 이렇게 직접 하실 필요가 있겠습니까?"

아육왕사 전좌스님이 대답했다.

"내 나이 지금 61세로 전좌직을 맡게 되었는데, 이것이야말로 나이를 먹어서도 할 수 있는 수행이오. 그러므로 이 전좌의 일은 잠시라도 다른 사람에게 맡길 수 없소이다."

도겐이 물었다.

"번거롭게 전좌직을 맡아서 일만 하신다면 무슨 좋은 것을 기대할 수 있겠습니까?"

이에 전좌스님은 다음과 같이 말하며 자리를 떴다.

"외국의 젊은 스님! 그대는 아직 판도辦道(참선 공부)가 무엇인지 잘 모르고 있네."

노스님은 선당에 앉아서 좌선하는 것만이 참선 수행이 아니고, 대중을 위하여 맡은 소임을 충실하게 하는 것이 진정한 수행이라고 일갈한 것이다. 일상의 생활이 곧 선(日常卽禪)이라는 뜻이다.

도겐은 입국 후 항주 일대의 여러 선원을 답사하다가 영파 천동사에 입방했다. 당시 천동사에는 굉지정각宏智正覺의 4대 법손인 천동여정天童如淨선사가 방장으로 있었다. 이야기가 좀 옆길로 새고 있지만, 그에게는 유명한 「반야송」이라는 선시가 있다. 대웅전 처마에 매달려 '뗑그렁 뗑그렁' 울리고 있는 풍경風磬을 보고 읊은 시이다. 시상詩想이 세속을 초탈한 선, 부처의 세계이다. 이 시구를 감상하노라면 아련히 사찰의 풍경 소리가 들려오는 것만 같은 착각 속으로 들어간다.

> 몸 전체가 입이 되어 허공에 걸려
> 동서남북 모든 바람 상관하지 않고
> 한결같이 그들(중생)에게 반야를 이야기하네
> 뗑그렁 뗑그렁…
> 通身是口掛虛空 不管東西南北風
> 一等與渠談般若 滴丁東了滴丁東

다시 앞으로 돌아가서, 때는 한여름이었다, 68세 고령의 천동사 노老전좌 스님이 한낮에 삿갓도 쓰지 않은 채 땡볕에서 해초海草(김, 김부각)를 말리고 있었다. 더욱더 충격적인 것은 머리는 하얗고 허리는 활처럼 둥그렇게 휘어져 지팡이를 짚고서 일하고 있었다. 이미 도겐은 영파항에서 아육왕사 전좌스님에게서 선 수행(辦道)이란 맡은 바 소임 등 일상 속에서 수행하는 것이라는 말을 듣고 1차 충격을 받았었다. 허리가 활처럼 휜 천동사 노전좌스님의 일하는 모습을 보고 다시 한번 큰 문화적 충격을 받았다. 수행이 따로 있는 것이 아니었다. 그리고 좌선만이 수행이 아니었다.

당시 일본불교는 정치 권력과 밀착하여 수행자 본연의 모습을 온전히 상실하고 있었는데, 맡은 바 소임이 곧 수행이라고 생각하고 있는 전좌스님의 모습에서 그는 수행, 공부, 판도에 대하여 새롭게 인식하게 되었다.

아육왕사와 천동사 두 전좌스님 가르침은 오늘날 우리나라 선원에도 시사하는 바가 크다. 소임을 맡지 않고 오로지 좌선만 한다고 해서 부처가 되는 것만은 아니라는 것을 보여주고 있다. 선안禪眼은 계정혜를 함께 수행해야 얻어지고 생활 속에서 얻어진다.

(5) 직세

직세直歲는 도량, 당우, 산림의 관리, 보수 등을 맡고 있는 소임이다. '직세'라는 말은 '바로 그해'를 뜻하는데, 이 소임이 처음에는 1년마다 돌아가면서 맡았기 때문에 붙여진 이름이다. 『선원청규』「직세」 장에는 직세의 소임에 대하여 다음과 같이 쓰여 있다.

무릇 선원과 관련된 작무作務(보청, 울력)는 모두 직세가 맡는다. 직세의 직무는 요사寮舍, 창문, 담장 등 당우 수리修理를 담당한다. 그리고 방앗간 (정미소), 유방油坊(기름 짜는 건물), 농막, 마구간, 전원田園, 선거船車 등을 관리하며, 산림山林을 보호하고 도적을 방호防護한다. (…) 모름지기 공심公心으로 일을 하되 때를 알고 옳은 바를 분별해야 한다. 만일 큰 공사工事나 큰 울력이 있을 때에는 주지에게 보고해야 한다. 또 지사들과 상의해서 하되 너무 자기의 견해를 고집하지 말라.[09]

직세의 업무 영역은 매우 넓다. 여기서 중요한 점은 직세가 보청(작무, 울력) 동원권을 갖고 있었다는 것과 총림의 산림 및 도적을 막는 임무도 맡고 있다는 점이다. 우리나라는 울력 동원권이 주로 원주에게 있다.

전원田園은 총림 소유의 장원莊園(농장)을 뜻하고, 선거船車는 배와 수레를 가리키는데, 농작물을 운반하기 위해서는 배와 우牛수레가 있어야 하기 때문이다.

송대에는 황실과 사대부들의 토지·산림 기증으로 인하여 사원의 전답이 광대해져서 장원 담당인 장주莊主 소임이 신설되었다. 장주 소임이 신설된 이후에는 농장 관리, 소작 관리, 방앗간, 유방油坊, 농막, 마구간, 전원田園, 선거船車 관리 등은 장주에게 이관되었다.

이상 6지사 소임의 업무 영역과 역할, 권한 등에 대한 설명은 여기서 마무리하고 다음은 두수에 대하여 설명할 차례다.

---

09   장로종색, 『선원청규』 3권, 「直歲」(신찬속장경 63권, p.531a)

3. 두수의 직무와 역할

동서東序 지사知事가 서무, 행정, 재정 등 총림의 운영과 관련된 소임이
라면, 서서西序 두수頭首는 수행, 교육 분야와 관련된 소임이다.

　당·북송시대에는 5두수 제도였으나, 남송에 이르러 불전佛殿 담당
인 지전知殿이 추가되어 6두수가 되었다. 그리하여 수좌·서기書記(서
장)·지장知藏(藏主)·지객知客·지욕知浴(욕주)·지전知殿을 가리켜 6두수
라 일컫게 되었다. 지전은 북송 때에는 '전주殿主'로 상위직이 아니었으
나, 남송시대에 이르러 불전의 위상이 급상승하자 지전 소임도 덩달아
상위직인 6두수가 되었다.

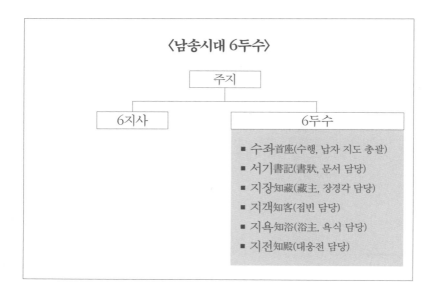

〈남송시대 6두수〉

주지

6지사　　　6두수

- 수좌首座(수행, 납자 지도 총괄)
- 서기書記(書狀, 문서 담당)
- 지장知藏(藏主, 장경각 담당)
- 지객知客(접빈 담당)
- 지욕知浴(浴主, 욕식 담당)
- 지전知殿(대웅전 담당)

(1) 수좌

수좌首座는 서서 두수의 우두머리로 납자들의 참선 수행 지도 등 교육을 총괄한다. 승당僧堂(禪堂)의 좌차座次(앉는 차례) 서열 제1위이기 때문에 수좌를 '제일좌第一座'라고도 한다. 수좌라는 명칭도 그런 뜻이다.

또 좌차의 '으뜸'이라는 뜻에서 좌원座元이라고도 하고, 선당의 우두머리라는 뜻에서 선두禪頭, 대중 가운데 상수上首이므로 수중首衆, 또 판수板首(장련상 판의 첫째 자리)라고도 한다. 6두수의 2위는 서기書記이고, 3위는 장주藏主(지장)이다.

수좌는 선원의 수석 선승으로 매우 중요한 자리인 동시에 명예스러운 자리이기도 하다. 예컨대 주지(방장)가 공무로 장기간 총림을 비우거나 일시적으로 궐위가 되었을 때에는 수좌가 주지를 대신하여 소참, 조참, 만참 등의 법문을 한다. 이때 법문은 정식 설법 장소인 법당이 아닌 조당照堂에서 이루어진다. 법당에서 하는 법문은 주지 외에는 할 수가 없기 때문이다.

수좌는 별도로 수좌료首座寮가 주어지는데, 생활은 수좌료에서 하지만 좌선과 공양 등은 승당에서 대중과 함께한다. 선종사에서 일파一派나 일가一家를 이룬 선승 중에 수좌직을 거치지 않은 이가 드물다. 수좌직은 곧 고승으로 가는 길목, 또는 그 전 단계라고 할 수 있다.

승당이 크고 대중들이 많을 때에는 두 명의 수좌를 두는데, 이를 전당수좌前堂首座와 후당수좌後堂首座라고 한다. 남송시대에 생긴 소임인

데 이 중에 전당수좌가 상위이고 후당수좌는 부副로서 전당수좌를 보좌하는 역할을 한다.[10]

그렇다고 전당수좌는 전당 납자들만 관장하고, 후당수좌는 후당 납자들만 관장하는 것은 아니다. 승당은 모두 전당수좌가 총괄하고 후당수좌는 전당수좌를 보필할 뿐이다. 승당을 출입할 때에도 전당수좌는 앞뒤 문을 구별하지 않고 출입할 수 있지만, 후당수좌는 후문으로만 출입해야 한다. 이렇게 전후 양당兩堂으로 나누는 것은 승당의 규모가 크고 납자들이 많을 때인데, 승당 내에 문수보살상을 중심으로 앞이 전당이고 뒤가 후당이다. 별도로 후당이 있는 것이 아니다.

특히 당·송대에는 한 승당 내에서 많은 납자들이 생활했다. 보통 300명 이상이었는데, 많을 때에는 천 명 이상이 있었다. 예컨대 대혜종고선사가 항주 경산사 주지(방장)로 있을 때에는 무려 1,700명이나 운집해 있었다. 천승각千僧閣이라는 대승당을 신축했는데 그곳에 약 850명가량 기거했다. 한 승당에 이렇게 많은 납자들이 생활했기 때문에 수좌 한 명으로는 관리하기가 어려웠던 것이다.

앞에서 당·송대에는 보통 대중이 300명 이상이었다고 했는데, 그 사실을 『벽암록』 제35칙 '문수전삼삼文殊前三三' 공안에서 확인해볼 수 있다.

---

10   전·후당의 구분은 승당(선당)을 반으로 나누었을 때 앞을 전당, 뒤를 후당이라고 하는데 그 기점은 승당에 모셔져 있는 문수상으로 한다.

문수가 무착無著(820~899)에게 물었다.

"요즈음 어디에 있다 왔는가요?"

"남방(양자강 이남)에서 왔습니다."

"남방의 불법은 어떠합니까?"

"말법의 비구들은 그저 조금 계율을 지키는 정도입니다."

"대중은 얼마나 됩니까?"

무착이 답했다.

"보통 300명, 또는 500명 정도입니다."

이번에는 무착이 문수에게 물었다.

"이곳 불법은 어떻습니까?"

"범부와 성인이 함께 있고 용과 뱀이 뒤섞여 있소."

"대중은 얼마나 됩니까?"

"앞도 삼삼三三, 뒤도 삼삼三三이오."[11]

선원마다 보통 300~500명 정도였는데, 다음에 나오는 문수의 답 '前三三 後三三'도 납자들의 숫자가 삼삼오오 앞뒤로 줄줄이 많다는 뜻이다.

---

11   『벽암록』제35본칙, "文殊問無著, 近離什處. 無著云, 南方. 殊云, 南方佛法, 如
      何住持. 著云, 末法比丘, 少奉戒律. 殊云, 多少衆. 著云, 或三百, 或五百. 無著問
      文殊, 此間如何住持. 殊云, 凡聖同居, 龍蛇混雜. 著云, 多少衆. 殊云, 前三三後
      三三."

동양덕휘東陽德輝의 『칙수백장청규勅修百丈淸規』「전당수좌」 장에는 수좌의 임무와 역할에 대하여 다음과 같이 규정하고 있다.

전당수좌는 총림의 모범이며, 인천의 안목이다. 주지(방장)를 대신하여 분좌설법分坐說法하며 후배를 지도한다. 좌선할 때는 대중을 이끌고 규칙을 지키게 한다. (…) 대중들이 예의법도를 지키지 않을 때는 규율에 의하여 벌을 내린다.[12]

'분좌설법分坐說法'이란 '다자탑전多子塔前 분반좌分半座'에서 비롯된 말로 법좌의 반을 나누어 법을 설하게 한다는 뜻이다.

세존께서 어느 날 설법하기 위하여 법상에 올라가 앉으셨는데, 마침 저쪽에서 상수제자인 가섭존자가 오고 있었다. 세존께서는 가섭존자가 오자 앉아 있던 자리의 반을 나누어 앉게 하고는 법을 설하게 했다고 한다. 이것은 장래 자신의 후계자는 바로 마하가섭임을 선언하는 것이나 다름없는 일이었다. 물론 이는 역사적 사실이 아니고 붓다-마하가섭-달마-혜가 등으로 이어지는 교외별전의 선종을 뒷받침하기 위한 권위의 작업이라고 할 수 있다.

우리나라 총림이나 선원에서도 수좌의 서열은 방장이나 조실 다음

---

12   『칙수백장청규』「전당수좌」. "前堂首座, 表率叢林, 人天眼目, 分坐說法, 開鑿後昆, 坐禪領衆, 謹守條章 (…) 僧行失儀, 依規示罰."(대정장 48권, p.1131a)

이다. 수좌직을 맡고 있는 이를 '수좌'라고 부르는데, 한편으로는 젊은 스님에게도 법명 앞에 수좌를 붙여서 '○○ 수좌'라고 부르는 경우도 많다. 수좌라고 하는 존칭이 하향하여 젊은 스님에게 쓰는 미칭美稱으로 덧붙이게 된 것이다.

그리고 수좌 외에 별도로 입승수좌立繩首座라는 소임이 있다. 총림에 덕이 높은 스님이 있을 경우 별도로 수좌 한 명을 더 두는데, 그를 '입승수좌'라고 불렀다. 이에 대한 내용이 『선원청규』 7권 「청입승請立繩(입승을 청하여 모심)」편에 언급되고 있다.

> 퇴원退院한 존숙尊宿(주지)이나 전前 수좌, 전前 장주藏主를 지낸 이로 덕망이 높아서 대중의 여망에 합당하면 입승수좌로 모신다. 주지가 승좌하여 거백擧白(천거)을 마치면 지사知事(두수 포함)와 대중들은 그의 요사寮舍로 가서 예를 올리고 (입승수좌로) 청한다.[13]

이와 같이 입승수좌는 때론 주지를 대신하여 법문을 하기도 한다. 전임 주지나 전임 수좌를 역임했으므로 수좌보다는 상위이지만, 그 역할은 어디까지나 승당의 제일좌인 수좌를 돕는 입장이다.

---

13   장로종색, 『선원청규』 7권, 「請立僧」. "退院尊宿首座藏主, 如合衆望, 可擧立僧. 卽住持人陞座擧白訖, 知事大衆詣寮禮請."(신찬속장경 63권, p.541c)

(2) 서기

서기書記(書狀)는 서서西序 6두수六頭首 서열 가운데 두 번째다. 당·북송시대에는 주로 서장書狀이라고 했고 남송시대에는 서기라고 했다. 또 제1좌인 수좌에 이어 서기를 제2좌第二座라고 한다.

서기는 문한文翰을 담당하는 소임으로 한 선종 사원(선원총림)의 지적 수준을 가늠하는 대표자이다. 총림의 대내외적인 문서 담당으로 관청에 보내는 공문公文, 표문表文, 소문疏文(보고문) 등을 작성·송부送付·관리한다. 그리고 선원의 각종 법회와 행사 때 사용되는 취지문, 축원문, 방함록, 결제방, 다탕방茶湯榜 등 방문榜文도 모두 서기가 작성하고 쓴다. 따라서 서기는 문장 능력, 공문 작성 능력을 갖추고 있어야 한다. 『선원청규』 4권 「서장書狀」 편에는 서장 소임에 대하여 다음과 같이 규정하고 있다.

> 서장이라고 하는 직책은 산문의 서소書疏(서간, 서찰, 관청에 올리는 글 등)를 담당한다. 그러므로 마땅히 글씨는 방정方正해야 하고 언어는 정제整齊해야 하며, 봉투를 접는 것이 여법해야 한다. 그리고 언어 사용이 존비尊卑, 촉정觸淨, 승속僧俗에 맞아야 한다. 만일 관원에게 서신을 보낼 때는 더욱더 함부로 보내서는 안 된다. 매년 시주에게 보내는 글은 미리 먼저 잘 안배按排하여 때에 맞도록 자세히 점검해야 하고, 봉투를 비틀게 접어서는 안 되고 시주의 명함(직함 등 官位)이 누락되지 않도록 해야 한다. 상주

常住(총림)의 서신을 쓸 때에는 상주의 지필紙筆을 써야 하며, 당두堂頭(주지)의 서신을 쓸 때에는 당두의 지필을 써야 하며, 자기의 서신을 쓸 때엔 사중寺中의 지필을 침범하지 말라. 가벼운 티끌도 쌓이면 죄가 되므로 경계하라. (…) 원문院門(총림)의 대방재회大辦齋會의 소문疏文 등을 지을 때는 여법하게 써야 하고 마땅히 고금의 서계書啓와 소사疏詞를 보아서 찬撰해야 한다.[14]

서기가 작성하는 문장은 총림 전체의 지적 수준과 품위를 가늠하는 척도가 된다. 따라서 관청이나 사대부들에게 문한文翰을 보낼 때에는 문장이 우아하고 조리가 있어야 한다. 문장이 주어, 술어가 뒤섞여 옹졸하고 천박하면 얕잡아 볼 수밖에 없다.

예컨대 조선시대에도 중국에 보내는 표문表文이나 소문疏文 등은 성균관과 홍문관에서도 문한에 능한 학자가 작성했다. 문장 하나에서 모든 것이 평가되기 때문이다.

또 중국에서 사신이 오면 대신大臣 가운데 고금의 지식과 시문詩文에 가장 뛰어난 이를 접빈사로 정했는데, 거들먹거리면서 고압적이던

---

14   장로종색, 『선원청규』, 「書狀」. "書狀之職, 主執山門書疏. 應須字體眞楷, 言語
整齊, 封角如法. 及識尊卑觸淨僧俗所宜. 如與官員書信, 尤不得妄發. 每年化主
書疏, 預先安排, 即時應副子細點拾. 恐封角差賺及漏落施主明銜. 如寫常住書
信, 即用常住紙筆. 如寫堂頭書信, 即用堂頭紙筆, 如發自己書信, 不宜侵用. 輕
塵積嶽宜深戒之. (…) 院門大辦齋會疏文, 竝宜精心製撰, 如法書寫. 古今書啓
疏詞文字, 應須遍覽."(신찬속장경 63권, p.532a)

중국 사신도 접빈사의 해박한 지식과 시작詩作에 반하여 대중對中 외교가 아무 탈 없이 일이 잘 풀린 경우도 적지 않았다.

『선원청규』에서는 서기에 대하여 다음과 같이 주의를 주고 있다.

선월禪月과 제기齊己는 단지 시승詩僧일 뿐이다. 그리고 가도賈島와 혜휴惠休는 환속했다. 그러니 어찌 출가자의 본의라고 할 수 있겠는가?[15]

서기는 이들을 답습하지 말라는 뜻이다. 선월禪月·제기齊己·가도賈島·혜휴惠休는 모두 당대唐代에 내로라하는 문장력을 갖춘 시승詩僧들이었다. 이 가운데 선월과 제기 두 선승은 본연의 자세에서 이탈하여 시작詩作이나 하는 한낱 시승詩僧으로 흘렀고, 가도와 혜휴는 환속하였다. 선원에서 서기까지 지낸 사람들이 속화俗化(속인)되었으니 어찌 부끄러운 일이 아니냐는 뜻이다. 앞으로 서기들은 문장력을 등에 지고 그들의 전철을 밟지 말라는 뜻이다.

특히 가도賈島(779~843)는 문장이 뛰어났다. 가도는 중당中唐의 시인으로 법명이 무본無本이었다. 한때 승려가 되어 산천을 방랑하기도 했다. 그의 시 가운데 「은자를 찾아갔으나 만나지 못하다(尋隱者不遇)」라는 시가 있다. 『고문진보』 전집前集(시문편)에도 실려 있을 정도이다.

---

15   장로종색, 『선원청규』, 「書狀」. "禪月齊己, 止號詩僧. 賈島慧休, 流離俗寰, 豈出家之本意."(신찬속장경 63권, p.532a)

소나무 아래 동자에게 물었더니

말하기를 스승은 약 캐러 산에 갔다 하네

이 산속 어디엔가 있을 터이지만

구름이 깊어 어느 곳에 있는지 알 수 없네

松下問童子 言師採藥去

只在此山中 雲深不知處

이쯤에서 가도와 한유韓愈 사이에 있었던 그 유명한 '퇴고推敲의 고
사'를 이야기하지 않을 수 없다.

가도가 무명의 나그네였던 시절의 일이다. 어느 날 수염이 하얀 늙은
퇴물 나귀를 타고 장안長安(당시 兩京의 하나) 거리를 지나가다가 돈이 없
어 처량한 자신의 모습을 보고 문득 시상詩想에 잠기게 되었다.

1, 2구는 생략하고, 3구는 '조숙지변수鳥宿池邊樹(새들은 연못가의 나무
위에서 잠들고)', 4구는 '승고월하문僧敲月下門(객승은 달빛 아래서 문을 두드리
고 있네)'이라고 썼다.

가도는 이렇게 시를 지어 놓고 4구의 '승고월하문僧敲月下門'에서 '고
敲(두드린다)'자를 쓸지, '퇴推(밀치고 들어가다)'자를 쓸지 고민하다가 그
만 맞은편에서 오는 '경조윤京兆尹(장안 市長)'16의 행차와 정면으로 맞닥

---

16 경조京兆는 한 국가의 수도와 그 주위인 근기近畿 지역을 가리킨다. 장안長安은
    진秦, 한漢, 수隋, 당唐 때 낙양과 함께 양경兩京(두 개의 수도)의 하나였다. 윤尹은

뜨렸다. 신세타령을 하다가 그만 피마避馬(엎드리며 길을 비켜주는 것)의 예를 지키지 못한 것이다. 경조윤은 조선시대 한성漢城 판윤判尹(오늘날의 서울시장)과 같은 벼슬로 정2품 당상관이다. 당상관이 거마車馬나 가마를 타고 가면 평민들은 피마를 해야 한다. 피마를 하지 않으면 볼기를 쳤는데, 가도는 시를 퇴고推敲하다가 어이없게도 볼기를 맞을 상황에 봉착한 것이다.

당시 경조윤은 당대 4대 문장가 중의 한 명인 한유韓愈(韓退之, 768~824)였다. 경조윤의 호위시종들은 가도를 붙잡아서 볼기를 치려고 했다. 한유는 피마를 못한 이유가 궁금해서 가도에게 물었다. 가도는 '퇴推' 자와 '고敲' 자를 놓고 고심하다가 피마를 못했다며 용서를 구했다. 한유는 그 말을 듣고 내심 웃음이 터져나왔다. 한유 역시 내로라하는 문장가였으니, 가도의 마음을 이해하고도 남았다. 한유는 잠시 생각하다가 "거기엔 '두드릴 고敲' 자를 쓰는 것이 더 좋겠네"라고 하였다.

이 일을 계기로 가도는 한유와 문장을 절차탁마하는 사이가 되었다. 무명의 가도가 당대 최고의 문장가 겸 든든한 권력자를 얻게 되었던 것이다. '전화위복轉禍爲福'이란 바로 이런 경우를 두고 하는 말이 아닐까?

이후 시詩나 글을 다듬는 것을 '퇴고'라고 하게 되었다. 한유와 가도

우두머리, 시장市長을 뜻하는데 수도의 시장은 어전회의에 참석하는 정2품 당상관이었다. 조선시대의 경우 한성부윤漢城府尹(서울시장)도 이와 같다.

사이에 있었던 '퇴고推敲'의 고사는 그 후 1,500년이 넘도록 문단의 이야깃거리가 되었고 향후에도 오래도록 회자될 것이다. 회자되고 있는 한 이 두 사람의 이름은 영원히 없어지지 않을 것이다. 우리나라의 대표적 단편소설 작가로 평가받는 상허 이태준 선생은 『문장강화』에서 이 고사를 예로 들며 퇴고의 중요성을 강조했다.

(3) 지장

지장知藏은 당·북송 때는 장주藏主라고 했고, 남송 때는 지장이라고 했다. 지장은 장전藏殿, 즉 장경각藏經閣을 관리하고 경전과 어록 등 전적을 관리·대출해주는 소임을 말한다. 오늘날의 도서관장이라고 할 수 있다.

그러나 선종 사원의 장전(장경각)은 오늘날 우리가 생각하는 장경각과는 다르게 경전이나 대장경, 경판이나 전적들을 보관·관리하는 역할보다는 도서관처럼 열람과 대출의 역할이 더 큰 비중을 차지했다.

『선원청규』 4권, 「장주藏主」 편에는 그 직무에 대하여 다음과 같이 규정하고 있다.

장주藏主(지장)는 금문金文(경전)을 관장한다. 어긋남 없이 궤안几案(책상)을 마련하고 차(茶湯)와 기름(油火)·등불(香燭)을 준비하여야 한다. 장주는 전주(殿主, 知殿의 별칭)에게 청하여 대웅전 통로에 알림장을 붙이되, 본당(선당) 및 경전을 보고자 하는 대중들이 모두 볼 수 있도록 해야 한다. (대중들이) 간경하고자 책상을 청할 때는 먼저 간경당 수좌(장주)에게 아뢰되, 자리(案位)가 있는지 여부를 물은 다음 만일 자리가 있으면 장주에게 경전 대출을 요청한다.[17]

장주는 항상 책상과 차茶, 기름(油)과 불(火), 향촉香燭을 준비하여 경전을 보고자 하는 대중들에게 편의를 제공해야 한다는 것이다.

이어 납자들이 장경각이나 간경당에서 경전을 보거나, 경전을 대출하여 중료衆寮(대중방)에서 독서할 때 주의할 사항이 길게 나열되어 있다. 여기서는 대략적인 것만 소개하겠다.

경전을 대출받은 사람은 먼저 장전(장경각)에서 향을 사르고 예배해야 한다. (衆寮로 오는) 길에서(路中) 경전을 들고 말장난을 하거나 농담을 해서는 안 된다. 책상에 경을 두고 그 위에 붓이나 벼루, 잡물, 선책禪策등과 경전 이외의 책을 얹어 두지 말라.

간경당 안에서는 빈객을 접대하지 말라. 간경당 창밖에서 남과 이야기하면서 떠들지 말라. 대중을 시끄럽게 할까 염려스럽다. (…) 몸으로 책상

---

17   장로종색, 『선원청규』 4권, 「藏主」. "藏主, 掌握金文. 嚴設几案, 準備茶湯油火香燭. 選請殿主, 街坊表白, 供瞻本寮及看經大衆. 請案之法, 先白看經堂首座, 借問有無案位, 欲來依捿, 如有案位卽相看藏主白之." 번역문은 최법혜 역, 『고려판 선원청규 역주』(가산불교문화원, 2001), pp.179~182 참조 인용.

에 기대어서 경을 누르는 일을 하지 말라. 경전을 소리내어 읽지 말라. 경전과 책상 주변에서 의복을 벗거나 걸어두지 말라. 모르는 글자가 있어서 물을 때는 먼저 편운篇韻(字典)을 찾아 보고 그 후에도 알 수 없을 때에는 물어야 한다. 묻는 일이 잦으면 타인의 간경을 방해할 수 있다. 그러므로 자주 물어서는 안 된다.

만일 잠시 책상을 떠날 때는 반드시 보고 있던 경전을 덮어 두어야 한다. 가사를 개어 경전 위에 얹지 말라. 간경할 때에는 단정히 앉아 간경하되 소리를 내거나 입술을 달싹거리지 말라. 경전의 출납出納은 분명하게 장부에 적어야 한다.[18]

위 기록은 북송시대에 편찬된 『선원청규』의 내용인데, 불립문자不立文字를 표방하는 선종 사원이지만, 장경각(藏殿)을 설치하여 납자들이 경전이나 어록을 볼 수 있도록 했다는 것은 놀라운 사실이다. 지금까지 우리가 알고 있는 통념과는 크게 다르다. 다만 승당(선당) 내에서는 볼 수 없고, 좌선 시간에는 물론 볼 수 없었다. 이 내용을 미루어 유추한다면 당대에도 북송 때처럼 한정적으로 간경·독서한 것으로 보인다.

원대에 편찬한 『칙수백장청규』 「지장知藏」 편에는 더 구체적으로 간경의 당위성을 설명하고 있다.

---

18   장로종색, 『선원청규』 4권, 「장주」. 번역문은 앞의 책, pp.179~182 참조하여 축약.

본래 우리 선종이 지향하는 바는 교외별전敎外別傳이다. 그럼에도 장전을 관리하는 지장을 두는 것은 부처님의 말씀을 가지고 교율敎律로 삼고 있기 때문이다. 그러할진대 어찌 승僧으로서 부처님의 언행을 따르지 않을 수 있겠는가? 우리가 증득하고자 하는 바는 문자에 빠지지 않고 언행의 표면을 뛰어 넘어 자성의 묘함을 보는 데 있는 것이다. 조사의 뜻은 경전을 두루 열람하여 외모外侮(외부인의 모함, 비판 등)에 무궁하게 대응하기를 바라는 것이다. 이것이 이른바 부즉불리不卽不離라는 것이다.[19]

문자를 모르면 무지할 수밖에 없고 무지해서는 깨달을 수 없다. 중요한 것은 문자를 보되 문자의 표면을 뛰어넘어 자성을 보는 데 있다. 그리고 외모外侮, 즉 외부인들(유생 등의 속인)의 모함과 비판, 멸시 등에 대처하기 위해서라도 경전을 공부하고 문자를 알아야 한다는 것이다. 그리고 선과 경전(교학)은 떼려야 뗄 수 없는 관계라는 것이다.

대부분의 우리나라 선승들은 '불립문자'를 곡해한 나머지 경전이나 조사어록 등 책은 일체 보지 말라고 한다. 그런데 위의 내용에서 확인해볼 수 있는 것은 '불립문자'의 정확한 의미이다. 불립문자의 본의는 '문자에 빠지지 말라' 또는 '문자 이면을 보라. 선은 문자에 있지 않다'

---

19   동양덕휘, 『칙수백장청규』 4권. "推原吾宗, 旣曰敎外別傳, 猶命僧專司其藏者何也. 以佛之所言所行爲敎律, 而僧有不遵佛之言行乎. 特吾之所證所得不溺於文字, 而超乎言行之表, 以見夫自性之妙焉. 又祖之意, 欲吾徒遍探諸部與外之百氏, 期以折衝外侮應變無窮. 所謂不卽不離者是也."(대장장 48권, p.1131b)

는 뜻인데 우리나라 선불교에서는 원초적으로 경전이나 어록 등 문자는 절대 보지 말라고 한다. '구더기 무서워 장 못 담근다'는 속담과 별반 다를 것이 없다. 그러나 선원에서도 최소한 『임제록』 『무문관』 『육조단경』 『화엄경(요약본)』 『유마경』 『금강경』 등 선과 직결된 경전이나 어록은 공부해야 한다. 그러지 않으면 맹안盲眼에서 벗어날 수 없다.

(4) 지객

지객知客은 6두수의 하나로 빈객 접대를 맡은 소임이다. 객승客僧과 신도들을 영접·안내하고 방사房舍 등을 배정·관리한다. 그래서 지객을 객전典客·객사客司·전빈典賓이라고도 한다. 다음은 『칙수백장청규』「지객」장의 내용이다.

지객은 빈객을 영접하는 소임이다. 무릇 관원官員·단월(신도)·존숙(고승), 그리고 제방의 명덕明德들이 오면 향과 차로 영접, 수행해야 하고 행자를 시켜서 방장(주지)에게 알려야 한다. 그런 뒤에 방장실로 가서 뵙게 한 다음 방사로 안내한다. 만일 일반적인 손님이라면 단지 객실에서 본다. 만일 방장, 고사庫司(고원), 기타 여러 요사의 담당자를 만나고자 한다면 행자로 하여금 안내하여 만나게 한다. 단과료旦過寮(객실)의 침상과 물건, 등불, 숯(炭)은 항상 깨끗하게 청소해 두고 준비해 두어야 한다. 새로 온 객

승에게는 모름지기 따뜻하고 편안하게 살펴야 한다.[20]

『선원청규』 4권 「지객」 편에는 "빈객을 맞이할 때는 공손히 해야 하며, 쓸데없는 말(妄談)로 무익한 일은 해서는 안 된다. 항상 모름지기 주지와 지사들, 두수와 대중들의 훌륭한 일을 찬탄하여 그들로 하여금 선심善心을 내게 할지언정 밖으로(손님들에게) 가추家醜(사원의 단점)를 말해서는 안 된다"[21]라고 주의를 주고 있다.

보조국사 지눌의 『계초심학인문誡初心學人文』에는 "다만 선원의 불사佛事를 찬탄할지언정 집안의 단점을 이야기해서는 안 된다(單讚院門佛事, 不得揚於家醜)"라고 주의를 주고 있는데, 『선원청규』 4권 「지객」 편의 말을 원용한 것이다.

지객 밑에서 일을 거드는 행자를 객두행자客頭行者라고 한다. 객승은 타 총림에 들어서면 먼저 지객을 찾아야 한다. 하루만 묵고 갈 것인지 입방하러 온 것인지를 밝힌 다음 지객의 안내로 단과료旦過寮(객실)에서 묵는다. 그러나 객승이든 입방승이든 간에 3일 이상은 묵을 수가

---

20   동양덕휘, 『칙수백장청규』 4권. "職典賓客. 凡官員檀越尊宿, 諸方名德之士相過者. 香茶迎待隨, 令行者通報方丈. 然後引上相見, 仍照管安下去處. 如以次人客. 只就客司相款. 或欲詣方丈庫司諸寮相訪. 令行者引往. 其旦過寮床帳什物燈油柴炭. 常令齊整. 新到須加溫存."(대장장 48권, p.1131b)

21   장로종색, 『선원청규』 4권, 「知客」. "賓客相看, 竝須恭謹, 不得妄談無益之事. 常須如實讚歎主人知事頭首, 竝大衆美事, 令人生善, 家醜不得外揚."(신찬속장경 63권, p.532c)

없다. 입방승은 3일 안에 입방 절차를 마치고 승당으로 들어가야 하고, 객승은 늦어도 3일째 되는 날에는 다른 곳으로 떠나가야 한다. 이것이 객실의 규정이다. '단과료'라는 말은 '하루만 묵고 가는 곳'이라는 뜻이다. 재미있는 이름이다.

(5) 지욕

지욕知浴은 욕실(목욕탕)을 관리·담당하는 소임이다. 6두수의 하나로 '욕주浴主'라고도 한다. 우리나라에서는 흔히 '욕두浴頭'라고 하는데, 욕두는 지욕 밑에서 욕실의 일을 돕는 하급 소임으로 주로 행자들이 맡는다.

목욕하는 날은 정해져 있다. 『칙수백장청규』「지욕」편에는 "동절기에는 4일·9일·14일·19일·24일·29일에 5일마다 한 번씩 목욕을 하고, 하절기에는 매일 목욕을 한다(寒月五日一浴, 曙天每日淋汗)"라고 규정하고 있다.

율장 『사분율』에는 15일에 한 번 목욕을 하게 되어 있고, 우리나라도 해인사의 경우 동·하절기에 관계없이 15일에 한 번씩 목욕을 한다. 그런데 지금으로부터 천 년 전에 중국 선종 사원에서 '겨울에는 5일에 한 번 목욕을 한다'는 것도 율장의 규정과는 너무나 상이해서 쉽게 이해가 되지 않았지만, 더더욱 이해할 수 없는 것은 하절기에는 매일같이 목욕(淋汗, 샤워)을 하도록 규정한 사실이다. 지금과 같이 목욕 시설과 문화가 발달하지 못한 그 시대에 여름에 매일같이 목욕을 한다는 것은 도저히 불가능한 일이었다. 그래서 필자는 이 규정은 무언가 착오가 있다고 판단했다.

그러던 차에 2008년 7월 초에 중국 영파, 항주 등에 있는 선종 사원을 답사하게 되었다. 항주와 영파는 남송시대 5산인 영은사, 정자사, 경산사, 천동사, 아육왕사 등이 있는 곳이다. 7월 1일에 가서 5일에 돌아왔는데, 이 지역 여름은 정말 찜통이었다. 7월 초면 초여름인데도 온도는 37℃였고 습도는 80%가 되었다. 땀이 물처럼 줄줄 흘렀다. 첫날은 답사를 하고 싶은 마음이 없었다.

그때 비로소 여름에는 매일같이 목욕을 한다는 말을 이해하게 되었다. 그런데 그곳 안내자의 말은 더욱 기가 막혔다. 한여름 8월에는 45℃까지 치솟고 1년에 약 230일 정도가 흐리거나 비가 와서 습도가 매우 높다는 것이다.

욕실 구조에 대해서는 「16장-오도의 가람 시스템」에서 자세히 기술할 작정이므로 여기서는 마무리한다.

(6) 지전

지전知殿은 불전佛殿(대웅전) 담당이다. 불전의 향화香火와 불공佛供, 기도, 관리 등 불전에 관한 모든 것은 지전이 담당한다. 북송시대의 『선원청규』에는 '전주殿主'라는 소임이 나오고 있는데, 이 전주가 바로 지전이다. 그러나 북송시대 전주는 6두수에 속해 있지 않았다. 북송시대 전주 즉 지전은 하위직으로 중요한 소임이 아니었다. 이것은 불전의 위상이 미미했음을 시사한다. 지전이 상위직인 6두수에 포함되는 것은 남송 때인데, 이때 불전의 위상은 급상승하여 법당의 위상과 같았다.

우리나라에는 지전에 대한 이칭이 많다. 그리고 한자 표기도 다양하다. 우리나라에서는 '지전知殿'을 흔히 '지전持殿'이라고 쓰고 있는데 이것은 잘못이다. 목탁을 잡고 있으므로 '가질 지持' 자를 써서 '持殿'이라고 써야 타당할 것 같지만 그것은 오류이다. '知殿'이라고 써야 한다.

여기서 '지知'는 '담당하다' '맡다'는 뜻이다. '전殿'은 불전佛殿을 뜻한다. 6두수 가운데 장경각 담당을 지장知藏이라 하고, 접빈 담당을 지객知客이라고 하며, 욕탕 담당을 지욕知浴, 불전 담당을 지전知殿이라고 한다. 모두 '지知' 자를 쓴다. 그러나 여전히 우리나라 각 사찰 용상방에는 '持殿'이라 쓰고 있는 곳이 많다.

그리고 '노전爐殿'과 '부전副殿'이 있다. 노전은 대웅전이나 적멸보궁의 불단을 맡은 소임이다. 대웅전이나 적멸보궁의 향로香爐를 관리하는 당우인 향로전香爐殿(香閣)에서 따온 말이다. 부전은 불단과 큰방(衆寮) 관리를 맡은 소임이다.

운허 스님 편 『불교사전』(동국역경원, 1974, 개정판)에 따르면 대웅전이나 적멸보궁의 불단을 맡은 소임을 노전爐殿이라고 하고, 큰방 불단을 맡은 소임을 부전副殿이라고 한다. 부전은 우리나라에만 있는 명칭이라고 생각한다.

그리고 6두수에는 들어가지 않지만 방장실의 시향시자侍香侍子(燒香侍子, 비서실장)도 두수급이다. 명대 청규인 『총림양서수지』에는 시향시자가 두수에 들어가 있다.

4. 중위직 소임

선종 사원(총림)의 중하위직 소임은 약 25개가량 된다. 이것을 소직小職·소두수小頭首·열직列職 등이라고 한다.

(1) 요주

요주寮主는 중위직이다. 중료衆寮, 즉 대중방(큰방)을 관리하는 책임자로 우리나라의 큰방 부전과 같다고 할 수 있다. 요원寮元 혹은 요수좌寮首座라고도 한다.

요주의 임무 가운데 가장 큰 것은 큰방에 있는 각 개인의 책상과 물품, 비품 등이 분실되지 않도록 관리하는 것이다. 분실될 경우 관리 소홀로 문책을 받게 되고 심하면 분실된 물건을 찾기 위하여 개인 사물함을 비롯하여 중료 전체를 수색해야 하는 등 일이 커지기 때문이다. 요주 밑에는 부료副寮가 있는데, 요주를 도와 중료를 관리하는 소임이다.

승당이 좌선, 침식의 공간이라면 중료는 차, 간경 그리고 기타 잡무를 보는 일상생활 공간이다. 중료는 송대에 새로 생긴 건물이다. 또 총림에 따라서는 중료에서 공양을 하기도 한다.

(2) 장주

장주莊主는 농장의 관리자로 도장都莊이라고도 한다. 장주는 중위직이다. 총림의 전답 일체를 관리하며 일꾼을 동원하여 파종·관리·수확하고, 또 소작인들로부터 소작료를 걷는 것도 장주가 담당한다.

'장주'라고 하는 소임은 송대(북송)에 이르러 황실과 관료, 사대부 등으로부터 많은 토지가 기증되고 선종총림의 장원이 비대해지면서 생긴 소임이다. 그 이전에는 지사의 하나인 직세直歲가 담당했다. 장주는 많은 식량과 곡식 등을 관리하는 소임이므로 서로 장주를 맡으려고 한 때도 있었다. 남송·원대에는 시시한 지사나 두수보다도 더 인기가 있었다. 재물을 만지는 소임이기 때문이었다.

원대에 편찬된 『칙수백장청규』 「주지」 편에는 장주를 서로 맡으려고 했던 경우를 볼 수 있는데, 말세임을 탓하고 있다.

"근래는 풍속이 매우 나쁘다. 승려들이 장주莊主나 고사庫司(감원이나 부사 등), 혹은 집사執事(지사)에 임용되기를 원했으나 뜻대로 되지 못한 자들,

혹은 사중寺中의 재물을 도둑질(횡령)한 자들이 있어서 주지가 공명정대하게 빈벌擯罰했다. 그런데도 어떤 악도惡徒는 자신의 허물은 놔두고 분한憤恨만 품는다. 주지가 천화遷化(입적)하자 즐거운 듯 악언으로 매도하고 심하게는 관棺을 부수고 주지가 쓰던 가사와 발우 등을 가져가는 등 흉포한 짓을 마음대로 한다."[22]

주지화상이 입적하자 희희낙낙해 하고 게다가 잘 입적했다며 악언을 하고 관을 부수기까지 했다니, 참으로 이 하나만으로도 말세의 시대상을 넉넉히 짐작할 수 있다.

(3) 연수당주

연수당주延壽堂主는 몸이 불편한 스님, 병에 걸린 스님들을 치료·요양시키는 소임으로 중위직이다. 우리나라 간병 소임과 같다. 간병 소임을 맡은 이는 마음이 자비스럽고 너그러워야 하며, 인내할 줄 알아야한다. 그렇지 않고는 이 소임을 감당할 수 없다. 연수당에서 잡일을 하는 소임을 열반두涅槃頭라고 하는데, 이 일은 주로 행자가 맡는다.

---

22   동양덕휘, 『칙수백장청규』, 「주지」. "近時風俗薄惡. 僧輩求充莊庫執事不得. 或盜竊常住. 住持依公擯罰. 惡徒不責己過, 惟懷憤恨. 一聞遷化, 若快其志, 惡言罵詈, 甚至椎擊棺龕槍, 奪衣物逞其凶橫."(대정장 48권, p.1127c)

연수당주에 대하여 청규에는 탕약을 써도 차도가 없을 때에는 특별히 육류肉類를 사용해도 좋다고 말하고 있다. 목숨이 귀중하므로 치료하는 데 필요하다면 육류를 쓸 수도 있다는 것이다.

연수당延壽堂의 이칭은 매우 많다. 열반당涅槃堂·무상원無常院·성행당省行堂·장식료將息寮·중병각重病閣·안락당安樂堂 등이 그것이다.

연수당은 수명을 연장하는 곳이라는 뜻인데, 거꾸로 생각하면 이곳은 곧 죽음을 맞이하게 되는 곳이다. 인간의 목숨을 마음대로 늘릴 수 있는 것은 아니지만, 누구나 수명을 더 누리기를(延壽) 바랄 것이다. 하지만 중병의 괴로움보다는 내생의 안락이 더 극락일지도 모른다.

무상원은 '제행무상諸行無常'에서 따온 말이다. 유형적인 모든 것은 무상한 것임을 체득하라는 뜻일 것이다. 『석씨요람釋氏要覽』 하下에는 "무상원은 죽음을 맞이하는 장소로서 열반당의 이칭이다. 무상원은 인도 기원정사에 있는 49개의 외원外院(별원) 가운데 하나로서 정사의 서북쪽에 있다. 대중 가운데 중환자를 이 원에 보내어 부처님의 상호를 생각하면서 세상에 대한 집착을 끊고 안락국(극락)에 왕생케 하는 곳이다"라고 쓰여 있다.

성행당은 얼마나 수행을 잘했는지 반성해 보라는 뜻이다. 중병각은 말 그대로 중환자실이다. 3일간 열반당에서 치료해도 차도가 없을 때는 중환자실인 중병각으로 옮기는데, 아마 이곳에 들어가면 나오는 이가 몇 안 되었을 것이다. 또 열반당을 쉬는 곳이라는 뜻에서 장식료將息寮라고도 한다.

(4) 가방화주

가방화주街坊化主는 간단히 '가방街坊' 또는 '화주化主'라고도 하는
데, 오늘날 우리나라에서 말하는 화주化主와 같으며 중위직이다.

화주는 권선문을 들고 여기저기 다니며 사람들에게 불법의 인연을
맺어줌과 동시에 보시(시주)를 받아 사원에서 쓸 비용을 마련하는 소임
이다. 그래서 '가방(저잣거리)' 또는 '가방화주'라고 한다. 초기 선종 사원
이 재정적으로 빈약할 때 이들이 방방곡곡坊坊曲曲 거리(街)를 다니면
서 시주를 받아왔던 것이다. 그러므로 화주는 신심이 대단한 이, 마음
이 보살 같은 이가 맡았다.

화주란 원래 중생을 교화하는 '교화주敎化主'의 준말로서, 부처님이
나 장로長老(덕망이 높은 스님, 고승), 또는 주지를 가리키는 말이었는데, 이
것이 변하여 화주가 된 것이다. 근현대 우리나라 사찰에서 불사를 할
때에는 경제적 능력이나 신도들과 인연이 많은 스님을 화주스님으로
모셨다. 또 화주보살도 있었다.

당송시대 선종 사원의 화주(가방화주)는 그 종류가 다양하다. 죽가방
粥街坊은 조죽朝粥 거리를 화주 받아오는 스님이었고, 미맥가방米麥街坊
은 쌀과 보리를 화주 받아오는 스님이었고, 채가방菜街坊은 특수한 채
소를 화주 받아오는 스님이었고, 장가방醬街坊은 된장과 장물 등을 화
주 받아오는 스님이었다. 이들은 모두 총림을 위하여 자원했던 일시적
인 소임이었다.

갖가지 화주가 있었던 것으로 보아 초기 선종 사원의 경제가 매우 어려웠음을 알 수 있다. 밥을 짓는 공양주供養主도 원래는 가방화주를 지칭하는 소임이었다.

(5) 방장시자

방장시자方丈侍者는 방장의 시자, 즉 주지의 시자이다. 말하자면 주지의 비서인데, 모두 5명의 시자가 있다. 이들을 통칭하여 방장시자, 또는 5시자五侍者라고 한다. 5시자 가운데 비서실장은 시향시자侍香侍者이다. 따라서 '방장시자'라고 하면 비서실장격인 시향시자를 가리킨다.

방장시자는 중위직이지만, 사실은 상위직에 가깝다. 또 방장의 상당 법어 등 모든 법문을 기록하기 때문에 승랍과 안목 등이 있어야 한다. 모든 선승들의 어록은 1차적으로 이들의 손에 의해 이루어진다.

5명의 시자는 시향시자(비서실장), 시장시자侍狀侍者(書狀 등 문서 담당, 주지의 법문 기록), 시객시자侍客侍者(접빈 담당), 시약시자侍藥侍者(湯藥 담당), 시의시자侍衣侍者(가사 등 옷과 발우 담당)이다.

(6) 능엄두

남송시대 후기부터는 선원총림에 「능엄주楞嚴呪」와 『능엄경楞嚴經』을 독송하는 법회가 성행했다. 그것을 능엄회楞嚴會라고 한다. 결제 때는 대중들이 매일 조석으로 「능엄주」나 『능엄경』을 독송했는데, 앞에서 선창先唱하는 사람을 '능엄두楞嚴頭'라고 한다. 근현대 우리나라 선원에서도 한때 「능엄주」가 성행했다.

그 밖에 『선원청규』에는 화엄두華嚴頭, 반야두般若頭, 경두經頭, 미타두彌陀頭 등이 나온다. 여기의 화엄두 등은 앞의 능엄두와는 다르다. 이들은 가방화주와 같이 일반 신자들을 대상으로 『화엄경』 『반야경』 등의 경전을 낭독, 강경講經, 강의하는 동시에 신자들에게 불법佛法을 권장하고 화주를 하여 총림의 재용財用에 도움이 되기 위해서였다. 당사자 역시 도업道業을 이루기 위하여 하는 경우도 있었다.

거리에서 입담 좋은 스님이 신도들이나 대중들을 모아 놓고 경전에 나오는 설화, 예컨대 『법화경』에 있는 가난한 아들 궁자窮子의 비유, 『백유경』 등을 강독해주고 시주, 화주를 받는 것을 강창문학講唱文學이라고 하는데 그 기원은 당대唐代부터 있었던 '속강俗講'이다.

5. 하위직 소임

(1) 다두

다두茶頭는 차를 끓이는 소임이다. 우리나라에서는 다각茶角이라고 한다. 다두는 승당僧堂(禪堂)의 다두를 지칭하지만, 그 밖에도 각 요사마다 다두가 있었다. 방장(주지실)의 다두, 수좌료의 다두, 유나료의 다두, 지객료의 다두, 고원의 다두 등이 그것이다.

'다반사茶飯事'라는 말처럼 중국 총림에서도 차를 마시는 것은 일상이었다. 방장과 승당의 다두를 제외한 각 요사의 다두는 보통 행자들이 맡는 경우가 많았는데, 이들을 일컬어 '다두행자茶頭行者'라고 한다. 소임 끝에 붙은 '두頭' 자는 머리, 또는 우두머리를 뜻하는 것이 아니고 명사 뒤에 붙는 접미사로서 앞 글자를 명사화하는 역할을 한다.

(2) 원두

원두園頭는 채소밭을 관리하며 채소를 제때 재배해서 고원庫院(주방)에 공급해 주는 소임으로 원주園主라고도 한다. 『칙수백장청규』「열직잡무列織雜務」편에는 "원두는 근고勤苦를 아끼지 말고 몸으로 솔선해야 한다. 채소를 파종해야 할 시기를 놓치지 말고, 물을 주고 길러서 주방에 공급해야 한다. 채소가 결핍되는 일이 없도록 해야 한다"고 말하고 있다.

원두는 우리나라의 농감農監과 같은 소임이다. 원두가 주로 재배하는 채소는 상추, 순무, 근대, 가지, 호박, 오이, 해바라기, 무, 장다리, 시금치, 난향蘭香(香味料의 일종), 결명자 등이었다. 그 중에 결명자를 재배하는 이유는 결명자 씨앗이 간肝의 열을 내려서 눈을 밝게 하며 두통,

변비에도 좋기 때문이라고 한다.

(3) 마두

마두磨頭는 마주磨主라고도 하는데, 정미精米·제분製粉 담당이다. 『칙수백장청규』에는 "마두는 반드시 도심道心이 있는 사람을 택해야 한다"고 당부하고 있는데, 쌀 한 알, 곡식 한 알도 함부로 해서는 안 되기 때문이다. 마두 밑에 여러 명의 마두행자가 있는데, 육조혜능六祖慧能선사도 행자 시절(노행자)에 8개월 동안 마두행자 노릇을 했다고 한다. 혜능선사가 방앗간에서 디딜방아로 쌀을 찧는 장면은 사찰 벽화에도 자주 나온다.

선원총림에는 직영 정미소가 있었는데, 그것을 '마원磨院'이라고 한다. 정미나 제분은 주로 연애碾磑(맷돌)라고 하는 큰 맷돌을 사용했는데, 말이나 당나귀가 돌리는 육연애陸碾磑와 물방아를 이용하는 수연애水碾磑가 있었다. 당대唐代는 주로 물을 이용하는 수연애를 사용했고, 송대에는 육연애를 사용했다. 수연애는 속도가 느렸고, 육연애는 속도가 빨랐고 힘이 있었기 때문이다.

(4) 수두

수두水頭는 세면장 물 공급 및 청소 관리를 담당하는 소임이다. 그

중에서도 가장 중요한 일은 새벽 기상 때 사용하는 물을 끓여서 공급하는 일이었다. 『칙수백장청규』「열직잡무」 편에는 "반드시 오경(4시)에 탕(더운 물)을 끓여서 대중의 세수, 양칫물을 공급해야 한다"라고 규정하고 있다. 그 밖에 아약牙藥(치약), 수건手巾, 면분面盆(세숫대야) 등도 항상 갖추어 두고, 또 겨울에는 수건을 잘 말려야 한다고 당부하고 있다.

(5) 노두·탄두

노두爐頭는 승당(선당)의 화롯불 담당자이다. 우리나라와는 달리 당송시대 강남의 선종 사원의 승당은 모두 장련상을 설치한 마루였다. 온돌방은 우리나라에만 있다. 여름에는 상관없지만 겨울이 되면 냉기가 돌아 화로를 피워 냉기를 제거했다.

화로는 승당 한가운데를 조금 파고 설치한다. 연료는 숯(炭)이다. 가을에는 음력 10월 1일에 설치하여 다음 해 2월 1일에 철수한다. 화로를 설치하는 것을 개로開爐라고 하고 철거하는 것을 폐로閉爐라고 하는데, 설치하고 나서는 방장으로부터 법문을 듣는다. 개로한 후에 듣는 법문을 개로상당開爐上堂, 철거한 이후에 듣는 법문을 폐로상당閉爐上堂이라고 한다.

탄두炭頭는 숯을 만들어서 공급하는 소임인데 숯은 겨울철에 화로火爐·난로煖爐와 차를 달이는 데 사용했다. 청규에서 "노두와 탄두 이두 소임은 서로 조화가 잘되는 사람으로 택하라"고 당부하고 있듯이,

화롯불 담당인 노두와 숯 담당인 탄두는 떼려야 뗄 수 없는 사이이다. 그래서 서로 조화를 잘 이루어야 한다.

(6) 화두

화두火頭는 부엌에서 공양을 지을 때 아궁이에 불을 지피는 일을 맡은 소임이다. 『선원청규』 9권 작무제삼作務第三에는 "화두는 불을 지핌에 항상 긴만緊慢(화력을 강하게 하고 약하게 함)을 알아야 한다"고 말하고 있다. 즉 불 조절을 잘해주어야만 맛있는 공양을 지을 수가 있다는 것이다. 우리나라에서는 화대火臺라고 하며, 주로 각 방에 불을 때는 소임이다.

(7) 기타

① 욕두

욕두浴頭는 목욕탕을 관리하는 지욕知浴이나 욕주浴主 밑에서 잡무를 돕는 행자를 말한다. 지욕이나 욕주는 6두수의 일원으로서 상위직이고 욕두는 하위직이다.

② 등두

등두燈頭는 등불과 등유燈油 등을 관리하는 소임인데 우리나라에서는 명등明燈이라고 한다. 주로 장명등, 무진등 등 불전佛殿이나 대중전 등 전각 앞에 등불을 관리한다.

③시두

시두柴頭는 땔나무를 공급·관리하는 소임이다.

④반두·공두·공사·공양주

반두飯頭·공두供頭·공사供司·공양주供養主 4가지는 명칭만 다를 뿐 모두 부엌에서 밥을 짓는 소임을 가리킨다.

⑤채두

채두菜頭는 반찬 등 부식물을 만드는 소임인데 우리나라에서는 보통 채공菜供이라고 한다.

⑥종두

종두鐘頭는 조석예불 및 법회 등이 있을 때 종을 치는 소임이다.

⑦정두

정두淨頭는 동사東司, 즉 화장실 청소를 담당하는 소임으로 지정持淨이라고도 한다.

⑧마호

마호磨糊는 빨래에 먹이는 풀을 쑤는 일을 담당하는 소임이다. 어떤 책에서는 마호를 마두磨頭라고 한 곳도 있으나 그것은 사실이 아니다. 마두는 정미소 담당이다.

⑨정인

정인淨人은 속인으로 절에 살면서 부목負木 등 잡무를 맡고 있는 사람을 가리킨다. 원래 정인이란 인도불교 계율에서 나온 것으로, 비구는 농사도 못 짓고, 땅도 못 파고, 나무 하나도 베지 못하게 되어 있다. 그 과정에서 곤충 등을 죽일 수 있기 때문이다. 이것을 대신해주는 사람을 정인이라고 하는데, 사찰에 종사하는 일반인을 지칭한다. 요즘 종무원들은 모두 정인에 속한다고 할 수 있다.

6. 최근 우리나라 선원의 새로운 소임

오늘날 우리나라 선원에는 선덕禪德·선백禪伯·선현禪賢, 한주閒主, 열중悅衆, 청중淸衆이라는 소임이 있다. 그런데 『선원청규』 『칙수백장청규』 등 청규에는 열중悅衆만 있고 나머지 소임에 대한 언급은 없다. 그러나 한번 고찰해보도록 하겠다.

선덕禪德은 소임명이 아니고 선원의 대중을 높여 부르는 말(존칭)로 '대덕스님' 정도가 될 것이다. 그 한 예를 보도록 하겠다.

어떤 스님이 조주선사에게 질문했다.

"깨달은 도인들끼리 서로 만났을 때는 어떻게 합니까?"

조주선사가 말했다.

"칠기漆器를 드린다."

이것을 두고 설두중현이 말했다.

"여러 선덕禪德들이여, 조주의 뜻을 알겠습니까? 나와서 함께 상량商量(거량, 문답, 논의)해봅시다. 만약 분명하게 가리지 못한다면 처음부터 거론해보시오. 그러면 그대를 점검해주겠소. 49는 36이오."[23]

선백禪伯·선현禪賢 역시 존칭일 뿐, 청규에는 그런 소임이 없다. 한주(閒/閑主)는 일대사一大事를 마친 한도인閒道人(한가한 도인) 정도의 뜻인데, 『칙수백장청규』 등 청규에는 없는 소임이다. 이 역시 소임이라기보다는 무위자적하게 살아가고 있는 스님에 대한 존칭의 하나로 보인다. 또 "선덕禪德과 선현禪賢 가운데 어떤 소임이 더 상위인가?"라는 질문

---

23   『禪林類聚』17권. "趙州諗禪師. 僧問. 道人相見時如何. 師云. 呈漆器. 雪竇顯云. 諸禪德. 還有識趙州底麼. 出來相共商量. 若未能辨明. 大好從頭擧. 與你點破. 四九三十六."(신찬속장경 67권, p.101a)

을 받는데, 이 역시 덕망 있는 스님에 대한 존칭일 뿐 청규에는 없는 소임이다.

다음은 열중悅衆과 청중淸衆이 있는데, 열중은 유나의 중국 명칭이다. '유나維那'라는 말은 중인中印 합성어이다. 그러므로 열중은 곧 유나이다. 앞에서 말했듯이 『선원청규』「유나」장에는 "범어로는 유나, 우리나라(중국)에서는 열중悅衆이라 한다"라고 밝히고 있다.

청중淸衆은 청규에 나오는 소임 명칭이 아니다. 청중은 '청정한 선원의 대중', 즉 청정대해중淸淨大海衆(청정한 바다 같은 대중)의 준말이다. 승당(선당)의 대중을 가리키는 말인데, 소임이었다면 열중이나 유나와 같은 소임이라고 할 수 있다.

그런데 조선시대와 근대에 선덕·선백·선화禪和라는 소임이 있었다. 조선 중기 『작법귀감作法龜鑑』 용상방에는 선덕·선백 등의 소임명이 나오고 있는데, 차례대로 열거하면 다음과 같다. "증명證明·회주會主·병법秉法·중수衆首·선덕禪德·선백禪伯·선화禪和·지전持殿·찰중察衆·유나維那" 등이다. 위계位階는 선덕·선백·선화 순이다. 그리고 선덕과 선백은 1928년에 발행된 『조선승려수선제요朝鮮僧侶修禪提要』에도 나온다. 그러나 선현은 찾을 수 없다.

오늘날 우리 선원의 선덕, 선백, 선현, 한주는 맡은 바 일이 없다. 그냥 선원에서 오래 수행한 구참 납자나 덕망 있는 스님에 대한 예우 차원의 명칭일 뿐이다.

5장

불상 속에는 부처가 없다

불전의 쇠퇴와 법당의 등장

1. 불전의 쇠퇴와 법당의 등장

당말오대唐末五代(835~959)[01]는 중국 선불교의 전성기였다. 이 시기 선은 조사선祖師禪이었다. 그 가운데서도 마조馬祖·백장百丈·황벽黃檗·임제臨濟로 이어지는 임제계臨濟系가 주류였는데, '살불살조殺佛殺祖'가 시사하고 있는 바와 같이 그들은 권위주의를 배격하고 '마음이 곧 부처(卽心是佛)'라고 강조했다. 대웅전의 불상은 나무둥치나 쇠붙이에 불과하다고 본 것이다.

이와 동시에 선종 가람의 구성에도 깜짝 놀랄 양상이 나타났다. 그것은 바로 불상을 모시는 불전佛殿(대웅전)을 폐지하고 법당法堂(설법당)[02]을 등장시킨 것이다. '대웅전 폐지!' 이는 일찍이 중국불교사에서

---

01 당말오대唐末五代 : 강북에서는 후량後梁(907~923), 후당後唐(923~936), 후진後晋(936~946), 후한後漢(947~951), 후주後周(951~960) 등 다섯 개 나라(五代)가 전자前者를 무너뜨리고 차례로 일어나 천자를 자처했고, 강남에서는 오吳, 민閩, 오월吳越, 전촉前蜀, 후촉後蜀, 초楚, 남한南漢, 형남荊南(南平, 北楚), 남당南唐 등 아홉 개 나라가 왕을 자처했다. 그리고 산서山西에서 일어난 북한北漢을 합쳐 10국國이 되었다. 이에 따라 총 15개국이 생겨났다. 서기 960년 조광윤趙匡胤에 의하여 북송이 건국되는 약 60년 동안을 '당말오대唐末五代' 또는 '오대십국五代十國 시대'라고 한다. 이 시기 한반도에는 후삼국이 일어나 고려가 건국(918)되고 신라가 망했다(936).

02 법당法堂과 불전佛殿은 전혀 다르다. 법당은 법을 설하는 곳(說法堂)이고, 불전, 즉 대웅전은 부처님을 모신 곳이다. 우리나라에서는 법당과 대웅전(佛殿)을 같은 당우로 오인誤認하여 혼칭하고 있다. 중국과 일본은 여전히 구분하여 부르

찾아볼 수 없는 초유의 일이었다.

중국 전통 사원의 가람 구조는 전탑후당前塔後堂 형식이었다. 즉 가람 한가운데에는 탑이 있고 그 뒤에는 불당佛堂(佛殿, 대웅전)이 있으며, 앞에는 산문山門, 뒤에는 강당, 그리고 좌우에는 여러 채의 요사寮舍와 전각이 배치되어 있는 형식이다.[03] 이 전탑후당 구조는 오늘날 우리나라 사찰에서 흔히 볼 수 있는 양식이다.

그런데 백장회해百丈懷海의 주도 아래 처음으로 선불교가 율종 사원으로부터 독립하여 독자적으로 선종 사원을 창건하던 시기에, 그는 과감하게 탑과 불전을 폐지했다. 가람 설계도에서 당탑堂塔(불당과 탑)을 배제하고 그 자리에 크게 방장(주지)의 설법 공간인 법당(說法堂)을 세웠는데, 이는 기존의 여타 종파에서는 감히 엄두도, 상상도 할 수 없는 일이었다.

『송고승전』의 저자 찬녕贊寧은 이에 대해 다음과 같이 설명한다.

불전을 폐지하고 오직 법당만 세우는 것은

고 있다.

03   중국 전통 사원의 가람 배치에 대해서는 『낙양가람기洛陽伽藍記』와 『계당도경戒堂圖經』이 있다. 『낙양가람기』는 양경兩京(낙양과 장안)의 하나인 낙양의 가람에 대한 것이고, 『계당도경』은 율종 사원의 가람 배치에 대한 것이다.

법法은 언어와 형상(言象)을 초월해 있음을 표명한 것이다.[04]

불상을 모신 불전(대웅전)을 없애고 그 자리에 반야지혜가 작용하는 법당(설법 공간)을 세우는 것은 작불作佛의 기능으로서 법法이 몇 십 배나 더 중요했기 때문이었다. 그 법(진리)은 형상(불상)도 초월했고 언어문자(경전)도 초월한 곳에 있었다. 그 사실을 불립불전不立佛殿, 유수법당唯樹法堂을 통하여 분명히 하고자 하였다. 더욱더 세존께서는 입멸하면서 제자들에게 '사람에 의존하지 말고 법에 의존하라(依法不依人), 법을 스승으로 삼으라(以法爲師)'고 당부하시지 않았던가?

백장회해는 이렇게 말한다.

불전을 세우지 않고 오직 법당만 세운 것은, 주지는 부처님과 조사(佛祖)로부터 친히 법을 부촉받은 이였기 때문에 당대當代 주지인 그를 높이 받들기 위한 것이다. 그래서 불전을 세우지 않고 법당만 세우는 것이다.[05]

당대의 주지는 불조佛祖로부터 친히 법을 부촉받은 살아있는 부처

---

04   찬녕, 『송고승전』 10권, 「唐新吳百丈山懷海傳」. "不立佛殿, 唯樹法堂, 表法超言象也."(대정장 50권, p.771a)

05   『전등록』 6권, 「백장회해」 부록. "不立佛殿, 唯樹法堂者, 表佛祖親囑受, 當代爲尊也."(대정장 51권, p.251a)

라는 것이다. 『선원청규』 10권 「백장규승송」에도 똑같은 내용이 실려 있는데 거기에는 뒤에 게송이 하나 더 붙어 있다.

산문에 들어서니 불전이 없네
법좌에 오르니 당堂이 텅 비었네
이것은 곧 심인心印을 전수받았기 때문이니
마땅히 알지어다. 이가 곧 법왕法王임을[06]

법왕法王이란 주지(방장)를 가리킨다. 그런데 그 법왕은 단순한 법왕이 아니고 불조佛祖로부터 친히 심인心印을 전수받은 부처나 다름없는 법왕이었다. 그런 법왕(주지)이 부처(법신불)를 대신하여 법을 설하고 있는데, 한낱 조각물에 불과한 불상을 모셔두고, 또 그 전각인 불전을 세운다는 것은 금강金剛과 같은 반야지혜의 눈으로 봤을 때 우매하기 짝이 없는 짓이었다.

'주지=법왕'이라는 관점은 상당법어上堂法語의 의식에서도 잘 나타나 있다. 주지가 법문을 마치면 유나가 백추白槌(사회봉)를 한 번 치고 나서 다음과 같이 말한다.

---

06   자각종색, 『선원청규』 10권, 「百丈規繩頌」, "不立佛殿, 唯搆法堂者, 表佛祖親受, 當代爲尊也. 入門無佛殿, 陞座有虛堂, 卽此傳心印, 當知是法王."(신찬속장경 63권, p.550b)

"법왕(주지)의 법을 자세히 관하시오(諦觀法王法)

법왕의 법은 이와 같습니다(法王法如是)."

여기서 말하는 법왕의 법이란 곧 '제일의제第一義諦'를 뜻한다. '제일의제'란 달마와 양무제의 대화에서 나온다. 속제俗諦(세속)를 초월한 궁극적인 진리, 절대적인 진리인 열반, 진여眞如, 진제眞諦, 승의제勝義諦 등을 뜻한다.

양무제의 별칭은 '황제보살'이었다. 그는 중국으로 와서 선을 펼치고 있던 보리달마를 초청했다.

양무제가 물었다.

"무엇이 성제제일의聖諦第一義(가장 뛰어난 성스러운 진리)입니까?"

달마가 말했다.

"허공과 같이 광대무변하고 너무나도 확연해서 성스러울 것도 없습니다(廓然無聖)."

(『벽암록』 제1칙 무제문달마武帝問達磨)

달마는 성스러운 진리를 찾는 그 마음이 곧 병통이고 그 병통에서 벗어났을 때 비로소 성스러운 제일의제, 선禪의 진리와 만날(체득할) 수 있다는 뜻이다.

선종 사원의 주지는 오늘날 주지와는 전혀 다르다. 앞에서도 여러 차례 언급했지만, 당시 주지는 '살아있는 부처'였고 법왕이기 때문에, 법당에 올라가 법을 설할 때에도 군주처럼 남면南面을 했다. 법좌의 모양과 높이(2미터)도 옥좌玉座와 비슷했다. 법왕의 자격으로 부처를 대신하여 법을 설한다고 여겼기 때문이다.

'남면'은 정남향으로 군왕만 가능했다. 군왕은 신하와 대면할 적에 음陰(북쪽)이 아닌 양陽(남쪽)을 바라보는 위치, 즉 남향을 하고 앉는다. 그로 인하여 남면은 궁궐(正殿)이나 군왕을 상징했고 일반에서는 집을 지어도 정남향은 역심逆心을 품고 있다고 하여 불가능했다. 그러나 성인聖人의 경우는 『주역』 설괘전에서 '성인은 남면하여 천하의 정사政事를 듣는다(聖人南面而聽天下)'라고 한 것에 의거하여, 공자의 사당이나 대웅전 등 성인을 모신 건물은 남면할 수 있었다. 주지가 설법하는 법당은 남향이었고 게다가 주지는 법왕이었으므로 남면하고 법을 설했던 것이다.

한 예로 선종 사원이 화재로 전소되었을 경우에도 가장 먼저 건축하는 당우가 법당과 방장 건물이었다. 수행자로서 풍찬노숙해도 되지만, 작불作佛의 가장 중요한 기능인 상당법어 등 법문은 거를 수가 없었다. 따라서 법문을 듣는 공간인 법당과 주지의 거처인 방장은 그 어떤 당우보다 중요했다. 당말오대 선원총림의 가람 구조 등 모든 시스템은 이와 같이 오로지 오도悟道에 맞추어져 있었다.

2. 유수법당唯樹法堂의 사상적 배경

선불교의 소의경전은 『금강경』『화엄경』『법화경』『유마경』『열반경』 등 대승경전과 『대승기신론大乘起信論』이다. 그리고 그 사상적 바탕은 불성 사상과 반야·공 사상이다. 이 사상적 바탕에 의거하여 부처(覺者)의 실체를 정의한다면, 그것은 곧 '반야지혜'이다. 반야지혜가 곧 부처(깨달음)의 알맹이라고 할 수 있다. 그뿐만 아니라 참선 수행자들이 가고자 하는 이상향, 즉 피안彼岸도 다름 아닌 반야지혜의 완성(般若波羅蜜)이었다.

『금강경』은 반야·공 사상을 설하고 있는 대표적인 경전이다.[07] 『금강경』은 시종 일관 금강과 같은 명석한 반야지혜를 강조하고 있는데, 제5장 「여리실견분如理實見分」(이치대로 정확하게 여래의 진상眞相을 보라)에서 대승의 여래(부처)는 수보리에게 "여래의 진실한 모습은 신상身相(형상)에 있지 않다"고 선언한다.

"수보리여,

---

07   『금강경』은 오조홍인이 중시한 이후 『능가경楞伽經』을 제치고 선종의 소의경전이 되었다. 특히 육조혜능이 "응무소주應無所住 이생기심而生其心"에서 깨달음을 얻은 이후 선불교의 근본 경전, 사상적 바탕이 된 경전이다. '응무소주 이생기심'은 공空의 입장에서 마음을 일으키라는 뜻이다.

그대는 어떻게 생각하고 있는가? 거룩한 신상身相(육체의 모습, 형상), 불상
에서 여래의 참모습을 볼 수가 있다고 생각하는가?"

수보리가 대답했다.

"세존이시여, 그것은 불가능합니다. 신상에서는 여래의 참모습(眞相, 法身)
을 볼 수가 없습니다. 왜냐하면 여래께서 말씀하신 신상(형상)은 곧 신상
이 아니기 때문입니다."

부처님께서 다시 수보리에게 말씀하셨다.

"(그와 같이) 무릇 모든 형상은 다 허망한 것이다. 만약에 모든 형상이
허상임을 직시한다면 곧 여래를 보게 될(깨닫게 됨) 것이다."[08]

거룩한 신상身相(불상)이지만, 그 속에 여래의 참모습은 없다는 것이
다. '붕어빵 속에는 붕어가 없다'는 말과도 같다. 단지 빵의 모양이 붕어
처럼 생겼을 뿐이다. 예술성 높은 조각품에 불과하다는 것이다. 불상
등 형상을 강하게 부정함과 동시에 반야, 공 사상을 천명한 것이라고
할 수 있다. 대승의 여래가 해공제일解空第一 수보리를 통하여 당시 불
도들에게 강조하고 싶은 것은 형상과 신상의 부정, 그리고 허상의 배격
이었다.

---

08   『금강경』, 제5「如理實見分」. "須菩提. 於意云何. 可以身相, 見如來不. 不也. 世
      尊. 不可以身相, 得見如來. 何以故. 如來所說身相, 卽非身相. 佛告須菩提. 凡所
      有相, 皆是虛妄. 若見諸相非相 則見如來."(대정장 8권, p.749a)

또 『금강경』 제20장 「이색이상분離色離相分」(형상을 믿지 말라)에서는 더욱더 구체적으로 신상을 부정하고 있다.

"수보리여,

그대는 어떻게 생각하고 있는가? 부처의 참모습(眞相)을 32상 80종호가 모두 갖추어진 구족색신具足色身(형상)에서 볼 수 있다고 생각하는가?"

수보리가 말했다.

"볼 수 없습니다, 세존이시여. 비록 구족된 색신이라고 해도 거기서 여래의 참모습을 발견할 수는 없습니다. 왜냐하면 여래께서 말씀하신 구족된 색신色身이란 곧 (진정한) 구족된 색신이 아니기 때문입니다. 그것은 그냥 이름이 구족된 색신일 뿐입니다."[09]

비록 32상과 80종호를 모두 갖춘 훌륭한 신상, 불상이라고 해도, 그 속에 여래의 진상, 즉 법신은 내재해 있지 않다는 것이다. "불가이신상不可以身相 득견여래得見如來(신상에서는 여래를 볼 수 없다)." 이것이 바로 불전을 폐지하고 법당을 세운(不立佛殿, 唯樹法堂) 교리적·사상적 바탕이라고 할 수 있다.

---

09 『금강경』, 제20 「離色離相分」. "須菩提. 於意云何. 佛可以具足色身見不. 不也. 世尊. 如來, 不應以具足色身見. 何以故. 如來說具足色身, 即非具足色身. 是名具足色身."(대정장 8권, p.751c)

불전(대웅전)은 건축학적으로는 웅장하지만, 반야지혜의 작용이 없는 곳이다. 그러나 법당은 방장의 설법이 이루어지고 있는 곳으로 항상 반야지혜와 진여법신眞如法身의 세계가 작용하고 있는 공간이었다. 그곳은 선승들이 가고자 하는 피안의 세계이기도 하다.

김동리金東里의 단편소설 「등신불等身佛」은 근대 문학사에서 널리 알려진 소설이다. 단하천연丹霞天然선사의 선화禪話 '단하소불丹霞燒佛'을 소설화한 작품이다.

어느 추운 겨울날 단하천연선사가 객승으로 낙양 혜림사慧林寺에서 하룻밤을 유숙하게 되었다. 그런데 객실에 들어가보니 냉기가 쌩쌩 돌았다. 그는 추위를 해결하기 위하여 불전(대웅전)으로 가서 목불木佛을 가져다 쪼개서 불을 피웠다. 이때 원주院主가 보고 맨발로 달려 나와 큰 소리로 꾸짖었다.

"이봐요 이봐, 객승! 불상을 쪼개서 아궁지에 넣고 불을 때다니…. 정신이 나갔소?"

단하선사는 태연하게 말했다.

"나는 목불을 다비茶毘(화장)해서 사리를 얻고자 한 것뿐입니다."

원주가 말했다.

"(이 답답한 객승아!)

나무토막에서 어떻게 사리가 나올 수 있단 말이오? (이 꼴통아!)"

단하선사가 말했다.

"그렇다면 부처가 아니고 한낱 나무토막에 불과하다면 (아무 문제가 될 것도 없는데) 뭣 때문에 나를 꾸짖는 것이오?"[10]

이 단하소불의 선화는 『조당집祖堂集』 4권에 수록되어 있다. 『선문염송禪門拈頌』에도 나온다. 단하선사는 석두희천石頭希遷(700~790)의 제자로 백장회해와 동시대 인물이다.

단하소불은 우연한 것이 아니었다. 당시 혜림사를 비롯한 낙양(당시 수도) 일대의 사찰에서는 1년 내내 수륙재, 천도재 등 각종 행사를 치르면서 보내고 있었는데, 단하선사의 행동은 이에 대한 경각심을 일깨우기 위해 의도된 것이었다.

조주종심趙州從諗은 구자무불성화狗子無佛性話(개에게는 불성이 없다는 화두), 정전백수자庭前栢樹子(뜰 앞의 잣나무) 등으로 유명한 선승이다. 그의 법어는 매우 냉철하다.

금金 부처는 용광로를 통과하지 못하고,
나무로 만든 부처는 불 속을 통과하지 못하고,
진흙 부처는 강물을 통과하지 못한다.[11]

---

10   『祖堂集』. "於惠林寺, 遇天寒, 焚木佛, 以御次. 主人或譏. 師曰. 吾茶毘覓舍利.
      主人曰. 木頭有何也. 師曰. 若然者, 何責我乎."(高麗藏 45, p.259中)

11   『古尊宿語錄』 14권, 「趙州禪師」. "師上堂. 示眾云. 金佛不渡爐, 木佛不渡火, 泥

『벽암록』제96칙에도 나오는 조주화상의 삼전어(趙州三轉語) 법문이다. 금으로 만든 부처(金佛)는 용광로 속을 죽어도 건너가지 못한다. 10분만 있으면 흐물흐물 녹아버린다. 목불木佛은 불 속에 들어가면 결국한 줌의 재가 된다. 타버리기 때문이다. 진흙으로 만든 부처(泥佛)는 물속에 들어가면 곧 녹아버린다. 유형有形의 부처는 부처가 아니다. 진불眞佛은 법신불法身佛·진리불眞理佛이다. 참부처(眞佛)는 용광로 속에 들어가도 녹지 않고, 불 속에 들어가도 타지 않고, 물속에 들어가도 녹지않는다.

선종의 목표는 반야지혜의 완성에 있다. 선종에서『반야심경』과『금강경』을 중시하는 이유는 여기에 있다. 또 선종에서는 오로지 깨달아야만 부처님의 은혜를 갚는다고 생각했고, 기도·염불 등 작복作福이나신도 단련에 대해서는 안중에 두지도 않았다.

덕산선감德山宣鑑은 당말의 선승으로『금강경』에 정통한 좌주座主(강사)였다. 그는 조주로 가는 길목 주막에서 무명의 노파로부터 일격을당하고 나서[12] 교학을 그만 두고 선禪으로 전향한 선승이다. 덕산선감은 자신의 사찰에서 불전을 폐지하고 법당만 두었다.

佛不渡水."(신찬속장경 68권, p.83b)

12   덕산은『금강경』의 대가였다. 그는 조주로 가는 어느 주막에서 노파로부터 "『금
      강경에 '과거심불가득過去心不可得, 현재심불가득現在心不可得, 미래심불가득
      未來心不可得'이라는 말이 있는데, 그렇다면 스님은 어느 마음에 점을 찍겠습니
      까?"라는 질문에 말문이 막혔다. 그 후 교학에서 선으로 전향했다.

선사가 무릇 선원에 주석할 때는 불전佛殿은 철폐하고 오직 법당만 두었을 뿐이다.[13]

새로 창건한 선사禪寺에 주지로 간 것이라기보다는 기존의 교종 사찰에 주지로 갔기 때문에 불전을 없앤 것이다. 이 무렵 많은 교종 사원이 선종 사원으로 바뀌었다.

조주선사의 예는 좀 다르다. 그는 불전을 그대로 두었으나 불상에 예불(예배)은 하지 않았다.

어느 날 문원文遠이라고 하는 시자가 불전에 올라가서 예불을 하자 조주선사는 주장자를 내려치면서 말했다.

"여기서 무엇을 하고 있는가?"

"예불을 하고 있습니다."

"예불해서 무엇에 쓰려고 하는가?"

"예불하는 것은 좋은 일이 아닙니까?"

조주선사가 말했다.

"좋은 일(예불)은 없는 것만 못하지."[14]

---

13   『五家正宗贊』1권, 「德山宣鑑」. "師凡住院, 拆却佛殿, 獨存法堂而已."(신찬속장경 78권, p.582c)

14   『禪宗頌古聯珠通集』20권. "趙州因文遠侍者, 在佛殿禮拜次. 師見以拄杖打

여기서 말하는 예불은 조석예불을 가리킨다기보다는 합장배례 즉, 예배禮拜를 뜻한다.[15] 불전에 있는 금불金佛이나 목불木佛은 반야지혜의 작용이 없는 부처이다. 조주선사는 그런 부처는 '참부처'가 아니라는 것인데, 이 역시 선원총림에서 불전을 폐지하고 오직 법당만 두었던 사상적 배경이라고 할 수 있다.

3. 당말오대, 불전佛殿의 등장

당말에 일어난 황소의 난은 당 왕조에 치명타를 가했다. 융성한 문화를 자랑하던 당 왕조도 끝이 보이지 않는 혼란스러운 정국으로 치달았다. 드디어 907년, 애종哀宗은 선무절도사宣武節度使 주전충朱全忠 (852~912. 後梁의 태조)에게 나라를 양여讓與했다. 당 왕조는 289년 만에 다시는 열리지 못하는 문을 닫았다(618~907).

一下曰. 作甚麼. 曰禮佛. 師曰. 用禮作甚麼. 曰禮佛也是好事. 師曰. 好事不如無."(신찬속장경 65권, p.596c)

15 우리나라 선원의 경우 불상에 배례拜禮는 하지만, 대웅전에서 행하는 조석예불에는 참여하지 않는다. 선원 내에 있는 달마상이나 문수상에 죽비로 삼배한다. 이것은 당대唐代 선불교의 영향이다. 청淸 옹정제는 『어선어록御選語錄』을 편찬·간행할 정도로 선禪을 좋아했다. 그런데 그는 선승들이 불상에 배례하지 않는 것에 대해서는 매우 못마땅하게 여겼다고 한다.

당망唐亡, 그리고 오대五代(907~959)가 개막했다. 당말오대는 옛 질서가 파괴되고 새로운 질서가 싹트는 혼란기였다. 황소의 난으로 인하여 많은 전적들이 소실되는 등 사찰의 피해도 적지 않았다. 특히 이 시기 '삼무일종三武一宗의 법난法難' 가운데 하나인 후주後周 세종世宗에 의한 폐불(955년)은 중국 화북 지방 불교에 결정적인 타격을 가했다. 폐쇄된 사찰이 3,336개소로 전체에서 반 이상이나 되었다. 그 유명한 조주선사의 선맥이 끊어진 가장 큰 원인도 후주의 폐불 때문이었다.

그러나 강북과는 달리 강남의 오吳·민閩·오월吳越 등 10국은 정치·경제적으로 안정되어 있었다. 민閩의 왕심지王審知와 남한南漢의 유엄劉龑, 남당南唐의 왕 이변李昪과 이경李璟, 오월의 왕 전홍숙錢弘俶 등은 적극적으로 불교를 존숭·보호했는데, 그들이 존숭했던 불교는 대부분 당시 한창 융성하고 있던 선종이었다.

특히 선종 오가五家 가운데 마지막 주자인 운문종雲門宗과 법안종法眼宗은 오대의 와중에서 성립했다. 운문문언은 오대십국의 하나인 남한의 초대 황제 유엄의 적극적인 후원으로 소주韶州 영수선원靈樹禪院에 주석하면서 운문종을 성립시켰다.[16] 그가 오대의 혼란 속에서도 '일일시호일日日是好日'을 유지하면서 일자선一字禪·삼자선三字禪의 선법을

---

16   정성본, 『선의 역사와 사상』, 「운문문언과 운문종」 p.426, 불교시대사, 1994.; 아부키 아츠시 지음, 최연식 옮김, 『새롭게 다시 쓰는 중국선의 역사』, p.124, 대숲바람, 2005.

펼쳤던 것은 오직 유엄의 적극적인 외호 덕분이었다.

법안문익은 남당 이변의 후원으로 강서 금릉 보은선원報恩禪院과 청량원淸凉院에 주석하면서 법안종을 크게 드날렸다. 『송고승전』13권[17] 『전등록』24권[18] 등에 수록되어 있는 청량문익淸凉文益 장章에는 "강남의 국주國主가 선사의 도道를 중히 여겨 보은선원에 맞이하여 주석하게 했다"[19]고 기록되어 있다. 여기서 말하는 강남의 국주國主란 바로 남당의 왕 이변을 가리킨다.[20] 법안문익의 시호인 '대법안선사大法眼禪師'도 남당의 2대 왕인 이경이 올린 시호이다.[21]

항주에서 나라를 세운 오월왕 전錢(전홍숙)씨 일족은 두 팔을 걷어붙이고 천태덕소天台德韶(891~972)와 법안종을 후원했다. 항주 서호에 있는 정자사淨慈寺는 법안종의 대사찰이었는데, 이것은 전홍숙이 법안종의 3대 조사인 영명연수永明延壽(904~975)선사를 위하여 건립한 선원총림이었다. 정자사는 훗날 남송 오산 가운데 하나가 되었다.

그리고 후당後唐의 장종莊宗은 당말의 임제종臨濟宗 선승인 흥화존

---

17   "江南國主, 李氏始祖, 知重迎住報恩禪院."(대정장 50권, p.788b)

18   "江南國主, 重師之道, 迎入住報恩禪院."(대정장 51권, p.398c)

19   『청량문익어록』. "江南國主, 李氏始祖, 知重師之道, 迎住報恩禪院."(대정장 47권, p.588c)

20   누카리야 카이텐(忽滑谷快天), 『禪學思想史』상권, p.742, 玄黃社, 1925.

21   張志哲 主編, 『중화불교인물대사전』, p.269, 黃山書社, 2006.

당말오대에 황제나 군벌호족들의 정신적 의지처는 선종이었다. 사진은 항주 서호에 있는 법안종의 대사찰 정자사淨慈寺 전경. 법안종 3조 영명연수永明延壽선사를 위하여 건립한 선원총림으로 훗날 남송 오산 가운데 하나가 되었다.

장흥화존장興化存獎(830~888)을 존숭하여 그에게 귀의했고, 오대 때 초왕楚王 마은馬殷은 석문헌온石門獻蘊선사에게, 민왕閩王 왕심지는 설봉의존雪峰義存(822~908)과 현사사비玄沙師備(835~908)를 존숭, 귀의했다.[22]

당말오대에 황제나 왕을 자처했던 지방 절도사 등 군벌호족들의 종교적·정신적 의지처는 선종이었다. 당시 민중적 호응도가 가장 높았던

---

22   누카리야 카이텐(忽滑谷快天), 「王侯의 歸崇과 禪門의 興融」, 위의 책, p.761.

종교가 선불교였으므로 그들 역시 선불교를 적극 후원하지 않을 수 없었다.

이 무렵 바야흐로 선종 사원에도 하나둘씩 불전佛殿이 세워지기 시작했다. 황제나 왕을 자처했던 절도사 등 군벌호족들은 오대五代의 난세를 당하여 불전(대웅전)을 찾아가 일족의 안녕과 무운장구武運長久를 기원했다. 선종의 건설자 백장회해가 청규(백장청규)에서 제정한 '불립불전不立佛殿 유수법당唯樹法堂(불전은 세우지 않고 법당만 세운다)'의 대원칙은 이 무렵부터 조금씩 흔들리기 시작했다. 시대가 변하면 일체가 변한다.

오대의 난세에 운문문언은 운문종을 개창했다. 그의 어록인 『운문광록雲門廣錄』속 선문답에는 불전(대웅전)이 여러 번 나온다.

운문선사가 대중들에게 말했다.

"여러분, 저기를 보시오! 지금 불전佛殿이 승당(좌선당) 속으로 들어가고 있소."

(대중 가운데 아무도 말을 하는 사람이 없자) 대신 대답하였다.

"나부산이 북을 치니 소주가 춤을 추네."[23]

어떻게 불전(대웅전)이 승당 속으로 들어갈 수 있는가? 나부산羅浮山

---

23   『雲門廣錄』. "雲門示衆云, 看看. 佛殿入僧堂裏去也. 代云. 羅浮打鼓韶州舞."(대정장 47권, p.562b)

은 중국 남쪽 광동성에 있고 소주蘇州는 북쪽인 항주와 상해 사이에 있는 도시다. 더구나 이 둘은 모두 무정물이다. 어떻게 나부산이 북을 치니 소주가 춤을 춘다는 말인가? 일원론의 입장에서 본 만법일여萬法一如의 소식이다. 또 『화엄경』에는 "한 터럭 속에 삼천대천세계(우주)가 들어간다"고 한다. 핸드폰 속에는 글로벌 세계가 시시각각으로 들어가 있다.

어떤 납자가 불전佛殿 모퉁이에 서 있었다. 그때 운문선사가 손뼉을 탁 치면서 말했다.

"불전佛殿과 노주露柱(대웅전 기둥)가 주고廚庫(부엌) 안으로 달려 들어가고 있다."

그 납자가 고개를 돌려 보자 운문선사가 말하였다.

"그대는 보아도 모를 것이네. 불전이 다시 나올 것이니 기다려 보게."[24]

또 어떤 납자가 물었다.

"선사, 신라와 대당大唐은 같습니까, 다릅니까?"

운문이 대답했다.

---

24   『雲門廣錄』. "師因見僧在殿角立次. 乃拍手一下云. 佛殿露柱, 走入廚庫去也. 僧廻首看. 師云. 見你不會. 却來祇候佛殿."(대정장 47권, p.572b)

"승당僧堂, 불전佛殿, 주고廚庫(고원), 삼문三門이니라."[25]

운문이 대중들에게 말했다.

"하늘과 땅 우주 그 사이에 하나의 보물(마음)이 있는데 형산(육체)에 비장秘藏되어 있다. 등롱을 불전 속에 두고, 삼문三門을 등롱 위에 올려두네."[26]

불전이 신축되기는 했지만 규모가 작았고, 걸핏하면 불전을 거들먹거리는 것으로 보아 이 무렵 불전의 위상은 그다지 높지 않았다. 선문답에서 '불전'이 심심찮게 등장하는 것으로 보아, 적어도 당말을 지나 오대 무렵에는 선종 사원에도 불전이 세워지기 시작한 것으로 보인다.

그러나 비록 당말오대라는 시대적 상황 아래에서 선종 사원에 불전이 세워지고는 있었으나 그 규모는 왜소하여 법당의 규모, 존재와는 비교할 수가 없었다. 신자들도 개별적으로 불전에 가서 기도할 뿐, 현재 우리나라처럼 부전스님이 불공佛供을 올린다거나 기도·염불을 하지는 않았다. 불전은 있어도 아직 불공의식 등 염불문은 준비가 되어 있지

---

25   "問僧. 新羅國與大唐國, 是同是別. 代云. 僧堂, 佛殿, 廚庫, 三門."(신찬속장경 68권, p.107b)

26   『雲門廣錄』. "雲門示衆云. 乾坤之內, 宇宙之間, 中有一寶, 秘在形山. 著(拈)燈籠向佛殿裏, 拈(將)三門安燈籠上."(대정장 47권, p.801a)

않았다.

북송시대 불전의 위상은 낮았고, 그 위치도 한쪽 모퉁이에 있었다. 우리나라로 말하면 칠성각七星閣이나 독성각獨聖閣 정도였다. 선당禪堂의 납자들은 그쪽으로 일체 눈길도 돌리지 않았다.

북송 말의 『선원청규』에는 '불전佛殿'이라는 용어가 세 번(2권, 9권, 6권) 정도 나오는데 주로 행자들에 대한 규정이다.

> 행자들은 매일 만참晚參(저녁 법문) 때 불전 앞에서 부처님께 예배하라.[27]
>
> 황혼黃昏이 되어 대종을 치면 행자들은 불전에 올라가서 염불하라.[28]

이와 같이 "불전에 가서 예배, 또는 염불하라"고 규정하고 있으나 이 규정은 행자들에 한한 것이고, 그 어디에도 '승당의 납자들도 불전에 가서 예배나 예불하라'고 규정한 곳은 없다. 불전이 있고 불상이 모셔져 있어도 선당의 납자들과는 무관한 규정이었다. 이는 오늘날 우리나라 선원과도 비슷한 점이 있다. 1970년대 해인사 선원의 경우 선방의 납자들은 예불에 참석하지 않았다. 선당 내에 모셔져 있는 달마조사상 족자를 향하여 죽비 삼배로 예불을 대신했다.

---

27 『선원청규』 6권, 「訓童行」. "每日, 晚參於佛殿前禮佛."(신찬속장경 63권, p.548c)

28 『선원청규』 6권, 「警衆」. "黃昏鳴大鐘者, 行者上殿念佛也."(신찬속장경 63권, p.539c)

4. 남송의 운명과 불전의 위상

1126년에 일어난 '정강의 변(靖康之變)'은 느슨하고 방만하기 이를 데 없던 송나라를 대혼란 속으로 빠트렸다. 정강 1년 그동안 송나라를 괴롭혀 오던 금金나라는 북송의 수도 개봉開封을 공격했다. 3일 만에 수도를 함락시키고 상황上皇 휘종徽宗과 황제 흠종欽宗을 비롯하여 황족과 대신 등 무려 3천여 명(약 70%)을 만주로 압송했다. 한족 역사상 만주족에 모욕을 당한 초유의 사건이었다. 겨우 몇몇 황족들과 장수들이 탈출하여 지금의 항주인 임안臨按으로 후퇴하여 금金과 협상을 통하여 양자강 북쪽은 금나라가, 남쪽은 송나라가 통치하는 선에서 강화 조약을 체결했다. 이후를 역사서에서는 남송이라고 부른다.[29]

남송은 이 치욕적인 수모를 당하고 나서 강력한 중앙집권 정책을 펼쳤다. 남송은 실지失地 회복을 위하여 정부 조직을 재정비했다. 그리고

---

29   송宋(960~1279)은 북송北宋과 남송南宋으로 구분한다. 960~1126년까지를 '북송', 1127~1279년까지를 '남송'이라고 한다. 송나라는 건국 이후 1100년대까지 150년간 전쟁이 없는 태평성대였다. 장기간의 태평성대로 관료들은 부패하고 군사력·전투력은 약화되어 여진족(후에 금나라)의 침입에 속수무책이었다. 송나라는 20여 년 이상 금나라에게 시달려 오다가 1126년에는 수도 개봉이 함락되고 왕족과 대신 3천 명이 포로가 되어 여진의 본토인 만주로 이송되었다. 이 치욕적인 사건으로 인하여 송은 수도를 개봉에서 임안, 즉 지금의 항주로 옮겨서 국가 재건을 도모한다. 수도를 남쪽 임안으로 옮기기 이전(960~1126)을 '북송', 옮긴 이후(1127~1279)를 '남송'이라고 한다.

때는 이미 늦었지만 국태민안과 국운융창, 무운장구와 황제의 수명장수를 위하여 실시한 것이 이른바 선종의 5산10찰 제도였다.[30] 5산10찰 제도는 중앙에 5개 본산(五山)을 두고, 그 밑에 10찰十刹과 말사를 둔 제도로, 일제식민지 때 조선총독부가 실시한 31본산 제도와 같았다.

5산10찰 제도는 관사제도官寺制度로 국가 기원 도량이었다. 5산10찰뿐만 아니라, 남송의 모든 사찰은 하루 세 번(朝夕, 巳時) 불전에 올라가 황제의 만수무강(祝壽, 祝聖)[31]과 국운융창을 기원했다. 동시에 불전의 위상도 매우 높아져 웅장하게 신축되었다. 이 또한 일제강점기 때 모든 사찰에서 조석으로 일본군의 무운장구를 빌었던 것과 같다.

북송시대 불전(대웅전)의 규모는 법당(설법당)에 비하여 2분의 1, 또는 3분의 1 정도 수준이었다. 우리나라 산신각이나 지장전 등 전각 정도였다. 그러나 송나라의 운명을 가로지른 '정강의 변(1126년)'은 불전의

---

30   남송 5산10찰 제도는 전국 선종 사원을 관리·통제하기 위한 관사제도官寺制度였다. 가정연간嘉定年間(1208~1224)에 승상 사미원史彌遠(1164~1233)의 구상과 주청에 의하여 이루어졌다고 하는데(불광대사전 2권p.1062), 중앙에 최고 사찰로서 5대 본산을 두고 그 밑에 2급 사찰로서 각 지역에 열 개의 사찰(10찰)을 두었으며, 10찰 밑에 각 州에 갑찰甲刹을 두어 전국의 선종 사찰과 승려들을 관리 감독하게 했다. 국청사 같은 경우는 천태종의 본산으로서 교종 사찰임에도 불구하고 선종 10찰의 하나로 편입시켰다. 5산은 모두 당시 수도인 항주에 밀집되어 있었다. 일본의 가마쿠라(鎌倉) 5산과 교토(京都) 5산도 남송 5산 제도를 그대로 모방한 것이다. 남송 5산10찰은 「제2장」 각주 11 참조.

31   축성祝聖은 북송 때부터 시작되었는데, 남송 때에는 상례화되어 선승들은 불전에서만이 아니고, 상당법어 직전에도 향을 사르고 축성했다. '황상폐하 만만세' '황상폐하皇上陛下 성수聖壽 만만세萬萬歲.'

위상에 커다란 변화를 주었다. 북송시대와는 딴판이었다. 남송의 불전 규모는 법당과 같았다(『남송오산십찰도』 참고). 남송 오산 가운데 2위인 항주 영은사의 불전은 크기가 법당과 같았고, 3위인 천동사 역시 불전의 크기가 전면 5칸, 측면 3칸으로 법당과 같았다. 하위직이었던 지전知殿 (대웅전 담당)이 상위직인 6두수로 급상승한 것도 이때였다.

남송시대 불전은 국가의 안녕을 기원하는 성스러운 장소였다. 오대 나 북송시대의 초라한 불전이 아니었다. 시대를 잘 만나면 달達하고 잘 만나지 못하면 궁窮하게 되는 것은 인간사만이 아니다. 힌두의 신神도 그렇고 사찰의 전각도, 경전도 마찬가지이다.

백장회해가 선종 사원의 법전法典인 『백장청규』에서 불전을 폐지하고 오직 법당만 세우도록(不立佛殿, 唯樹法堂) 규정한 지 400여 년 만의 일이다.

6장

주지는 법왕法王이고, 현신불現身佛

선종 사원의 방장(주지)

1. 방장의 책무와 역할

선종 사원(총림)의 최고 어른이자 통솔자는 방장 즉 주지住持이다. 당송시대 선종 사원의 방장은 부처(法身佛)를 대신하여 고칙古則·공안公案을 거양擧揚, 제창提唱(강독)하여 부처를 이루게 하는 법왕法王인 동시에 현신불現身佛이었다.

방장의 책무 가운데 가장 중요한 것은 총림 운영이지만 그 못지않게 중요한 것은 납자를 지도·교육하여 훌륭한 선승, 깨달은 부처로 만드는 일이었다. 방장의 법력과 지도 능력은 눈 밝은 납자가 얼마나 많이 배출되는가에 달려 있다.

방장의 소임과 역할에 대하여 『선원청규』 7권 「존숙주지尊宿住持」 편에는 "(주지는) 부처를 대신하여 고칙 공안을 거양擧揚(제창)하므로 지사知事와는 다르다. (…) 총림의 법도를 엄숙하게 준수해야 하고 용상龍象 같은 고덕이 나오도록 해야 하며, 하루 종일 납자 지도를 게을리 하지 말아야 한다"[01]라고 주지의 책무에 대하여 정의하고 있다.

당송시대에는 주지의 거실을 '방장方丈'이라고 했고, 이는 유마거사의 방(거실) 크기가 '사방四方 1장一丈'이라는 데서 비롯된 말이다. 이것

---

01   장로종색, 『重雕補註 禪苑清規』 7권, 「尊宿住持」. "代佛揚化, 表異知事. (…) 整肅叢林規矩, 撫循龍象高僧. 朝晡不倦指南."(신찬속장경 63권, p.52c)

이 오늘날 총림의 최고 어른을 가리키는 직함이 된 것인데, 사방 1장이라면 3.3㎡로 약 1평 정도에 불과하다.

『유마경』에는 사방 1평 밖에 안 되는 공간 속에 무려 3만여 명이나 되는 보살들이 의자에 앉아서 문수의 법문을 듣는 장면이 나온다. 어떻게 한 평밖에 안 되는 좁은 공간에 3만 명이 앉을 수 있었을까?

의상조사義湘祖師(의 「법성게法性偈」에는 "미세한 티끌 속에 온 세계가 있다(一微塵中含十方)"는 법문이 있는데, 그와 같이 비록 한 평밖에 안 되는 좁디좁은 공간이지만, 그 용량은 무한대이기 때문이다. 이것이 바로 『유마경』에서 말하는 불가사의한 해탈경계라고 할 수 있다.

주지住持란 '붓다의 법을 오래도록 호지護持, 존속시킨다'는 구주호지久住護持에서 줄여진 말이다. 한 선종 사원의 주지가 붓다의 법을 오래도록 존속시키려고 한다면 무엇보다도 인격과 덕망, 그리고 정견과 정안을 갖추고 있어야 한다. 그렇지 못하면 총림의 납자는커녕, 기복을 바라는 마을의 아낙네도 교화하기 어렵다.

2. 선종사 최초의 주지

중국 선종사에서 최초의 주지(방장)는 백장총림을 창건한 백장회해이다. 그 사실에 대해 『칙수백장청규』 「주지」 장에는 다음과 같이 기록되어 있다.

불교가 중국에 들어온 지 400년이 지나 달마에 이르렀다. 달마로부터 8
대 백장에 이르기까지 (선종은) 오로지 도道(禪法)만 전수되어 왔다. 선
승들은 암혈巖穴이나 혹은 율종 사원에 의탁해 살았기 때문에, 아직 (선
종에는) '주지住持'라는 것이 없었다. 백장 화상 때에 비로소 선종이 점차
흥성하여 위로는 왕공王公과 재상들, 아래로는 유가儒家의 학자들까지
바람에 나부끼듯 모두 와서 도道를 물었다. 무리가 있어서 실로 번성했
으나 아직 높여야 할 주지의 자리(位)가 없었고 사법師法도 엄정하지 못
했다. 그리하여 처음으로 백장 화상을 받들어 주지住持로 삼고 그를 존
중하여 '장로長老'라 하였다. 인도에서 사리불舍利弗과 수보리須菩提를 장
로라 칭했던 것과 같다.[02]

또 혜홍각범惠洪覺範(1071~1128)도 『선림승보전禪林僧寶傳』과 『임간록
林間錄』에서 최초의 선종 사원 주지는 백장선사였다고 기록하고 있다.

마조도일과 백장회해 이전에는 주지住持가 없었다. 그래서 불도를 닦는

---

02   『勅修百丈淸規』, 「住持章, 序」. "佛敎入中國, 四百年而達磨至. 又八傳而至百丈.
      唯以道相授受, 或岩居穴處, 或寄律寺, 未有住持之名. 百丈以禪宗浸盛, 上而君
      相王公, 下而儒老百氏, 皆嚮風問道. 有徒實蕃, 非崇其位則師法不嚴. 始奉其師
      爲住持, 而尊之曰長老, 如天竺之稱舍利弗須菩提."(대정장 48권, p.1119a)

이들(선승)은 서로 공한적막空閑寂寞한 곳을 찾아다닐 뿐이었다. 그 후(마조와 백장 때부터) 비로소 주지가 있게 되어서 왕과 신하들이 존경하여 인천人天의 스승이 되었다.[03]

또 『석씨요람』 하권 「주지住持」 편에도, "선문禪門의 주지住持 제도는 홍주 백장산 대지선사 백장회해로부터 시작되었다"[04]고 기록하고 있는 바와 같이, 중국 선종에서 최초의 주지는 '일일부작, 일일불식'의 선승 백장회해였다. 이것은 백장회해가 최초로 선종 사원을 창건했다는 사실을 말해주는 것이기도 하다.

앞에서도 언급했지만 백장회해가 최초의 선원총림인 백장사를 창건하기 이전 선승들은 대부분 율종 사원에 의탁하거나 암자에서 독거獨居했다. 백장회해가 비로소 율종 사원으로부터 독립하여 선종 사원(백장사)을 창건했던 것이다. 그래서 그를 일컬어 '선종의 건설자'라고 한다.

당송시대 주지(방장)의 내심 걱정거리는 총림의 운영보다도 단 한 명이라도 깨달은 납자가 나오는 것이었다. 다음에 나오는 일화는 주지가

03　혜홍각범, 『선림승보전』 23권, 「黃龍祖心章」. "馬祖百丈已前, 無住持事, 道人相尋于空閑寂寞之濱而已. 其後雖有住持, 王臣尊禮, 爲天人師."(신찬속장경, 79권, p.537a) ;『임간록』 1권(신찬속장경 87권, p.252a);『佛祖歷代通載』 19권(대정장 49권, p.678a)

04　『釋氏要覽』 하권. "禪門住持規式, 自洪州百丈山大智禪師懷海創置也."(대정장 54권, p.301b)

얼마나 납자 지도에 노심초사했는지 알 수 있는 대목이다.

오조법연五祖法演(1024~1104)선사가 백운사 방장으로 있을 때의 일이다. 하안거 해제가 며칠 남지 않았는데도 구자무불성화狗子無佛性話를 투득透得한 납자가 한 명도 나오지 않았다. 이에 그는 다음과 같은 탄식조로 영원유청靈源惟淸선사에게 편지를 보내고 있다.

> 올 여름 총림의 여러 농장에서 곡식을 수확하지 못한 것은 그다지 큰 걱정거리가 아닙니다. 정말로 걱정스러운 것은 한 선당에 수백 명의 납자들이 수행하고 있는데, 하안거 동안에 한 사람도 구자무불성화狗子無佛性話를 투득한 사람이 없습니다. 이러다가는 장차 불법이 사라질까 걱정될 뿐입니다.[05]

안거 90일 동안 정성을 다해 지도했음에도 불구하고 '구자무불성화'를 깨달은 납자가 한 명도 나오지 않자 오조법연선사는 자신의 지도 능력, 혹은 자신의 법력에 대한 회의가 깊게 들었던 것이다. 이런 탄식조의 글은 다른 선사들의 글에서도 더러 볼 수가 있는데, 방장의 능력은 '깨달은 납자가 얼마나 나오는가?' 하는 것으로 평가되었다.

---

05   "五祖師翁, 住白雲時. 嘗答靈源和尙書云. 今夏諸莊, 顆粒不收, 不以爲憂. 其可憂者, 一堂數百衲子, 一夏無一人透得箇狗子無佛性話. 恐佛法將滅耳."(대정장 47권, p.942c)

앞의 오조법연의 편지에서도 볼 수 있듯이, 사실 간화선에서 무자 화두를 참구하기 시작한 것은 오조법연 때부터다. 이것을 이어받아 하나의 수행 체계로 완성시킨 것이 대혜종고大慧宗杲이다.

안거 기간 주지가 설하는 법문은 매우 많다. 상당법어는 한 달에 6회, 조참, 만참, 소참 등 모두 약 30회 이상 된다.[06] 주지가 매달 30회 이상 법문을 하자면 선에 대한 지견도 높아야 하지만, 경전이나 교학에 대해서도 박식해야 한다. 그렇지 않고는 납자들을 지도할 수 없고 그들의 다양한 질문에 답할 수가 없다. 또 법문을 한다고 해서 다 여법한 법문이 되는 것은 아니다. 법에 맞지 않으면 그것은 업장業障, 번뇌 망상, 알음알이만 가중시킬 뿐, 정안을 열어주지는 못한다.

---

06   상당법어는 5일에 1회씩 한 달에 모두 6회 있었다. 5일에 한 번씩 있었다고 하여 오참상당五參上堂이라고 한다. 조참무參과 만참晚參은 아침 법문과 저녁 법문으로서 명칭에서 알 수 있는 바와 같이 거의 매일 있었다. 그리고 소참小參은 수시隨時 법문으로서 어느 때든 필요하면 했는데, 후대에는 조참과 만참을 합하여 소참이라고도 했다. 따라서 당대唐代에 주지가 한 달에 행하는 법문 횟수는 적어도 30회 이상이 된다. 상당법어는 남송 때부터는 그 횟수가 줄어들어 초하루와 보름날에만 있었다. 그것을 단망상당旦望上堂이라고 한다.

3. 방장은 당호의 의미

선종 사원에서는 주지를 방장이라고 한다. 『선원청규』 등 청규에는 소임 가운데 '방장'이라는 직함은 없다. 방장은 주지가 기거하는 건물 이름, 즉 당호堂號이다. 이것이 점차 직함으로 발전된 것이다. 그러나 300년 후인 1338년 원대에 편찬된 『칙수백장청규』에는 종종 '방장화상' 또는 "방장이 특별히 수좌와 대중을 위하여 차茶를 공양하다"는 등의 말이 있는 것으로 보아 적어도 남송·원대부터는 당호 겸 직함으로도 애칭되었음을 알 수 있다.

청말 근대의 고승인 내과來果(1881~1953)선사 연보 1919년 조條에는 "사師가 방장의 자리에 오르다(一九一九年 師升座方丈)"라고 기록되어 있

교토(京都) 겐닌지(建仁寺) 방장 건물의 편액. 겐닌지는 선종인 임제종 사찰로 교토 5산의 하나이다.

만푸쿠지(萬福寺) 방장 건물 편액. 1대 방장인 중국 명대
의 선승 은원隱元(1592~1673)선사의 친필이다.

는데, 이것으로 보아 근대에는 방장이 정식 직함으로 정착되었음을 알 수 있다.

우리나라에는 『진각어록眞覺語錄』 『태고집太古集』 『나옹화상어록懶翁和尙語錄』 『편양당집鞭羊堂集』 등에 종종 '방장'이라는 단어가 나오긴 하지만, 주로 당호의 의미로 쓰였고 직함을 의미하는 경우는 드물다.

우리나라에서 방장이라는 말을 직함으로 쓴 경우는 1928년에 발행된 『조선승려수선제요朝鮮僧侶修禪提要』[07] 송광사 선당 소임 난에 조실 화상을 열거한 다음 괄호 속에 '방장화상'이라고 표기하고 있는 것이 처음이다. 그 후 1967년 해인총림(가야산 해인사)이 설립되면서 '방장'이라는 말을 본격적으로 사용했다. 현재 중국은 방장을 당호의 의미로도 쓰고, 직함의 의미로도 쓴다. 일본은 당호로만 사용하고 있다.

4. 주지 선출과 임명 과정

불교가 국가의 관리 하에 있을 때는 주지 임면권任免權을 국가가 가지고 있었다. 그러나 주지 추천이나 선출은 해당 선종 사원에서 했는데,

---

07   『조선승려수선제요朝鮮僧侶修禪提要』, 「송광사」, 선당 참고(조선총독부 학무국, 1928년 9월).

아무래도 문중의 어른이나 전임 주지(방장)의 생각이 절대적으로 좌우
되었다.[08] 물론 형식상으로 산중회의를 거친다.

주지는 정견正見과 정안正眼, 그리고 납자 지도 능력을 갖춘 선승 가
운데서 뽑는다. 주로 가장 상위직인 수좌나 감원 가운데서 선출되는
경우가 많았다. 적임자가 없을 때는 타사他寺에서 모셔오기도 한다. 이
것을 시방주지十方住持 제도라고 한다.

그러나 위산영우潙山靈祐가 대위산大潙山 동경사同慶寺 주지로 선출되
는 과정과 같이 아주 특별한 경우도 있다. 물론 이는 시방주지 제도의
시행 초기에 있었던 일로 이 선출 과정에서는 법력이 가장 우선시 되
었다.

백장 화상은 백장사를 창건한 이후 대위산에 동경사를 창건, 개창
하고자 했다. 누구보다 뛰어난 자를 주지로 선임하여 보내고자 하였다.
서열로 보아 주지 후보 1순위는 백장총림의 수좌인 화림華林이었다. 그
런데 전좌典座(주방 담당) 직을 맡고 있는 위산영우가 돋보였다. 전좌는
수좌와는 천양지차였다. 백장 화상은 대위산의 주지를 법력을 통해서
선발하기로 마음먹었다. 그는 대중을 운집시킨 가운데 수좌 화림과 전
좌 위산을 불렀다. 그리고는 정병淨甁(물병)을 갖다 놓고 먼저 수좌 화림
에게 물었다.

---

08 당송시대에는 모든 종교가 국가의 관리를 받았다. 관리 부서는 예부禮部의 사
부祠部에서 관리했다. 남송시대에는 국가에서 직접 주지를 임명했다.

"자, (이것은 정병이다. 그러나) 이것을 '정병'이라고 불러서도 안 된다. 그대는 이것을 무엇이라고 부르겠는가?"

수좌인 화림이 말했다.

"(정병이라고 부르지 않는다면), 나무토막이라고 부를 수도 없습니다."

백장 화상은 다시 위산에게 물었다.

"그대는 이것을 무엇이라고 하겠는가?"

위산은 대뜸 발로 정병을 걷어차버렸다. 그리고는 밖으로 나가버렸다. 백장 화상은 큰 소리로 웃으면서 말했다.

"선원의 제일좌(수좌인 화림을 지칭하는 말)는 위산에게 졌소."[09]

이 공안을 위산의 '적도정병踢倒淨瓶'이라고 한다. '정병淨瓶'은 납자가 휴대해야 할 18물物 가운데 하나로, 그 속에다 물을 담아 가지고 다니면서 식수로 사용하기도 하고 때론 그 물로 손을 씻기도 한다.

이것은 분명히 '정병'이지만, 그것은 명칭일 뿐이다. 그렇다고 '정병'이 아닌 것도 아니다. 따라서 '정병'이라고 해도 맞지 않고, 정병이 아니라고 해도 맞지 않는다. 이것이 전형적인 선문답의 구조이고 함정이다.

---

09   『전등록』 9권, 「潙山靈祐」. "指淨瓶問云. 不得喚作淨瓶, 汝喚作甚麼. 華林云. 不可喚作木塊也. 百丈乃問師. 師(潙山)趯倒淨瓶, 便出去. 百丈笑云. 第一座, 輸却山子也."(대정장 47권, p.577b) ; 『무문관』 40칙 '적도정병趯倒淨瓶(위산이 정병을 차버리다)' 공안. 원문에 수각輸却은 승부에서 졌다는 뜻이고, 산자山子는 위산을 가리킨다. 즉 승부에서 위산에게 졌다는 뜻이다. 수좌를 제일좌第一座라고 하는 것은 승당에서 좌순座順 1위이므로 제일좌라고 한다. 수좌의 별칭이다.

수좌 화림의 대답은 궁색했다. 백장선사가 "이것을 정병이라고 해도 틀리고 아니라고 해도 틀리다"는 말에, 화림은 적어도 무언無言으로 응답했어야 하는데, "그렇다고 나무토막이라고도 부를 수도 없지 않느냐"고 답하였으니, 한마디로 선안禪眼이 없는 궁색한 답이다. 이런 답은 세속적인 답으로 선승의 답이 아니다. 반면 위산은 백장선사 앞에서 정병을 걷어차 버렸으니 그 기개는 가히 출격出格(틀을 벗어남)한 선승이었다. 백장 화상은 위산영우를 대위산 동경사 주지로 천거했다.

주지가 선출되면 총림의 상위직을 맡고 있는 수좌나 감원·유나 등 대표단이 구성된다. 대표단은 관행상 요건을 갖추어 신임 주지를 찾아가서 부디 주지의 직책을 맡아서 가르침을 주실 것을 청한다. 새로 주지가 된 스님은 덕이 부족하다는 이유로 한사코 사양한다. 그러나 이것은 상례적인 것이므로 거듭 주청하는데 이러기를 세 번 해야 한다. 세 번째는 마지못해 승낙을 하는데, 승낙이 이루어지면 준비 기간을 거쳐 진산식晉山式(취임식)을 한다.

해당 총림에서 주지가 선출될 때는 그다지 복잡하지 않다. 그러나 타사他寺에서 모셔올 때는 매우 복잡하다. 우선 승낙을 요망하는 사절단使節團을 구성해야 한다. 사절단은 앞의 대표단과 같은데, 지사知事를 대표하여 감원이나 유나 가운데 1인, 두수 가운데 1인, 전임 지사나 두수 가운데 1인, 그리고 그 밖에도 여러 명이 선임되어 승낙 겸 주지를 모시러 간다.

준비하는 것도 상당히 많다. 관청에 올리는 소문疏文(주지로 천거, 임명

해 달라는 글)과 첩지帖紙(임명장), 관아의 승관僧官이 날인한 서류, 그리고
타 총림에서도 주지로 임명해주기를 원한다는 청원문과 단월檀越(시주,
신도)의 청원문, 양쪽 주현州縣에서 발행하는 문서, 관원의 서신, 다례茶
禮 등을 모두 갖추어 가지고 간다. 물론 앞과 같이 주지로 선출된 스님
은 '능력이 없다'고 극구 사양한다. 사양한다고 해서 돌아오면 그것은
결례다. 간곡하게 재청, 삼청을 하면 "미력하나마 힘을 다하겠다"는 말
로 겨우 승낙한다.

신임 주지의 일행이 해당 선종 사원의 산문 어귀에 들어서면 기다리
고 있던 대중들은 북을 치면서 영접한다. 특히 산문, 즉 정문으로 들어
갈 때는 대종大鐘과 북(鼓) 등 종고鐘鼓란 종고는 모두 동원하여 일제히
울린다. 쌍수로 환영한다는 뜻이다. 이어 날짜를 잡아서 취임식, 즉 진
산식晉(進)山式을 한다. 진산식이란 '주지가 되어 산문으로 들어가다'라
는 뜻이다. 우리나라에서도 '진산식'이라고 한다. 또 선원으로 들어간
다는 뜻에서 '입원入院'이라고도 하고, 주지의 직인職印을 보인다는 뜻
에서 '시전視篆'이라고도 한다.

진산식에는 관아의 관료들과 사대부들, 신도들, 그리고 여타 총림과
주변 사찰에서도 대거 참석한다. 진산식의 하이라이트는 주지의 취임
법어이다. 이것을 '개당설법開堂說法(처음 법당의 문을 여는 설법)' 또는 '승
좌설법陞座(昇座)說法(법좌에 올라가서 법을 설함)'이라고 한다.

당송시대 주지(방장)의 개당설법은 곧 고승 탄생을 알리는 일성一聲
이었다. 동시에 자신의 법을 펴는 사자후獅子吼이다. 그것은 주지가 넓

게는 종교·사회계의 전면에, 좁게는 불교계의 전면에 등장하는 것을
의미한다.

5. 다섯 명의 방장시자

주지(방장)에게는 다섯 명의 전속 시자가 배속된다. 이것을 '방장시자方
丈侍者', 또는 '5시자五侍者'라고 한다. 요즘말로 다섯 명의 비서秘書이다.
시자들은 방장화상의 일거수일투족을 보좌한다. 시자들은 그 누구보
다도 많은 법문과 가르침을 받을 수 있다. 5시자의 역할을 간략히 살
펴보자.

　① 시향시자侍香侍者 : '효향시자燒香侍者'라고도 한다. 비서실장격으
로 방장의 상당법어와 소참법문 · 보설普說 · 염념拈과 송頌 등 법어를 기록
하며, 대중과의 면담, 방장의 향화香火와 의례儀禮 등을 담당한다.
　② 시장시자侍狀侍者 : '서장시자書狀侍者'라고도 한다. 방장화상의 서간
문 기초 및 관리, 그리고 방장의 지시 사항 등 서류와 문건을 담당한다.
　③ 시객시자侍客侍者 : '청객시자請客侍者'라고도 한다. 방장화상을 찾
아오는 빈객 응접 및 접대 등을 담당하는 시자이다.
　④ 시약시자侍藥侍者 : '탕약시자湯藥侍者'라고도 한다. 방장의 공양과

차, 탕약 등을 담당한다.

⑤ 시의시자侍衣侍者 : '의발시자衣鉢侍者'라고도 한다. 방장의 옷과 가사와 발우 등을 담당한다.

다섯 명의 시자 가운데 우두머리는 시향시자이다. 시향시자는 6두수는 아니지만, 거의 6두수급으로 법랍과 수행력, 학식을 갖춘 제자가 맡는다. 시향시자는 주지 우측에 선다. 방장시자는 방장실 곁에 있는 시자료侍者寮에서 생활한다. 방장화상이 움직이면 시자들은 한두 명 정도만 남고 모두 그의 앞뒤를 따른다. 방장실의 시자는 자격 조건이 까다롭다. 가장 중요한 것은 첫 번째는 심성이 곧아야 하고, 두 번째는 입이 무거워야 한다.

주지를 '장로長老' 혹은 '당두화상堂頭和尙(堂의 우두머리)'이라고도 한다. 한국과 중국은 지금도 '주지'라는 명칭을 그대로 사용하고 있고, 일본에서는 '주직住職'이라고 한다. 주지가 퇴임한 후에도 계속 해당 총림에 머물 때에는 후임 주지에게 방장실을 내주고 그는 동당東堂에서 기거한다. 그리고 동당과는 별도로 서당西堂[10]이라는 곳이 있는데, 그곳

---

10   동당東堂과 서당西堂에 대해서는 두 가지 예가 있다. ①선당의 동당과 서당. 『무문관』 14칙 「남전참묘南泉斬猫」 공안에는 동서 양당의 납자들이 고양이를 가지고 싸우고 있는 장면이 나온다. 여기에 의하면 남전보원南泉普願(748~834)과 조주종심趙州從諗(778~897)이 수행하던 당대에는 동당, 서당이라고 하면 선당의 양당을 가리켰다고 본다. ②동당은 해당 총림에서 주지를 역임한 이가 기거하는 곳, 서당은 타 총림에서 주지를 역임한 이가 와서 잠시 머무는 곳이

은 타사他寺, 타총림에서 주지를 역임했던 이가 오면 기숙하는 곳이다.

선원총림은 주지(방장)의 역량 여하에 따라 성쇠가 좌우된다. 주지의 법력과 역량이 크면 클수록 총림의 규모도 커지고 부족하면 줄어들 수밖에 없다. 예컨대 남송 때 대혜선사가 항주 경산사 주지로 있을 때는 납자가 무려 1,700명이나 운집했다. 또 굉지정각이 천동사 주지로 있을 때는 1,000여 명이 수행했다. 이렇게 많은 대중이 운집한 큰 총림은 선불교 역사상 처음이었다. 대혜선사와 굉지선사에게는 납자들뿐만이 아니고 문인, 관료, 사대부, 지식층 등도 대거 귀의하여 가르침을 받았다.

다. 송대에는 주로 ②에 해당했다고 본다. 마조도일의 제자 서당지장西堂智藏 (735~814)의 경우, 그가 '서당의 수좌'였기 때문에 '서당지장'이라고 부르게 되었다는 설이 있는데, 이것은 사실이 아닌 듯하다. 지장이 강서 건주虔州의 서산당西山堂에 머물면서 마조의 종풍을 널리 선양했기 때문에 '서당西堂'이라고 한 것이다. 진화법사震華法師 편, 『중국불교인명대사전』, p.766, 서당지장 항목 참고.

7장

선원총림의 오도 시스템과 납자 지도

법문·독참·청익·좌선

1. 당송시대 총림의 오도悟道 시스템

당송시대 선종 사원은 종교적 기능보다는 부처와 조사를 만드는 작불
作佛 작조作祖 기능에 더 많은 비중을 두었다. 특히 당대唐代 조사선 불
교는 그렇다. 그렇다면 당시 선원에서는 어떤 방법으로 납자들을 지도
했을까? 우리나라 선원처럼 화두를 준 후 무작정 앉아 있으라고만 한
것인가? 별도의 지도가 있었는가?

당송시대 선원총림의 납자 지도 시스템은 법문法門·독참獨參(개별적
인 지도)[01]·청익請益(보충 교육)[02]·좌선坐禪, 이렇게 네 가지이다.

법문은 반야지혜와 정안을 열어주기 위한 것이고, 독참은 개개인의
참구 상태를 지도·점검해주기 위한 것이며, 청익은 별도로 재차 추가
질문할 수 있게 하여 의문점을 풀어주기 위한 제도이고, 좌선은 도거

---

01   독참獨參(入室) : 방장과 개별적으로 독대하여 그동안의 공부 상태를 지도·점검
      받는 것으로 입실入室이라고도 한다. 그 방법은 법거양法擧揚 즉, 선문답 형식과
      거의 같다.

02   청익請益 : '보탬을 청한다'는 뜻으로 법문을 듣고 난 후에 더 자세하게 질문하고
      싶은 것이 있을 때 별도로 찾아가서 묻는 것. 즉 재차再次 재삼再三 가르침을 청
      하는 것을 말한다. 독참은 의무적·정기적인 것으로서 누구나 정해진 날, 정해
      진 시간에 방장실로 가서 그간의 공부에 대하여 점검받는 것이고, 청익은 비정
      기적·비의무적인 것으로서 더 묻고 싶은 사람만 찾아가서 묻는 것을 말한다.

掉擧(번뇌 망상, 잡념),[03] 간혜乾慧(어설픈 지혜),[04] 번뇌 등 분별망상을 제거하기 위한 것이다.

그런데 선종 사원의 이러한 납자 지도 시스템, 즉 법문·독참·청익·좌선으로 이어지는 시스템은 가람 설계도(구성)에도 그대로 적용되었다. 당송시대 선원의 가람 가운데 가장 중요한 당우(건물)는 법당(설법당), 방장, 승당僧堂(좌선당)이었다. 이 세 당우가 수행 및 오도悟道 시스템의 핵심적인 건물이었다. 법당은 방장화상이 반야지혜의 법문을 설하는 공간이었고, 방장실은 독참과 청익을 하는 공간이었고, 승당은 좌선을 통하여 들뜬 마음을 가라앉히는 공간이었다.

「선문규식」[05]에서는 법문과 독참, 청익의 중요성에 대하여 다음과 같이 말하고 있다.

> 입실入室(독참)과 청익請益을 제외한 그 나머지(즉 좌선)는 수행자의 근태勤怠에 맡긴다. 많이 하든(上) 혹 적게 하든(下) 그것은 일정한 규정(常準)

---

03   도거掉擧 : 마음이 안정되지 못하고 들뜬 상태. 즉 갖가지 생각, 잡념이 꼬리를 물고 일어나는 것을 말한다.

04   간혜乾慧 : 비록 지혜를 얻었다고 해도 아직 원숙하지 못한 얕은 지혜, 선정禪定의 힘이 충실하지 못한 지혜. 미완의 지혜. 지견해회知見解會와 비슷한 지혜.

05   양억의 「선문규식」은 『전등록』 6권 「백장회해」 장 부록에 실려 있다. 그리고 장로종색이 편찬한 『선원청규』 10권 「백장규승송百丈規繩頌」에도 비슷한 내용이 실려 있다.

을 두지 않는다. 그리고 선원의 모든 대중은 아침에는 조참법문을, 저녁
에는 모여 만참을 들어야 한다. 장로(주지)가 법당에 올라가 법을 설하면
주사主事(중요 소임자) 및 대중들은 안립雁立하여 귀를 기울이고 들어야 한
다.[06]

위 「선문규식」의 내용에서 확인할 수 있는 바와 같이, 강조하고 있
는 것은 입실(독참)과 청익, 그리고 아침 법문인 조참과 저녁 법문인 만
참(朝參夕聚)이다. 이상은 반드시 준수해야 할 의무적인 사항이었다. 정
견正見과 정안正眼을 갖추고 반야지혜를 성취하기 위해서는 법문, 독참,
청익의 세 가지가 가장 중요했기 때문이다.

지혜는 초기 붓다 시대에도 매우 중시했다. 붓다가 깨달음을 이룬
후 처음으로 다섯 명의 비구에게 중도, 팔정도, 사성제의 이치를 설했
고 다섯 비구들은 그 자리에서 깨닫고 아라한이 되었는데, 이 대화 역
시 선문답과 비슷한 지혜의 대화이다. 선불교적으로는 법거양이라고
할 수 있다.

반면 좌선에 대해서는 일절 언급이 없다. 하루 몇 번, 몇 시간 좌선
해야 한다는 규정이 없다. 좌선에 대해서는 장로종색선사의 「좌선의坐

『전등록』 6권, 「백장회해」 章 부록, 「禪門規式」. "除入室請益, 任學者勤怠, 或
上或下, 不拘常準. 其闔院大衆, 朝參夕聚. 長老上堂陞坐, 主事徒衆, 雁立側
聆."(대정장 51권, p.250c)

禪儀」에 간결하게 정리되어 있는 것처럼, 앉는 자세 등 기본적인 것만 지도해주면 그 뒤에는 충분히 스스로 알아서 할 수 있기 때문에, 많이 하든 적게 하든 규정을 두지 않았다. 그것은 또한 개인의 역량에 달린 문제이기도 했다(任學者勤怠, 或上或下, 不拘常準).

『선원청규』에도 법문, 독참, 청익은 강조했으나 좌선에 대해서는 일체 언급되지 않았다. 그 이유는 반야지혜를 갖추기 위해서는 좌선보다는 법문이 더 중요했기 때문이다. 좌선을 중시하여 오늘날과 같이 '하루 네 번 좌선(四時坐禪)'으로 정례화 된 것은 남송 무렵부터이다. 원元·명明 때에는 더욱더 많은 선승들이 좌선을 강조했다. 그리고 오늘날 우리나라 선원도 마찬가지로 하루 10시간 좌선을 강조하고 있지만, 오히려 깨달은 선승은 나타나지 않는 것 같다.

또 방장실에서 이루어지고 있는 독참獨參(入室)은 수행자 개개인의 공부를 지도·점검하는 시스템이다. 납자들은 정기적으로 방장과의 독대를 통하여 자신이 참구하고 있는 공안(화두)에 대하여 지도·점검을 받았다. 그리고 청익도 방장실에서 이루어졌다.

현재 우리나라 선원에는 이 네 가지 시스템 가운데 좌선만 있다. 그러나 『선원청규』를 비롯한 청규에는 좌선을 강조하거나 중시하지 않았다. 오도 시스템에서도 좌선은 법문, 독참, 청익에 이어 네 번째였다. 법문은 적어도 15일에 한 번은 있어야 하는데, 겨우 결제일과 해제일에만 들을 수 있다. 그것도 방장스님이나 조실스님이 있는 곳에서만 가능하다. 없는 곳에는 일 년 내내 법문을 들을 수 없다. 오도의 가장 중요한 시스템인 법문이 결여되어 있다.

그리고 독참과 청익은 지금은 사실상 사장死藏되었다.[07] 이런 시스템 아래서 깨달은 선승이 출현한다는 것은 구조적으로 불가능하다. 고도의 작불作佛 시스템이라야만 깨달은 부처가 탄생하는데, 독참이 시행되지 않으므로 수행자 지도는 방치되어 있다. 납자들은 앉아서 '좌선독학'을 하고 있다. 반면 일본 임제종은 여전히 독참을 시행하고 있다 (우리나라에서는 형식적이라고 비판하지만).

참고로 조선조 580년 동안 선종 청규가 유통된 적이 전혀 없다. 원나라 때인 1338년 간행된 『칙수백장청규』가 고려 말 태고보우의 간청으로 복각復刻 간행되었는데, 『태고집』에 발문만 남아 있고 아직 그 판본이 없다. 간행되긴 했으나 보지 않았고 곧 사라졌다고 생각된다.

---

07 법정 스님의 수필집 『일기일회』(문학의 숲, 2010) 178쪽에 "제 풋중 시절 경험담을 말씀드리겠습니다"라고 시작하는 글에 50년 전 해인사 선방에 있을 때, 수덕사 조실 금봉錦峰(만공 스님 제자) 스님을 해인사 조실로 모셔왔는데, 한 달에 두 번씩 조실스님 방에 가서 공부한 것을 묻고 점검하는 시간이 있었다고 술회하고 있다. 이것은 분명 독참인데, 현재로서는 유일하게 볼 수 있는 기록이다.

2. 독참獨參과 입실入室

선원총림은 '작불학교作佛學校'이다. 조실과 방장은 교장이고, 상당법어 등 법어는 고준한 작불 강의이며, 독참(입실)은 작불 상담, 또는 개인 지도이며, 좌선은 '작불 실수實修'라고 할 수 있다.

납자가 방장(주지)이나 스승과 1:1로 독대하여 자기가 참구하고 있는 공안(화두) 등에 대해 견해를 올리면 그에 따라 공부 상태를 지도·점검받는 것을 '독참獨參'이라고 한다. 단독으로 참문參問한다는 뜻이다. 방장실이나 스승의 방으로 들어간다고 하여 '입실入室'이라고도 하고, '입실독참', '입참입실入參入室'이라고도 한다.

입실독참은 북송 때까지는 이틀에 한 번 있었고, 또 매일같이 할 때도 있었다. 『선원청규』 2권 「입실(독참)」 편 내용이다.

어떤 때는 격일隔日로, 어떤 때는 배일排日로 했다. 또 아침에 하기도 하고 저녁에 하기도 하는데, 주지의 뜻에 따라 정한다. 입실할 때가 되면 방장 시자는 행자로 하여금 향을 피우게 하고 앞에 배석拜席을 마련하고 나서 주지에게 아뢴다.[08]

---

08   『선원청규』, 「입실」. "入室. (…) 或隔日或排日, 各逐住持人建立. 入室
      時到, 侍者令行者裝香. 當面設拜席竟. 咨稟住持人."(신찬속장경 63권, p.526c)

격일은 2일에 한 번씩 하는 것이고, 배일排日은 매일 하는데, 납자들이 많으므로 한 번에 다할 수 없어서 아침, 저녁 등 공양 후에 여러 번 나누어서 하는 것을 말한다. 일정하지 않고 주지의 시간 여하에 따라서 틈틈이 했다는 뜻이다.

이상과 같이 격일, 또는 매일같이 독참을 했으니 납자들은 눈을 부릅뜨고 참구하지 않을 수 없었을 것이다. 방장의 닥달(채근)이 아주 심했는데, 구조적으로 깨달은 부처가 나오지 않을 수 없었다.

독참은 남송시대(1127년)에 와서는 5일에 한 번으로 제도화했다. 남송시대(1264년)에 편찬된 무량종수의 『입중수지入衆須知』에는 "입실은 3일과 8일에 하는데, 이것은 총림의 정해진 규칙이다. 때론 날짜와 시간에 구애받지 않고 하기도 한다"[09]라고 하여, 주로 5일에 한 번씩 했다. 즉 매달 3일, 8일, 13일, 18일, 23일, 28일 이렇게 여섯 번 했다. 1274년에 편찬된 유면惟勉의 『총림교정청규(함순청규)』「입실」편의 내용도 일시日時 등에 대해서는 거의 같다.[10]

독참은 의무적, 정기적인 것으로 예외가 없었다. 열심히 참구한 납

---

09   無量宗壽, 『入衆須知』, 「入室」. "三八入室, 叢林定則, 或不拘時節."(신찬속장경 63권, p.561a)

10   惟勉, 『叢林校定淸規總要(咸淳淸規)』하권, 「入室之法」. "入室之法. 或三八日入室, 或不定時節. 鳴鼓三下, 集衆, 侍者預令行者, 挂牌. 住持於方丈內坐. 侍者於室外東邊, 列一行立, 仍於室門限外設席. 衆人燒香, 大展三拜. 不問戒臘, 鴈行而立. 於室外西邊, 如頭首知事, 挿入不妨餘人攙行."(신찬속장경 63권, p.607c)

자에게는 자신의 매일 공부 상태를 점검해 볼 수 있는 기회였고 반대로 시간이나 보낸 납자들에게는 가장 싫었던 시간이었을 것이다.

입실독참의 의미와 기능에 대하여 『칙수백장청규』 주지 장章 「입실」 편에는 다음과 같이 정의하고 있다.

> 입실이란 곧 스승이 학인(수행자)을 감판勘辨(감별, 판단)[11]하는 일이다. 아직 그 이르지 못함을 경책하고, 허항虛亢(건방진 것)함을 쥐어박고, 그 편중偏重(치우침)됨을 쳐버린다. 그것은 마치 용광로에서 금을 녹일 적에 연홍鉛汞(납과 수은, 즉 雜銀)이 남아 있지 않게 하는 것과 같으며, 장인이 구슬을 다룰 때 무부碔砆(옥과 비슷하나 옥은 아닌 돌)가 모두 제거되는 것과 같다. 입실·독참은 저녁과 새벽, 처소를 가리지 않고 항상 행했으므로 옛적에 납자들은 항상 작은 향을 소지하고 있다가(입실·독참 시에는 향을 사른다) 북이 세 번 울리면 곧 달려가서 입실했다(지금 3일과 8일에 입실하는 것은 옛일(古事, 제도)을 갖추기 위함이다).[12]

---

11 감판勘辨 : 문답상량問答商量으로 선승과 선승, 또는 스승이 제자의 공부와 견해를 점검하고 깨달음의 깊고 낮음을 살피는 것을 말함.

12 『칙수백장청규』 2권, 「入室」. "入室者, 乃師家勘辨學者. 策其未至, 搊其虛亢, 攻其偏重. 如烹金爐, 鉛汞不存. 玉人治玉, 碔砆盡廢. 不拘昏曉, 不擇處所, 無時而行之. 故昔時, 衲子小香合常隨身. 但聞三下鼓鳴, 卽趨入室(今時以三八入室者, 備古事也)."(대정장 48권, p.1120d)

정리하면 독참은 ①수행자의 공부 상태를 점검하고, ②허황됨과 치우침(非中道) 등 잘못된 것을 제거하고 ③가짜를 걸러 낸다. 이상이 대략 독참의 기능이라고 할 수 있다.

청대 후기에 편찬된(1823년) 『백장청규증의기百丈淸規證義記』 5권 「입실청익」 편에는 입실의 의의와 목적에 대하여 더 구체적으로 제시하고 있다.

> 입실할 때 수행자는 반드시 진실하게 물어야 하고, 스승은 반드시 노파심으로 지도 점검해주어야만 비로소 입실청익의 목적을 저버리지 않는 것이다. 만약 수행자로서 참학參學(묻고 배우는 것)하는 것이 진실하지 못하고, 또 스승도 도안이 밝지 못하면, 비록 모양에 따라 그대로 고양이를 그린다 해도, 실제로는 옛것을 따르는 데 불과할 뿐일 것이다.
> 요즘 제방 선원 가운데 진정으로 수행하는 총림 한두 곳을 제외하고는 모두 입실이 드물게 시행되고 있으니 참으로 개탄할 일이다.[13]

스승이 도안을 가지고 제대로 점검해주지 못하고, 또 수행자도 진실하게 묻지 않는다면 그 독참은 아무 소용이 없는 무의미한 독참이라

---

13   儀潤源洪, 『百丈淸規證義記』 5권. "證義曰, 入室之事, 學者須眞實請益, 師家須婆心指點, 方爲不負. 若學者參學不實, 師家道眼不明, 縱然依樣畫猫兒, 實應酬古事而已. 近日諸方, 除一二眞修禪林外, 竝入室事, 亦少行之, 尤可慨也."(신찬속장경 63권, p.414b)

는 것이다. 그런 독참은 모양(그림 본)에 의거하여 고양이를 그리는 것과 같이 형식적인 데 불과하다는 것이다.

그런데 인용문 가운데 "요즘 제방 선원에는 진정으로 수행하는 총림 한 두 곳을 제외하고는 모두 입실이 드물게 시행되고 있으니 참으로 개탄할 일이다"라는 말은 시사하는 바가 크다.

이 말에서 확인할 수 있는 것은 이미 청대에도 입실독참이 거의 행해지지 않았다는 사실이다. 겨우 한두 곳에 불과한 정도였다. 가장 큰 이유는 납자를 점검할 능력을 가진 방장, 안목과 지견을 갖춘 방장이 없었기 때문이다.

우리나라 역시 조선시대 또는 근현대 자료에서는 독참을 했다는 흔적을 찾아볼 수 없다. 이 역시 수행자의 공부 상태를 점검·간파할 수 있는 안목과 능력을 가진 선승이 없기 때문이라고 할 수 있다.

독참은 수행자 개개인이 참구하고 있는 공안(화두)에 대하여, 방장이나 조실이 제대로 참구하고 있는지 여부를 점검하는 시스템이다. 당사자는 나름대로는 잘 참구하고 있다고 해도 선안禪眼을 갖춘 스승의 눈으로 볼 때는 사견邪見에 빠져 있는 경우, 사량분별심으로 참구하고 있는 경우, 도가道家의 심신단련법에 빠져 있는 경우 등 문제가 많기 때문이다. 백장선사가 백장청규를 제정하면서 좌선은 의무화하지 않았지만, 입실(독참)과 청익은 반드시 하도록 규정한 것은 바로 이 때문이라고 할 수 있다.

3. 독참입실의 형식과 절차

독참이 있는 날에는 하루 전이나 몇 시간 전에 고지한다. 입실이 있음을 알리는 패牌를 법당과 승당, 중료衆寮(대중방) 등 건물 벽에 내다가 건다. 그것을 입실패入室牌라고 한다.

입실할 시간이 임박해지면 납자들은 마음의 준비를 단단히 한다. 주지(방장)로부터 참구 상태에 대하여 점검받는 것이므로 긴장할 수밖에 없다. 좀 과장해서 표현한다면 마치 호랑이 굴속으로 들어가는 격이라고 할 수 있다.

독참 시간이 되면 먼저 북을 세 번 친다. 그러면 대중들은 모두 도착 순으로 방장 외실外室에서 대기한다.[14] 자기 차례가 되어 방장실로 들어가면 먼저 방장화상을 향하여 오체투지의 삼배를 해야 한다. 방장은 의자(禪椅)에 앉아서 참선자를 직시한다. 이어 문답이 시작되는데, 먼저 납자가 자기의 소견所見이나 의문점을 피력하면 방장화상이 질문하는 형식이다.[15]

---

14   『칙수백장청규』 2권 「입실」 편, "但聞三下鼓鳴, 即趨入室."

15   일본 임제종의 독참 방식은 납자가 방장실로 들어가서 법명을 대고 참구하고 있는 화두나 공안을 복창하면 방장이 질문한다고 한다. 당송시대도 비슷했을 것으로 보인다.

『선원청규』「입실」편에는 문답하는 시간과 방법에 대해 다음과 같이 설명하고 있는데, 말을 많이 하지 말라고 당부하고 있다.

(납자가) 먼저 합장, 인사한 뒤에 소식消息(所見, 所疑)을 토로吐露하라. 어화語話(말, 대화)는 많이 하지 말라. 또한 세속적인 한화閑話를 하여 대중을 오래도록 지체시켜서도 안 된다. 토로하는 것을 마치면 인사하고 물러서되 마주보고 예배한다.[16]

이 내용을 정리하면, ①먼저 납자가 자신이 참구하고 있는 화두나 공안에 대하여 말하면, ②방장화상은 문제점을 지적해주었다. 또 납자에게 하는 주의 사항은 간단히 요점만 말하며, 부질없이 개인적인 이야기나 세속사에 대해서는 언급하지 말라는 것이다. 그런 것은 깨달음과는 아무 관련이 없기 때문이었다.

이상에서 본다면 독참 방법과 내용은 선문답과 비슷한 형태였고, 문답에 소요되는 시간은 길지 않고 많아야 10~15분 이내라고 할 수 있다. 대체로 방장은 수행승을 향하여 냉엄하게 질타했다. 수행자는 나름대로 상당히 준비했을 터이지만 선지禪旨를 갖춘 방장화상 앞에서

---

16   『선원청규』 2권, 「입실」. "又先問訊然後, 吐露消息. 不得語話多時, 亦不得說世
      諦閑話, 久滯大衆. 吐露竟, 問訊退. 當面禮拜(有處一拜, 有處三拜, 有處大展,
      有處觸禮)."(신찬속장경 63권, p.526c)

는 무용지물이다. 독참이 끝나면 참선자는 거의 지옥을 다녀온 것이나 마찬가지가 된다. 이렇게 단련시키지 않고는 재목(부처)을 만들 수 없다. 독참이 끝나면 참선자는 승당으로 돌아와서 다시 참구한다.

당송시대 방장들은 서너 번만 문답해도 공부 상태를 간파했다. 금金(진짜)인지, 수은水銀(汞, 가짜)인지, 납鉛(가짜)인지를 감별할 수 있는 안목을 갖추고 있었고, 병통(문제점)에 대하여 즉시 처방전을 내릴 수 있는 투시력을 갖고 있었다. 그렇지 못하면 수행자를 지도·점검할 수가 없다. 부처님을 의왕醫王이라고 했는데 방장이나 조실도 의왕이었다.

방장의 처방전은 파주把住(혹은 把定)와 방행放行 두 가지이다. 파주는 현재 납자가 잘못 참구할 경우 질타하고 지도하는 것을 말하고, 방행은 잘 참구하고 있으므로 그대로 놔두는 것을 말한다. 잘 참구하고 있으면 격려해주고 잘못 참구하면 호되게 질타한다.

참선자의 수행 상태는 개개인의 능력에 따라 천차만별이다. 그러므로 처방도 다를 수밖에 없다. 당송시대 선종 사원에서 독참 시스템을 둔 것은 이 때문인데, 단체 수업에서 오는 문제점을 보완하기 위한 개별적인 점검 시스템이 독참이다.

임제의현臨濟義玄의 처방전은 '할喝'이었고, 덕산선감德山宣鑑의 처방전은 '방棒'이었다. '덕산방德山棒 임제할臨濟喝'은 유명했는데, 그렇다고 천편일률적인 '방'이나 '할'이 아니다. 번뇌 망상과 분별심을 질타하는 방할도 있고, 잘 참구하고 있다고 칭찬하는 방할도 있다. 중요한 것은 그것이 어떤 의미의 '방'이고 '할'인지를 알아차려야 한다.

입실독참(개인지도)은 매우 체계적이고도 과학적인 납자 지도 방법이었다. 그로 인하여 당송시대에는 많은 훌륭한 선승들이 배출되었다. 당·북송시대 선불교가 중국의 전통 종교인 도교와 자웅을 나란히 할 수 있었던 것도, 그리고 중국불교를 석권할 수 있었던 것도 이런 교육 시스템의 결과였다고 할 수 있다.

오늘날 우리나라 선원에는 독참 시스템이 없다. 독참을 하지 않은 지 오래다. 적어도 근대 150년 동안에는 행해진 적이 없고, 조선시대에도 시행되었다는 기록을 찾아볼 수 없다. 독참 시스템이 없으므로 납자들이 무엇을 어떻게 참구하고 있는지 알 수가 없다. 이것이 현재 우리나라 선원의 가장 큰 문제점이라고 할 수 있다. 한마디로 납자들을 방치하고 있다고 보는 것이 정확할 것이다. 반면 일본 임제종이나 조동종은 여전히 독참을 잘 지켜오고 있다.

다음은 입실독참을 통하여 깨닫는 장면을 보도록 하겠다. 송초의 선승 대양혜견大陽慧堅이 그의 스승 영천靈泉 화상에게 입실하여 깨닫는 장면이다. 『오등회원五燈會元』14권에 실려 있다.

대양혜견선사가 처음에는 영천 화상 문하에 있었다. 입실(독참)하자 영천 화상이 물었다.

"그대는 지금 어디서 오는가?"

대양혜견이 답했다.

"승당僧堂(선당)에서 옵니다."

영천 화상이 말했다.

"어째서 (그대는) 노주露柱(승당의 기둥)와 하나(築着)가 되지 않는고?"

혜견선사는 그 말이 끝나자마자 깨달았다.[17]

핵심은 "어째서 노주露柱와 하나가 되지 않는가(不築着露柱)?"이다. 노주란 '노출되어 있는 기둥'이라는 뜻으로, 법당이나 승당의 건물 기둥을 가리킨다. 노주는 등롱燈籠(장명등), 와력瓦礫(기와), 장벽牆壁(담장), 석사자石獅子 등과 함께 정식情識(번뇌 망상, 알음알이)이 끊어진 무분별심의 경지를 뜻한다. 스승 영천 화상의 말에 혜견선사는 즉시 깨달았다고 한다(言下省悟).

이렇게 참선자들을 가르치고 교육하는 것을 '애찰埃拶'이라고 한다. '예리하게 따지고 묻다' 또는 '쥐어박다', '가르치다', '다그치다' 등의 뜻인데, 스승의 애찰에 제자는 공부를 하지 않을 수 없었다. 당송시대 선승들의 어록을 보면 "선사의 은혜를 어찌 보답하겠는가" 등의 표현이 있는데 지극한 애찰 덕분에 깨닫게 되었다는 뜻이다.

---

17   『五燈會元』14권. "大陽慧堅禪師. 初在靈泉. 入室次. 泉問. 甚麼處來. 師曰. 僧堂裏來. 泉曰. 爲甚麼, 不築著露柱. 師於言下有省."(신찬속장경 80권, p.284c)

4. 청익請益의 형식과 절차

'청익請益'이란 '이익, 보탬(益)을 청하다'는 뜻으로 '거듭 가르침을 청하다'는 뜻이다. '더 자세하게 가르침을 바라는 것'으로, 법문을 듣고 나서 미진한 점이 있거나 평소에 궁금한 점이 있을 때 개별적으로 찾아가서 묻는 것이 청익이다(請益者, 已受教而再問未盡之蘊也). 예컨대 학교에서 정규 강의가 끝난 후 별도로 교수실로 찾아가서 묻는 것이 바로 청익이다.

청익 역시 설법, 독참 등과 함께 총림의 납자 지도 시스템 가운데 하나이다. 다만 독참과 같이 정기적·의무적인 것이 아니고 수행자의 필요에 의한 것이다.

청익 절차와 방법에 대하여 『칙수백장청규』 2권 대중 장章 「청익」 편의 내용을 보자.

무릇 청익을 원하는 자는 먼저 시자를 통하여 주지(방장)화상에게 아뢰게 한다. '모갑某甲 상좌上座는 오늘밤 방장실로 나아가서 청익하고자 하오니 청한 바와 같이 허락하여 주십시오'라고 아뢴다.

(청익이 허락되면) 정종定鐘(취침을 알리는 종)[18] 후에 시자실로 간다. 방장실의 불이 밝혀지고 장향裝香(향을 피우는 것)할 때까지 기다린다. 시자의 안내로 주지 앞에 이르면 합장 인사하고 향을 사르고 오체투지의 9배(大展九拜)를 한다. 좌구를 거두고 나서(9배를 할 때에는 깔개를 펴고 함) '저는 생사의 일이 크고 무상이 신속함을 해결하고자 하오니, 엎드려 바라건대 화상께서는 자비로써 방편을 개시하여 주소서'라고 말한다. 공손하고 엄숙하게 곁에 서서 가르침을 살펴 듣는다. 마치면 앞으로 나아가 향을 사르고 역시 9배한다. 이것을 사인연謝因緣(인연 즉 가르침에 감사)이라고 한다.[19]

원대 택산일함澤山日咸이 편찬한(1311년) 『선림비용청규』에 있는 청익 내용도 이와 거의 같다.[20] 그런데 "정종定鐘(8시 36분~9시. 취침종)이 지난

18 　정종定鐘 : 초경오점初更五點(8시 36분~9시까지임)에 치는 종으로 곧 취침하게 됨을 알리는 종. 8시 36분경에 정종을 치면 방선하고 취침 준비를 한다. 이어 개침령開枕鈴(취침령)이 울리면 모두 취침한다.

19 　『칙수백장청규』 7권, 「請益」. "凡欲請益者, 先稟侍者, 通覆住持. 某甲上座, 今晚欲詣方丈請益. 如允所請, 定鍾後詣侍司. 候方丈秉燭裝香, 侍者引入住持前, 問訊揷香. 大展九拜. 收坐具進云. 某爲生死事大, 無常迅速, 伏望和尙慈悲方便開示. 肅恭側立諦聽垂誨畢. 進前揷香大展九拜. 謂之謝因緣."(대정장 48권, p.1144a)

20 　澤山一咸, 『禪林備用淸規』 2권, 「請益」. "投情請益, 先詣侍司詳稟, 侍者咨覆住持. 某甲上座, 今晚欲詣方丈請益, 如允所請. 定鐘後, 詣侍司伺候. 侍者隨住持坐處, 令秉燭裝香, 引入問訊, 揷香一片, 大展九拜, 收具進前, 問訊云(某爲生死事大, 無常迅速. 伏望, 和尙慈悲, 方便開示). 肅躬側立, 下手. 諦聽法誨, 垂問

뒤에 시자실로 간다"고 기록하고 있는 것으로 보아, 청익은 주로 정종을 친 뒤, 즉 밤 9시 가까이 되어서 했음을 알 수 있다. 왜 늦은 시간에 했는지는 자세히 알 수 없으나 모든 일과를 마치고 조용한 시간이라야 자세하게 가르쳐 줄 수 있기 때문이 아닌가 싶다.

방장화상에게 묻는 것은 언제든지 개방되어 있다. 그러나 많은 대중들이 있는 자리에서는 질문하기란 쉽지 않다. 질문하고자 하는 내용이 개인적으로는 매우 중요한 것이라도 다른 이들에게는 별 것 아닐 수도 있고, 또 어리석은 질문으로 치부될 수도 있다. 그리고 각각의 공부가 다르기 때문에 개별적인 대화, 개인 면담(청익)을 통하여 지도한 것은 매우 합리적인 제도라고 할 수 있다.

청익請益 제도는 백장회해의 『백장고청규百丈古淸規』(양억, 「선문규식」)에서도 매우 중요시하여 명문화했다. 이것을 본다면 백장총림 때부터 제도화되었음을 알 수 있다.

청익은 선종 사원 이전에 중국 고대부터 있었다. 『논어』에 보면 공자와 제자 자로子路 사이에 있었던 청익 장면이 나온다. 여기서도 청익은 보충 설명이나 추가 질문, 가르침을 가리킨다.

어느 날 자로子路가 스승 공자에게 여쭈었다.

來歷, 從實稟答了. 進前問訊, 出爐則揷香一片, 大展三拜, 謂之謝因緣."(신찬속장경 63권, p.629d)

"어떻게 해야 정치를 잘할 수 있습니까?"

공자가 말했다.

솔선수범하고 노력해야 한다."

자로는 무슨 뜻인지 몰라서 더 자세하게 설명해줄 것을 청했다(請益).

공자가 말했다.

"게으르지 말라."[21]

참으로 훌륭한 말씀이다. 학자든 수행자든 정치인이든 게으름이나 매너리즘에 빠지면 그 사람의 생명은 거기서 끝난 것이나 마찬가지다. 게으르면 아무것도 할 수 없다. 노력하는 자만이 깨달음을 이룰 수 있고, 일가一家를 이룰 수 있다.

고타마 붓다의 마지막 유언도 "게으름 피우지 말고 열심히 정진 노력하여라"(『대반열반경』)였다. '열심히 노력하라', 이것은 종교와 인류를 초월한 불변의 진리이다.

수행자나 학자는 욕심을 버리고 부단히 탐구하고 사색하고 노력해야 한다. 편안하게 살아도 죽고 고단하게 살아도 죽는다. 이것은 불변의 진리이다. 스스로를 채근하여 '일신우일신日新又日新'하는 자만이 불사不死의 경지를 체득할 수 있고, 진리와 영원히 동행할 수 있다.

---

21   『논어』, 「子路」. "子路問政. 子曰. 先之勞之. 請益. 曰, 無倦."

8장

한마디에 부처로 급제하다

선종 사원의 법어와 형식

1. 법어의 역할과 의의

선승들의 법문집인 선어록에는 '언하에 대오하다(言下大悟)' 또는 '언하
言下에 활연히 돈오하다(師於言下, 豁然頓悟)'라는 말이 많이 나온다. 선문
답이나 법어 한마디에 즉시 깨달았다는 뜻이다.

　방장의 법어는 수행자를 개안開眼시키기 위한 것, 반야지혜의 안목,
정견, 정안을 갖추게 하기 위한 것으로 당송시대에는 좌선보다도 더 중
시했다. 좌선에 대해서는 '하루 몇 번 좌선하라'는 규정을 두지 않았지
만, 법문은 반드시 들어야 한다고 규정한 데서도 알 수 있다. 수행자들
은 방장의 법어를 통하여 고정관념의 벽(관념)을 뚫고 본래면목을 직시
한다. 곧 깨달음을 이룬다.

　당송시대 선승들이 깨닫게 된 오도기연悟道機緣을 살펴보면, 좌선을
하다가 깨달았다는 선승은 찾아보기 어렵다. 대부분 언하대오言下大悟,
즉 법문이나 선문답(법거량)을 통하여 깨달았다거나 '영운도화靈雲桃花
(靈雲見處桃花開)'[01]나 '향엄격죽香嚴擊竹'[02]처럼 사물이나 현상의 변화를

01　영운견도靈雲見桃 공안 : 영운지근靈雲志勤선사가 위산潙山에서 복숭아꽃을 보
　　고 도를 깨달았다고 함. 그리고는 다음과 같은 게송을 지었다. "30년 동안 검劍
　　을 찾던 나그네. 몇 차례나 잎이 지고, 가지가 돋았는가? 복숭아꽃을 한 차례 본
　　뒤로는 오늘까지 다시는 의심치 않는다."(『禪門拈頌』 15권, 590칙 「桃花」 章)

02　향엄격죽香嚴擊竹 : 향엄지한香嚴智閑선사는 기와 조각을 던지다가 대나무(竹)

보는 순간 깨달았음을 알 수 있다.

당송시대 선종 사원에서는 불전(대웅전)보다 법당法堂(설법당)을 중시했던 것도, 그리고 납자 지도에서 방장의 법문을 우선시했던 것도 이 때문이다.

당송시대 선종 사원의 주지는 상당법어, 조참, 만참 등 한 달에 약 30회 정도[03] 법문을 했다. 상당법어는 오참상당五參上堂이라고 하여 5일에 한 번씩 했고, 조참朝參(早參)·만참晩參은 매일 있었고, 그 밖에 소참小參(隨時 설법)과 보설普說(대중 법문)도 수시로 했다. 수행자는 방장의 법문 여하에 따라 언하에 깨달아 부처가 되기도 하고, 부질없이 제방諸方을 전전하다가 일생을 마치기도 한다. 따라서 법문은 매우 중요하다. 방장의 법문은 수행자의 정견을 열어주어야 하는데 그러지 못하는 법문은 쓸데없이 업식만 가중시킬 뿐이다.

당말의 선승 취암영참翠巖令參 화상이 하안거를 마치고 나서 다음과 같은 해제 법문을 했다.

에 맞아 나는 소리를 듣고 깨달았다고 한다.(『祖堂集』 19권 「香嚴」 章)

03　상당법어는 5일에 1회씩 한 달에 모두 6회 있었고, 조참早參과 만참晩參은 조석 법문으로 매일 있었다. 그리고 소참小參은 수시隨時 법문으로서 어느 때든 필요하면 했는데, 후대에는 조참과 만참을 합하여 소참이라고 하기도 했다. 따라서 당대唐代에 주지가 한 달에 행하는 법문 횟수는 30회 정도 된다. 상당법어는 남송 때부터는 그 횟수가 줄어들어 초하루와 보름날에만 있었다. 그것을 단망상당旦望上堂이라고 한다.

하안거 한철 동안 형제(대중들)들에게 여러 가지 법문(東語西話)을 했는데, 지금 나 취암의 눈썹이 남아 있는지 한번 보시오.[04]

『벽암록』제8칙「취암미모翠巖眉毛(또는 翠巖夏末)」공안에도 나오는데, 중국 속담에 스승으로서 제자를 잘못 가르치면 그 죄로 눈썹이 빠진다는 말이 있다. 또 선원총림에도 "불법을 잘못 설하면 그 죄로 눈썹이 빠진다"는 말이 있다. 취암선사가 "내 눈썹이 남아 있는지 보라"는 것은 선은 언어도단의 세계임에도 불구하고 90일 동안 이런저런 쓸데없는 법문을 많이 했으므로 눈썹이 다 빠졌을 것이라는 뜻이다. 동시에 이 말은 "여러분들이 내 말을 알아들었는지 모르겠다"는 뜻이기도 하다.

또 '석취미모惜取眉毛'라는 말도 있다. 글자 그대로 번역하면 '눈썹(眉毛)을 아껴라(惜取)' '눈썹을 소중히 하라'는 뜻인데, 법에 맞지 않는 법문을 함부로 하거나, 엉터리 법문을 하면 안 된다는 뜻이다.

---

2. 법어의 형식과 절차

법어·법문은 주로 법당(설법당)에서 한다. 주지가 법을 설할 때는 부처(법신불)를 대신하여 법을 설하는 법왕의 자격으로 법을 설한다. 그러므로 주지(방장)는 법에 맞지 않는 법문을 해서는 안 된다.

주지의 법문을 들을 때는 법당 양쪽에 도열해서 선 채로 듣는다. 법상法床을 중심으로 동서東序인 감원(도사, 감사, 부사)·유나·전좌·직세 등 지사知事는 동쪽(좌측)에 서서 듣고, 서서西序인 수좌·서기·장주·지객·욕주·지전 등 두수頭首'는 서쪽(우측)에 서서 듣는다(직제에 대해서는 3장 「조직이 없는 집단은 오래가지 못한다」 참조). 방장실의 시자들은 두수 쪽에 서서 듣는다. 이것을 '안립雁立' '안행雁行'이라고 하는데, 기러기가 줄을 지어서 날아가는 모습과 같다는 뜻이다(徒衆, 立雁行立, 側聆).

법문을 서서 듣는 것은 당송 때 정부에서 조회할 때의 방식을 따른 것이다. 『조정사원祖庭事苑』에는 "직지인심直指人心 견성성불見性成佛하게 하는 것이 선이므로, 제접하는 학인들도 일언지하에 몰록 무생법인無生法印을 깨닫게 하고, 또 모인 대중들도 오래 있지 않았기 때문에 앉을 필요 없이 서서 듣는 것이다"[05]라고 설명하고 있다.

---

05   『祖庭事苑』8권, 雜志, 上堂. "今禪門, 自佛教東流後六百年. 達摩祖師方至漢
      地. 不立文字, 單傳心印, 直指人心, 見性成佛. 所接學者, 俾於一言之下, 頓證無

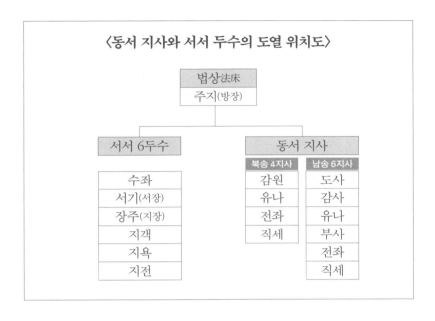

〈동서 지사와 서서 두수의 도열 위치도〉

법상法床
주지(방장)

서서 6두수

수좌
서기(서장)
장주(지장)
지객
지욕
지전

동서 지사

북송 4지사	남송 6지사
감원	도사
유나	감사
전좌	유나
직세	부사
	전좌
	직세

위 표에서 동쪽과 서쪽의 구분은 법상을 기준으로 한다. 법당 내에서 법상은 북쪽, 즉 불단佛壇과 같은 위치에 설치한다. 법상에서 봤을 때 좌측은 동쪽이 되고 우측은 서쪽이 된다. 동서 지사는 좌측, 서서 두수는 우측에 도열한다.

법당과 법상은 남향, 즉 남쪽(바깥쪽)을 바라보게 되어 있고, 법을 설하는 방장도 남쪽을 바라보고 설법한다. 이것을 남면南面이라고 하는

生, 所聚之衆, 非久而暫. 故不待坐而立也. 百丈曰. 上堂升座, 主事, 徒衆鴈立側聆. 賓主問酬, 激揚宗要, 示依法而住. 此其(百丈)深意也."(新纂續藏經 64권, No.1261)

데, 남면은 군왕만 할 수 있다. 하지만 선종 사원에서 방장(주지)이 설법할 때 남면했던 것은 법왕의 자격으로서 부처님(법신불)을 대신하여 법을 설했기 때문이다. 이 하나만으로도 선승들의 기개가 얼마나 대단했는지 알 수 있다.

당송시대 법좌法座(法床)는 매우 크고 웅장했다. 법좌의 높이는 약 2미터가량 되고, 넓이도 사방 약 2미터가량 된다. 전면과 양쪽에는 올라가는 계단이 설치되어 있고, 상단에는 난간이 설치되어 있다. 그 위에 의자가 있는데, 그것을 선의禪椅라고 한다. 주지는 이 선의에 앉아서 법문을 한다. 법좌의 모양과 형태는 규모에서 차이가 있을 뿐, 군주가 앉는 옥좌玉座와 거의 같다.

방장의 책무 가운데 가장 중요한 것이 법문이다. 몸이 불편하거나 행사 등 특별한 일이 없는 한 방장은 법문을 빼먹을 수가 없다. 주지가 없을 때는 수좌나 원로격인 입승수좌가 대신하는데, 이들은 법당 대신 승당 뒤에 있는 조당照堂이라는 당우(건물)에서 한다. 법당에서 법문은 주지만 할 수 있다.

방장(주지)이나 조실이 부득이한 사정으로 인하여 법문을 거르는 것을 '방참放參'이라고 한다. 주로 몸이 불편하다든가 고급 관료나 귀한 외빈이 왔을 때, 또는 행사, 불사 등으로 인하여 바쁠 때는 법문을 하지 않는다. 이때는 미리 승당과 중료衆寮(대중방) 등에 방참패放參牌를 걸어서 알리고 방참종을 친다. 상당법어를 쉴 때는 상당방참패를, 조참을 쉴 때는 조참방참패를, 만참을 쉴 때는 만참방참패를 건다.

위 사진은 일본 우지(宇治)에 있는 만푸쿠지(万福寺), 아래 사진은 교토에 있는 다이토쿠지(大德寺) 법당 내부와 법상의 모습이다. 당송시대 법좌는 사방 약 2미터, 높이 약 2미터이고, 사방에 난간이 설치되어 있다.

법좌를 중심으로 양쪽으로 도열할 때는 북소리에 맞춰 동서東序 지사 계열과 서서西序 두수 계열로 나누어 도열한다. 첫 북 소리가 울리면 서서인 6두수들이 수좌·서기·장주·지객·지욕·지전 순으로 각각 서쪽에 도열해 선다. 이어 두 번째 북소리가 울리면 동서 지사들이 도사·감사·유나·부사·전좌·직세 순으로 각각 동쪽에 서로 마주보고 선다. 선당의 대중들과 방장시자 등 두수 쪽 소직小職은 두수 쪽에, 지사 계열 소직은 지사 쪽에 선다. 행자들은 맨 끝에 서고 신도들은 지객 뒤편에 선다. 양쪽을 모두 합하면 12줄이 된다.

텔레비전에서 조선시대 사극史劇을 보면 조회朝會에서 양반兩班, 즉 동반東班(문반)과 서반西班(무반)이 좌우측에 도열하여 조회하는 모습을 볼 수 있는데, 이때 동반인 문반은 동쪽(좌측)에 서고 서반인 무반은 서쪽(우측)에 선다. 선종 사원도 그와 같다. 선종 사원에서 법문을 들을 때 양쪽에 도열해서 듣는 것은 조례朝禮에 따른 것이다.

이어 세 번째 북소리가 울리면 방장실(주지실)의 시자는 방장실로 가서 주지화상에게 대중이 다 모였음을 아뢴다. 이어 시자들이 주지를 모시고 법당으로 들어오면 대중들은 일제히 합장하고 반배의 예를 갖춘다.

주지가 법좌에 올라가 의자 앞에 서면 먼저 비서실장격인 시향시자 侍香侍者(燒香侍者)가 선 채로 합장 배례한다. 이것을 '문신問訊'이라고 하는데, 이는 문안 인사 혹은 상면했을 때의 인사를 말한다. 이어 수좌·서기·장주 등 6두수들이 문신하고, 다음에는 감원·도사·감사·유나·

전좌 등 지사가 문신한다. 이때 뒤에 있는 하위직 소임자들도 따라 문신한다. 끝으로 사미승과 행자, 신도들이 문신하면 비서실장 격인 시향시자가 대중을 대신하여 법을 청하는 의미에서 향을 사르고 정례삼배 頂禮三拜(반배가 아닌 오체투지 삼배)를 한다.

3. 방장의 법어는 직절법문

시향시자가 삼배를 하고 제자리로 돌아가면 법식法式과 기강紀綱을 담당하고 있는 유나維那가 인경引磬(지름 25센티미터가량의 대접 모양 종)을 세 번 치고, 백추白椎(의사봉과 같은 나무망치)를 한 번 친 다음 대중을 향하여 다음과 같이 말한다.

> 법연法筵(法席)에 참석한 용상龍象 같은 대중들이여,
> 마땅히 제일의第一義(언어도단의 경지, 궁극의 진리)를 관觀하십시오.
>
> 法筵龍象衆　當觀第一義

방장의 법문을 들을 때 키워드, 초점은 제일의 진리, 즉 궁극의 진리를 제시한 핵심구(句)를 간파해야 한다는 것이다. 무엇이 핵심인지 모르면 들으나 마나이다.

그리고 주지가 법당에 들어와서 법좌에 앉은 이후에는 대중들이 더 이상 법당으로 들어올 수 없었다. 만일 부득이한 일이 있어서 늦게 들어올 경우에는 법문 분위기를 해치지 않도록 옆문으로 요령껏 살짝 들어와야 한다. 방장이 법신불을 대신하여 법문을 하고 있는 곳에 늦게 온다는 것은 수행자의 바른 자세가 아니기 때문에 더욱 조심해야 했다.

법어는 선지禪旨를 간명하게 보여주어야만 언하言下에 대오大悟할 수 있다. 조실이나 방장이 제일의를 보여주는 직절直截법문이 아닌 의리선義理禪이나 세속적인 것(俗諦)을 보여준다면, 그것은 깨달은 선승의 법문이라고 할 수 없다. 속인의 법문이다.

법문을 마칠 때에는 유나가 백추를 한 번 치고 나서 대중들을 향하여 다음과 같이 말한다.

똑똑히 법왕(주지, 방장)의 법을 관찰하시오.
법왕의 법은 이와 같습니다.
諦觀法王法 法王法如是

'법왕의 법은 이와 같다'는 것은 제일의第一義를 뜻한다. 이어 법좌에 달려 있는 인경을 한 번 치면 대중들은 모두 방장화상을 향하여 정례頂禮 1배를 한다. 방장이 법당 밖으로 나가면 뒤이어 대중들도 흩어진다(지금 우리나라에서 행해지고 있는 청법게는 이와는 전혀 다르다).

4. 선문답은 총림의 생명

법문 중에는 언제든지 문답(법거양)을 할 수가 있다. 주로 법문이 끝난 후에 거시擧示, 제시된 공안을 가지고 하지만, 때론 법어를 시작하기 전에 하는 경우도 있다. 그리고 일상 속에서 문답하는 경우도 많다. 이것은 항상 불도 수행이 이루어지고 있음을, 선원총림은 항상 탐구적인 정신 속에서 살아가고 있음을 뜻한다. 문답(토론)이 활발하다는 것은 그 집단이 매우 역동적임을 말해준다. 다만 질문할 때에는 예의를 갖추어야 하며 앞으로 나와 공손하게 합장한 다음 물어야 한다.

문답을 자유롭게 한 이유는 문답을 통해서 깨닫거나 지견이 열리는 경우가 많기 때문이다. 이에 대해 청규를 제정한 백장회해는 다음과 같이 말한다.

> 법을 듣는 사람(賓)과 법을 설하는 사람(主, 방장, 선사)이 묻고 답하여 종요宗要(第一義, 핵심)를 격양激揚(드날림)하는 것은 법法에 의하여 머물고 있음을 나타낸 것이다.[06]

---

06   "賓主問酬, 激揚宗要者, 示依法而住也" 『전등록』 6권 「백장회해」 장 부록(대정장 51권, p.250c), 『송고승전』 10권 「百丈傳」(대정장 50권, p.770c).

법을 듣는 사람(賓, 납자, 수행자)과 설하는 사람(主, 방장, 선사)이 문답을 통하여 종요를 격양시키는 것은 항상 法에 의하여 살고 있음을 나타낸 것이라는 이 말은 곧 항상 깨어 있음을 뜻한다. 선문답은 선원총림의 꽃이라고 할 수 있다.

사실 당말오대 선승들의 어록을 보면 선문답은 법당 말고도 차밭에서 차를 따다가, 부엌에서 공양을 짓다가, 울력을 하다가 이루어지는 경우도 많다. 생활 자체가 선의 생활이기 때문이다.

다음은 『임제록臨濟錄』의 일단인데, 상당법어가 시작되기 직전에 이루어진 선문답이다.

임제선사가 (법문하러) 상당했다.

어떤 납자가 물었다.

"어떤 것이 불법佛法의 대의大意입니까?"

임제선사가 불자拂子를 세웠다.

그 납자가 곧 할喝을 하자

임제선사가 즉시 한 방 때렸다.

(上堂 僧問 如何是佛法大意 師竪起拂子 僧便喝 師便打 『임제록』 5-1단)

임제선사가 (법문하러) 상당했다.

어떤 납자가 물었다.

"어떤 것이 칼날 위의 일입니까?"

임제선사가 말했다.

"위험하고 위험한 일이네."

그 납자가 머뭇거리자(사량분별심이 작동 중임)

임제선사가 곧 (그를) 한 방 때렸다.

(上堂 僧問 如何是劍刃上事師云 禍事禍事 僧擬議 師便打『임제록』6-1단)

이것은 임제선사가 법문을 하기 위하여 막 법상에 올라갔을 때 법
거양이 전개된 것이다. 그런데 남송 후기 무렵부터는 선불교가 지리멸
렬해져서 상당법어 후에 질문하는 납자가 없었다. 그래서 부득이 유나
가 법어 전에 고참 납자 한두 명을 지정하여 질문하도록 하기도 했는
데, 진정으로 공부하는 납자가 없었기 때문이다. 그만큼 남송 이후, 특
히 원대의 선은 형편없었다.

또 송대에는 방장이 상당법어를 하기 전에 먼저 축수祝壽(황제의 수명
장수)를 하는 경우가 많았다. 향을 사르고 '황제폐하 수만세'라고 했는
데, 이런 일이 남송 이후에는 더욱 심해졌다. 이것은 단편적이지만 선
불교가 정치권력에 예속되어가고 있음을 보여주는 사례이다. 이것이
법어 형식에서 나타난 당대와 송대, 그리고 남송, 원대의 차이 가운데
하나이다.

법문을 마치면 방장(주지)은 대중들에게 상례적으로 "진중珍重" 또는
"구립진중久立珍重"이라고 한다. '진중' 혹은 '구립진중'은 헤어질 때 쓰
는 인사말이다. 그 뜻은 '몸조심하시오.' 또는 '몸을 소중히 하시오'라는

뜻이다. 그리고 구립진중은 '오래도록 서서(久立) 법문을 듣느라고 수고했습니다'라는 뜻이다. 이와 관련해서 『임제록』 일단의 장면을 보도록 하자.

> 임제 선사는 할喝을 한 번 하고 나서 다음과 같이 말했다.
> "믿음이 적은 사람은 끝내 마칠 날(깨달을 날)이 없을 것이다.
> 구립진중."
> (喝一喝云 小信根人 終無了日 久立珍重)

『나옹어록』에도 '진중珍重'이라는 말이 나온다. 『나옹어록』 「결제일 상당 보설」과 「해제일 상당」 끝에 보면 "양구 후에, 반짝거리는 온갖 풀잎마다 반짝반짝 조사의祖師意가 아롱지네. 진중. 곧 법상에서 내려오셨다(良久云 明明百草頭 明明祖師意 珍重 下座)"라는 대목이 있다. 이는 일체 만물이 다 조사의祖師意라는 뜻이다.

이상은 『선원청규』 상당上堂 항목과 『백장청규증의기』 5권 상당 항목, 그리고 『조정사원』 8권 백추 항목 등에 나오는 것이다.

5. 우리나라의 청법 형식

『선원청규』 등 청규를 바탕으로 오늘날 우리나라 총림과 선원에서 행해지고 있는 상당법어의 법식에 대하여 살펴보면 맞지 않는 것이 있다.

우리나라 총림이나 선원에서는 방장이나 조실스님이 법상에 올라가 정좌를 하면 대중 모두 목탁 소리에 맞추어 정례 삼배를 한 다음 입승의 죽비 소리에 맞춰서 잠시 입정入定한 후에 법어가 시작된다.

앞에서 본 "법연용상중法筵龍象衆 당관제일의當觀第一義(법연에 참석한 용상 같은 대중들이여. 마땅히 제일의를 관하십시오)" 같은 말은 없다. '당관제일의'는 법문의 핵심구를 포착해야 한다는 말로 법문을 듣는 자세에 대한 것이다.

그리고 우리나라에서 행해지는 다른 형식이 하나 있다. 먼저 청법게 請法偈, 즉 "차경심심의此經甚深意 대중심갈앙大衆心渴仰 유원대법사唯願 大法師 광위중생설廣爲衆生說(이 경의 깊고 깊은 뜻을 대중들은 목마르게 갈구합니다. 오직 원컨대 대법사님께서는 중생들을 위해 널리 법을 설해주소서)"라고 하는데, 이것은 『선원청규』 등 선종 청규서에는 찾아볼 수 없는 내용이다. 이 청법게는 그 내용(此經甚深意)으로 보아 선종의 청법게는 아니다. 교종이나 일반 불자들을 위해서 법문할 때의 청법게라고 생각한다.

다음은 법어를 마칠 때이다. 우리나라 총림이나 선원에서는 방장이나 조실의 법문이 끝나면 대중 모두가 목탁 소리에 맞춰 잠시 석가모니불 정근을 한다. 결론부터 말하면 이것은 있을 수 없는 일이다. 돈오頓悟와 '일초직입여래지一超直入如來地(한번에 여래의 경지로 들어간다)'를 추구하는 선종에서 석가모니불 정근을 한다는 것은 맞지 않다. 차라리 "오늘 조실스님의 법문은 이런 법문이었다"라든가, 핵심적인 말을 재인식시켜주는 것이 좋을 것이다.

방장이나 조실의 법문은 그 내용이야 어떻든 간에 최고의 경지, 즉 제일의第一義를 보여주는 고준한 법문이다. 그런데 끝마칠 때 목탁을 치면서 석가모니불 정근을 한다는 것은 청규의 내용과도 다르지만 선원총림의 격식에도 맞지 않는다. 또 어떤 고승은 법문을 마칠 무렵 시조時調나 산조 가락으로 "나-무-아-미-타-불"을 하는데, 이 역시 선종 사원의 격식은 아니다. 일반 법문에서는 가능할 수 있다.

현재 우리나라 선원이나 총림에서 행해지고 있는 법어 전후의 법식은 『선원청규』 등의 청규에는 없는 내용으로 행해지고 있다. 선원의 법식은 청규를 따라야 하는데, 이는 법에도 맞지 않을뿐더러 전통을 완전히 무시하는 것이라 할 수 있다.

9장

언하言下에 대오大悟하다

법어의 종류와 성격

1. 상당법어

법어는 선안禪眼을 열어 주는 지혜의 언어다. 법문을 듣지 않고는 정견
正見·정안正眼이 열릴 수 없고 깨달음을 이룰 수 없다. 깨달아도 염소처
럼 외마디 소리, 한두 마디 법문만 하는 데 그칠 뿐, 다양한 창조적인
법문을 할 수가 없다.

당송시대 선원총림에서 행해진 법어는 상당법어上堂法語(정식법문)·조
참朝參(早參, 아침 법문)·만참晚參(저녁 법문)·소참小參(약식 법문, 수시법문)·보
설普說(대중적인 법문) 등 크게 다섯 가지가 있었다.

상당법어란 법당(堂)에 올라가서(上) 행하는 법어를 가리킨다. 주지(방
장)가 수미단須彌壇(須彌座, 法座)에 올라가서 설하는 정식 법문이 상당법
문이다. 법좌에 올라가서 설법한다고 하여, '승좌설법陞座說法[01]'이라고
도 하고, 또 정식 법문이기 때문에 '대참법문大參法門'이라고도 한다.

당송시대 상당법어는 1일·5일·10일·15일·20일·25일로 한 달에 여
섯 번 있었다. 이것을 5일마다 한 번씩 있었다고 하여 '오참상당五參上
堂'이라고 한다. 이렇게 5일에 한 번씩 상당법어를 했던 것은 당시 조정
에서 5일마다 한 번씩 조회를 열어 천자를 배알拜謁하고 교지敎旨를 받

---

01   승좌설법陞座說法 : 주로 교종에서 사용하지만 선종에서도 쓴다.

들었던 데에서 기인한다.

상당법어는 여러 법문 가운데서도 가장 높은 경지, 제일의第一義를 보여주는 법문이고, 격조와 격식을 갖춘 법문이다. 상당법어에서는 언어도단言語道斷, 사량불급처思量不及處의 활구 법문이 제시된다. 알아차리는 사람은 언하言下에 깨달을 것이고, 모르는 사람은 더욱 집중적으로 참구해야 한다.

당대唐代 총림의 납자들은 선당에 앉아서 주지의 상당법어를 참구했고, 송대에는 당대에 형성된 공안(화두)을 참구했다. 임제의현의 상당법어를 보도록 하겠다.

임제선사가 상당하여 말했다.

"한 사람은 영원토록 도중(수행 과정)에 있지만 자기 집(본성)을 떠나지 않았고, 또 한 사람은 자기 집을 떠났지만 그렇다고 도중에도 있지 않다. 자 그러면 어떤 사람이 인천人天의 공양을 받을 만한 자격이 있는가?"

하고는 법상에서 내려왔다.[02]

앞 사람은 수행 과정(途中)에 있지만 본래면목에서 이탈하지 않고, 한 사람은 본래면목에서 이탈했지만 그렇다고 수행 과정에 있지도 않

---

02   『임제록』 8단, "上堂云 有一人 論劫在途中 不離家舍. 有一人離家舍 不在途中. 那箇合受人天供養 便下座."(대정장 47권, p.497a)

다(수행은 마쳤다는 뜻). 이 둘은 무슨 차이가 있는가? 언어적으로는 뭔가 차이가 있는 것 같지만, 아무런 차이가 없다. 차이가 없는데 임제선사는 차이가 있는 것처럼, "두 사람 중에 누가 인천의 공양을 받을 자격(깨달은 이)이 있느냐"고 함정 질문(법문)을 한 것이다.

이 상당법어에서 볼 수 있는 바와 같이 방장의 법어는 그 자체가 하나의 현성現成 공안이었다. 따라서 당대唐代에는 제일의를 보여주고 있는 방장화상의 법어가 곧 공안이었다. 납자들은 선당에 앉아서 그것(방장의 법문)을 참구했다. 송대에는 이미 성립한 공안을 참구하기도 하고 또 그날그날의 방장 법어도 참구했다.

5일에 한 번 있었던 오참상당은 북송을 지나 남송 무렵부터는 점차 그 횟수가 줄어들었다. 그리하여 5일에 한 번씩 하는 곳도 있었지만, 대부분 포살일인 초하루(1일)와 보름(15일)으로 정례화되었다. 이는 한 달에 여섯 번에서 두 번으로 대폭 줄어든 것인데, 그 이유는 주지(방장)가 양통兩通(宗通, 說通)을 하지 못했기 때문이다. 이는 선불교가 정치권력과 왕래가 잦았던 것과도 무관하지 않은데, 주지가 출세간사보다는 세간사, 정치에 더 관심을 갖다 보니 미처 지견을 갖출 여유가 없었던 것이다.

공자는 『논어』에서 "배우기를 싫어하지 말고 가르치는 것을 게을리하지 말라(學不厭, 敎不捲)"고 했는데, 배우는 제자만이 아니라 가르치는 스승도 게을러서는 안 된다. 좋은 법문(정규 강의)을 듣지 못하면 납자(학인)들은 부처를 뽑는 선불장選佛場에서 급제及第(覺, 깨달음)할 수 없다.

상당법어는 대부분 아침 공양 직후(粥罷)에 시작한다. 상당법어가 있는 날에는 대중들은 아침 공양 후 가사를 입은 채 잠시 승당에서 대기한다. 조금 후에 고루鼓樓에서 북 소리가 나면, 선원의 수석 선승인 수좌를 필두로 법당으로 올라간다.

상당법어의 소요 시간은 길지 않다. 대중 모두가 선 채로 들었고 간결 고준高峻하기 때문에 길어야 20분 이상을 넘지는 않았을 것으로 본다. 『조정사원』 8권 상당 항목에는 "납자들은 일언지하에 몰록 무생법을 깨닫기 때문에 모인 대중들도 잠시이고 오래 서 있지 않았다. 그래서 앉을 필요 없이 서서 들었던 것이다"라고 말하고 있기 때문이다.[03]

상당법어의 종류는 매우 많다. 정기적으로 5일에 한 번씩 설하는 오참상당五參上堂 외에도 초하루와 보름날에 하는 단망상당旦望上堂, 하안거 결제일의 결하상당結夏上堂, 해제일에 하는 해하상당解夏上堂, 욕불상당浴佛上堂(불탄일), 성도절에 하는 납팔상당, 단오절에 하는 단오상당端午上堂, 중추상당中秋上堂, 동지상당冬至上堂 등 20여 가지 이상이 된다. 간단히 그 종류를 열거해 보도록 하겠다.

- **오참상당五參上堂** : 5일에 한 번씩 하는 정기적인 상당법어.
- **세단상당歲旦上堂** : 정월 초하룻날에 행하는 법어로 세조상당歲朝上

---

03   앞의 「8장-한마디에 부처로 급제하다」 주 05 참조.

堂이라고도 한다. 세단歲旦은 원단元旦과 같은 말이다.

■ **원소상당元宵上堂** : 정월 대보름에 하는 상당법어.

■ **단망상당旦望上堂** : 초하루와 보름날에 행하는 법어로서 '삭망상당朔望上堂'이라고도 한다. '단旦'은 초하루이고, '망望'은 보름을 뜻한다.

■ **욕불상당浴佛上堂** : 4월 8일 부처님오신날에 행하는 법어. 부처님오신날에 부처님을 목욕시키는 의식을 행하기 때문에 욕불일浴佛日 혹은 관불일灌佛日이라고도 한다.

■ **결하상당結夏上堂** : 하안거 결제일인 음력 4월 15일에 하는 법어이다. 결하結夏란 '하안거 결제일'을 말한다.

■ **중하상당中夏上堂** : 하안거 결제 후 45일이 되는 날에 행하는 반半결제 법문.

■ **해하상당解夏上堂** : 하안거가 끝나는 해제일인 7월 15일의 법어. 동안거 결제일과 해제일에도 상당법어를 했을 것으로 생각되나, 여러 청규에서 그 내용을 찾을 수는 없었다. '결동상당結冬上堂', '해동상당解冬上堂'이라는 말 자체가 없다.

■ **개당설법開堂說法** : 원래는 선종 사원을 창건하고 난 다음 처음 법당 문을 활짝 열고 행하는 법어를 일컬었으나 후대에는 주로 주지(방장)가 부임하는 날, 즉 진산식 날에 행하는 법어를 일컫게 되었다.

■ **단오상당端午上堂** : 음력 5월 5일 단오에 행하는 법어.

■ **월석상당月夕上堂** : 음력 8월 15일 추석에 행하는 법어. 중추상당中秋上堂이라고도 함.

■ **납팔상당臘八上堂** : 성도절인 음력 12월 8일에 행하는 법어. 납팔臘八 은 납월(음력 12월) 8일을 뜻한다.

■ **동지상당冬至上堂** : 동지에 하는 상당법어.

■ **기청상당祈晴上堂** : 하늘이 맑아지기를 비는 상당법어.

■ **기우상당祈雨上堂** : 기우제를 지낸 후의 상당법어.

■ **축성상당祝聖上堂** : 황제의 생일에 만수무강을 비는 상당법어.

■ **성절상당聖節上堂** : 축성상당과 같음. "奉爲祝嚴 今上皇帝 聖壽 萬歲 萬歲萬萬歲'로 시작한다.

■ **개로상당開爐上堂** : 승당에 화로를 설치한 후 설하는 상당법문. 화로 는 동안거 보름 전인 10월 1일에 설치하여 다음 해 2월 1일에 폐 로閉爐(철거)한다.

■ **폐로상당閉爐上堂** : 화로를 철거하고 나서 행하는 법어. 10월 1일에 설치한 화로는 다음 해 음력 2월 1일에 폐쇄(철거)한다.

■ **인사상당因事上堂** : 어떤 일을 계기로 상당하여 설법하는 것. 예정에 없는 상당법어로서 때에 따른 법어라고 하여 수시상당隨時上堂이 라고도 한다. 예컨대 고승의 입적이 있거나 타사에서 고승이 왔 을 때 청하여 듣는 법어 등이 이에 해당한다.

■ **퇴원상당退院上堂** : 선종 사원의 주지가 그 직책을 그만두는 것을 퇴 원退院이라고 한다. 퇴원상당은 현임 주지가 임기 만료로 타사他 寺로 전출되거나 이거移居하거나 혹은 건강 등의 이유로 그 자리 에서 물러나는 날에 행하는 법어로, 주지로서는 마지막으로 행

하는 고별告別 법어이다.

　정해진 날에 주지나 고승이 법당에 올라가서 하는 법어를 통칭 '정시상당定時上堂'이라 한다. 그 밖에 개산조사의 기일忌日에 행하는 상당법어, 하발상당煆髮上堂, 수좌가 청해서 하는 청수좌상당請首座上堂, 전좌가 청해서 하는 청전좌상당請典座上堂, 지사가 청해서 하는 청지사상당請知事上堂, 다리를 놓은 다음 행하는 청조교상당請造橋上堂 등 그 종류는 많다. 어떤 일이 있으면 반드시 주지의 법어가 뒤따른다.

2. 소참

소참小參은 상당법어인 대참과는 달리 약식 법문이다. 그 내용은 주로 선원의 생활규칙, 수행자의 자세, 마음가짐, 행동규범 등 가훈적인 내용들에 역점을 두었는데, 때론 법을 거량擧量하기도 한다. 그래서 소참을 세속의 가훈家訓과 같은 것이라고 한다. 다음은 『선원청규』 2권 「소참」 편의 내용이다.

　　소참은 가훈으로 총림의 강기綱紀이다. (…) 제창提唱 밖에 위로는 지사와 두수로부터 아래로는 사미와 행자에 이르기까지, 무릇 대중 가운데

법도에 맞지 않으면(법도에 어긋나는 것이 있으면) 일의 대소를 막론하고 모두 마땅히 규칙대로 하라.[04]

소참은 훌륭한 수행자상을 갖추는 데 역점을 두고 있다. 총림에서 지켜야 할 법도, 수행자로서 갖추어야 할 예의범절, 인격 등에 초점이 맞추어져 있다. 예컨대 보조지눌의 『계초심학인문』에는 "공양할 때는 소리를 내지 말라, 걸음을 걸을 때는 팔을 내젓지 말라"는 내용이 나오는데 이것은 모두 『선원청규』 「소참」 편의 내용을 발췌한 것이다.

소참은 약식 법문, 즉 비정기적인 법문으로 때와 장소를 가리지 않고 하는 법문이다. 이 법문은 참석하는 대중이 많을 것 같으면 법당에서 하고, 적을 것 같으면 방장실이나 중료衆寮(대중방)에서 했다. 『칙수백장청규』 「주지」 편 소참에는 "소참법문을 하는 장소는 처음부터 정해진 곳이 없다. 대중이 많은지 적은지(多少)를 헤아려서 침당寢堂(주지실)에서 하기도 하고 법당에서 하기도 한다"[05]라고 나온다.

소참은 주지(방장)가 필요에 의하여 하는 수시법문隨時法門인데 후대(송대)에는 '조참朝參'과 '만참晚參'을 통칭하여 '소참'이라고 했다.

---

04 장로종색, 『선원청규』, 「小參」. "小參家訓, 綱紀叢林 (…) 提唱之外, 上自知事頭首, 下至沙彌童行, 凡是衆中, 不如法度, 事無大小, 竝合箴規."(속장경 63권, p.527c)

05 동양덕휘 편, 『칙수백장청규』, 「小參」 "小參, 初無定所, 看衆多少, 或就寢堂, 或就法堂."(대정장 48권, p.1119c)

고마자와(駒澤) 대학에서 편찬한 『선학대사전』 「소참」 항목에는 "선원의 모든 대중들은 아침에 참문하고 저녁에 모여 참문했다(闔院大衆, 朝參夕聚)"라고 하는 「선문규식」의 내용을 인용하면서 "당대唐代에는 주지가 수시로 하는 법문을 소참이라고 했는데, 송대에는 저녁 법문인 만참을 소참이라고 하였다"[06]고 한다. 여기서는 저녁 법문인 만참만 소참이라고 밝히고 있는데, 이것은 아마도 장로종색의 『선원청규』 2권 「소참」 장의 내용을 참고한 듯하다.

3. 조참

조참朝參(早參)은 아침 법문이다. 아침 공양 후에 하는데, 당말오대에는 법문이 매일 있었으나 송대부터는 5일에 한 번, 즉 3일과 8일에만 있었다. 조참이 있는 날에는 법당에 있는 북을 친다. 조참이 없을 때는 법당 앞에 있는 작은 종을 세 번 친다.[07] 물론 전날 저녁에 조참이 있음을 알리는 조참 패牌를 법당과 방장 혹은 승당僧堂(禪堂)과 중료衆寮(큰방,

---

06   고마자와(駒澤) 대학 선학대사전편찬소 편, 『선학대사전』, p.547, 大修館, 1978.

07   장로종색, 『중조보주 선원청규』 6권, 「警衆」. "堂前鳴小鐘子三下, 乃放早參也. 如不放參, 堂上鳴鼓者, 陞堂也."(신찬속장경 63권, p.539c)

대중방) 등에 건다. 조참은 법당에서 한다. 그리고 상당법어가 있는 날에는 별도로 하지 않는다. 후대에는 거의 상당법문에 버금가는 형식과 규모로 진행되어서 조참은 곧 상당법어처럼 인식되었다.

4. 만참

만참晚參은 저녁 법문이다. 「선문규식」에서 말하는 '조참석취朝參夕聚(아침에 참문하고 저녁에 모이다)'에서 '석취夕聚'가 곧 만참이다.

『칙수백장청규』 주지 「만참」 편에는 만참의 성격과 시간에 대하여 다음과 같이 기록하고 있다.

> 무릇 대중을 모아 놓고 법을 보여주는 것은 모두 참參이라고 한다. 고인 古人은 대중을 바로 잡는 데(대중을 일깨워줌), 그것(參)을 사용하여 조석으로 가르쳤다. 어느 때든 이 방법으로 격양하지 않은 적이 없었다. 그래서 매일 저녁에는 반드시 참參(晚參)을 하였는데, 포시晡時(4시)에 있었다.[08]

---

08   『칙수백장청규』 「주지」 만참. "凡集衆開示, 皆謂之參. 古人匡徒, 使之朝夕咨扣, 無時而不激揚此道, 故每晚必參則在晡時."(대정장 48권, p.1119c)

매일 저녁 포시晡時에 반드시 참參(晚參)을 하였다고 기록하고 있는데, 포시는 오후 3시에서 5시까지인데 그 사이 정확히 언제를 말하는 것인지 알 수 없다. 『칙수백장청규』(1338년)보다 약간 앞서 편찬된(1311년) 『선림비용청규』 「좌참坐參」 장에는 "만참을 마치면 대중들은 흩어져서 각각 요사로 돌아가 약석藥石(저녁 공양)을 한다"[09]라고 기록하고 있는 것으로 보아 만참은 저녁 공양 전에 했음을 알 수 있다.

5. 보설

보설普說이란 '널리 정법을 설하다'는 뜻으로 대중적 성격을 띤 법문이다. 보설은 상당법어와 조참, 만참처럼 정기적인 법문이 아니고, 수좌나 유나, 또는 특정한 재가 신자의 요청이 있을 때에만 한다.

보설은 장소의 제한은 없다. 법상이 설치되면 어디서든지 하는데, 불전에서 하기도 하고 법당이나 방장에서 하기도 한다. 그러나 많은 대중을 상대로 하는 법문이므로 법당에서 하는 경우가 많다. 이는 상당법어가 아니므로 주지와 대중 모두 평상복 차림으로 참석한다.

---

09   『禪林備用淸規』, 「坐參」, "晚參畢, 衆散, 各歸寮 藥石."(신찬속장경 63권, p.626b)

『칙수백장청규』「보설」편에는 다음과 같이 설명하고 있다.

대중들이 향을 사르고 청하면 자리가 마련된 곳에서 설한다. 또 특별히 단월(신도)의 청이 있다거나 주지가 대중을 위하여 법을 개시할 것이 있으면, 법좌에 올라가 설한다. 무릇 보설이 있을 때에는 방장시자(비서실장)는 객두행자(방장실의 지객 행자)로 하여금 보설 패를 걸어 대중들에게 알린다. 자리는 침당寢堂(방장) 혹은 법당에서 한다. 아침 공양 후(粥罷)에 행자는 주지에게 아뢴 다음 느린 속도로 북을 네 번 친다. 시자는 대중이 모이기를 기다렸다가 주지에게 나오기를 청한다. 거좌據坐하여 보설하는 법식은 소참의 예와 같다.[10]

'보설의 법식은 소참과 같다'고 했는데 주지와 대중 모두 편안한 평상복 차림으로 법문을 하고 들은 것을 말한다.

보설은 북송 말에 새로 생긴 대중적 성격의 법문이다. 보설을 처음 시작한 이는 진정극문眞淨克文(1025~1102)선사이다. 그런데 동시대 편찬한 『선원청규』(1103년)에는 보설 항목이 없다. 이것으로 보아 당시에는 보설이 보편화되지는 않았던 것으로 보인다. 그런데 그 후 남송 말기인

---

10   『칙수백장청규』,「주지」, 보설. "普說. 有大衆告香而請者, 就據所設位坐. 有檀越特請者, 有住持爲衆, 開示者則登法座. 凡普說時, 侍者令客頭行者, 掛普說牌報衆. 鋪設寢堂或法堂. 粥罷行者覆住持, 緩擊鼓五下, 侍者出候衆集, 請住持出. 據坐普說, 與小參禮同."(대정장 48권, p.1120d)

1274년에 편찬된『총림교정청규총요(함순청규)』와 원대인 1338년에 편찬된『칙수백장청규』에는 별도로 보설 항목이 실려 있다.

『선림상기전』11권 「보설」 항목에는 보설의 기원 등에 대하여 다음과 같이 설명하고 있다.

> 보설은 곧 승좌설법昇座說法이다. 상당법문도 승좌설법이다. 다만 차이점이 있다면 보설을 할 때는 향을 사르거나 축향祝香(설법 전에 향을 사르는 것)하지는 않는다. 법의도 입지 않는다. 보설은 진정극문眞淨克文으로부터 시작되었다. 삼불三佛도 행했는데, 대혜종고大慧宗杲에 이르러 바야흐로 크게 성행했다.[11]

'삼불三佛'이란 오조법연의 세 제자인 불안청원佛眼淸遠(1067~1120), 불감혜근佛鑑慧懃(1059~1117), 불과원오佛果圓悟(1163~1135)를 가리킨다. 그 가운데 불과원오는『벽암록』의 찬자이다.

보설은 진정극문이 시작했다. 그리고 삼불이 이어 받았고 대혜종고 때에 크게 성행했는데, 그 누구보다도 보설을 통하여 자신의 이상을 펼쳤던 이는 간화선을 완성시킨 대혜선사이다. 그는 대중 및 특정 신

---

11   無着道忠『禪林象器箋』11권, 「普說」. "普說卽陞座也. 上堂亦陞座也. 但普說不炷祝香, 不搭法衣以爲異. 普說自眞淨始, 三佛亦行之, 到大慧方盛."(佛光大藏經, 禪藏, 2권, p.822, 臺灣 佛光出版社, 1994)

자(고위관료나 그 부인 등)들의 요청에 의하여 많은 보설을 남겼는데,『대혜어록』30권 가운데, 무려 5권(제13권~18권)이 보설이다. 보설은 상당법어와 비교하면 내용이 길고 군더더기가 많은데 대중적 성격을 띠다 보니 그런 것이 아닌가 생각된다.

10장

깨달음을 이루는 기지機智의 대화

선문답의 방식과 기능

1. 선문답의 의미와 방식

선불교가 가장 융성했던 시기는 당대唐代 조사선 시대이다. 이 시기 선불교는 고칙·공안·어록, 그리고 사상적인 정화精華를 이루어가던 시대였다.

한편 선불교의 다양성 면에서는 북송대에 가장 융성했다. 설두중현의 송고頌古를 비롯한 송고문학과 선문학도 이 시기에 탄생했고, 선시禪詩·선화禪畵·다도茶道 등 선문화도 이 시기에 꽃을 피웠다. 그뿐만 아니라 각종 어록이 편찬·간행된 것도 이때였고, 사대부 지식층들과의 지적知的·문화적인 교류도 이 시기에 절정을 이루었다. 선을 모르면 지식층이 아닐 정도였다. 선의 르네상스 시대였다고 할 수 있다.

선禪의 세계, 오도悟道의 세계에 대하여 선사와 선사, 또는 스승과 제자 사이에 나누는 기지機智의 대화, 격외格外의 대화를 '선문답禪問答' 혹은 '법거양法擧揚'이라고 한다.

어떤 승僧이 영운 선사에게 물었다.
"무엇이 불법의 대의입니까?"
선사가 말했다.
"당나귀의 일도 아직 끝나지도 않았는데 말의 일이 도래했다(驢事未了 馬

事到來)."[01]

불법의 대의를 물었는데 "당나귀의 일이 아직 끝나지도 않았는데 말의 일이 도래했다(驢事未了 馬事到來)"라니, 정말 동문서답이다. 거두절미, 단도직입적으로 설명하면 '분별심을 갖지 말라'는 뜻이다. 분별심만 버리면 불법의 대의를 얻게 된다는 뜻이다. 삼조승찬三祖僧璨선사도 『신심명信心銘』에서 "도道를 깨닫는 것은 어려운 것이 아니다. 오직 분별심만 버리면 된다(至道無難 唯嫌揀擇)"라고 했다.

당나귀는 말(馬)과에 속하는 동물이다. 당나귀는 지구력이 좋아 주로 무거운 짐을 나르는 데 사용하고, 말은 달리는 힘이 좋아 주로 파발마擺撥馬로 사용한다. 그렇다고 말이 짐을 나르지 못하고 당나귀가 달리지 못하는 것은 아니다. 따라서 당나귀가 하는 일이나 말이 하는 일이나 큰 차이가 없다. 1톤 트럭과 승용차의 차이일 뿐이다.

영운선사가 "당나귀의 일이 아직 끝나지도 않았는데 말의 일이 도래했다"라고 한 것은, '분별심의 함정'이다. '분별심'이라는 함정을 만들어 놓고 던진 대답이다. 수행자의 99%는 이 함정에 다 걸려들어 갖가지로 당나귀 일과 말의 일을 구별하려고 대든다. 선사들의 선문답에는 대체로 이런 함정을 파놓고 답하는데, 이것을 '선의 관문關門'이라고 한

---

01   『傳燈錄』,「靈雲」章, "僧問. 如何是佛法大意. 師曰. 驢事未了 馬事到來."

다. 이런 관문을 100개 모아놓은 것이 『벽암록』 『종용록』이다.

선문답은 의표를 찌르는 기지의 대화(질문과 대답)를 통하여 상대방의 경지, 혹은 공부 상태 등을 점검·파악하여 병통(문제점)을 치료, 해결해주는 역할을 한다. 또 선문답은 지식의 알음알이, 사량분별심에 빠져있는 이들의 정신적 체증滯症을 뚫어서 깨닫게 함과 동시에 번뇌 망상으로부터 벗어나 항상 활발발한 선의 삶을 전개하게 한다.

예컨대 당송唐宋 때 시문학의 고수들은 시詩를 주고받으며 상대방의 실력을 가늠했는데, 운韻이 떨어지자마자 격조 있는 시구가 나와야 한다. 여기서 머뭇거리면 나이 불문하고 하수下手가 된다. 이는 중국 장수들이 전장에서 기氣나 비수匕首 같은 언어로 상대를 제압하는 것과도 같은 맥락에 있다고 할 수 있다.

선문답의 전개 방식은 즉문즉답卽問卽答으로 이루어진다. 묻는 사람(問者)과 대답하는 사람(答者)이 조금이라도 머뭇거리면(擬議) 안 된다. 머뭇거리는 것은 사량분별심이 작용하고 있기 때문이다. 조사선祖師禪의 최고봉이라고 할 수 있는 임제의현臨濟義玄선사는 납자들이 머뭇거리면(擬議, 사량분별) 즉시 '할喝' 하고 벼락같은 소리로 질타했다. 분별심을 내는 따위의 서툰 짓은 하지 말라는 것이다.

2. 선문답은 기지機智의 대화

선종사에서 최초의 선문답은 달마와 제자 이조혜가二祖惠可(481~593) 사이에 오고 간 '안심법문安心法門'이다. "그대의 괴로운 마음을 냉큼 내 앞에 가지고 오면 즉시 편안하게 해주겠다"는 달마의 말에, 혜가는 자신의 괴로운 마음을 찾고자 온 사방을 뒤졌으나 찾을 수가 없었다는 이야기이다. 이것은 바로 '고심苦心의 실체가 없음' 즉 공성空性을 깨달음으로써 마음의 평온을 되찾게 하는 방법이다. 고심(괴로움)의 실체를 찾을 수 없다면 그것은 단순히 자신의 의식 속에서 일어난(唯心) 환영幻影에 지나지 않는다. 갖가지 심리적인 현상은 오직 마음에서 생긴다(心生卽種種法生). 따라서 이 마음(번뇌심)이 사라지면 모든 번뇌도 사라진다(心滅卽種種法滅).

달마의 안심법문은 선문답 가운데서도 기지의 선문답이라고 할 수 있다. 이후 많은 선문답이 탄생했는데, 대표적 전등사서인 『전등록傳燈錄』에는 무려 1,700가지나 되는 공안(선문답)이 수록되어 있다. 여기에 수록된 선문답은 정신적 병리 현상에 걸려 있는 수행자로 하여금 깨달음에 이르게 하는 특효의 처방전이다.

수행자는 격외와 기지의 선문답(대화)을 통하여 눈을 뜬다. 고정관념의 족쇄로부터 벗어나 진리의 세계, 법신의 경지로 들어갈 수 있다. 다음은 우리가 익히 알고 있는 선문답 두 편이다.

어떤 납자가 운문문언雲門文偃선사에게 물었다.

"선사, 무엇이 부처입니까(如何是佛)?"

"간시궐乾屎橛."

또 어느 날 한 참선자가 동산수초洞山守初(910~990)선사에게 물었다.

"선사, 무엇이 부처입니까(如何是佛)?"

"마삼근麻三斤."

여기서 비롯된 화두가 '간시궐', '마삼근'이다. 간시궐은 대변을 닦아 내는 막대기이고 마삼근은 삼베, 즉 마포麻布 세 근이라는 뜻이다. 정 중하게 "무엇이 부처(진리)입니까?"라는 물음에 운문 화상은 '부처란 다 름 아닌 간시궐이야'라고 대답했고, 동산 화상은 '마삼근이야'라고 대 답했으니, 이는 논리와 상식으로서는 도저히 이해할 수 없는 답이다. 누가 간시궐을 모르고 마삼근을 모르겠는가? 문제는 무엇이 부처냐고 물었는데 왜 동문서답식으로 "간시궐" "마삼근"이라고 답했는가이다. 또 질문은 똑같은데(如何是佛) 왜 대답은 다른가 하는 것이다.

선문답(공안이나 화두)의 매개체는 언어 문자이다. 그러나 선문답은 언 어 문자 이면의 메시지를 갖고 있다. 따라서 언외言外의 메시지를 포착 하는 제3의 눈(心眼)을 갖추고 있지 않으면 소경이다. 그러므로 선문답 이나 공안을 상식적인 논리나 언어적인 해석으로 이해하려고 하는 것 은 애시당초 불가능한 일이다.

'부처(진리)'란 대단히 성스러운 존재이다. 그러나 성스럽다는 통속적인 관념에 눈이 어두우면 진실을 볼 수 없다. 『금강경』의 '무유정법無有定法 명명名 아뇩다라삼먁삼보리阿耨多羅三藐三菩提(無上正等正覺)'는 고정관념에 속박되어 있는 자를 해방시켜 주는 탈脫상식의 처방전이다. '이것이다', 또는 '이것이 최고의 진리'라고 집착하면 그 순간 그것은 곧 무덤이다. '간시궐乾屎橛'과 '마삼근麻三斤'은 성聖에 포로가 된 수행자에게 주는 신약神藥의 화두이다.

선문답이나 법거량은 앞에서 본 바와 같이 매우 짧다. 보통 두세 번 정도에서 끝나고, 많아도 4~5회를 넘지 않는다. 전개 방식도 동문서답식의 방외方外·격외格外이다. 이것을 활구活句라고 하는데, '깨달음을 이루게 하는 살아있는 말'이라는 뜻이다. 4~5회 이상을 넘으면 그것은 깨닫게 해주는 선문답이 아니라 오히려 상대방을 분별적인 사고로 몰아넣는 사구死句(죽어 버린 말, 무의미한 말)가 되어버린다.

선문답은 대부분 일대일로 이루어진다. 하지만 공개적으로 이루어지는 때도 많다. 예컨대 하안거 동안거 결제, 해제일의 상당법어는 대중 앞에서 하게 되므로 자연스럽게 공개적으로 이루어진다. 그 밖에 독참獨參(개별 면담)과 청익請益(보충 면담)도 대부분 선문답 형식이다.

『전등록』 6권 백장선사 장에 수록되어 있는 「선문규식」에는 선문답의 의의意義에 대하여 다음과 같이 정의하고 있다.

학인(賓)과 선사(主)가 서로 묻고(問) 답(酬)하여

종요宗要(핵심)를 격양激揚시키는 것은,

법에 의하여 살아가고 있음을 나타낸 것이다.[02]

선문답은 선의 종요宗要(핵심)를 드러내어 발분시키는 역할을 하며, 동시에 항상 활발발하게 진여법신眞如法身의 세계 속에서 살아가고 있음을 나타내고자 한 것이라는 말이다. 이는 선자禪者들의 생활상이기도 한데, 선문답은 고요한 산사에서 이루어지는 동적動的인 활발발한 불성의 작용이다.

선문답은 어떤 형식이나 틀이 있는 것이 아니다. 그렇다고 형식이나 틀이 전혀 없는 것도 아니다. 굳이 표현한다면 상식적인 틀을 벗어난 '무형식의 형식'이라고 할 수 있는데, 앞에서 보았듯이 단답식으로 두세 번 정도 주고 받는 것이 하나의 형식이라면 형식이라고 할 수 있다.

3. 선문답의 역할과 기준

선문답의 사상적 기준은 공空·무아無我·불성佛性·불이不二·중도中道·

---

02   『전등록』 6권, 「백장회해」 장章 부록, "賓主問酬, 激揚宗要者, 示依法而住也."(대정장 51권, p.251a)

무집착無執着·무분별無分別·몰종적沒蹤迹·무심無心·일체유심조一切唯心造·불립문자不立文字·언어도단言語道斷·진공묘유眞空妙有 등의 관점에 바탕하여 이루어진다. 단어는 각각 다르지만 그 의미는 모두 다 공성空性을 나타내고 있다.

그러나 공에 함몰해버리면 그것은 낙공落空으로 사실상 허무주의나 다를 바 없다. 이 어설픈 공, 낙공을 깨달음으로 착각, 혼동, 오인하고 있는 경우가 많다는 것이다. 『대승기신론』에서는 공 속에 불공不空이 있고, 진공眞空 속에 묘유妙有가 있음을 발견하는 것, 그것이 진정한 깨달음이라고 설하고 있는데 중요한 말이 아닐 수 없다.

낙공은 불성이 작용하지 못하는 것이나 마찬가지다. 분명 자동차인데 고장 난 자동차이다. 운행을 못하는 자동차는 가지고 있을 필요가 없다. 공은 아공我空과 법공法空을 포함한 말이지만, 무엇보다도 번뇌 망상을 비우는 것이 공이다. 공에 대한 인식 하에 불성이 작동하고 있는 활발발한 선승의 삶이야말로 진정으로 정법안을 갖춘 선승, 조실, 방장, 법왕, 현신불이라고 할 수 있다.

선문답은 진정으로 선의 세계를 드러낸 언어라야 한다. 그렇지 못하다면 그것은 결코 깨달음의 문을 열게 하는 열쇠가 될 수 없다. 선시禪詩나 오도송悟道頌도 마찬가지이다. 위의 기준에서 벗어난다면 그것은 음풍농월吟風弄月하는 세속인들의 시어詩語에 불과하다.

선문답의 의의와 역할은 세 가지 정도이다.

첫째, 스승과 제자 사이의 선문답은 제자로 하여금 깨닫게 하는 역할, 정법안正法眼을 열어주는 역할을 한다. 물론 깨닫지 못할 경우에는 더 참구해야 한다.

둘째, 선문답은 깨달음의 여부를 점검하는 역할을 한다. 깨달음을 검증하는 데 어떤 공식이 있는 것이 아니다. 그가 과연 깨달았는지 여부는 아무도 알 수 없다. 오로지 정법안장正法眼藏을 갖춘 선사만이 알 수 있다. 그 검증 방법이 바로 선문답이다. 물론 오도송도 있지만, 그보다는 선문답이 더 정확도가 높다.

셋째, 선문답은 기능적으로 상대방의 경지를 파악하는 역할을 한다. 이 과정을 통하여 하수는 고수에게 한 수(一着子)를 배우게 되고, 또 이러한 과정을 통하여 더욱 깨달음의 세계에 가까이 다가서게 된다.

당송시대 선어록이나 전등사서에 등재되어 있는 선승들의 오도기연悟道機緣(깨닫게 된 계기)을 살펴보면, 거의 대부분 선문답을 통하여 깨달았음을 알 수 있다. 또 영운도화靈雲桃花나 향엄격죽香嚴擊竹과 같이 사물의 변용을 보고 깨달은 기연도 있다. 그러나 뜻밖에도 좌선을 하다가 깨달았다는 선승이나 용맹정진을 하다가 깨달았다는 선승은 찾아볼 수가 없다. 이것은 무엇을 말하는가? 남악마전南嶽磨塼의 공안에서도 시사하는 바와 같이 무조건 오래 앉아 있다고 해서 깨닫는 것은 아니기 때문이다.

선문답은 오늘날 일반적인 상식이나 논리로 전개되는 대화(토론) 방식과는 사뭇 다르다. 세속적인 대화는 지식과 논리 등을 바탕으로 전개되지만, 선은 지식과 논리가 닿지 못하는 피안의 세계에 있다. 그러므로 대화 방식도 다르다. 논리적·상식적인 방법 대신 비논리, 탈상식, 직관적인 방법으로 전개된다. 자신의 진실한 모습, 실존적인 모습을 직시하게 하는 것이 선이다.

중국 선종사에서 깨달은 선승은 수천 명이지만, 한 산문山門을 개창한 이는 30여 명 정도에 지나지 않는다. 쇠를 녹여서 유용한 쟁기를 만드는 일은 노련한 대장장이가 아니면 안 되듯이, 중생을 부처로 만드는 일은 정법안장을 갖춘 뛰어난 종장宗匠이 아니면 안 된다.

11장

깨달음으로 가는 직선로

고칙·공안·화두

1. 고칙과 공안

참선수행자로 하여금 분별심과 번뇌 망상으로부터 벗어나 깨달음을 이루게 하는 수단手段 또는 교육용 과제를 '고칙古則, 공안公案, 화두話頭'라고 한다. 참선자에게 주는 과제 혹은 관문 같은 것으로 깨닫고자 하는 자가 참구해야 할 언구言句이다.

'고칙'이란 바꿀 수 없는 오래된 법칙이라는 뜻으로, 오도悟道, 참선 수행의 궤칙軌則, 준칙準則이 되는 불조佛祖의 언구를 가리킨다. 후학들에게 조사나 선사가 깨달은 기연機緣이나 언구는 곧 참선 오도의 법칙, 또는 준칙이 되기 때문에 고칙이라고 한 것이다.

공안이란 공부公府(관청)의 안독案牘(공문서)에서 '공公'과 '안案'을 따서 만든 합성어이다. 그 뜻은 법령法令, 율령律令, 판결문判決文, 상부上府의 공문公文 등을 가리킨다. 국가에서 제정한 율령이나 법령 등은 반드시 준수해야 할 법이다. 참선수행자도 이것을 법칙으로 삼아서 참구해야만 깨달음의 정도正道로 갈 수 있다는 뜻에서, 옛 선승이나 조사 선지식의 오도기연悟道機緣을 '공안'이라고 하게 된 것이다.

원대의 선승 천목중봉天目中峰(1263~1323)은 『산방야화山房夜話』에서 공안의 어의에 대하여 다음과 같이 정의하고 있다.

공안이란 곧 공부公府(관청)의 안독案牘(공문서)에 비유한 것이다. 왕도王道

의 치란治亂은 실로 법에 달려 있다. 공공이란 곧 성현聖賢의 공통된 궤철軌轍로 천하의 모든 사람들이 함께 그 길을 가는 지극한 이치이다. (그리고) 안案이란 성현들이 그 바른 이치(방법)를 기록한 바른 글(正文)이다. 천하를 소유한 자(군주)는 공부(公俯)를 설치하지 않을 수 없고 관청을 설치했다면 법령이 없을 수 없다. (⋯) 불조佛祖의 오도기연을 공안이라고 한 것도 그와 같은 것이다.[01]

『벽암록』삼교노인三教老人의 서문(序)에는 "조사가 가르친 글을 공안이라고 한다. 당나라 때부터 시작하여 송대에 크게 성행했는데, 그 유래는 오래되었다. 공안 두 글자는 세속법에 관리(吏)들의 공문서(牘)를 가리키는 말이다"[02]라고 나온다.

운서주굉雲棲株宏(1535~1615)의 『정와집正訛集』에는 "공안이란 공부公俯의 안독이다. (공안이란) 시비를 판단하여 가리기 때문이다. 여러 조사들의 문답기연도 생사를 부단剖斷(옳고 그름을 판단)하기 때문에 공안

---

01   天目中峰, 『山房夜話』. "公案乃喩公府之案牘也, 法之所在而王道之治亂實係焉. 公者乃聖賢一其轍, 天下同其途之至理也. 案者乃記聖賢爲理之正文也. 凡有天下者, 未嘗無公府. 有公府者, 未嘗無案牘. (中略) 夫佛祖機緣, 目之曰公案亦爾."(선림고경총서 2, 『산방야화』, p.240, 장경각)

02   원오극근, 『碧巖錄』三教老人序. "祖教之書, 謂之公案者, 唱於唐而盛於宋, 其來尙矣. 二字乃世間法中, 吏牘語."

이라고 이름한 것이다"[03]라고 말하고 있다.

정리하면 공안은 깨닫고자 하는 참선 수행자가 참구해야 할 언어이다. 공안은 정부의 공문서와 같으므로 이 말(공안, 화두)을 참구해야만 깨달을 수 있다는 것으로 이는 중국, 우리나라 선의 오도 방법이라고 할 수 있다. 여기서 오도의 매개체는 바로 언어라는 사실을 인지하지 않으면 안 된다. 초점을 공안, 화두에 맞추라는 것이다.

중국 선종사에서 공안을 모은 대표적인 공안집은 두 가지가 있다. 임제선臨濟禪·간화선看話禪 계통의 공안집은 원오극근圜悟克勤(1063~1135)의 『벽암록』과 무문혜개無門慧開(1183~1260)의 『무문관』이 있다. 『벽암록』에는 100칙의 고칙, 공안이 수록되어 있고, 『무문관』에는 48칙의 고칙, 공안이 수록되어 있다. 이 두 공안집은 우리나라에 많은 영향을 주었다. 그리고 이와는 별도로 묵조선默照禪 계통의 공안집이 있는데, 그것이 굉지정각宏智正覺, 만송행수萬松行秀의 『종용록從容錄』이다. 『종용록』에도 100칙의 공안이 수록되어 있는데, 매우 참신하다. 『종용록』을 읽으면 공안을 보는 방법을 알 수가 있다. 반면 『벽암록』은 일체를 부정하고 박살내는 스타일이다. 그 밖에도 대혜종고의 『정법안장正法眼藏』 원오극근의 공안집 『불과격절록』, 고려 진각혜심眞覺慧諶(1178~1234)의 『선문염송禪門拈頌』 등이 있다. 이 가운데서 납자들이 가

---

03   운서주굉, 『正訛集』. "公案者, 公府之案牘也. 所以剖斷是非而諸祖問答機緣, 亦只爲剖斷生死, 故以名之."

장 많이 참구하는 고칙, 공안은 『무문관』 48칙에 집약되어 있다.

2. 화두

화두話頭는 선문답을 뜻하는데 원의原義는 '말' '대화對話'를 가리킨다. 그리고 '두頭'는 문어체에서는 '머리' '처음' 등을 뜻하지만, 구어체인 선어록에서는 접미사의 역할을 한다. 설봉의존雪峰義存(822~908)선사의 『설봉어록雪峰語錄』에서 그 사실을 확인해볼 수 있다.

> 설봉이 어느 날 원숭이를 보고 말했다.
> "이 원숭이들은 모두 각각 한 개의 고경古鏡(불성, 본래면목)을 짊어지고 있네."
> 삼성이 말했다.
> "수많은 겁(歷劫) 동안 이름을 붙일 수 없었거늘 어째서 고경古鏡(옛 거울)이라고 표현하십니까?"
> 설봉이 말했다.
> "거울에 흠집이 생겼구나."
> 삼성이 말했다.
> "천오백 명의 대중을 지도하고 있는 선지식(설봉)이 말뜻도 못 알아듣습

니까(話頭也不識)?"

설봉이 말했다.

"내가 주지 일에 번다해서."04

다음은 임제선사와 명화明化 화상의 문답이다.

임제선사가 명화 화상을 찾아갔다.

명화 화상이 물었다.

"왔다 갔다 무엇을 하는 것인가(왜 쓸데없이 왔다 갔다 하는가)?"

임제선사가 말했다.

"그저 짚신만 떨어뜨리고 있을 뿐입니다(행각 수행을 하고 있다는 뜻)."

명화 화상이 말했다.

"그래 가지고 무엇을 하겠다는 것인가?"

임제 스님이 말했다.

"이 노인네는 말귀도 못 알아듣는군(老漢話頭也不識)!"05

---

04   雪峰義存, 『眞覺禪師語錄』 3권. "雪峰, 一日見獼猴, 乃云. 這獼猴, 各各背一面
      古鏡. 三聖便問. 歷劫無名, 何以彰爲古鏡. 峰云, 瑕生也. (三)聖云, 一千五百人
      善知識, 話頭也不識. 峰云. 老僧住持事繁."(대정장 47권, p.691b)

05   『임제록』行錄. "到明化. 化問, 來來去去作什麽. 師云, 祇徒踏破草鞋. 化云, 畢
      竟作麽生. 師云, 老漢 話頭也不識."(대정장 47권, p.506b)

위의 두 인용문에서도 확인할 수 있듯이 '화두야불식話頭也不識'은 '말귀도 모른다' 또는 '말뜻도 못 알아듣는다'는 뜻이다. 따라서 화두話頭는 곧 말이나 대화를 뜻하고 그 대화란 곧 선문답을 가리킨다. 현대 한어에서도 화두는 말과 대화를 가리킨다.

사찰의 소임 가운데 끝에 '두頭' 자가 들어가 있는 소임이 많다. '종두鐘頭', '욕두浴頭', '원두園頭', '갱두羹頭' 등으로 여기서 '두頭'는 모두 접미사이다. 만일 '머리 두'로 해석한다면 종두는 종 머리, 원두는 밭 머리, 갱두는 국 머리로 해석해야 할 것이다. 또 어떤 사전에는 화두를 '말머리'라고 한 곳도 있다. 문어체로 처리한 것인데, 틀린 해석이다.

3. 공안과 화두의 차이

참선 수행자의 사량분별심, 집착 등 정신적인 질환을 뚫어주기 위한 방편, 수단, 또는 고정관념으로부터 벗어나게 하는 일침一鍼의 극약처방이 공안과 화두이다.

공안과 화두는 동의어이다. 굳이 두 용어의 성격을 구분해보자면, 공안은 선문답 전체를 가리키고, 화두는 그 가운데 선사禪師의 답어答語를 가리킨다고 할 수 있다. 구자무불성화狗子無佛性話(무자공안)를 예로 들어보자.

어떤 납자가 조주 선사에게 여쭈었다.

"선사, 개에게도 불성이 있습니까, 없습니까?"

조주 선사가 말했다.

"무無(없다)."

"일체중생은 다 불성을 갖추고 있다고 했는데 어째서 개에게는 없다는 것입니까?"

조주가 말했다.

"개에게 업식성業識性(근본적인 무명)이 있기 때문이다."[06]

이상의 선문답에서 처음부터 끝까지 전체 단락을 '공안'이라고 할 수 있고, 조주선사의 답어 가운데 핵심구인 '무無' 한 글자는 '화두'라고 할 수 있다. 공안과 화두의 쓰임새를 보면, 공안은 선문답 전체를 가리키고 있지만 화두는 그 가운데 핵核이 되는 한 구句, 즉 선사의 답어를 뜻하고 있기 때문이다.

공안과 화두에 대하여 중국의 선학자禪學者들은 앞과 같이 구분하

---

06   『古尊宿語錄』25, "僧問趙州. 狗子還有佛性也無. 州云. 無. 僧云. 一切衆生, 皆有佛性, 爲什麼狗子無佛性. 州云. 他有業識性在."(『신찬속장경』 68권, p.167b) 『대승기신론』에 의하면 업식성業識性이란 무명의 힘에 의하여 미혹한 마음이 일어나는 것을 말한다. 무지無知, 무명無明 때문에 미혹한 망상심이 일어나는 것이 업식이다(名爲業識, 謂無明力, 不覺心動故. 『대승기신론』, 대정장 32권, p.577b). 따라서 업식은 중생심이며, 불성이 아니다. 업식성이 있다면 깨달을 수 없다는 것이다.

고 있는 편이고, 우리나라와 일본 학자들은 구분하지 않는 편이다. 공안=화두로 보고 있다. 다만 우리나라는 공안보다는 '화두'라는 말을 더 많이 쓰고, 일본에서는 화두보다는 '공안'이라는 말을 더 많이 쓴다.

4. 화두 참구의 두 가지 방법

화두 참구에 두 가지 방식이 있다. 대혜종고大慧宗杲의 방식과 몽산덕이蒙山德異의 방식이다. 이것은 주로 우리나라의 경우이다. 대혜종고 방식은 단제참구單提參句로서 오로지 '무無'라는 한 글자만 참구하는 것이고(但看話頭. 妄念起時, 但擧箇無字), 몽산덕이의 방식은 전제참의全提參意로서, 조주가 왜 '무'라고 했는지 그 전체적인 뜻을 참구하는 것이다(趙州因甚道無, 意作麼生. 參趙州因 甚道箇無字).

　대혜종고는 "번뇌 망념 등이 일어날 때는 오로지 이 '무' 한 글자를 들라(妄念起時, 但擧箇無字)." "다만(但, 只)" 또는 "오로지 이와 같이 참구하라(但只如此參)"고 하여 '무'라는 한 글자만 참구하라고 말하고 있다. 즉 대혜선사는 '무'라는 한 글자로 모든 번뇌 망상과 사량분별심 등을 퇴치시켜버리라는 것이다. 따라서 그 기능이나 목적은 무자화두 삼매를 통하여 번뇌 망상을 물리치는 데 있다고 할 수 있다.

　반면 몽산덕이 방식은 '왜 무인가?' '조주가 무라고 했는데 그 뜻은 무엇인가?'라고 참구하는 것으로 이는 의미 중심의 참구라고 할 수 있다.

이상과 같이 화두 참구 방법에는 대혜종고 방식과 몽산덕이 방식의 두 가지가 있다. 우리나라 선원에서는 대혜종고 방식보다는 거의가 원대의 선승인 몽산덕이 방식을 따르고 있다.

이 두 가지 방식을 고찰해본다면 대혜 방식은 상근기가 아니면 의단疑團(문제 의식)을 형성하기가 용이하지 않다. 그러나 의리선義理禪으로 빠질 가능성은 적고, 몽산 방식은 의단은 형성하기는 쉬우나 의리선에 빠질 가능성이 높다. 대혜 방식은 번뇌 망상 퇴치에 주안점을 두었고, 몽산 방식은 의미 참구에 주안점을 둔 것으로 보인다.

12장

발낭과 석장을 풀다

선종 사원의 입방(방부) 방법

1. 입방·괘탑

하안거, 동안거 등 결제結制가 임박해 오면 납자衲子(수행승)들은 법력과 지견이 높은 고승이 주석하고 있는 곳(선원)으로 가서 안거를 한다. 고승의 지도에 힘입어 깨달음을 이루어보자는 것이다.

안거 신청을 청규에서는 '괘탑掛搭'이라고 한다. 우리나라 선원에서는 '방부 들인다'라고 하는데, 이는 청규에도 선문헌에도 없는 격이 떨어지는 용어로서 조선 말 근대 어느 때쯤 생긴 말일 것이다.

'괘탑'은 입방이 결정되면 메고 다니던 발낭鉢囊을 승당 벽 갈고리(搭勾)에 걸어 두었던(掛搭) 데서 비롯된 말인데 이는 당송시대 승당 내부 구조를 설명해야만 이해가 가능하다.

당송시대 승당의 내부 구조를 보면 가운데는 복도이고 사방에는 장련상長連床(긴 평상)이 놓여 있다. 장련상은 평상의 일종인데 납자들은 이 장련상 위에서 좌선과 숙식 등을 하는 공간이다. 그리고 사방 벽에는 탑구搭勾, 즉 발낭을 걸 수 있는 갈고리가 설치되어 있는데, 입방을 하면 자신의 소지품이 들어 있는 발낭을 이 탑구에 걸었다. '갈고리에 발낭을 걸어두다(掛搭)'는 뜻에서 입방을 '괘탑'이라고 한 것이다. 송대에는 갈고리 대신 벽에 사물함을 설치하여 발낭과 소지품 등을 넣어 두었다.

또 입방을 '괘석掛錫(석장을 걸어둠)'이라고도 한다. 입방을 하면 행각할 때 짚고 다니던 석장錫杖(주장자)을 승당 밖의 벽에 걸어두기 때문이다. 간혹 고승들의 행장行狀을 읽다 보면 '○○寺에서 석장錫杖을 풀다' 또는 '괘석掛錫하다'라는 말이 나오는데, 이는 곧 '주석駐錫하다'는 뜻이다. 그 밖에 대중방으로 들어간다는 뜻에서 '입료入寮'라고도 하고, 대중 속으로 들어간다는 뜻에서 '입중入衆'이라고도 한다. 하지만 방부의 고유한 명칭은 어디까지나 괘탑掛塔이다.

우리나라 선원에서도 1900년대 초까지만 해도 '방부'보다는 '괘탑'이라고 썼음을 알 수 있다. 구한말 근대 초 가야산 해인사 퇴설선원堆雪禪院 결제 방함록 1899~1908년까지를 보면 제목이 '삼동결제三冬結制 (혹은 삼하결제三夏結制) 괘탑시掛塔時 선중방함禪衆芳啣'이었다. 그런데 그 후 언제부터는 '괘탑'이라는 말을 쓰지 않고 '방부榜付'라는 말을 쓰고 있다.

그렇다면 '방부'란 무슨 뜻일까? '방榜'은 방문榜文으로, 관아에서 백성들에게 알리는 벽보 성격의 고지문告知文을 말한다. '부付'는 '붙이다'는 뜻으로, 방문을 붙이는 것이 바로 방부榜付이다. 사찰의 결제 대중 용상방龍象榜도 소임자 이름을 붙이는(付) 방문(榜文)이므로 '방부'라고 부르게 되었다고 생각한다. 옛날에도 백성들에게 무엇을 알릴 때는 '방榜(牓, 벽보)'을 붙여서 고지했는데, 그것을 '패방牌牓' '방자牓子'라고 한다.

입방의 한자어는 두 가지가 있을 수 있는데, '入榜'과 '入房'이 그것이다. 이 중에 '入榜(입방)'은 결제를 하면 소임자 이름을 용상방에 써 붙이는데, 이 '방榜에 이름이 들어갔다'는 뜻일 것이고, '入房(입방)'은 '대중방으로 들어간다'는 뜻일 것이다. 그 의미로 보아 여기서는 '入房' 보다는 '入榜'이라고 써야 더 맞는 것으로 보인다.

2. 괘탑의 절차와 방법

괘탑(입방)의 과정, 절차 등은 조금 까다롭다. 요즘 우리나라 선원에서는 결제 시작 2~3일 전에도 입방이 가능하지만,[01] 천 년 전 당송시대에는 결제(안거) 15일 전에 괘탑(입방)해야 한다. 따라서 실제 괘탑 시한은 하안거 때는 음력 3월 30일까지이고, 동안거 때는 9월 30일까지이다. 4월 1일, 10월 1일부터는 입방을 받지 않을 뿐더러 객실인 단과료旦過寮 자체를 폐쇄해버린다(『칙수백장청규』, 「절랍장」, 月分須知). 객실을 폐쇄한다는 것은 입방을 더 이상 받지 않는다는 뜻이다.

이렇게 결제 15일 전에 괘탑을 종료했던 까닭은 다법茶法, 즉 끽다喫茶의 예의와 절차 등을 익히는 시간이 필요하기 때문이다. 『선원청규』 2권 「결하結夏(하안거 결제)」 편에는 괘탑 시한과 그 이유에 대하여 다음

---

01   최근 우리나라의 경우 수행하기 좋은 선원은 몇 달 전부터 입방 신청을 해야 한다고 한다.

과 같이 밝히고 있다.

> 행각승(객승)이 하안거 결제를 하고자 할 때는 모름지기 반월半月(15일) 전
> 에는 괘탑(입방)하여야 한다. 중요한 것은 다탕茶湯(차)의 인사人事를 창졸
> 하지 않게 하기 위해서이다.

'다탕茶湯의 인사人事'란 다법茶法인데, 새로 입방하는 수행자가 총림
의 다법, 다례茶禮, 행다行茶 등을 모두 숙지하자면 적어도 안거 15일
전에는 입방해야 한다는 것이다. 그리고 그 방식도 사찰에 따라 약간
씩 다르기 때문이다.

선종 사원의 다탕茶湯·다석茶席은 매우 많다. 찻자리는 주지가 대중
들을 위하여 내는 차, 감원·유나 등 상위 소임자들이 대중들을 위하
여 내는 차, 대중 전체가 점심 공양 후에 마시는 차 등 20여 가지나 된
다. 찻자리마다 장소와 예법이 다르기 때문에 이것을 숙지하기 위하여
15일 전에 입방을 종료했던 것이다.

총림에 새로 괘탑(입방)하는 객승을 당송시대에는 '신도新到(새로 온 납
자)'라고 했다. 또 '객실에서 잠깐 머문다'고 하여 '잠도暫到'라고도 했는
데, 신도와 잠도를 구분해보자면, 신도는 괘탑하고자 하는 스님이고,
잠도는 그야말로 하루 자고 가는 객승이라고 할 수 있다.

신도든 잠도든 타사他寺에 가면 먼저 지객知客스님을 찾아가야 한
다. 객승은 행자의 안내로 지객료知客寮(지객실)로 가서 문 앞에서 "신

괘탑하고자 하는 납자는 지객료 앞에서 지객스님
의 안내에 따라 입방 의사를 밝혀야 한다. 사진은
일본 만푸쿠지(만복사) 지객료 현판.

도, (혹은 잠도) 상간相看(뵙기를 청한다)입니다"라고 하면 지객스님이 나온다. 괘탑하고자 하는 납자는 입방 의사를 밝힌 다음 입방 신청서 양식에 자신의 본명과 법명, 나이, 본사, 은사스님, 그리고 전년도에 하안거를 했던 사찰 등을 적어서 제출한다. 그런 다음 행자의 안내로 단과료(객실)에 가서 입방 허락을 기다린다.

괘탑(입방) 절차는 1차 서류 심사와 2차 면접 심사가 있다. 1차 서류 심사는 주지·지객·감원 등이 하고, 2차 면접 심사는 규율 담당으로서 총림의 사법권을 가지고 있는 유나가 한다.

1차 서류 심사에서 통과된 입방승은 모두 지객의 안내로 유나실로 가는데, 한 명씩 가지 않고 여러 명이 함께 가도록 되어 있다. 그러나 아무리 많아도 한 번에 9명을 초과해서는 안 된다. 9명 이상이 되면 번잡하기 때문이다. 이때 입방승 가운데 선두에 서는 고참을 참두參頭(新參의 우두머리)라고 한다. 신참승新參僧은 아직 총림의 예절이나 입방 절차 등에 익숙하지 못하기 때문이다.

유나실에 도착한 괘탑승(입방승)들은 유나스님에게 오체투지의 배례拜禮를 한다. 그런 다음 "신도新到 상간相看입니다"라고 말한다. 이는 "새로 온 객승입니다. 문안드립니다"라는 뜻인데, 우리나라 선원에서 "객승 문안드리오"라고 하는 것과 같은 것이다.

자리에 앉게 되면 먼저 입방승들이 매뉴얼대로 유나스님에게 "오래 전부터 도풍이 울려 퍼지니 이곳 한쪽에 의탁하고자 합니다. 자비를 바랍니다"라고 말한다. 그러면 유나 역시 정해진 매뉴얼대로 "광림光臨

해주셔서 산문山門으로서는 영광일 뿐입니다" 하고 응대한다.

괘탑을 청할 때는 신청서에 기재된 서류도 함께 제출해야 한다. 준비해야 할 서류는 4가지다. 계첩(수계첩)과 국가에서 발행하는 도첩, 그리고 병역과 노역 면제증인 면정유兔丁由와 전년도 하안거 증명서인 좌하유坐夏由가 그것이다. 이는 승려의 신분을 입증하는 가장 중요한 서류들로서 객승은 이것들을 항상 지참하고 있어야 한다. 이 중에 한 가지라도 없으면 입방할 수가 없고 '가짜승'으로 의심받을 수 있기 때문이다. 이 네 가지 서류를 넣어가지고 다니는 통을 사부통祠部桶(서류통)이라고 하는데, 당시 사찰을 관리하는 관아의 명칭이 예부禮部에 소속된 사부祠部였기 때문이다.

유나는 입방승이 제출한 서류에 가짜가 없는지 면밀히 확인한다. 국가에서 발행한 도첩과 면정유의 경우 특히 가짜가 많았기 때문이다. 도첩이 있으면 각종 세금이 면제되고, 면정유가 있으면 각종 노역과 병력이 면제되었다. 의심이 나면 증빙서류를 지방 관아에 보내서 확인하는 경우도 있다.

유나의 면접 심사가 통과되면 객승들은 역시 매뉴얼대로 "온존溫存(보살핌)함에 깊이 감사드립니다"라고 한다. 그러면 유나는 "너그럽게 대하지 못해서(까다롭게 심사했으므로) 송구합니다"라고 말한다. 이어 유나실의 시자는 입방승들에게 "상좌上座(객승에 대한 존칭)께서는 승당으로 가서 괘탑掛塔 하십시오(발낭을 거십시오)"라고 말한다. 입방을 '괘탑'이라고 하는 것은 여기에서 유래한다. 이어 입방이 결정된 스님들을 승당으로 안내한다. 신참승이 승당으로 들어가는 것을 '신도참당新到參堂 (새로 도착한 승려가 승당에 참예)'이라고 한다.

입방승들은 먼저 승당僧堂(선당) 한가운데 있는 성승상聖僧像(僧形문수 상) 앞으로 가서 오체투지의 삼배를 한다. 이것을 '대전삼배大展三拜'라 고 한다. 이때 동행한 유나실의 시자는 두 손으로 사부통(도첩·계첩 등) 을 높이 받쳐 든다. 삼배가 끝나면 입방승들은 승당 안을 한 바퀴 돌 면서 대중들에게 인사를 한다. 유나는 입방승들에게 법랍에 따라 각 각 자리를 배정해준다. 법랍이 많으면 괘탑 시기와 관계없이 상간上間 (윗자리)에 배정된다. 이는 우리나라 선원도 같다. 이 절차가 끝나면 비 로소 유나는 각자에게 계첩, 도첩, 면정유, 좌하유 등 서류를 넣은 사 부통을 돌려준다.

다음은 주지(방장)스님에게 감사 인사를 해야 할 차례이다. 이것을 '사괘탑謝掛搭(입방을 허락에 대한 인사)'이라고 한다. 주지의 거처인 방장실 로 가서 시자에게 "신도新到, 화상을 배알코자 하오니 번거롭지만 여쭈 어 주십시오"라고 하면, 시자는 "입실제자입니까? 문도입니까?" 하고 묻는다. 문도보다 타사他寺 출신에게 우선적으로 배알하게 해준다. 방 장화상에게 삼배를 하고 나서 "오래전부터 화상의 도풍을 높이 들었 사옵니다. 이제야 존안을 받들 수 있게 되었습니다. 은혜를 베풀어주시 니 더없는 기쁨입니다"라고 말한 다음 계절에 따른 인사말을 한다. 이 역시 정해진 격식이다.

정월에는 "맹춘유한孟春猶寒(맹춘인데 여전히 춥습니다)"이라고 하고, 2월에는 "중춘점횐仲春漸暄(중춘에 점점 더워집니다)", 3월에는 "계춘극횐季春極暄(봄 끝인데 매우 덥습니다)", 4월에는 "맹하점열孟夏漸熱(맹하에 점점 더워집니다)"이라고 한다. 8월에는 "중추점량中秋漸涼(중추에 점점 서늘해집니다)", 9월에는 "계추상냉季秋霜冷(가을 끝인데 서리가 찹니다)"라고 한다. 3월에 '매우 덥다(極暄)'고 한 것을 보면 선종 사원이 집중되어 있는 중국 강남 지역은 기후가 매우 따뜻했던 것 같다. 강남 지역은 한여름이면 45도 정도 올라가므로 3월에는 우리나라 6월 정도의 날씨가 아닌가 생각된다. 주지는 이런 인사말을 건네며 신도新到(입방승)들에게 차를 대접한다.

다음으로 신도들은 중료(대중방)로 가서 중료의 책임자인 요주寮主(寮元)에게 입방 인사를 해야 한다. 역시 요주에게도 "신도新到(새 입방승) 상간相看(문안)입니다"라고 인사를 한 다음 삼배를 한다. 요주는 새로 입방한 스님들에게 각각 앉는 자리와 경전을 볼 때 사용하는 책상, 즉 간독상看讀床 등을 지정해준다. 그 밖에 중료의 생활규칙 등에 대해서도 간단히 알려준다.

3. 입방승들의 차 공양

이렇게 사괘탑(입방 인사)이 끝나면 새로 입방한 스님들은 며칠 내로 날을 정하여 총림의 모든 대중들에게 차 공양을 올려야 한다. 이것을 '중료衆寮로 들어갈 때 내는 차茶'라는 뜻에서 '입료차入寮茶'라고 한다. 이는 송대 후기에 생긴 풍습이다. 말하자면 대중스님들과 상견례를 겸한 '입방 신고식' 같은 것이다.[02] 입료차는 입방 순서대로 하므로 입방한 스님들이 많을 때는 며칠씩 기다려야 한다.

입료차의 절차에 대하여 원대에 편찬된 『칙수백장청규』「절납節臘」장에는 다음과 같이 기록하고 있다.

새로 괘탑한 이는 중료衆寮에 들어온 다음 예例에 따라 약간의 배료전陪寮錢(차 공양 대금)을 낸다. 요주寮主스님에게 어느 날 차 공양을 하게 되는지 확인한 후 차례가 되면 '오늘 점심 공양 후에 누구누구 상좌들이 대중에게 차 공양을 올립니다'라고 쓴 점차패點茶牌를 걸어서 대중에게 알린다. (…) 다두茶頭는 중료 앞의 판板을 친다. 입방승은 미리 중료 앞으로 가서 줄을 지어 서서 대중들이 오기를 기다린다. 대중이 도착하면 읍揖하고 맞이하여 각각의 자리에 앉게 한다. 차 공양을 올리는 이는 한 줄로 서서 인사하고 읍하고는 앉게 한다. (…) 차 공양을 올리는 입방승은 많아야 9인 이상을 넘지 않는다.[03]

---

02   입료차는 세속에서 관료들이 처음 출사出仕하면 동료 관원들에게 한턱을 내는 풍습에서 비롯된 것이다. 우리나라 조선시대에도 출사하면 한턱을 냈다. 그것이 너무 부담이 되어 시험에 합격하고도 출사하지 않는 경우도 있었다.

03   동양덕휘, 『칙수백장청규』 7권, 「節臘」. "新掛搭人, 入寮後, 照列納陪寮錢, 若干. 候寮元輪排. 當在何日, 掛點茶牌報衆. 書云, 今晨齋退, 某甲上座某甲上座列寫.

선종 사원에서 입방 후에 차를 내는 풍습은 당대唐代에는 없었다. 송대 후기에 생긴 것인데, 이것은 그 명칭이 입료차入寮茶인 것에서도 알 수 있다. 즉 입료차란 중료(대중방)에 들어간다는 뜻으로, 중료는 송대에 신축된 당우이다.

대중들에게 차를 공양할 때는 당사자가 차를 미리 준비해와도 되지만 대부분 그 비용을 사중에 위탁하면 사중에서 차를 사서 대중공양을 한다. 그 차값을 배료전陪寮錢이라고 한다. 남송 말 원대에도 총림의 대중이 100명에서 300여 명 정도는 되므로 납자에게 배료전의 부담이 적지 않았다. 또 좋은 차를 내면 후한 대접을 받는 등의 문제점이 생기면서 결국 폐지되었다.

괘탑(입방) 이후에는 일체 외출할 수가 없다. 다만 부득이한 경우에 한해서 외출할 수가 있는데, 반드시 15일 이내에 귀사歸寺해야 한다. 단, 부모나 스승의 상사喪事가 있을 때는 예외이다.

외출을 '청가請暇(휴가를 신청하다)' 또는는 '잠가暫暇(잠시 휴가)'라고 한다. 『선원청규』 10권 「백장규승송」에는 외출에 대하여 다음과 같이 규정하고 있다.

或三人, 六人, 九人爲度. 須各備小香合, 具威儀. 預列衆寮前, 右邊立候衆下堂. 茶頭卽鳴寮前板. 衆至揖迎歸位立定, 點茶人列一行問訊, 揖坐坐畢 (…) 燒香人多不過九人."(대정장 48권, p.1150b)

청가請暇(외출) 유산遊山은 오직 반월(15일)만 가능하다. 혹 기한을 넘기는 자는 승당의 규정에 따라 다시 사부祠部(도첩과 면정유 등 신분증 서류 일체)를 당사堂司(유나)에게 올리고 괘탑(입방) 절차를 밟아야 한다. 만일 어기면 원규院規(청규)에 준하여 시행하라.[04]

『칙수백장청규』 5권에는 "외출을 청하는 것은 15일(半月)만 할 수 있다. 기한을 넘기면 다시 입방 절차를 거쳐야 한다. 혹 스승의 기일忌日이나 부모가 질병에 걸리거나 사망하는 것은 이 기한에 준하지 않는다"[05] 라고 기록하고 있다. 15일이 넘어도 귀사하지 않으면 승당과 중료의 단위單位(자기 자리)에 붙어 있는 이름표를 떼어버린다. 이것을 기단起單(좌선 자리에서 떠나 보냄)이라고 하고, 우리나라에서는 '방부 뗀다'라고 한다.[06] 15일이 지났을 경우 재입방하고자 한다면 다시 처음과 똑같은 괘탑 절차를 밟아야 한다.

객실인 단과료도 이용 규정이 있다. 객승은 신도(입방승)든 잠도(잠깐

---

04   장로종색, 『선원청규』 10권, 「백장규승송」. "請假遊山, 只可半月. 或過限者, 須呈 祠部再守堂儀. 如違則準院施行."(신찬속장경 63권, p.551b)

05   동양덕휘, 『勅修百丈淸規』 5권. "請假遊山者, 常將半月期, 過期重掛搭, 依舊守 堂儀. 如迫師長父母疾病喪死者, 不在此限."(대정장 48권, p.1140c)

06   기단起單 : 운허용허, 『불교사전』, p.106 〈기단〉 항목에는 "또는 추단抽單·잠가 暫暇. 단單을 뗀다는 뜻으로, 선승이 절을 떠나가는 것을 말한다. 우리나라 속어로 '방부 뗀다'는 말과 같다"고 되어 있다.

묵고 가는 객승)든 3일 이상은 단과료에서 묵을 수가 없다. 그러므로 잠도는 3일이 지나면 다른 절로 떠나가야 하고, 괘탑(입방)하고자 하는 납자는 3일 이내에 입방 절차를 마치고 승당으로 들어가야 한다.

선종 사원에서 납자들의 입방은 부득이한 경우가 아니면 거부할 수가 없다. 총림은 어느 한 개인의 소유가 아니고 부처를 이루고 조사를 만드는(成佛作祖) 공주처共住處, 즉 공동 공간이기 때문이다. 다만 서류상 문제가 있거나 입방승의 행실이 좋지 못하거나 또는 좋지 않은 소문이 퍼진 납자나 가짜승의 경우는 입방을 거절한다.

일본 선종 사원에서는 승려들이 단과료(객실)에 머무는 3일 동안 갖가지 테스트를 한다. 객승이 입방 서류를 써서 내밀면 쳐다보지도 않고 "본 도량은 인원이 이미 만원이기 때문에 입방할 수 없으니 돌아가시오"라고 딱 잘라 거절한다. 그러고는 하루 종일 거들떠보지도 않는다. 여기서 물러나면 안 된다. 객승(입방승)은 방도 아닌 지객료知客寮(지객실) 현관에 쭈그리고 앉아서 하루를 보낸다. 하루가 지나면 정식으로 단과료(객실)로 안내해준다. 냉랭하기가 북풍한설보다도 더하다. 객실에서 하룻밤만 자고 가라는 뜻이다. 그러나 인내심을 갖고 객실에서 하루를 더 버티면 그제야 입방을 허락해준다.[07] 이 역시 정해진 매뉴얼이다. 말하자면 호락호락 입방을 승낙해주지 않겠다는 것인데, 이 역시

---

07   사토우(佐藤義英), 석원연 옮김, 『선방의 아침』, 들꽃누리, 2000. 이 기록은 1930~40년대 일본 선종 사원의 입방에 대한 기록이다.

아만, 즉 자존심을 낮추는 하심下心 수행의 하나이다. 못 참고 돌아가는 자는 분노를 극복하지 못한 것이고, 또 자비심을 배양하지 못하게 되므로 부처가 되기는 애시당초 틀린 것이다.

일본 조동종의 양대 본산인 영평사永平寺와 총지사摠持寺는 아직까지도 입방을 '괘탑'이라고 하고, 객실을 '단과료'라고 한다. 입방 절차도 까다롭다. 작은 암자의 세습 주지라도 공식적인 수행 과정(본사에 들어가서 2~3년 좌선 수행)을 거치지 않고는 임명장이 나오지 않고 주지 행세를 할 수가 없다.

13장

90일의 결투

선원총림의 하안거와 동안거

1. 안거의 의미

선원은 '자신의 존재' '자아의 문제'를 해결하기 위하여 모인 집단이다. 무위도식의 집단이 아니다. 그래서 선종 사원에서는 선원의 입구나 법당, 승당, 단과료旦過寮(객실) 등 건물 앞에 다음과 같은 경구警句를 써 붙인다. "생사대사生死大事, 광음가석光陰可惜, 무상신속無常迅速, 시부대인時不待人(생사는 큰일인데, 애석하게도 세월이 너무 빠르구나. 무상함은 너무 빠르고, 시간은 나를 기다려주지 않는구나)"이라는 경구를 적은 나무판을 걸어둔다. 무상하니 부지런히 공부하라는 뜻이다. 또 때로는 망치로 이 나무판을 치면서 게송을 외우면서 각자 자신을 경책하기도 한다. 한담閑談으로 시간을 보낼 수 없다.

안거安居란 정주定住를 뜻한다. 즉 수행자들이 90일 동안 출입을 일절 금하고 공부에 전념하는 기간을 안거라고 한다. 안거는 고대 인도불교 시대부터 시작되었는데, 빠알리어로는 '왓싸(vassa)', 산스끄리뜨어로는 '와르갸(varṣa)'라고 한다. 우기雨期를 가리키는 말이다. 그래서 하안거를 우안거雨安居라고도 한다.

인도는 6월 초부터 9월까지 약 3~4개월 동안 몬순기(Monsoon, 계절풍)이다. 몬순기에는 폭풍을 동반한 많은 비가 내린다. 비가 내리면 저지대에 있는 개미 등 파충류들은 모두 고지대로 이동한다. 이때 수행자들이 유행遊行(만행, 행각)하게 되면 본의 아니게 생명을 밟아 죽이게

삼가 대중들에게 알리노니
생사는 큰일이고 무상은 신속하니,
각자 마땅히 각성해서 방일하지 말지어다.
謹白大衆 生死事大 無常迅速 各宜醒覺 愼勿放逸

일본 우지(宇治) 만푸쿠지(萬福寺) 승당(선당) 앞에 걸려 있는 판板.
방망이로 많이 쳐서 가운데 글씨가 잘 보이지 않는다. 만푸쿠지는
황벽종 대본산으로 가람이 중국 명대 가람구조이다. 1대 주지는 중
국 명대의 선승 은원隱元(1592~1673)으로 창건 당시 중국 기술자들
을 데려다가 중국 황벽산 만복사 모습 그대로 건축했다고 한다. 산
문 안으로 들어가면 중국이, 나오면 일본이 펼쳐진다.

되기 때문에, 수행자들은 바깥출입을 금하고 한곳에 정주定住하여 수
행에 전념토록 한 것이다.

2. 하안거 결제

선종 사원에서는 하안거를 '구순안거九旬安居(90일 안거)' '일하구순一夏
九旬(여름 90일)' '구순금족九旬禁足(90일 동안 금족함)' '좌하坐夏' '좌랍坐臘'
이라고 한다. 또 하안거를 시작하는 것을 '결하結夏' '결제結制'라고 하
고, 하안거가 끝나는 것을 '해하解夏' '해제解制'라고 한다.

  당송시대 선종 사원에서 하안거 결제일은 해제일, 동짓날, 정월 초
하루루와 함께 '4절四節' 가운데 하나이다. 이날엔 방장의 결제 법어·다
회茶會·대중공양 등이 열리는데, 이런 결제 의식에는 90일 동안 정진
수행하여 깨달아 보자는 결의가 담겨 있다. 이것은 오늘날 우리나라
선원도 마찬가지다.

  『선원청규』 2권 「결하結夏」 편과 『칙수백장청규』 「결제예의」 편 등에
는 결하 의식에 대하여 서술하고 있는데, 주로 상견례에 관한 것이 많
다. 여기서는 『칙수백장청규』 8권 「결제예의」 편에 있는 내용을 간추려
보고자 한다.

  결하일結夏日(결제일)이 되면 새벽 4시에 수좌·유나·감원 등 대소 소

임자들과 대중들은 모두 방장실로 가서 주지화상에게 삼배를 올린다. 대중들이 "안거가 되어 건병巾瓶(수건과 물병, 즉 방장화상을 모시게 됨을 뜻함)을 받들게 되었습니다. 오직 방장화상의 법력에 의지하오니 난사難事 없기를 바라나이다"라고 하면, 주지는 답례로 "다행히 함께 안거를 하게 되었습니다. 또한 바라건대 모든 대중들도 서로 법력을 도와서 어려운 일이 없기를 바랍니다"라고 한다. 이어 아침 공양을 마치면 법당에서 주지의 결제 상당법어가 있다. 법어가 끝나면 각 소임자들과 대중들은 일일이 돌아가면서 상견례를 한다.

안거 기간에는 5일마다 한 번씩(5일·10일·15일·20일·25일·30일) 방장화상의 상당법어가 있다. 5일마다 법어가 있다고 하여 이를 '오참상당五參上堂'이라고 한다. 인도 초기불교에서는 안거 기간에는 보름에 한 번씩 '포살布薩'이라고 하여 전 대중이 모여 법문을 듣고 바라제목차波羅提木叉(戒本)를 낭송하면서 각자 계율에 저촉되는 일이 있으면 참회했다. 또 안거가 끝나는 해제일에는 '자자自恣(대중 앞에서 자신의 죄를 고백하는 것)' 의식도 함께 행했는데, 중국 선종 사원에서도 포살과 자자가 있었는지는 알 수 없다.

『선원청규』와 『칙수백장청규』에는 자자나 포살에 대한 언급은 없다. 『굉지선사광록宏智禪師廣錄』 2권 「장로자각선사 염고송고집 序」 끝에 "건염建炎 3년 자자일에 쓰다(建炎三年自恣日敍)"라는 말이 있지만, 이것으로써 선종 사원에서 자자와 포살이 시행되었다고 보기란 어렵다.

결제 기간에는 '구순금족九旬禁足'이라는 말에서도 알 수 있듯이 절

대중 소임을 적어놓은 한국 선원의 용상방龍象榜

대 외출할 수가 없었다. 다만 건강상의 이유 혹은 스승이나 부모의 사망 등의 경우에 한하여 주지의 허락을 받아 외출할 수는 있었다.

하안거를 무사히 마치는 것을 '과하過夏'라고 하고, 어떤 이유로든 중도에 탈락하는 것을 '파하破夏'라고 한다. 하안거를 마치면 해당 총림에서는 하안거 증명서인 '좌하유坐夏由'를 발급해준다. 좌하유는 어느 사찰에 가든 괘탑掛塔(입방)할 때 반드시 제출해야 하는 서류이다. 이것이 없으면 땡초 이미지를 주고 방부를 받아주지 않는다.

안거를 하면 소임자 명단을 써서 벽에 붙이는데 그것을 '집사단執事單(소임자 명단)'이라고 한다. 우리나라에서는 용상방龍象榜이라고 하는데, 이는 남송 후기, 원나라 때의 용어이다. 깨달아서 용이나 코끼리 같은 존재가 되라는 뜻이다.

하안거 90일 가운데 반이 되는 45일을 '반하半夏' '중하中夏'라고 한
다. 또는 앞을 '전안거前安居', 뒤를 '후안거後安居'라고도 하는데 우리나
라에서는 흔히 '반결제', 또는 '반살림'이라고 한다. 이날은 성찬을 준비
하여 대중공양을 한다. 시작이 반인데 이미 반을 채웠으니 나머지 기
간도 아무런 마장魔障 없이 공부가 잘 되기를 바라는 의미이다.

3. 하안거 해제

해제일의 의식은 결제 때의 의식과 비슷하다. 아침 공양 후 해제법어가
끝나면 대중들은 모두 승당에 모여 인사를 한다. 먼저 수좌·감원·유
나 등 6지사와 6두수들이 방장화상에게 매뉴얼대로 "법法은 원만하였
으며, 일체 난사難事는 없었습니다. 이는 모두 방장화상의 도력 때문입
니다. 그 은혜 감당할 수 없나이다"라고 하면, 방장화상도 "원만히 안거
를 마치게 되어서 매우 감사하다"는 말을 한다.

그런 다음 6지사와 6두수가 함께 대중에게 고한다. "대중들께서는
모름지기 다탕茶湯(차 공양)을 드시고 행각길에 오르시기 바랍니다. 뜻
을 받아주시기 바랍니다"라고 한 다음 대중 모두가 한자리에 모여 '해
하解夏의 차茶'를 마신다. 덕담이 오가는 가운데 다석茶席이 마무리 되

면 소임자와 문도 등 일부만 남고 모두 행각길에 오른다. 총림에서는 떠나는 납자들에게 짚신 2~3켤레 정도의 노자路資(여비)를 준다.

당송시대 행각(만행)은 단순한 여행이 아니다. 훌륭한 선승을 찾아가서 그동안 공부한 것을 배우고 묻는 절차탁마切磋琢磨의 행각이다. 수행의 연장선에서 이루어지는 구도의 행각이다.

4. 동안거와 선종

동안거 때는 음력 12월 1일부터 12월 8일까지 7일간 집중수행을 한다. 부처님께서 음력 12월 8일 샛별을 보고 깨치신(見明星悟道) 것처럼 수행자들도 그때 깨달아보자는 의미이다. 이것을 우리나라에서는 '7일 용맹정진勇猛精進'이라고 한다. 중국에서는 예나 지금이나 그것을 '선칠禪七(7일 좌선)'이라고 하고 하루 3시간만 자고 정진한다. 일본에서는 '섭심攝心' '접심接心'이라고 하고 역시 3시간 정도만 자고 정진한다.

그런데 초기 인도불교에서는 우안거雨安居(하안거)만 있었고 동안거 제도는 없었다. 동안거는 한대寒帶 지역인 중국·한국·일본에서 생긴 것인데, 이 3국은 겨울이 되면 매우 춥고 눈이 많이 오기 때문에 한곳에 머물면서 수행하도록 한 것이다. 그래서 동안거를 '설안거雪安居'라고도 한다. 동안거에 대한 경전적 근거는 대승계大乘戒를 설하고 있는

『범망경梵網經』하권에 있다.

> 불자들은 항상 봄과 가을 두 때(해제)에는 두타행頭陀行(행각, 만행)을 행하고, 겨울과 여름에는 좌선하고 하안거를 행해야 한다.[01]

이상과 같이 『범망경』에서 하안거와 동안거에 대해서 언급하고 있지만 실제 중국에서 동안거가 시행된 적은 없다고 한다.

13세기 중국 천동사에서 4년간 수행했던 일본의 도겐은 『정법안장』「안거」 편에서 동안거에 대하여 "범망경 속에 비록 동안거에 대한 글이 있기는 하지만, 그 법(동안거)은 전해지지는 않았으며, 다만 구순안거九旬安居(하안거) 법만 전해졌다"[02]라고 하며 동안거가 시행되지 않았다고 말하고 있다. 하지만 이 문장만 가지고는 그것이 과거형인지 현재형인지 알 수 없다. 즉 과거에는 시행되지 않았는데 지금은 시행하고 있다는 것인지, 당시에도 여전히 시행되지 않았다는 것인지 불분명하다.[03]

---

01   "若佛子, 常應二時頭陀, 冬夏坐禪, 結夏安居."(대정장 24권, p.1008a에서 재인용)

02   道元, "梵網經中, 雖有冬安居文, 其法不傳, 但九旬安居法傳焉."(선림상기전 3권, 「冬安居」에서 재인용)

03   일본에서 동안거를 시작한 것은 영평도원永平道元(1200~1253)이 천동사에서 4년간 수행하고 돌아온 이후(1227)부터라고 한다. 그렇다면 도원이 중국에서 공

그런데 현존하는 청규 가운데 가장 오래된 『선원청규』는 물론이고, 『총림교정청규총요(함순청규)』 『선림비용청규』 『칙수백장청규』 등 여러 청규에도 하안거에 대한 설명은 있으나 동안거에 대한 말은 일체 없다.

『칙수백장청규』 「월분수지月分須知(매월 행사표)」 10월 행사표에는 "초1일에는 (승당에) 화로를 설치하고 방장화상을 배알한다. 초5일에는 달마조사의 기일이다(初一日開爐, 方丈大相看. 初五日, 達磨忌)"라고 하여 10월의 일정에 대하여 순서대로 명기明記하고 있는데, 동안거 결제일인 10월 15일에는 아무것도 명기되어 있지 않다. 그뿐만 아니라 『총림교정청규총요』 「월분수지」와 『선림비용청규』 「월분표제月分標題」에도 "初一日, 開爐方丈大相看. 初五日達磨忌"라고 10월 행사에 대하여 명기하고 있는데, 역시 동안거 결제일에 대해서는 언급이 없다.

청규 가운데 처음으로 동안거에 대한 기록을 남기고 있는 청규는 훨씬 후대인 청대에 편찬된(1823) 『백장청규증의기』 8권이다. 8권 서두에는 "오늘날 총림에서 하안거 결제는 4월 15일이고 해제는 7월 15일이다. 이 3개월로써 하안거를 삼는다. 동안거 결제는 10월 15일이고 해제는 정월 15일이다. 이 3개월에는 오로지 참선에만 힘쓴다. 이 제도가 성립된 지는 오래되었다"[04]라고 고증하고 있다. 그런데 오래되었다고 막

부하던 때는 동안거가 시행되었다는 것으로 볼 수 있다.

04   『百丈淸規證義記』 8권, 「節臘」. "今叢林結夏以四月望, 解夏以七月望. 此三月爲安居. 又結冬以十月望, 解冬以正月望. 以此三月專務禪那. 成規久立."(신찬속장

연하게 말할 뿐 구체적으로 언제부터 시작되었는지 알 수는 없다.

일본 임제종의 개조 에이사이(榮西, 1141~1215) 역시 도겐과 비슷한 시기에 중국 선종에 유학했는데, 그는 『흥선호국론興禪護國論』에서 하안거는 물론 동안거도 있었다고 말하고 있다.

> 4월 15일 하안거 결제를 하고 7월 15일 하안거 해제를 한다. 또 10월 15일 수세受歲하고 정월 15일 해세解歲한다. 1년 두 번 안거는 모두 성제聖制(부처님 제도)이다. 믿어 행하지 않으면 안 된다. 우리나라(일본)에는 이 제도가 끊어진 지 오래이다. 대송국大宋國 비구들은 두 번 안거를 빠트리지 않았다.[05]

남송 초기의 선승인 정자혜휘淨慈慧暉(1097~1183)의 어록(『淨慈慧暉語錄』)에는 "10월十月 안거결동安居結冬 상당왈上堂曰"[06]이라는 말이 나오고, 또 원대 선승인 중봉명본中峰明本(1263~1323)의 『천목명본선사잡록

경 63권, p.499c)

05 榮西和尙, 『興禪護國論』. "夏多安居. 謂四月十五日結夏, 七月十五日解夏. 又十月十五日受歲, 正月十五日解歲. 二時安居, 并是聖制也. 不可不信行. 我國此儀絶久矣. 大宋國比丘者, 二時安居無闕怠."(無著道忠, CBETA 大藏經補編, 第19冊 No. 0103 『禪林象器箋』 제4권, 第四類 節時門 0086b14, 동안거 항목에 수록)

06 신찬속장경 72권, p.133b.

天目明本禪師雜錄』1권에는 "동안거冬安居 시도示徒"[07]라는 말이 나온다. 이로써 보건대 적어도 남송시대부터는 동안거가 시행되었다는 사실을 알 수 있다.

그런데 왜 청규에서는 이에 대해 일체 언급하지 않았는지 알 수 없다. 최소한 10월 행사표에는 들어가 있어야 하는데, 모든 청규들이 한사코 언급을 하지 않는 것은 무슨 까닭인가. 동안거는 하안거처럼 정식 안거가 아니어서 명기하지 않은 것이 아닌가 생각한다.

우리나라의 경우 고려시대 원감충지圓鑑沖止(1226~1292)의 어록인 『원감록圓鑑錄』에는 「축성동안거기시소祝聖冬安居起始疏」가 있고, 또 『태고화상어록太古和尙語錄』에도 "도를 닦는 데 도움이 될 만한 곳이 있어서 동안거 결제를 청했다(可以助道之地 請結冬)"는 대목이 있다.

하안거를 시작하는 날에 대한 두 가지 설이 있는데, 하나는 음력 4월 15일부터 7월 15일까지라는 설과 하나는 음력 4월 16일부터 7월 15일까지라는 설이 있다. 즉 시작하는 날이 하루가 차이가 있는 것이다. 『사분률산번보궐행사초四分律刪繁補闕行事抄』에는 "안거(하안거)는 4월 16일에 시작하여 7월 15일에 마친다"고 기록되어 있다.

---

07   신찬속장경 70권, p.716a.

『선원청규』 2권 「결하結夏」 편과 「해하解夏」 편, 그리고 『칙수백장청규』 「월분수지月分須知」 편에는 하안거 결제일에 대하여 4월 15일에 시작하여 7월 15일까지로 규정하고 있다.

현재 우리나라는 하안거가 4월 15일부터 7월 15일까지이고, 동안거가 10월 15일부터 다음 해 1월 15일까지인 것으로 보아 『선원청규』의 규정을 따르고 있다고 할 수 있다.

14장

정처 없는 공의 여정

만행과 운수행각

1. 만행은 문법問法의 여정

선종 사원에는 1년에 두 번 결제와 해제가 있다. 안거가 끝나면 납자들은 너도나도 걸망을 지고 정처 없는 여정旅程에 오른다. 공空의 여정, 수행의 여정이다. 그것을 만행萬行, 행각行脚, 운수행각雲水行脚이라고 한다. 인도에서는 '유행遊行'이라고 한다.[01]

선승들의 오도기연悟道機緣을 살펴보면 적지 않은 선승들이 만행하면서 법을 묻다가 깨달았다. 따라서 만행은 단순한 여행이 아니고, 법을 묻기 위한 수행의 행각이다.

만행, 행각은 해제 날부터 시작된다. 해제 날에 행해지는 해제 의식에서 가장 두드러진 것은 주지(방장)의 해제 법어이다. 이것을 정점으로 90일간의 안거는 종료된다. 이어 점심 공양이 끝나면 주지(방장), 감원, 수좌, 유나 등 총림의 중요 소임자들은 떠나는 대중을 위하여 차茶 공양을 낸다. 차 공양이 끝나면 소임자와 문도 등 일부만 남고 모두 행각 길에 오른다.

---

01   유행遊行 : 석존은 80세가 되어 고향을 향하여 교화 여정에 오른다. 때는 봄, 우기雨期가 되자 석존은 여독旅毒에 쇠약해졌다. 게다가 춘다의 공양을 받고 모진 설사병에 걸린다. 이윽고 쿠시나가라 사라쌍수에서 입멸하게 된다. 그 과정(석존의 열반)을 서술하고 있는 경전이 『유행경遊行經』이다. 빠알리어로는 『마하파리닙파나(대반열반경)』라고 한다.

해제를 하면 납자들은 걸망을 지고 정처 없는 여정旅程에 오른다. 수행의 여정, 공空의 여정이고 무집착의 여정이다.

오늘날 만행은 여행의 하나지만, 당송시대 행각(만행)은 곧 행각청익 行脚請益(법을 묻는 행각)이고, 참선문법參禪問法의 하나였다. 두루 천하의 선지식들을 역참歷參, 편력遍歷하면서 법을 묻는 것이 당송시대 행각의 본래적 의미이다.

불교경전에 기록되어 있는 구법 행각 가운데 대표적인 것은 『화엄 경』「입법계품入法界品」에 나오는 선재동자의 행각이다. 부사의不思議한 사사무애事事無礙의 법계로 들어가기 위하여 선재동자는 53명의 선지식을 편력·참방한다. 지난한 여정 속에서 갖가지 역경을 극복하고 마침내 미륵보살을 만나 일탄지경一彈之頃(손가락 퉁기는 순간)에 깨달음을 이룬다. 그렇게 긴 여정은 마무리 된다.

납자들의 행각도 이와 같다. 유명한 선지식을 만나 가르침을 받는 것, 바둑판(法談의 바둑판)을 펼쳐 놓고 고수로부터 한 수(一着子)를 배우는 것, 즉 절차탁마하는 것이 행각의 본래 의미이다. 선어록에는 종종 '짚신 값을 낭비하지 말라'는 말이 있는데, 헛된 행각은 하지 말라는 뜻이다. 즉 안거 동안 공부한 것을 점검하고 테스트해보고 탁마하기 위한 것이지 여행을 위한 행각은 아니라는 것이다.

행각의 의의에 대하여 『조정사원』 8권 「잡지雜志」에서는 다음과 같이 정의하고 있다.

행각行脚이란 고향(본사)을 떠나 멀리 천하를 편력하는 것을 말한다. 정루情累(인정에 이끌림)로부터 벗어나 스승과 벗(師友)을 탐방하며, 법을 구하고 증오證悟를 이루기 위해서이다. 배움에는 일정한 스승이 있는 것이 아니다(所以學無常師). 그래서 편력遍歷 행각을 귀중하게 여긴다.

선재동자는 남쪽으로 가서 법을 구하였고, 상제常啼[02]는 동쪽으로 가서

---

02   상제보살常啼菩薩 : 중생을 근심하고 염려하여 늘 울고 있는 보살이다. 산스끄리 뜨어 사다프라루디타(Sadāprarudita)를 음역하여 살타파륜薩陀波倫이라 하고, 의 역하여 '상제보살'이라 한다. 보자보살普慈菩薩·상비보살常悲菩薩이라고도 한다. 말법末法 시대에 태어나 중생에 이익을 주기 위해 불도를 구하고, 텅 빈 숲속에

청익請益(가르침을 청하는 것)했으니, 이것이 곧 선성先聖의 구법 방법이다. 영가永嘉선사가 말하기를 강산을 다니고 스승을 찾아서 도를 묻고 참선한다 하였으니, 어찌 그렇지 않겠는가.[03]

한곳에 오래 머물면 산천과 도량, 그리고 인간에 정情이 들게 된다. 그러나 납자에게 정은 금물이다. 행각을 통해서 정과 애착, 집착 등 속진으로부터 벗어나 일신우일신日新又日新해야 한다. 그것이 납자가 가져야 할 마음 자세이다.

2. 행각안

선어 가운데 '행각안行脚眼'이라는 말이 있다. '행각을 통해 얻어진 안목'이라는 뜻인데, 곧 남다른 안목, 탁월한 지견知見을 가리킨다. 천하를 행각하면서 수많은 선승들과 일전一戰을 통해 터득한 안목(行脚眼)

서 안타까운 마음으로 운다. 『대지도론』 96권에서 상제보살은 동쪽으로 가서 갖가지 수행을 했다고 한다.

03   『祖庭事苑』8,「雜志」. "行脚者, 謂遠離鄕曲, 脚行天下, 脫情捐累, 尋訪師友, 求法證悟也. 所以學無常師, 遍歷爲尙. 善財南求, 常啼東請, 蓋先聖之求法也. 永嘉所謂, 游江海涉山川, 尋師訪道爲參禪, 豈不然邪."(신찬속장경 64권, p.432c)

이므로 그 기략機略은 전광석화電光石火와 같고, 그 안목은 사방으로 막힘없는 통방작가通方作家라고 할 수 있다.

다음은 임제의현이 행각 도중에 어느 선사와 문답한 내용이다.

임제臨濟 스님이 행각할 때 용광龍光선사의 처소에 도착했다.

마침 용광 스님이 상당하여 법문을 하고 있었다.

임제 스님이 나가서 질문을 했다.(객승으로 질문했으니 역시 임제선사는 다르군)

"싸움(法戰, 법거양)에서 어떻게 해야 칼을 뽑지 않고 이길 수 있습니까?"

용광 스님이 자세를 바로잡았다(위엄 있는 자세로).

임제 스님이 말했다.

"대선지식(용광 스님)이 어찌 방편이 없으십니까?"

용광 스님이 눈을 똑바로 뜨고 "사嗄(목 쉰 소리)!" 했다.

임제가 손으로 가리키면서 말했다.

"이 노인네, 오늘 망가졌습니다!"04

싸움에서 칼을 사용하지 않고 이길 수 있는 방법은 뭘까? 말을 하지 않고 선의 핵심을 드러낼 수 있는 방법은 무엇이 있을까? 임제의 요

---

04   『임제록』 행록. "師行脚時, 到龍光. 光上堂. 師出問, 不展鋒鋩, 如何得勝. 光據坐. 師云, 大善知識, 豈無方便. 光瞪目云, 嗄. 師以手指云, 這老漢今日敗闕也."(대정장 47권, p.506a)

청은 언어나 문자를 사용하지 말고 불법의 대의大義를 말해보라는 것
이다. 용광 스님은 법상에 비스듬히 앉아서 법문을 하다가 자세를 바
로잡았다. 권위를 확보하기 위하여 위엄을 갖춘 것이다. 그러자 아직은
행각승에 불과한 임제는 '도대체 대선지식이라는 분이 행각승의 질문
에 권위 말고는 답할 방편법문이 하나도 없느냐'고 힐난한 것이다.

당 중기의 선승 약산유엄藥山惟儼(745~828)은 행각을 매우 중시했다.
그래서 그는 "반드시 행각안行脚眼을 갖추어야 한다"[05]고 했다. 행각하
면서 많은 이들과 문답해보아야만 지견과 안목을 넓힐 수 있기 때문
이다. 혼자 암자庵子에서 닦은 '독살이 안목'을 가지고는 한 산문의 종
장宗匠이 될 수가 없다. 임제 같은 고수를 만나면 얼굴이 빨개질 것이
다. 그러므로 반드시 실전에서 얻어진 안목이라야 힘이 있다. 우물 안
개구리가 아무리 헤엄을 잘 친들 그곳은 사방 1미터 이내에 불과하다.

경청鏡淸 화상도 행각을 중시했다. "무릇 행각하는 사람(行脚人)은 반
드시 줄탁동시啐啄同時의 안목과 줄탁동시의 기용을 갖추어야 한다. 그
래야만 비로소 납승이라고 말할 수 있다"[06]라고 하여, 안목을 갖추고
행각하지 않으면 소득이 없다고 말하였다.

향림香林 화상도 시중법문에서 "무릇 행각하여 선지식을 찾아다닐

---

05   『전등록』 14권 「약산유엄」 章, "須具行脚眼始得."

06   『벽암록』 16칙, '鏡淸草裏漢' 공안 평창. 示衆云. 大凡行脚人, 須具啐啄同時眼,
      有啐啄同時用. 方稱衲僧)."(대정장 48권, p.156a)

때는 안목을 갖추어서 흑백을 구분하고 심천深淺을 간파할 줄 알아야 한다"[07]고 했는데, 역시 안목이 없는 상태에서 행각하는 것은 별 도움이 되지 못한다고 말하고 있다. 최소한의 안목은 갖추고 나서 행각해야만 절차탁마할 수 있기 때문이다.

『벽암록』31칙 마곡진석麻谷振錫 평창에서 원오극근은 "고인이 행각할 때는 여러 총림(선종 사원)을 두루 다니면서 오직 이 일만을 생각했다. 저 목상木床(법상) 위의 노화상이 과연 안목을 갖추고 있는지를 판단하는 것이다"[08]라고 말하고 있다.

조주선사는 120세를 살았다. 그는 이미 깨달았지만 60세에 다시 행각의 길에 올라 80세 때까지 행각했다. 그는 일곱 살 아이라도 나보다 안목이 뛰어나면 배우고, 100살 노인이라도 나보다 못하면 가르치겠다는 서원誓願으로 행각했다고 한다.

조주선사를 일컬어 '천하조주天下趙州', '조주고불趙州古佛', '구순피선口脣皮禪(막힘없이 禪理를 설파)'이라고 하는 것은 그가 행각을 통해서 얻은 행각안行脚眼 때문이었다.

다음은 법안문익法眼文益선사의 행각 이야기이다.

---

07   『벽암록』17칙, '僧問香林' 평창. "凡示衆云, 大凡行脚, 參尋知識, 要帶眼行, 須分緇素, 看淺深始得."(대정장 48권, p.157a)

08   『벽암록』31칙 마곡진석麻谷振錫 평창, "古人行脚, 遍歷叢林, 直以此事爲念, 要辨他曲錄木床上老和尚, 具眼不具眼."

법안문익선사가 도반인 소수紹修, 법진法進 두 스님과 함께 나한계침羅漢
桂琛선사의 처소인 지장원에 들렀다. 마침 폭설이 내려 며칠 머무르게 되
었다. 계침이 물었다.

"이번 길은 어디로 가는가?"

"이리저리 행각하려고 합니다."

계침이 물었다.

"무엇이 행각인가?"

"모르겠습니다."

계침이 말했다.

"모른다는 말이 가장 친절한 말이네.[09]

선어록에는 '갱참삼십년更參三十年'이라는 말이 종종 나온다. '30년을
더 참구해야 한다'는 뜻인데, 여기서 30년이란 선승으로서 수행해야
할 기본적인 세월이다. 적어도 선승이라면 30년 정도는 공부하고 행각
해야만 정법의 안목을 갖출 수 있다는 것이고, 또 그래야만 방장의 자
리에 올라가서 납자들을 지도할 수 있기 때문이다. 운수행각(만행)이
곧 보임保任이고, 일사일지一事一知, 일기일회一機一會가 경험적 지혜라

---

09   "法眼益禪師, 同修進二禪師, 經過地藏琛禪師處. 阻雪少憩. 琛問此行何之. 師
云. 行脚去. 琛云作麼生是行脚事. 師云, 不知. 藏云, 不知最親切."(신찬속장경
67권, p.33a)

고 할 수 있다.

『대승기신론』에는 '상사각相似覺'이라는 말이 있다. '깨달음과 비슷한 것'을 뜻하는 말로, 상사각, 사이비각似而非覺을 가지고 깨달았다고 착각하는 수행자들이 많다. 또 환영 등 조금 이상한 경계를 맛보면 거기에 빠지는 경우도 많다. 행각을 통하여 절차탁마하지 않으면 지견 없는 암선暗禪, 부딪치면 깨지는 유리병자선琉璃瓶子禪 신세를 면치 못한다.

송대를 대표하는 선승 대혜종고는 17세에 입산했는데, 19세부터 행각하면서 수행을 했고, 30여 년 만인 49세 때 처음으로 항주 경산사徑山寺 방장(주지)이 되어 개당설법開堂說法을 했다.

3. 객승의 여비

총림에서는 행각하는 납자들에게 약간의 노자路資(여비)를 준다. 액수는 보통 짚신 두세 켤레 값 정도로, 오늘날로 치면 고무신 두세 켤레 값이다. 그것을 총림에서는 '초혜전草鞋錢(짚신 값)'이라고 하는데, 짚신 두세 켤레면 다른 절까지 갈 수 있기 때문이다.

어느 선원이든 객승이 오면 통상적으로 짚신 두세 켤레 값만 준다. 초혜전과 관련하여 『임제록』에 의미심장한 법문이 나온다. 임제선사는 "천하를 행각하면서 허송세월한다면 행각할 때 여기저기서 받았던 짚신 값(草鞋錢 즉 路資)을 내놓으라"고 다그친다.

> 여러분! 참으로 불법의 대의를 체득하는 것은 어려운 일이오. 불법은 매우 심오하지만 알 수는 있소. 산승은 종일토록 그대들을 위하여 설파해주지만, 학인들(수행자)은 관심이 없소. 천 번 만 번 밟고 다니면서도 도무지 깜깜하오. 아무런 형체도 없지만 분명하고 뚜렷한 이것을 학인들은 믿지 못하고 언어문자(사량분별) 위에서 이해하려 하오. 나이가 50이 넘도록 단지 송장을 짊어지고 여기저기 천하를 쏘다니고 있소. 반드시 '짚신 값(草鞋錢)을 갚아야 할 날이 오게 될 것이오.[10]

임제선사의 준엄한 일갈一喝이다. 진정으로 수행하지 않고 빈둥빈둥 제방諸方을 쏘다니면서 시간이나 죽인다면 그는 짚신 값만이 아니고, 무노동으로 공양한 밥값도 내놓아야 할 것이다. 수행하는 납자들은 깊이 새겨야 할 법문이다.

초혜전을 '양문전兩文錢'이라고도 한다. '동전 두 닢'이라는 뜻인데, 근래 우리나라 선원의 해제비와 비교하면 아무것도 아니다.

운수행각을 한답시고 신발이나 떨구는 납자를 칭하여 '백답승白蹋

---

10 『임제록』. "道流. 寔情大難, 佛法幽玄, 解得可可地, 山僧竟日與他說破. 學者總不在意. 千遍萬遍脚底踏過. 黑沒焌地. 無一箇形段. 歷歷孤明, 學人信不及. 便向名句上生解, 年登半百, 祇管傍家負死屍行. 檐却檐子天下走. 索草鞋錢有日在."(대정장 47권, p.501a)

僧'이라고 한다. 백답白蹋은 '헛된 걸음'을 뜻하는데, 오도悟道에는 별로 생각이 없는 납자를 가리킨다. 여행이나 할 뿐, 구도행각은 아니기 때문이다. 반대로 야반승野盤僧은 산이나 들녘에서 노숙하는 납자로, 진정으로 운수행각하는 납자를 가리킨다.

4. 객승의 예의범절

행각승(객승)의 예의범절에 대하여 『선원청규』 1권 「단과旦過」에는 "산문에 들어서면 먼저 단과료旦過寮의 소재를 묻되, 단과료에 들어가면 짐을 푼 다음 위의威儀를 갖추어 지객료知客寮에 가서, '잠도暫到(객승) 상간相看(문안)이오'라고 말하라. 지객스님이 나오면 삼배하고 나서 하룻저녁 묵어갈 것인지, 괘탑(입방)하러 온 것인지를 밝혀야 한다"[11]라고 말하고 있다.

하룻밤 묵어가는 객승客僧(행각승)을 '잠도暫到(잠시 온 스님)'라고 하고, 새로 입방하고자 온 객승은 '신도新到(새로 온 스님)'라고 한다.

---

11   장로종색, 『선원청규』 1권, 「단과旦過」. "入門先問旦過所在. 入寮解卸訖. 具威儀 到客位云. 暫到相看. 知客出, 各觸禮三拜. 暫到辭云. 此際經過幸獲瞻對."(신찬 속장경 63권, p.524a)

그리고 '단과료旦過寮'란 객실客室을 말하는데, '하루 묵어가는 집'이라는 뜻이다. 원래는 저녁에 와서 아침이 되면 가야 했기 때문이다. 청규에는 "신도新到든 잠도暫到든 객승은 단과료에서 3일 이상 묵을 수 없다. 괘탑하고자 하는 이는 괘탑하고, 잠도는 3일이 되면 다른 절로 가야한다"고 규정하고 있다.

운수행각을 할 때는 반드시 도첩度牒, 계첩戒牒, 면정유免丁由, 좌하유坐夏由를 꼭 휴대해야 한다. 도첩은 국가에서 발행하는 승려증이고, 계첩은 수계 증명서이고, 면정유는 병역 및 노역 면제증이고, 좌하유는 전년도 하안거 증명서이다. 이 네 가지가 없으면 다른 총림에 가서 괘탑을 할 수 없다.

그 밖에도 운수행각하는 스님은 삼의일발三衣一鉢은 물론이고, 산립山笠(삿갓), 주장자柱杖子, 계도戒刀(작은 칼), 발낭鉢囊, 양지楊枝(버드나무를 이겨서 만든 칫솔. 齒木이라고도 함), 조두澡豆(콩으로 만든 가루 비누), 정병淨瓶(물병), 좌구坐具(앉거나 누울 때 까는 깔개), 여수낭濾水囊(물을 거르는 주머니. 여수라濾水羅, 녹수낭漉水囊이라고도 함) 등 20여 종은 필수적으로 가지고 다녀야 한다.

15장

깨달음을 위한 가람 시스템

선종 사원의 가람 구성

1. 칠당가람

선종 사원의 가람 구성은 선원 생활에서 없어서는 안 될 7개의 중요한 당우로 구성되어 있다. 이것을 '칠당가람七堂伽藍'이라고 한다. 칠당가람의 구조는 남송시대에 정형화되었다고 할 수 있다.[01] 그 이유는 칠당가람 속에 불전이 포함되어 있는데, 불전이 중요한 당우로 등장한 것은 남송 때이다.

칠당에는 선종의 칠당과 교종의 칠당이 있다. 선종의 칠당은 법당法堂(설법당)·불전佛殿(대웅전)·산문山門(三門)·고원庫院(庫裡, 주방)·승당僧堂·욕실浴室·동사東司(화장실)이고, 교종의 칠당은 탑塔·금당金堂(佛殿, 대웅전)·강당講堂·종루鐘樓(鐘閣)·장경루藏經樓(經藏, 經堂, 장경각)·승방僧坊·식당食堂(齋堂, 庫院)이다.

칠당 가운데 선종에서 가장 중요시하는 당우는 법당(설법당)이다. 법당은 방장화상이 공의 관점에서 '불이不二' '반야지혜의 법문' '무설무

01　'칠당' 또는 '칠당가람'이라는 말이 언제부터 정형화되었는지는 분명하지 않으나 대체로 남송시대로 보인다. 그 이유는 7당 속에 불전(대웅전)이 들어가 있기 때문이다. 당말까지 불전은 백장회해(720~814)가 청규에서 제정한 '불립불전不立佛殿 유수법당唯樹法堂(불전은 세우지 않고 오직 법당만 세운다)'의 원칙에 의하여 건축되지 않았다. 오대五代 송초 무렵에 비로소 조그맣게 세워졌지만 가람의 중심적 위치는 아니었다. 불전이 법당과 함께 가람의 중심이 된 것은 남송 때이다. 7당 속에는 당연히 방장이 들어가야 하는데, 들어가지 않은 것은 대중 공간이 아닌 주지의 개인 공간이기 때문이라고 생각한다.

문無說無聞의 법'을 설하는 곳이다. 반면 교종에서 가장 중시하는 당우는 불상을 모신 금당金堂(대웅전)이다. 선종에서는 법당을 중심으로, 교종에서는 금당을 중심으로 가람이 배치되어 있다.

칠당가람 가운데서 선종과 교종에 공통되는 당우는 불전(대웅전)=금당(대웅전) / 고원(주방)=식당 / 법당=강당 / 승당=승방의 네 가지이다. 나머지 세 가지는 각기 다른데, 교종의 경우에는 탑·장경루(장경각)·종루(종각)가 있고, 선종에는 산문·욕실·동사(화장실)가 있다. 그와 같은

〈선종 칠당가람 배치도〉

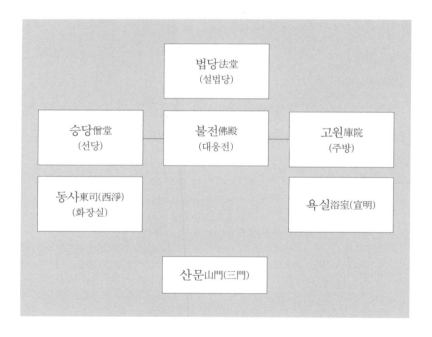

차이는 선종에서는 수행에 필요한 건물을 우선시하고, 교종에서는 종교성을 우선시한 결과로 보인다.

선종의 칠당가람 배치도를 보면 가운데 불전을 중심으로 앞에는 산문山門(三門), 뒤에는 법당法堂(설법당)이 있고, 좌측에는 승당僧堂(선당)과 동사東司(西淨, 화장실)가 있으며, 우측에는 고원庫院(주방)과 욕실浴室(宣明)이 있다.[02] 그 가운데서도 선종에서 가장 중요하게 여기는 당우(건물)는 법당이다. 법당은 주지가 법문을 설하는 공간으로, 납자들은 주지의 법문을 통하여 반야지혜를 갖추고 깨달음에 이르기 때문이다.

칠당은 대중생활에 필요한 기본적인 건물로 공용共用의 의미를 갖고 있다. 그렇다고 이 일곱 개의 당우만 가지고 모든 대중들을 다 수용할 수 있는 것은 아니다. 칠당을 중심으로 맨 뒤에는 방장(주지실)이 있고, 중료衆寮(큰방, 대중방), 장전藏殿(장경각), 종루鐘樓(종각), 조사당 등 50여 채 이상의 당우가 있다.

칠당의 가람배치는 인체人體에 비유하여 법당은 머리, 불전은 가슴, 승당과 고원은 두 팔이고, 동사와 욕실은 두 다리, 산문은 발에 비정比定되고 있다. 인체와 같이 중요한 당우라는 뜻인 것 같다.

현재 우리나라에서 선종의 칠당가람의 전형을 볼 수 있는 곳은 없

---

02   『남송오산십찰도』를 보면 총림에 따라서는 욕실이 우측에 있지 않고 좌측 승당 주변에 있는 경우도 있다. 물 수급 때문이 아닌가 생각된다. 또 동사(화장실)는 한 곳만 있는 것이 아니고 3곳 정도 더 있다.

다. 모두 앞에는 탑이 있고 뒤에는 불당이 있는 당대唐代의 전탑후당前塔後堂 양식으로 지어진 것들이다. 선종의 칠당구조는 지금 중국에서도 보기 힘들다. 그러나 일본에서는 영평사永平寺, 가나자와(金澤) 다카오카(高岡)에 있는 국보 고찰인 서룡사瑞龍寺(즈이류지) 등 여러 곳에서 볼 수 있다.

다음으로 칠당가람의 각 당우의 의의와 역할에 대하여 살펴보자.

2. 칠당가람의 당우

(1) 산문

산문山門(三門)은 선원총림의 정문이다. 이곳을 기점으로 불문佛門과 속세, 그리고 성聖과 속俗이 갈라진다. 산문 밖은 예토穢土로 고苦와 번뇌가 들끓는 세계이고, 산문 안은 정토淨土로 해탈과 니르바나의 세계이다. 또 산문 밖은 근심과 걱정, 불안 초조 등이 연속하는 중생계지만, 산문 안은 번뇌 망상과 근심 걱정이 미치지 못하는 피안의 세계이다.

산문은 대문大門으로 곧 그 사찰의 규모를 나타낸다. 산문이 크면 사찰의 규모도 크고 사격寺格도 높다. 예컨대 남송 오산五山 가운데 사격寺格이 3위였던 영파 천동사의 경우 불전과 법당은 모두 5칸이었지만, 산문은 그보다 2칸이나 큰 7칸이었고, 단층이 아닌 2층 누각 형식으로 이루어져 있었다. 대혜선사가 간화선을 폈던 항주 경산사는 남송 오산 가운데 사격이 1위였는데, 그곳 산문은 천동사보다 훨씬 더 커서 9칸에 2층 누각 형식으로 되어 있었다.

당·북송 때의 산문은 단층 형식이었는데, 남송 때의 산문은 2층 누각으로 된 웅장한 형식이었다. 현재 우리나라는 물론이고 중국에도 남송시대 산문은 거의 찾아볼 수 없다.

그러나 일본 선종 사원에는 많다. 특히 교토 도후쿠지(東福寺) 산문은 전형적인 남송시대 산문으로 매우 웅장하다. 우리나라의 경우 형식상에서는 문경 봉암사 남훈루南薰樓가 중국 남송시대 삼문三門과 거의 같다. 일주문·불이문·해탈문(삼해탈문) 등도 넓게는 모두 산문에 해당된다.

산문을 '삼문三門'이라고도 한다. 당대唐代에는 주로 '삼문', 송대에는 '산문'이라고 불렀다. '삼문'이란 삼해탈문三解脫門의 약칭으로 『유마경』「입불이법문품入不二法門品」에 나온다. 공문空門·무상문無相門·무작문無作門(혹은 無願門)으로 해탈로 가는 세 가지 문(길)을 뜻한다. 보통 이 세 개의 문이 하나로 구성되어 사찰 입구에 한일자(一) 형식으로 배치되어 있는데, 중앙에 있는 큰 문이 정문이고 좌우 양측에 붙어 있는 작은 문을 동협문東夾門(좌측문), 서협문西夾門(우측문)이라고 한다.

'공문空門'이란 대승불교의 대표적 사상인 공空을 가리킨다. 즉 일체개공一切皆空의 이치이다. 그래서 불교 특히 대승불교를 가리켜 공문空

門이라고도 한다.

'무상문無相門' 역시 공空을 뜻한다. 모양(相)이나 대상對相이 있다면 그것은 공일 수가 없다. 의식 속에서 형성된 세계는 번뇌 망상의 소산일 뿐, 실존하는 것이 아니다. 그것은 마음이 만들어낸 미혹에 지나지 않는다. 그래서 『화엄경』에서는 "마음은 마치 그림을 그리는 화가와 같다(心如畫師)" 또는 "일체유심조一切唯心造"라고 한 것이다. 마음대로 하얀 백지 위에 그림을 그리지만 그 세계는 그림 속의 세계일 뿐이다. 실존하는 것이 아니다.

'무작문無作門'이란 '의식함이 없다'는 뜻이다. 어떤 것을 의식하고 있다면 그것은 아직 마음의 해탈을 얻지 못한 것이다. 무작문을 무원문無願門이라고도 하는데 무원無願은 바라는 바, 구하는 바가 없다는 뜻이다. 바라는 것이나 구하는 것이 있다면 그 역시 공의 마음이 아니다. 공의 마음은 번뇌 망상이 사라진 상태, 청정심淸淨心을 뜻한다.

산문에는 주로 그 사찰 이름을 쓴 편액을 건다. 남송 당시 항주 영은사는 '경덕영은지사景德靈隱之寺'라는 편액을, 천동사는 '칙사천동지사勅賜天童之寺'라는 편액을 붙였다. 우리나라 동대문에도 '지之' 자를 넣어 '흥인지문興仁之門'이라고 했듯이, 편액에 '지之' 자를 넣는 것은 풍수지리적인 역할도 하지만, '지之' 자를 하나 더 추가함으로써 4자 혹은 6자가 되어 편액 전체가 훨씬 힘이 있어 보이고 배열도 어울리기 때문이다. '칙사勅賜'란 천자天子나 왕이 내린 글씨라는 뜻이다.

중국 사찰은 신해혁명辛亥革命 직후부터 서서히 파괴되기 시작하여 문화대혁명文化大革命 기간(1967~1977)까지 약 90%가 파괴되었다. 공자의 사당과 함께 사찰은 부르주아 계급의 유산으로 간주되었기 때문이다. 오늘날 중국 사찰은 대부분 최근 20~30년 사이에 급조한 콘크리트로 만든 건물이다. 청대의 가람도 남아 있는 곳은 겨우 영파 천동사, 아육왕사, 국청사 정도에 불과하다.

오늘날 남송시대의 웅장한 산문 형식을 볼 수 있는 곳은 교토(京都) 토후쿠지(東福寺), 난젠지(南禪寺), 텐류지(天龍寺), 후쿠이 에이헤이지(永平寺) 등 일본 선종 사원들이다. 일본 선종 사원은 거의 남송시대 산문 형식 그대로인데, 2층 누각 형식으로 규모가 매우 크다. 그리고 우지(宇治)에 있는 오바쿠산(黃檗山) 만푸쿠지(萬福寺) 산문은 단층형의 명대明代 산문이지만, 우뚝 치솟은 모습이 선불교의 기상을 유감없이 발휘하고 있다.

산문은 세간과 출세간, 승僧과 속俗의 분기점이다. 선승들은 외출할 때 산문에서 몸단장을 한다. 장로종색의 『선원청규』에는 "(외출했다가) 들어올 때는 반드시 산문에서 삿갓을 벗고 삼배하라"고 규정하고 있는데, 삿갓은 들어올 때만이 아니고 나갈 때에도 산문에서 삼배를 하고 쓴다. 경내에서는 삿갓을 쓰지 못하게 되어 있다. 또 관리를 영접하거나 배웅할 때도 산문까지만 배웅하고 그 이상은 배웅하지 않는다.

조선시대 어느 스님의 수행 설화에는 스님을 사모하던 여인이 죽어 악귀가 되어 쫓아왔는데 산문까지 와서는 더 이상 들어오지 못하고 돌아갔다는 이야기도 있다.

일본 선종 사원은 거의 남송시대 산문 형식 그대로인데, 2층 누각 형식으로 규모가 매우
크다. 위 사진은 쯔이류지(瑞龍寺) 산문의 모습이다.

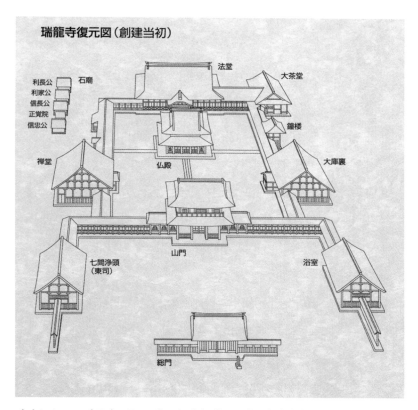

瑞龍寺復元図（創建当初）

利長公 石廟
利家公
信長公
正覚院
信忠公

法堂

大茶堂

鐘楼

禅堂

仏殿

大庫裏

山門

七間浄頭
（東司）

浴室

総門

다카오(高岡) 쓰이류지(瑞龍寺) 입구에 걸려 있는 쓰이류지 칠당가람도. 쓰이류지에는 남
송시대의 전형적인 칠당가람이 현존하고 있는 몇 안 되는 선종 사찰이다. 400년이나 된
가람이 온존하게 보존되어 있어서 사찰 건물 전체가 국보로 지정되어 있다. 산문, 불전
(대웅전), 법당이 일직선이다. 이것이 남송시대 칠당가람의 특징이라고 할 수 있다. 그리
고 우측에는 고리庫裡(고원)와 욕실浴室이 있고, 좌측에는 승당과 동사東司(화장실)가 있
다. 산문을 삼문三門이라고도 하는데, 삼문 좌우에 나지막하게 두 개의 문이 있다. 7당
외에 있는 건물은 종루와 총문總門(일주문)뿐이다.

(2) 불전

불전佛殿(대웅전)은 불상을 모신 곳이다. 앞에서 이미 여러 차례 서술한 바와 같이 당말까지 선종 사원에서는 불전을 세우지 않았다. 백장회해가 청규에서 제정한 '불립불전不立佛殿 유수법당唯樹法堂'의 원칙에 의하여 가람 구성에서 제외되었다.

오대五代 송초 무렵에 비로소 신자들을 위한 기도처의 용도로 마지못해 불전이 세워지기 시작했지만, 그 위상은 작은 당우에 지나지 않았고, 또 가람의 중심적 위치를 차지하는 것도 아니었다. 한낱 부속 건물에 지나지 않았다.

불전이 크게 건축되면서 법당과 함께 가람의 중심이 된 것은 북송이 망하고 난 다음인 남송 때부터이다. 남송시대 선종 사원은 황제의 수명장수와 국태민안을 비는 국가 기원도량이었다. 바람 앞에 등불같은 존재가 되어버린 황제와 그 국가의 운명을 비는 원찰이나 기도처 성격의 당우가 남송시대 불전이었다. 위치도 법당 앞에 세워져서 그 위상에서는 법당을 능가하게 되었고 우뚝하게 가람의 핵심 당우가 되었다.

남송 때 항주 영은사와 만년사 편액은 '불전佛殿'이었고, 천동사는 석가불·아미타불·약사여래불을 모셨다고 하여 '삼세여래三世如來'라는 편액을 붙였다. 원대 이후에는 주로 '대웅전大雄殿' 또는 '대웅보전大雄寶殿'이라는 편액을 많이 붙였는데, 우리나라도 그와 같다. 그 밖에 노사나전盧舍那殿, 무량수전無量壽殿 등 주불主佛의 성격에 따라서 여러 가지 이름으로 불렸다.

(3) 법당

법당法堂은 주지(방장)가 대중을 위하여 법을 설하는 곳으로 선종 사원에서 가장 중요한 건물이다. 상당법어, 소참, 조참, 만참 등 법문은 법당에서 이루어진다. 법문을 통하여 정견과 반야지혜를 갖추는 곳이 법당이라면, 승당(좌선당)은 좌선을 통하여 선정禪定을 닦는 곳이다. 가람 구조에서 중국 선종 사원의 수행 시스템은 정혜쌍수定慧雙修[03]라고 할 수 있지만, 좌선보다는 지혜가 더 중심이었다.[04] 지혜가 없으면 무의미한 수행을 하게 되고, 바른 안목(正眼)이 없는 수행을 하기 때문이다.

법당은 설법당說法堂의 준말로, 교종 등 여타 종파에서는 '강당講堂'이라고 한다. 선어록에서 '강당'이라는 말이 나오는 곳은 『육조단경』이다. 『육조단경』 첫 장에는 "혜능대사慧能大師 어대범사강당중於大梵寺講堂中 승고좌昇高座 설마하반야바라밀법說摩訶般若波羅蜜法 수무상계授

---

03   정혜쌍수定慧雙修 : 선정禪定과 지혜智慧 두 가지를 병행하여 수행하는 것. 고려
      시대 보조국사 지눌(1158~1210)이 특히 강조했다. 좌선삼매, 즉 선정을 통하여
      번뇌가 일어나는 장애(煩惱障)를 다스리고, 지혜로 지식의 장애(所知障), 즉 지식
      적인 분별심을 치유한다.

04   지혜만을 중시하면 행行을 소홀히 할 수 있고, 선정(좌선)만을 중시하면 지혜가
      부족하여 정안을 갖추지 못할 수가 있다. 그러므로 지혜와 선정, 이 두 가지를
      잘 병행(定慧雙修)해야 한다는 것이다.

(受)無相戒"라고 하여, 혜능대사가 대범사大梵寺 강당에서 『육조단경』을 설한 것으로 되어 있다. 이때만 해도 선불교가 율종 사원에 의탁해 있었기 때문에 법당이라는 말을 쓰지 않은 것이다.

가람 건축에서 '법당法堂'이라는 말을 처음 쓴 것은 백장회해이다. 그는 처음으로 율종 사원으로부터 독립하여 선원총림을 세웠는데, "불전은 세우지 말고 오직 '법당'만 세운다(不立佛殿, 唯樹法堂)"라고 하여, 불전佛殿을 폐지하고 법당만을 세웠다. 부처를 이루게 하는 가장 큰 역할을 하는 공간은 불전이 아니고 법당이라고 여겼기 때문이다.

경전에서 '법당'이라는 말이 처음 나오는 곳은 『화엄경』「입법계품入法界品」이다. "부처의 경계를 사유하여 이 법당에 안주한다"[05]라고 했듯이 '법당은 불법의 당(佛法之堂)'이고, '불경계佛境界의 당堂'이며, '일체중생에게 많은 이익을 제공하는 진여眞如의 당堂'이다. 백장선사가 쓴 '법당'의 의미도 여기에서 따온 것이다.

법당의 규모는 각 총림마다 다르다. 『남송오산십찰도』와 장십경張十慶이 쓴 『강남선종사원건축』을 보면, 남송 오산의 하나인 천동사와 영은사 법당은 전면 5칸, 측면 3칸이었고, 5산 가운데 가장 컸던 경산사는 중각重閣(2층)이었다. 이는 붓다 당시에 있었던 중각강당重閣講堂을

---

05   『화엄경』,「입법계품」. "爾時, 善財以偈頌曰 : 安住大慈心, 彌勒摩訶薩, 具足妙功德, 饒益諸群生. 住於灌頂地, 諸佛之長子, 思惟佛境界, 安住此法堂. 一切諸佛子, 常履大乘行, 遊行諸法界, 安住此法堂. 施戒忍精進, 禪智方便願, 究竟彼岸者, 安住此法堂."(대정장 9권, p.770c)

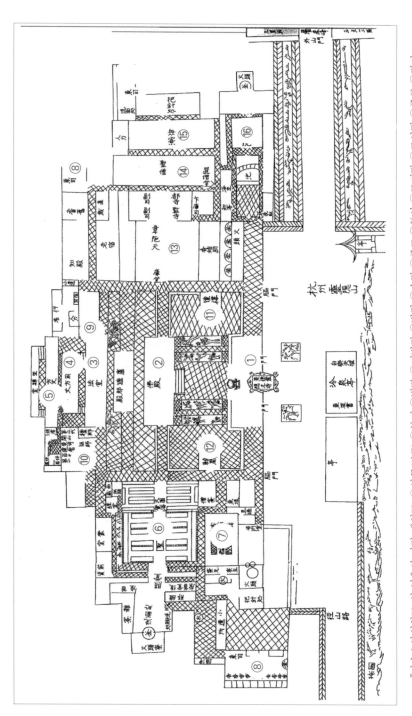

『남숭오산십운도』의 영은사 가람 배치도. ①산문(삼문) ②불전 ③법당 ④전방장 ⑤방장 ⑥승당 ⑦종료 ⑧동사 ⑨토지당 ⑩조사당 ⑪종루 ⑫장경
⑬고원 ⑭행자료 ⑮행자당 ⑯욕실

모방한 것인데, 이후에는 경산사 법당의 영향을 받아서 대부분 2층으로 지어졌다. 명청시대에는 1층은 법당, 2층은 주로 대장경을 보관하는 장경각으로 사용되었다.

당대唐代 조사선 시대에는 고칙古則[06]·공안公案[07]을 만들었고, 송대는 그 고칙에 대하여 송고頌古와 착어着語[08]·대어代語·별어別語 등 코멘트를 붙이는 시대였다. 법당에서는 고칙·공안을 거양하고 좌선당에서는 그 고칙·공안과 착어 등을 참구했다.

약산유엄과 법당

자신의 열반(입적)을 법당이 무너져 가고 있음에 비유한 지혜 넘치는 선승, 그가 바로 약산유엄藥山惟儼(751~834)이다. 그는 17세에 출가하여 석두희천石頭希遷과 마조도일馬祖道一로부터 가르침을 받고 대오大悟했다.

---

06   고칙古則 : 참선학도의 궤범이 되는 고인古人의 언행을 법칙에 비유한 것임. 공안과 같은 뜻임.

07   공안公案 : '공부公府(관청)의 안독案牘(공문서)'에서 '공公'과 '안案'만 따온 말로, '헌법' '법령' '공문' 등을 뜻하는 당시 행정 용어이다. 국가에서 제정한 법령이나 상부기관의 공문은 공무公務에서 반드시 지켜야 할 준칙準則, 길잡이다. 그와 같이 깨달음을 이루고자 하는 수행자도 옛 조사 선지식들의 기연어구機緣語句나 선문답 등 법칙이 되는 말씀을 참구해야만 깨달음을 이룰 수 있기 때문에, 그것을 '공적公的으로 따라야 할 안내案內'라는 뜻에서 '공안'이라고 한 것이다.

08   착어着語 : 고칙古則·공안公案에 대하여 자신의 해석이나 촌평을 붙인 것.

대화 8년(834) 2월 어느 날, 열반을 앞두고 있는 84세의 노승 약산선사가 승당僧堂을 향하여 큰 소리로 외쳤다.

"법당이 무너져 가고 있다. 법당이 무너져 가고 있다(法堂倒, 法堂倒)!"

대중들은 너나 할 것 없이 일제히 버팀목을 들고 법당을 향해 달려갔다. 그런데 무너지고 있다는 법당은 아무 이상 없이 서 있었다. 모두가 놀라서 어리둥절해 하고 있을 때 약산선사가 손을 흔들면서 나왔다. 그리고는 대중을 향하여 말했다.

"그대들은 나의 말뜻을 잘 모르고 있구먼."

선사는 그 말을 마치고 곧 입적했다.[09]

약산선사가 가리키는 '법당'은 목조로 건축된 법당이 아니고, 오래도록 법을 설한 약산선사 자신을 가리키는 말이었다. 그의 육신이 곧 법이 머물고 있는 법당이었던 것이다. 기지機智가 번쩍이는 선승이다.

법당의 편액으로는 '법당法堂' '대각당大覺堂' '무외당無畏堂' '무설당無說堂' '장광설長廣舌' 등을 붙인다. 이렇게 많은 명칭은 다양한 의미로 쓴 것이다. 장광설은 매우 해학적인 명칭이고, 무설당은 『유마경』에 나오는 '무설무문無說無聞이 진설진문眞說眞聞', 즉 '설한 것도 없고 들은

---

09   『전등록』14권, 「약산유엄」. "師大和八年二月, 臨順世叫云. 法堂倒法堂倒. 衆皆持柱撐之. 師擧手云. 子不會我意, 乃告寂. 壽八十有四. 臘六十."(대정장 51권, p.312c)

것도 없는 것이 참 설법이고 진정한 들음'이라는 말에서 따온 것이다. 법문을 했다는 의식이 남아 있고 법문을 들었다는 의식이 남아 있다면 그들은 아직 속제俗諦에 머물러 있는 존재다. 공空·무상無相과 하나가 되지 못한 존재이다. 다시 말해, 자기 존재를 세우고 있는 중생이다.

불국사에 가면 불상을 모시지 않은 '무설전無說殿'이라는 곳이 있다. 『불국사고금창기佛國寺古今創記』를 바탕으로 1970년대에 복원한 곳인데, 신라 때는 여기서 『화엄경』을 강의했다고 한다. 멋있는 이름이다.

우리나라에서는 법당과 대웅전(불전)을 혼칭하고 있다. 그러나 이 두 당우는 지금까지 고찰한 바와 같이 전혀 다른 곳이다. 법당은 설법하는 곳이고, 대웅전은 부처님을 모신 곳이다. 엄연히 다른 명칭인데도 불구하고 언제부터 법당과 대웅전을 같은 의미로 혼칭하게 되었는지 알 수 없다. 조선시대 13개 종파가 선교양종으로 통폐합되어 선종의 특성이 사라지고, 또 대웅전에서 설법을 하게 되면서 혼칭하게 된 듯하다. 중국·일본에서는 지금도 여전히 이 둘을 구분하고 있다.

(4) 승당

승당僧堂은 수행자들이 숙식과 좌선과 공양을 함께하는 곳이다. 선당禪堂·좌선당坐禪堂·운당雲堂·선불장選佛場이라고도 하는데, 산문에서 보면 불전 좌측에 위치해 있고, 규모 면에서도 매우 크다.

승당의 내부는 한가운데 승형문수보살상僧形文殊菩薩像을 모신다. 그

만푸쿠지(萬福寺) 승당 편액. 만푸쿠지 승당 편액은 '선불장選佛場'이다. '부처를 뽑는 곳'이라는 뜻이다. 초대 방장인 중국 명대의 선승 은원隱元(592~1673)선사의 친필이다.

리고 가운데는 복도이고 사방은 마루로 이어져 있다. 이 마루를 '길게 이어진 상'이라는 의미로 '장련상長連床'이라고 한다. 이 장련상에서 좌선과 공양, 취침 등을 한다.

한 사람에게 할애된 공간은 가로 1미터, 세로 2미터 정도로 다다미 또는 합판 한 장 정도에 불과하다. 이것을 '삼조연하三條椽下 칠척단전七尺單前'이라고 한다. 서까래 세 개(三條椽, 폭 1미터) 아래이고 7척(길이 2미터 10센티미터가량) 단單 앞이라는 뜻인데, 한 사람이 생활하는 수행 공간을 가리킨다.

에이헤이지(永平寺) 승당 편액 '운당雲堂'. 구름 따라 물 따라 운수납자가 머무는 곳이라
는 뜻이다.

　　겨울에는 승당 바닥에 화로를 여러 개 설치한다. 연료는 숯이다. 숯
을 피워서 냉기를 제거한다. 화로와 관련한 선화禪話가 있다.

　　임제 스님이 어느 날 하양河陽과 목탑木塔이라는 두 장로와 함께 승당 내
부 땅 위에 설치된 화로 옆에 앉아서 쉬고 있었다. 그때 임제와 도반인
풍광승風狂僧 보화普化(?~861)는 날마다 거리에서 미치광이처럼 살고 있
었다. "도대체 그는 범부인가, 성인인가?"라는 이야기를 하고 있는데 말
이 채 끝나기 전에 보화 스님이 승당 안에 들어왔다. 임제 스님이 곧바로

질문했다.

"스님은 범부입니까, 성인입니까?"

보화 스님이 도리어 임제 스님에게 질문했다.

"스님이 말해보시오. 내가 범부인지 성인인지?"

임제 스님이 곧바로 "할喝" 했다. 보화 스님이 손으로 가리키며 말했다.

"하양은 새색시 같은 선승이고 목탑은 할머니 선승이요. 임제는 어린 사내아이 같기는 하지만 상당한 안목을 갖추었네."[10]

승당의 내부 구조와 기능 등에 대해서는 「17장 부처를 뽑다」에서 자세히 서술하므로 여기서는 간략히 한다.

(5) 고원

고원庫院은 산문에서 보면 불전 우측에 있다. 주방廚房과 식자재 창고, 그리고 총림의 모든 살림살이도 고원에 집결되어 있다. 또 총림의 사무소도 고원에 있고, 감원·도사·감사·부사·전좌의 방도 고원에 있다. 따라서 고원은 선종 사원의 본부라고 할 수 있다.

---

10   성본 역주, 『임제록』, "師一日, 與河陽木塔長老, 同在僧堂地爐內坐. 因說普化每日. 在街市掣風掣顚, 知他是凡是聖. 言猶未了, 普化入來, 師便問. 汝是凡是聖. 普化云. 汝且道. 我是凡是聖. 師便喝. 普化以手指云. 河陽新婦子, 木塔老婆禪, 臨濟小兒, 却具一隻眼." pp.267~268,

고원庫院은 주방과 식자재 창고, 그리고 총림의 모든 살림살이가 집결되어 있다. 또 총림의 사무소도 고원에 있고, 감원·도사·감사·부사·전좌의 방도 고원에 있다. 따라서 고원은 선종 사원의 본부라고 할 수 있다. 위 사진은 에이헤이지(永平寺) 고원의 모습이다.

고원 전체를 관장하고 있는 소임자는 감원이고, 주방 책임자는 전좌典座이다. 이들은 모두 6지사인데 그 가운데 감원이 수장이다. 전좌 밑에는 밥 짓는 소임으로서 공두供頭·공양주供養主가 있고, 또 반찬 만드는 소임인 채공菜供 등이 있다.

고원에 대한 이칭은 고리庫裏·고당庫堂·고주庫廚·향적주香積廚·향적당香積堂·향적실香積室 등 매우 많다. 항주 영은사 가람배치도에는 '고당'과 '향적주'를 동시에 써놓았다. '향적주'라는 말은 『유마경』「향적품香積品」에 나오는 '향반香飯'이라는 말에서 가져온 것이다. '향기 가득한 음식'이라는 뜻이다. 명대明代에는 고원 옆에 재당齋堂(식당)이 신설되어 거기서 공양을 했는데, 당송시대에는 승당이나 중료衆寮(대중방)에서 발우공양을 했다.

『유마경』「향적품」 이야기

유마거사의 처소에는 곧 문수보살과 유마거사 사이에 벌어질 법전法戰을 청취하기 위하여 많은 대중들이 구름처럼 모여들었다. 가히 입추의 여지가 없다고 해도 조금도 지나친 말이 아니었다. 법전은 막상막하의 공방전으로 곧 정오를 바라보고 있었다. 사리불의 걱정은 태산 같았다.

"정오가 다 되어 가는데 이 많은 대중의 점심을 어떻게 해결할꼬?"

유마거사는 법안으로 사리불의 걱정을 알아채고 그에게 말했다.

"지금 청법聽法 중인데 먹을 것을 걱정하시다니요."

이렇게 핀잔을 주고 나서 신통력으로 향적국香積國을 보여주었다. 향적국에는 향기 나는 맛있는 음식(香飯)이 가득히 쌓여 있었다. 사리불은 깜짝 놀라서 토끼 눈이 되었다. 유마거사는 화보살化菩薩(변화보살)을 향적불香積佛(향적국의 主佛)께 보내어 일발一鉢의 공양을 얻어 오도록 했다. 그리고는 그 일발의 공양을 신통력으로 수만 그릇으로 변화시켜서(變食), 그 자리에 운집한 대중이 공양하도록 했다. 사리불은 유마거사의 신통력에 또 한번 토끼 눈이 되었다.

'향적주香積廚'란 '향기 나는 음식이 가득 쌓여 있는 주방'이라는 뜻으로 조선 후기의 명필이자, 불교와 차 문화의 대가였던 추사秋史 김정희金正喜(1786~1856)의 시에도 나오는 말이다.

추사가 활동하던 당시 쌍계사 육조탑 아래에 차 만드는 솜씨가 남달랐던 만허晚虛 스님이 있었다. 5월 어느 날, 만허 스님이 추사 선생에게 정성스럽게 만든 우전차를 보내드리자 추사 선생은 그 정성과 차 맛에 감동되어 "향적주에 있는 음식 가운데 아마 이보다 더 묘미妙味나는 것은 없을 것입니다(香積廚中, 恐無此無上妙味)"라고 답서를 써 보냈다. '묘미妙味의 차茶'라고 극찬한 이런 감사의 편지를 받고 만허 스님은 매우 흐뭇했을 것이다.

선종 사원에서 사용하는 언어는 무미건조한 것이 드물다. 단어 전부 아름답고 향기나는 것들이지만, 그 가운데서도 주방을 '향적주'라고 하고 그 음식(공양)을 '향반香飯' '향적반香積飯'이라고 한 것은 특히 아름답다. 음식을 대할 때 항상 '향반'이라고 생각한다면 그 음식은 위성도업爲成道業의 자량資糧이 될 것이다.

우리나라 사찰의 고원, 즉 주방에서는 조왕대신竈王大神을 모신다. 그러나 중국 사찰에서는 위타천신상韋馱天神像을 모신다. 당나라 때 위타천신이 도선율사道宣律師에게 귀의한 이후 시작되었다고 한다. 이는 율종의 영향을 받은 것인데, 당 중기 백장선사에 의하여 선원이 독립하기 전에는 선승들이 율종 사원에 의탁해 있었기 때문이다.

18세기 말에서 19세기 초, 청나라 후기의 문인文人으로 소주蘇州에 살았던 심복沈復의 『부생육기浮生六記』에는 "원각사에 갔더니 가운데는 불전이 있고 위에는 방장이 있으며, 그리고 왼쪽에는 주방인 향적주가 있었다"는 대목이 나온다.

백양사, 금산사, 계룡산 동학사 등 우리나라 사찰에서도 주방의 명칭을 향적당·향적실이라고 붙인 곳이 있다. 또 공양할 때 외우는 『소심경小心經』 가운데 핵심 게송이 「오관게五觀偈」이기 때문에 오관료五觀寮라고 부르기도 한다. 이런 명칭과 비교해서 '공양간'이라는 명칭은 그다지 향기나는 말은 아니다.

(6) 욕실

욕실浴室은 선종 사원의 공동 목욕탕이다. 위치는 산문 오른쪽 편에 있는데 때로는 그 반대편인 승당 아래 또는 뒤쪽에 있는 경우도 있다.

일본 토후쿠지(東福寺)의 욕실과 욕실 편액

이와 같이 욕실의 위치가 일정하지 않은 것은 급수 조건 때문일 것이다. 즉 경사가 완만하여 물이 잘 흘러 들어오는 곳을 고려하여 위치가 정해진 것으로 보인다.

욕실을 '선명宣明'이라고도 한다. '선명'이란 분명하게 밝힌다는 뜻으로 숨기거나 거짓됨이 없이 맑고 깨끗하다는 의미다. 『능엄경』 5권에는 발다바라 존자가 16명의 보살들과 함께 욕실에 갔다가 나왔더니 몸과 마음이 아주 맑고 깨끗해졌다는 법화法話가 나온다. 여기서 연유하여 욕실을 '선명'이라 하고, 또 욕실에는 발다바라 존자상을 모시게 된 것

일본 에이헤이지(永平寺)의 욕실과 욕실 편액 '향수해香水海'

이다. 몸의 때(垢)는 욕실에서 제거하고 마음의 때(번뇌)는 좌선당에서 제거하여 항상 내외명철內外明徹, 안과 밖을 선명하게 하고자 했다.

또 욕실을 '향수해香水海'라고 한다. '향수香水의 바다'라는 뜻인데, 항주 경산사·영은사·천동사 욕실 편액은 '향수해'이고, 지금 일본 에이헤이지(永平寺) 욕실 편액도 '향수해'이다.

욕실의 물은 깨끗할 수가 없다. 그런데도 '향수'라고 미칭했으니 명작名作의 대가는 모두 선승들이라고 할 수 있다. 중국 선승들은 항상 화엄의 '일체유심조' 관점에서 사물을 대했던 것 같다.

선종 사원에서 목욕은 계절에 따라 좀 다른데, 겨울에는 5일에 한 번, 여름에는 '임한淋汗(샤워)'이라고 하여 매일같이 했다. 『칙수백장청규』 「지욕知浴」 장에는 "동절기에는 5일에 한 번(4일·9일·14일·19일·24일·29일) 목욕을 하고, 하절기에는 매일 목욕을 한다"[11]라고 나온다.

여름에 매일 샤워를 한 것은 무덥고 땀이 많이 나기 때문인데, 고온 다습한 환경에서 매일 목욕을 하지 않으면 피부병 등이 발생하게 되고, 또 피부병이 전 대중들로 전염될 수도 있기 때문이다. 이렇게 매일 목욕을 하도록 했으니, 선종 사원은 번뇌(塵埃)가 잠시라도 머물 수가 없었을 것이다. 목욕 시작을 '개욕開浴(욕실의 문을 열다)'이라고 한다. 목욕은 점심 공양이 끝난 직후에 시작하는데, 그에 앞서 공양하기 전에 목욕패(목욕을 알리는 패)를 승당과 중료(대중방) 앞에 내다 건다. 그리고 공양 후 종鐘과 판板을 쳐서 곧 목욕이 시작됨을 알린다.

욕실에서의 예법은 매우 까다롭다. 욕실은 삼묵당三默堂(욕실, 동사, 승당)의 하나로 일절 잡담을 할 수 없다. 또 탕湯(鑊) 속에 들어가서도 안 되고, 함부로 목욕물을 끼얹어서도 안 되고, 욕실에서 옷을 빨거나 이를 잡아서도 안 된다. 또 발가벗고 욕실 안을 왔다 갔다 하지 말아야 하고, 사용한 도구는 반드시 제자리에 두고, 벗은 승복은 잘 정리해 두고, 항상 깨끗하게 사용할 것 등 지켜야 할 규칙이 매우 많다.

---

11   『칙수백장청규』, 「知浴」. "凡遇開浴, 齋前掛沐浴牌. 寒月五日一浴, 曙天每日淋汗."(대정장 48권, p.1131b)

목욕을 하는 순서도 정해져 있다. 대중을 우선시했던 당·송·원대에는 목욕 1순위가 선당의 수행승(衆僧)들이었다. 2순위는 종두鐘頭·채두茶頭·수두水頭 등 하급 소임자들과 행자들이고, 3순위가 주지와 6지사 등 상급 소임자들이었다. 그런데 명대에 와서는 순서가 주지·6두수·6지사·단월거사(신도)·수행승(대중) 순으로 역전되었다.

욕실 책임자를 '욕주浴主(당·북송)' 또는 '지욕知浴(남송)'이라고 한다. 우리나라에서는 이들을 흔히 '욕두浴頭'라고 하는데, 욕두는 상급 소임자(6두수)인 지욕 밑에서 잡일을 돕는 소임으로 주로 행자들이 맡는다.

현재 일본 교토에 있는 임제종 총본산 묘신지(妙心寺)와 도후쿠지(東福寺)에는 400년 된 전통 선종 사원의 욕실이 있다. 중요 문화재로 지정되어 있는 그곳은 관람료 500엔을 내면 내부까지 볼 수 있다. 실내를 살펴보니 한 번에 약 20명 정도가 목욕할 수 있고, 큰 확鑊을 설치하여 온수를 데웠고, 몸을 씻을 때는 큰 통에 온수를 옮겨 바가지로 떠서 쓰도록 되어 있었다. 물은 밖에서 대나무 수로를 통하여 저절로 흘러 들어오게 되어 있었다. 그리고 확탕鑊湯 위에는 사우나 방이 있는데, 5~6명 정도가 앉을 수 있는 크기였다. 욕실 한쪽에는 탈의실 겸 휴게실도 있었다.

일본에서 편찬된 『선학대사전』 흑백도록 26쪽에는 남송시대 천동사의 욕실 평면도가 나오는데, 확인해 보니 확鑊의 위치 등이 묘신지 욕실 내부와 거의 같았다.

여담이지만 일본에는 1700년 초부터 대중목욕탕이 있었다. 대중목욕탕을 '센토(錢湯, 돈 내는 목욕탕)'라고 하는데, 일본 최초의 대중탕을 묘신지에서 운영했다. 위치는 묘신지 앞의 대로변에 있었다. 이 대중탕은 문을 열자마자 인기 폭발이어서 날마다 장사진을 이뤘다고 한다. 이곳은 돈을 벌기 위한 목적보다 서민들도 목욕을 할 수 있게 하기 위한 복지 차원의 공간이었다고 한다.

(7) 동사

동사東司, 즉 화장실 역시 7당의 하나로 위치는 승당 밑에 있다. 화장실은 이곳 말고도 서너 곳에 더 있다.

동사의 이칭에는 동정東淨·서정西淨·등사登司·설은雪隱 등이 있다. '동정'은 동쪽 화장실, '서정'은 서쪽 화장실, '등사'는 남쪽 화장실, '설은'은 북쪽 화장실를 가리킨다지만 확실하진 않다. 등사는 화장실 귀신 이름이라고 하고, 설은은 설두중현雪竇重顯(980~1052), 즉 명각明覺 화상이 영은사 화장실 청소를 도맡은 이후 붙여진 명칭이라고 한다.

동사東司와 설두중현

『설두송고雪竇頌古』로 유명한 설두중현 화상이 항주 영은사(일설에는 설보사라고 하나 영은사가 맞다)에 있을 때 오랜 기간 동안 남몰래 화장실 청소를 도맡아 했다. 그래서 그에게 '설은雪隱'이라는 미칭이 붙었다고 하는데, 설두(雪)의 숨은(隱) 공덕행을 말한다.

임제종 선종 사원인 도후쿠지(東福寺) 동사東司(화장실) 내부 모습. 무로마치(室町) 시대 (1336~1573) 전기前期의 유구遺構로 6~700년가량 되었다고 할 수 있다. 관광객이 없는 겨울에는 도후쿠지 동사 내부 특별 공개도 한다. 가운데는 통로이고 좌우 양쪽으로 깊이 1미터가량의 큰 항아리가 묻혀 있다. 대중이 많을 때는 400명가량 살면서 인분人糞으로 채소를 재배하여 저렴하게 판매도 했다고 한다.

어떤 자료에는 설두가 아니고 설봉의존雪峰義存(822~908)이 매일같이 자발적으로 화장실을 청소하다가 오도悟道했기 때문에 '설은'이라고 했다고 하나, 설봉은 설두가 와전된 것으로 보인다.

또 동정은 동서東序(감원 등 6知事)들이, 서정은 서서西序(수좌 등 6頭首)들이 사용하는 화장실이라는 설도 있는데, 이 역시 맞다고 할 수 없다. 남송 때 항주 영은사 화장실 현판은 위치와 관계없이 '설은雪隱'이라고 붙였기 때문이다. 후대에는 모두 '동사東司'로 통일됐다.

화장실은 왜 '동사'라고 불렸을까? 중국 남부에서는 일반 사람들도 화장실을 '동사'라고 부른다고 한다. 대부분의 선종 사원이 남쪽, 즉 강남 지역에서 번창했기 때문에 '동사'라고 쓴 것이 아닌가 싶다. 또 『대한화사전』에는 "측간의 귀신을 '등사登司'라고 하는데, 동사東司는 그 전와轉訛다"라고 밝히고 있다.

동사 소임을 '정두淨頭' 또는 '지정持淨'이라고 한다. 승려들이 맡기 싫어하는 소임 가운데 하나이다. 설두 화상과 같은 경우엔 그 일을 자청했는데, 간화선의 대성자 대혜선사大慧禪師(1089~1163)도 9개월 동안이나 자청해서 정두 소임을 맡았다. 하심下心 공부는 뒷간 청소만한 것이 없다. 더러움과 깨끗함의 분별심을 버리는 데도 정두만 한 소임이 없다.

장로종색의 『선원청규』 6권 「대소변리大小便利(화장실 사용법)」 편에는 화장실 사용법과 그 후속 조치에 대하여 설명하고 있는데, 그보다 더 자세하게 기록하고 있는 것이 도겐(道元, 1200~1253)의 『정법안장』 7권 「세정洗淨」 편이다.

동사에 갈 때는 반드시 수건을 가지고 가라. 편삼偏衫(중국 스님들이 입는 장삼 같은 겉옷)을 벗어서 수건과 함께 동사 밖에 있는 횟대(衣架)에 건 다음, 정통淨桶(뒤를 씻는 물통)에 물을 담아 가지고 들어가라. (…) 용변을 다 본 후에는 반드시 먼저 대나무 막대기를 사용해서 닦아내라. 종이를 사용할 때는 더러운 종이를 사용해서는 안 된다. (…) 막대기는 삼각형으로 길이는 8촌이며 두께는 엄지손가락 크기만 하다. 더러운 막대기(사용한 것)는 통에 넣고 깨끗한 막대는 선반 위에 있다. (…) 막대기나 종이를 사용한 후에는 오른손으로는 정통淨桶을 들고 왼손으로 물을 떠서 씻어야 한다. 먼저 소변을 세 번 씻고 다음에 대변을 씻는다. 여법하게 깨끗하게 씻어야 한다.[12]

동사(화장실)에서 대변을 보고 나와서는 손을 깨끗이 씻어야 한다. 먼저 숟가락으로 재(灰)를 조금 떠서 물과 섞어서 기왓장에 문질러 세 번 씻는다. 다음에는 흙에 물을 조금 섞어 세 번 씻는다. 그 다음에는 조협조두皂莢藻豆(세정제)[13]를 사용하여 씻되 팔꿈치까지 깨끗하게 씻어

---

12 『정법안장』 7권, 「세정洗淨」. 한보광 역주, 『역주 정법안장 강의』 제1권, pp.258~304. 여래장, 2006. 필요한 곳을 부분적으로 인용했음.

13 조협(皂莢)은 쥐엄나무 열매인데, 콩(豆)과에 속해서 비누를 만드는 재료로 쓰였다. 씨는 약용으로 쓴다고 함. 조두藻豆는 콩가루인데 여기에 조협 등 약품을 섞어서 비누를 만듦. 조협조두는 모두 콩이나 녹두, 팥 등으로 만든 비누로서 율장에도 나온다. 인도, 중국과 한국에서도 예부터 사용해왔다. 조협조두는 욕실에서도 비누로 쓰였다.

야 한다. 이렇게 하여 재로 세 번, 흙으로 세 번, 조두로 한 번, 모두 일곱 번 씻어야 한다. 그런 다음에는 반드시 양치질을 해야 한다. 양치질은 양지楊枝(버드나무 가지)를 입 안에 넣고 씹어서 문지른다.

동사와 간시궐 화두

동사東司에서 대변을 본 후 1차적으로 닦아 내는 막대기를 측주厕籌, 측궐厕橛, 측비厕箆(箆는 빗치개), 측간자厕簡子라고 한다. 또 그것을 '간시궐乾屎橛'이라고도 하는데 별칭이 아닌가 생각한다.

'간시궐'은 화두로 유명하다. 어떤 스님이 운문雲門(864~949)선사에게 "무엇이 부처입니까(如何是佛)"라고 묻자 "간시궐!"이라고 대답한 것은 매우 유명한 일화다. 일반적으로 간시궐은 '마른 똥 막대기'로 번역된다. 그러나 간시궐은 '마른 똥 막대기'도 아니고 또 '똥이 말라 막대기처럼 된 것'도 아니다. 그것은 용변 후 대변을 1차적으로 닦아내는 측주厕籌·측궐厕橛을 가리킨다.

측주는 삼각형 모양으로 두께는 엄지손가락만 한 크기(1.5센티미터가량)에 길이는 8촌(8×3cm=24cm) 정도 되는 대나무 쪽이다. 사용 후에는 깨끗이 씻은 다음 말려서 또 사용하는데, 그 건조된 측주·측궐을 바로 '간시궐'이라고 한다. 우리말로 정확히 표현한다면 '대변을 닦아내는 마른 막대기'인 것이다.

'측주'는 율장에도 나온다. 측주는 고대 인도에서 일반적으로 널리 사용했던 것으로, 중국 선원총림에서도 율장의 규정에 따라 대변을 본

후에 사용한 것이다. 이미 사용한 것은 '촉주觸籌', 아직 사용하지 않은 깨끗한 것은 '정주淨籌' '정목淨木'이라고 한다. 즉 사용하지 않은 건조된 깨끗한 정주가 바로 운문선사가 답을 한 간시궐이다. 사용한 촉주를 세척하여 건조시키는 것은 화장실 담당인 정두가 한다.

선원총림에서는 화장실을 매우 청결하게 사용하도록 규정하고 있다. 주의 사항은 "변기 양쪽을 더럽히면 안 된다. 말을 하거나 웃거나 노래를 불러서도 안 되고, 코를 풀거나 침을 뱉어서도 안 된다. 측주 막대기로 바닥을 그어서도 안 된다. 물로 뒤를 씻을 때는 더운 물로 씻지 말라(오래도록 더운 물을 사용하면 항문이 탈장, 출혈하는 병을 얻게 된다고 함). 용변을 본 후에 손을 씻지 않고 불전이나 법당, 승당으로 들어가면 안 된다" 등이 있다.[14]

또 화장실에서는 다섯 개의 진언을 외워야 한다. 이것을 입측오주入廁五呪라고 하는데, 먼저 화장실에 들어갈 때에는 입측진언入廁眞言을 외운다.

"옴 하로다야 사바하(3번)."

다음에는 용변 후에 왼손으로 뒷물하고 나서 세정진언洗淨眞言을 외운다.

"옴 하나마리제 사바하(3번)."

14 　동사 사용에 대한 설명은 한보광 역주 『정법안장강의』(1권) 7 「세정洗淨」 편 (2006, 여래장) 참조.

그 다음에는 손을 씻으면서 세수진언洗手眞言을 외운다.

"옴 주가라야 사바하(3번)."

이어 모든 더러움을 제거하는 거예진언去穢眞言을 외운다.

"옴 시리예바혜 사바하(3번)."

마지막으로 몸을 깨끗하게 하는 진언인 정신진언淨身眞言을 외운다.

"옴 바아라 뇌가닥 사바하(3번)."

『선원청규』「대소변리」 편은 내용이 한 페이지 정도에 불과하지만 도겐(道元)의 『정법안장』「세정」 편에는 매우 자세히 기술되어 있다. 선종 사원에서 위생 관념이 매우 철저했음을 알 수 있다.

교토 도후쿠지(東福寺)에는 400년이나 된 동사(화장실)가 있다. 400년 된 화장실을 그대로 보존하고 있다니, 일본인들의 문화 사랑은 남다르다. 쉴 새 없이 헐어버리고 새로 짓기를 좋아하는 우리의 정서와는 대조적이다.

우리나라 사찰 화장실 가운데 가장 오래된 것은 강원도 영월 보덕사報德寺에 있다. 1882년에 지어졌다고 하니 130년가량 된 것이다. 그 밖에 선암사仙巖寺 해우소(화장실)와 통도사 극락암極樂庵 해우소도 유명하다. 화장실 편액을 '동사東司'라고 붙인 곳은 봉암사鳳巖寺 선원이다(최근).

우리나라에서는 일반적으로 사찰 화장실을 '해우소解憂所'라고 부른다. '근심을 풀어주는 곳'이라는 뜻이다. 갑자기 배탈이 났을 때 가는 해우소는 그야말로 극락세계이다. 처음으로 화장실을 '해우소'라고 이

름을 붙인 분은 통도사 극락암에 주석하셨던 경봉鏡峰(1892~1982) 스님이라고 한다.[15]

3. 기타 당우

(1) 방장

방장方丈은 본래 직함이 아니고 주지가 기거하는 거실 이름이었다. 당호堂號가 후대에 직함이 된 것인데, 방장은 개인적인 공간이 아니고 납자로 하여금 본래면목本來面目을 깨닫게 하는 오도悟道의 공간이다.

자각종색의 『선원청규』(1103)와 『총림교정청규(함순청규)』(1274)에는 당호로만 사용되었는데, 그 후에 편찬된 『선림비용청규』(1311)와 『칙수백장청규』(1338) 등에는 종종 직함으로도 사용되고 있음을 알 수 있다. 예컨대 '방장이 특별히 새로 괘탑(입방)하는 납자를 위하여 차를 내다(方丈特爲新掛搭茶)' 등이 그것이다.

방장은 주지실이므로 7당에는 포함되지 않는다. 그러나 주지가 총림

---

15   이것은 이철교 선생의 증언에 따른 것으로, 선생은 경봉 스님으로부터 "해우소라는 말은 내(경봉)가 처음 썼지"라는 말을 직접 들었다고 한다.

의 최고 어른으로서 수행자를 지도하며 교육하고 있고, 또 법왕으로서 부처를 대신하여 법을 설하고 있으므로 그 어느 당우보다도 중요하다. 선종 사원이 화재나 수해 등으로 폐허가 되었을 때 가장 먼저 세우는 당우가 법당과 방장이라는 점에서 그 중요성을 알 수 있다.

앞에서 방장은 개인적인 공간이 아니라고 하였는데, 여기에 대하여 『전등록』 6권 「백장회해」 장 부록 「선문규식禪門規式」에는 "방장은 개인적인 침실이 아니다. 정명淨名(유마)의 방과 같은 곳이다"[16]라고 정의하고 있고, 또 백장선사도 "방장은 개인의 방이 아니다. 법을 통하여 수행자를 교육시키는 장소"라고 말하고 있는 바와 같이 방장은 독참과 청익, 그리고 불이不二의 법을 보여주는 곳, 납자들에게 법의 진수를 보여주는 공적인 장소이다.

당대 선종 사원의 방장은 크지 않았다. 그러나 송대에 와서 주지의 역할과 위상이 증대되고 사대부들과의 교류가 빈번해지면서 방장의 규모도 커졌다. 특히 남송 때에는 주지의 위상이 최고조에 달해 방장실을 두 채나 두었다. 이를 전방장前方丈과 내방장內方丈(혹은 小方丈)이라고 하는데, 전방장은 소참법문, 독참, 접빈실, 회의실로 사용되었고, 내방장은 주지의 개인적인 거실, 즉 침소寢所로 사용되었다. 그래서 침당寢堂·정당正堂·정침正寢이라고 한다.

---

16 『전등록』 6권 「백장회해」, 禪門規式. "方丈, 同淨名之室. 非私寢之室也."(대정장 51권, p.251a)

남송시대 전방장의 규모는 매우 컸다. 남송의 『오산십찰도五山十刹圖』를 보면 전면 5칸, 측면 3칸으로 불전·법당과 같았다. 대혜선사가 주지로 있던 경산사는 법당을 중각重閣(2층)으로 지어서 아래층은 법당으로, 위층은 전방장으로 사용했다. 전방장의 편액이 '능소지각凌霄之閣'이었다. 이는 '능소지지凌霄之志'에서 따온 말로서 '하늘을 뛰어넘고 세상을 뒤덮는다'는 뜻이다. 부처가 되어 일체중생을 구제한다는 뜻일 것이다. 능소화凌霄花도 '하늘을 능멸하는 꽃'이란 뜻을 갖고 있다.

주지실의 당호를 처음으로 '방장'이라고 쓴 것은 백장회해이다. 이것은 유마거사의 방이 '4방 1장(四方一丈=方丈)'이었던 데서 따온 말이다. 사방 1장이라면 약 3.3m²로서 1평 정도에 불과하다. 두세 명만 앉아도 눈이 마주 닿을 정도로 좁은 공간이지만 용량은 무한대여서, 유마거사는 이곳에서 3만 명의 보살들에게 불이不二의 법을 보여주기도 했다. 이것이 바로 『유마경』에서 말하는 불가사의不可思議 해탈경계 가운데 하나이다.

『유마경』은 불이不二와 공空을 실천적으로 보여준 경전이다. 『금강경』보다도 훨씬 더 선불교에 영향을 준 경전이다. 중국 선승들의 사고 및 대화 전개 방식은 거의 『유마경』의 논법에 바탕하고 있다고 해도 과언이 아니다. 선기禪機가 물씬 풍기는 경전이다.

선문답 가운데는 방장이 등장하는 경우가 꽤 많다. 종종 선승들은 법어를 마무리 하면서 '아무 말 없이 방장으로 돌아갔다(歸方丈)'는 표현이 있다. 방장은 어떤 의미일까?

임제 스님이 상당하여 말했다.

"벌거벗은 신체에 하나의 지위 없는 참사람(無位眞人)이 있다. 그는 항상 그대들의 얼굴(面門)로 출입하고 있다. 아직 그것을 파악하지 못한 사람은 지금 즉시 살펴보도록 하라."

그때 어떤 스님이 나와서 물었다.

"어떤 것이 지위 없는 참사람(無位眞人)입니까?"

임제선사가 선상에서 내려와서 그 스님의 멱살을 쥐고 다그쳤다.

"말해 봐라, 말해 봐!"

그 스님이 머뭇거리자 임제 스님은 그를 밀쳐버리고 말했다.

"지위 없는 참사람이라고! 이 무슨 마른 똥 막대기 같은 소리인고!"

그러고는 곧 방장으로 돌아가버렸다.[17]

황벽이 하루는 백장선사에게 물었다.

"위로부터 전해온 법을 화상께서는 어떻게 사람들에게 가르치시겠습니까?"

백장 화상이 선상에 기대어 앉아 있었다. 황벽이 말했다.

"후대 아손兒孫(후학들)들은 장차 무엇을 전수받습니까?"

---

17   임제의현, 『임제록』 3단. "上堂云, 赤肉團上 有一無位眞人, 常從汝等諸人面門出
      入. 未證據者看看. 時有僧出問, 如何是無位眞人. 師下禪狀, 把住云, 道道. 其僧
      擬議. 師托開云, 無位眞人 是什麼乾屎橛. 便歸方丈."(대정장 47권, p.496c)

백장이 말했다.

"나는 평소에 그대가 상당한 경지에 오른 사람(箇人)이라고 생각했는데."

그러고는 곧 방장실로 돌아가버렸다(歸方丈).[18]

'귀방장歸方丈'은 선어에 '귀가온좌歸家穩坐(집에 돌아가 편안히 앉다)'라는 말이 있는데, 그와 같은 뜻이다. 온좌穩坐는 고향의 뜻으로 본연의 자리를 의미한다. 그리고 또 한편으로 다시 '잘 생각해보라'는 상징적인 의미도 담겨 있다.

일본 선종 사원의 방장은 매우 크다. 방장 건물을 중심으로 앞에는 석정石庭(枯山水)이 있고, 후원後苑에는 산을 배경으로 한 연못과 정원이 있다. 교토에 있는 텐류지(天龍寺), 료안지(龍眼寺) 등 선종 사원의 방장은 그 규모가 조계사 대웅전을 무색케 하는데, 앞뒤 문을 열면 일시에 만법일여萬法一如의 세계가 나타난다. 앞에는 카레산스이(枯山水) 석정石庭이 있고, 후원에는 아름다운 정원이 별세계를 연출한다. 분명 사바세계이지만, 그 정경은 이국異國이다. 이곳이 바로 극락정토가 아니고 무엇이리오. 여기에서 돈·출세·명예 따위는 언젠가는 공空이 될 부질없는 욕망일 뿐이다.

---

18   『古尊宿語錄』 41권. "黃檗一日問百丈云. 從上相承底事, 和尙如何指示於人. 百丈據坐. 檗云. 後代兒孫將何傳受. 百丈云. 我將謂你是箇人. 便歸方丈."(신찬속장경 68권, p.266b)

그중에서도 료안지(龍眼寺) 방장의 '카레산스이'[19]는 세계문화유산으로 등재되기까지 했다. 그곳은 15개의 돌과 모래를 적절히 배치하여 산수를 나타내고 있는데, 돌의 크기와 위치 등이 가히 예술적이라는 평을 받고 있다. 이 석정에 대한 해석은 매우 다양하며 거기에 정해진 답은 없다.

우리나라에도 방장 흔적을 볼 수 있는 곳이 있는데, 바로 하동 쌍계사에 있는 동방장東方丈과 서방장西方丈이다. 현재는 선방으로 사용하고 있으나 원래 그곳은 방장채의 하나였다. 봉암사에도 최근에 동방장 건물이 신축되었는데, 수좌스님의 거실이라고 한다. 동방장, 서방장의 명칭은 원대에 생긴 것이다. 동방장이라는 편액을 붙인 당우가 있다는 것만 해도 다행한 일이다.

현재 방장이라는 명칭의 쓰임을 보면, 중국에서는 직함 겸 주지의 거실 당호로 쓰고 있고, 일본에서는 주지의 거실 이름으로만, 우리나라에서는 직함으로만 쓰고 있다.

---

19   '카레산스이(枯山水)'란 '마른 산수'라는 뜻으로 물 대신 돌과 모래를 가지고 산수를 표현한 정원을 말한다. 선종 특유의 정원으로 '석정石庭(돌 정원)'이라고도 한다. 바위로는 섬을 표현하고, 써레로 모래를 손질해서 물결을 표현한다. 일본 선종 사원의 정원은 중국의 수묵화, 특히 송宋·명明 시대의 산수화山水畵의 영향을 많이 받아 발전했다고 한다. 석정 가운데서도 가장 유명한 곳은 교토에 있는 료안지(龍安寺) 방장方丈 석정과 다이토쿠지(大德寺)의 방장(大仙院) 석정이다. 선종 사원은 아니지만, 고야산의 곤고부지(金剛峰寺) 석정도 유명하다. 이곳이 규모 면에서는 가장 클 것이다.

(2) 중료

중료衆寮는 승당(선당)에 부속된 요사寮舍로 우리나라 사찰의 '대중방', '큰방'과 같은 곳이다. 이곳은 송대에 새로 생긴 당우인데, 좌선·취침·공양은 승당에서 하고 간경看經·끽다喫茶·휴식 등 기타 일상적인 것은 모두 중료에서 한다. 총림에 따라서는 중료에서 공양을 하는 곳도 있다.

중료는 고원(庫院, 창고 및 주방) 옆에 있다. 중료의 내부 구조는 승당과 거의 같다. 가운데는 통로이고 사방에는 장련상長連床(긴 마루)이 설치되어 있다. 다른 점이 있다면 안쪽에 간독상看讀床(앉은뱅이책상)이 설치되어 있다는 것이다. 간독상은 경전이나 어록을 보기 위한 것인데, 불립문자不立文字, 직지인심直指人心, 견성성불見性成佛을 표방한 선종 사원에서도 독서를 했음을 알 수 있다.

중료의 책임자는 요주寮主이다. 요주는 요수寮首座·요원寮元·좌원座元·지료知寮라고도 한다. 『선원청규』에는 요주의 임무에 대하여 다음과 같이 기록되어 있다.

중료에서 사용하고 있는 물품과 대중들의 의발衣鉢을 잘 간수해야 한다. (…) 중료에 비치되어 있는 경문經文과 일용 물건, 그리고 차茶·숯(炭) 등을 관리하며 청소 등을 담당한다.

도겐(道元)은 『영평청규』「판도법辦道法」에서 "대중들은 운당雲堂(승당, 선당)에서 점심 공양을 마친 후 포단蒲團(방석)을 들고 중료에 가서 쉬는데, 간독상看讀床을 펴고 경을 보다가 포시晡時(3시~5시. 여기서는 3시임)가 되면 운당으로 돌아와 좌선한다"라고 했다.

중료 바로 옆에는 파침처把針處가 있다. 파침처는 바느질을 하는 곳, 해진 옷을 수선하는 곳이다. 여러 종류의 바늘이나 실 등을 개인적으로 마련하기보다는 공동 수선처를 두었던 것이다. 파침처가 있을 정도이니 얼마나 많은 대중들이 생활했는지 알 수 있다. 파침처는 승당(선당) 부근에도 있었다. 여러 명의 수행승들이 함께 모여 바느질하고 있는 광경은 상상만 해도 명화名畵의 소재이다.

(3) 열반당

열반당涅槃堂은 몸이 불편한 스님, 병에 걸린 스님들이 치료, 요양하는 곳이다. 한마디로 병원인데, 이곳에 들어와서 열반(입적)하는 경우가 많으므로 '열반당'이라고 한 듯하다. 그러나 한편으로는 번뇌 망상과 함께 육체적인 괴로움도 완전히 사라진 상태를 '완전한 열반(般涅槃)'이라고 하므로, 그런 의미일 수도 있다.

열반당의 이칭은 매우 많다. 연수당延壽堂·무상원無常院·성행당省行堂·장식료將息寮·중병각重病閣·안락당安樂堂 등. '연수당'은 수명을 연장하는 곳이라는 뜻인데, 병치레 후 수행 생활로 돌아갈 수도 있겠으나 거꾸로 생각하면 이곳은 곧 죽음을 맞이하게 될 곳이라는 말이기도 하다. 목숨은 마음대로 할 수 있는 것이 아니지만 누구나 오래 살기(延壽)를 바란다.

'무상원'이라는 말은 제행무상諸行無常에서 따온 말이다. 유위법有爲法은 모두 무상한 것이다. 『석씨요람釋氏要覽』 하下에는 "무상원은 죽음을 맞이하는 장소로서 열반당의 이칭이다. 무상원은 인도 기원정사에 있는 49개의 외원外院(별원) 가운데 하나로서 정사의 서북쪽에 있다. 대중 가운데 중환자를 이 원에 보내어 부처님의 상호를 생각하면서 세상의 집착을 끊고 안락국(극락)에 왕생케 하는 곳이다"라고 쓰여 있다.

'성행당'은 진실하게 열심히 수행 정진했는지, 마지막 순간에라도 성찰해보라는 뜻일 것이다. 죽음에 이르러 평소 자신이 했던 행실을 반성해보라는 의미가 담겨 있다. 날마다 지대방에서, 토굴에서 빈둥거렸다면 후회막급일 것이다.

'중병각'은 말 그대로 중환자실을 말한다. 열반당에서 3일간 치료해도 차도가 없을 때는 중환자실인 중병각으로 옮기는데, 이곳에 들어가면 밖으로 나오는 이는 드물다.

또 열반당을 '장식료'라고도 하는데, '보양한다', '휴식한다'는 뜻이다. 열반당에서 병든 수행승들을 돌보는 소임을 연수당주延壽堂主·열반두涅槃頭(열반두는 행자임)라고 한다. 우리나라 선원에서는 간병看病이라고 하는데, 간병 소임을 맡은 이는 마음이 자비스럽고 너그러워야 하며, 인내할 줄 알아야 한다.

(4) 장전

장전藏殿은 대장경과 조사어록 등 전적典籍을 보관하는 곳이다. 경장經藏·경당經堂·장경루藏經樓라고도 하는데, 요즘말로 하면 도서관인 셈이다. 선종 사원의 장전은 단순히 경전을 보관만 하는 곳이 아니고, 납자들에게 경전이나 어록 등 불서佛書를 대출해주는 이른바 도서관 기능이 더 강하다. 우리나라 장경각藏經閣과는 기능적으로 조금 다르다고 할 수 있다. 불립문자를 주장하는 선종 사원에 장경각이 있었다는 것은 그 의미를 깊이 새겨 볼만한 일이다. 이것은 선승들도 경전을 읽었음을 말해준다.

장전 책임자를 '장주藏主' 혹은 '지장知藏'이라고 하는데 당·북송시대에는 장주라고 했고, 남송시대에는 '지장'이라고 했다. 상위직인 6두수 가운데 하나이다. 수행승들은 좌선 시간 외에 개별적으로 경전과 어록을 대출하여 간경당看經堂이나 중료衆寮 등에서 읽었는데, 대출 규정과 대출 장부도 있어서 이와 같은 시스템이 매우 체계적이었음을 알 수 있다.

(5) 조사당

선종의 조사를 받들어 모시는 당우를 조사당祖師堂·조사전祖師殿, 또는 조당祖堂·조전祖殿이라고 한다. 우리나라에서는 선원의 최고 어른을 '조실祖室'이라고 하는데, 조실은 조사당·조당에서 나온 말이다. 1900년대 초에는 조당과 조실을 혼용했다. 또 조실을 주실籌室이라고도 했다.

중국 선종 사원의 조사당에는 세 분의 조사상을 모신다. 중앙에는 선을 전래한 초조初祖 보리달마의 상像을 모시고, 그 오른편에는 백장청규를 제정하여 총림제도를 확립한 백장회해의 상을, 왼편에는 당해 선원을 창건한 개산開山 조사의 상을 모신다. 총림에 따라서는 이조혜가二祖惠可나 육조혜능六祖慧能, 마조도일馬祖道一의 상을 모시기도 하는데『칙수백장청규』등 대부분의 청규서에는 달마와 백장회해, 개산 조사의 상을 모신다고 규정하고 있다. 이것을 본다면 백장회해의 역할이 얼마나 컸는지를 알 수 있다. 선을 전래한 달마의 역할은 두말할 것도 없다.

(6) 종루와 고루

종루鐘樓는 범종(대종)을, 고루鼓樓는 큰 북을 달아 두는 누각을 말한다. 종루는 산문 우측에 있고 고루는 좌측에 있다. '루樓'라고 한 것으로 봐서 건축양식은 단층이 아닌 2층임을 알 수 있다. 종과 북은 모두 위층에 매달아 두는데, 그 이유는 높아야만 소리가 멀리까지 들리기 때문이다.

선종 사원은 묵언의 공간이다. 따라서 선종 사원에서는 말 대신에 종과 북, 목어와 판판板을 쳐서 알린다. 종과 북 등은 몇 번을 어떻게 치느냐에 따라 고지告知의 내용이 다르다.

우리나라에서는 조석예불 때와 사시巳時 마지 때만 종과 북을 치고, 그 외에는 모두 목탁을 쳐서 알린다. 이와 달리 중국에서는 목탁을 치는 경우는 거의 없고 종과 북, 판을 친다.

이 밖에도 수륙당水陸堂·단과료旦過寮(객실)·토지당(土地神을 모시는 곳)·몽당蒙堂(감원, 수좌 역임자의 거처)·전자료前資寮(감원, 수좌를 제외한 6두수 6지사 역임자들의 거처)·후가後架(후원)·마원磨院(정미소)·세면처洗面處(세수하는 곳)·시자료侍者寮(방장시자의 거처)·행자료行者寮(행자들이 기숙하는 곳)·회랑回廊 등 많은 당우가 있었다.

당송시대와 같은 가람 구성을 가진 총림이 우리나라에도 있었는지는 구체적인 문헌이 없어서 알 수 없다. 그러나 보조국사普照國師 지눌知訥(1158~1210)이 정혜결사定慧結社를 펼쳤던 송광사를 비롯하여 해인사, 통도사, 범어사 같은 곳은 규모 면에서 충분히 총림의 가람 구성을 가지고도 남는다.

또 고려 말 나옹懶翁 화상이 법을 폈던 양주 회암사의 경우 지금은 옛터만 남아 있지만, 가람 배치도와 각 당우(건물)의 명칭을 보면 총림의 가람 구조이다. 다만 '동방장' 등 명칭에서 보면 송대 총림보다는 원나라 때 선종총림의 가람 구조라는 것을 알 수 있다.

16장

하루 네 번 좌선하라

좌선의 정례화와 횟수

1. 좌선의 필요성과 반야지혜

보리달마는 돈황사본 『이입사행론二入四行論』에서 좌선에 대하여 다음과 같이 정의한다.

> 만약 번뇌 망념(心)이 일어나지 않는다면 무엇 때문에 좌선하는가?
> (若心不起, 何用坐禪)[01]

좌선을 하는 것은 번뇌 망념을 억제하고 소멸시키기 위해서라는 것이다. 여기서 말하는 번뇌 망심은 도거掉擧, 사량분별심思量分別心, 산란散亂이다.

'도거'는 끊임없이 번뇌 망상과 공상·잡념·알음알이 등이 일어나는 것을 말한다. 좌선하고 있지만 공상·망상·회상 등 갖가지 잡념이 꼬리를 물고 일어나는 것이 도거이다. 이것을 잠재우기 위해서는 조용히 좌선을 해야만 가능하다는 것이다. 즉 마음을 평온하게 만드는 것이 좌선의 역할이라고 할 수 있다.

남종의 조사 육조혜능은 『돈황본 단경』「좌선坐禪」편에서 "마음이

---

01 『이입사행론』(P.4795호) ; 성본 역주, 『돈황본 육조단경』 p.117(한국선문화연구원, 2003)에서 재인용.

모든 경계를 만나도 망념이 일어나지 않는 것을 좌坐라 하고, 본성을 직시하여 마음이 흔들리지 않는 상태(不亂)를 선禪이라 한다(於一切境界上 念不起爲坐, 見本性不亂爲禪)"고 정의하였다.

조사선의 조사인 남악회양南岳懷讓(677~744)과 특히 마조도일馬祖道一(709~788) 시대가 되면 좌선이나 선정보다는 지혜를 더 강조하게 된다. 좌선도 중요하지만 그보다는 지혜가 더 중요했기 때문이다. 고목처럼 하루 종일 앉아 있는다고 해서 부처가 되는 것이 아니기 때문인데, 이것은 '남악마전南嶽磨塼' 공안에서도 알 수 있다.

또 깨달음에 대한 정의도 좌선이나 선정이 아니고 반야지혜를 이루는 데 있었다. 이것은 『반야심경』에서 지혜를 강조하여 "삼세의 모든 부처님도 반야바라밀 수행에 의지했기 때문에 아뇩다라삼먁삼보리(최상의 깨달음)를 얻게 되었다(三世諸佛, 依般若波羅密多, 故得阿耨多羅三貌三菩提)"고 설한 것에서도 확인된다.

이런 관점(先智慧 後坐禪)은 청규에도 그대로 적용되어 좌선을 제도화하지 않았다. 보리달마 이후 제도적으로 중국 선종의 기틀을 잡은 이는 백장회해이다. 그는 중국 선종사에서 처음으로 총림의 법전인 『백장청규』를 제정했는데,[02] 좌선에 대해서는 하루에 몇 번, 몇 시간 좌선해야 한다고 규정하지 않았다. 좌선을 하되 많이 하든 적게 하든 시간의

---

02   백장회해가 만든 『백장청규』를 '고청규古淸規' 혹은 '백장고청규百丈古淸規'라고 한다. 원대에 성립된 동양덕휘의 『칙수백장청규』와 구별하기 위해서이다.

다소多少는 개인의 역량에 맡겼다.

그 사실을 고청규서古清規序, 즉 양억楊億의 「선문규식禪門規式」[03]에는 다음과 같이 기록하고 있다.

입실入室(독참, 개별적인 지도)과 청익請益(거듭 가르침을 청하는 것)을 제외한 그 나머지(즉 좌선)는 수행자의 근태勤怠(부지런함과 게으름)에 맡긴다. 많이 하든(上) 적게 하든(下) 그것은 정해진 규정(常準)에 구애를 받지 말라.[04]

좌선하는 시간적인 문제에 대해서는 수행자 개인의 근태勤怠, 즉 개인의 역량 여하에 일임一任하고 있음을 알 수 있다.

『선원청규』 10권 「백장규승송百丈規繩頌」에도 같은 내용이 실려 있는데, 여기서도 좌선 시간에 대해서는 일체 언급하고 있지 않다. 대신 법문·보청(울력)·조참朝參·만참晚參·독참獨參·청익請益에 대해서는 필수로 규정하고 있는데, 이는 다름 아니라 반야지혜·정견·정법안을 갖추는 것이 더 중요했기 때문이다. 그 밖에 『벽암록』 등 모든 공안집도 초

---

03 양억楊億(974~1020)의 「선문규식」을 '고청규서古清規序'라고도 한다. 『백장고청규』의 서론 격이기 때문이다. 『전등록』 6권, 「백장회해」 章 부록에 실려 있다. 그리고 장로종색이 편찬한 『선원청규』 10권, 「백장규승송百丈規繩頌」에도 비슷한 내용이 실려 있다.

04 楊億, 「禪門規式」. "除入室請益, 任學者勤怠, 或上或下, 不拘常準." 『전등록』 6권, 「백장회해」 章 부록(대정장 51권, p.250c).

점은 정법안을 갖추는 데 있었다.

또 깨달은 선승들의 오도기연悟道機緣을 살펴보면 대부분이 선문답을 통해서, 혹은 영운도화靈雲桃花나 향엄격죽香嚴擊竹과 같은 기연機緣을 통해서 깨달았음을 알 수 있다. 좌선을 하다가 깨달았다는 선승은 찾아보기 힘들다.

중국 선종 사원에서는 보청(울력)이 많은 날이나 행사가 있는 날 등에는 좌선을 하지 않는다. 한여름 무더울 때도 좌선을 하지 않는다(방선). 무덥고 피곤하면 졸음이 와서 좌선하기가 힘들기 때문이다. 따라서 청규에서 좌선 시간에 대하여 규정하지 않은 것은 그 근저에 일일부작 일일불식했던 보청普請(作務, 울력)과도 관련이 없지는 않았을 것으로 생각한다.

당·북송시대 선종 사원의 하루 일과를 보면 오늘날 우리나라 선원과 같이 열 시간씩 앉아 있을 수 있는 상황이 아니다. 많아야 네 시간이나 다섯 시간을 넘지 못한다. 그럼에도 불구하고 마조도일馬祖道一·서당지장西堂智藏·남전보원南泉普願·백장회해百丈懷海·위산영우潙山靈祐·앙산혜적仰山慧寂·조주종심趙州從諗·임제의현臨濟義玄·동산양개洞山良价·운문문언雲門文偃 등 유명한 선승들은 모두 당·북송시대에 배출되었다는 점은 시사하는 바가 있다. 좌선을 중시한 것은 남송부터인데 대혜종고大慧宗杲, 굉지정각宏智淨覺, 무문혜개無門慧開 등을 제외하면 이 시기에 특출한 선승은 없었다.

2. 당·북송시대와 남송시대 좌선

오늘날 중국·한국·일본 선원에서는 모두 하루 4회 좌선을 한다. 이것을 '사시좌선四時坐禪'이라고 하는데, 이 사시좌선이 정례화·제도화 되는 때는 남송시대이다. 그 이전에는 좌선을 정례화하지 않았다. 좌선보다는 반야지혜를 더 중시했고 따라서 법문과 독참이 우선이었다.

남송 이후 좌선을 강조한 것은 활발발한 선문답이 이루어지지 않고 동시에 지혜작용도 약화되면서 그 대안으로 나타난 현상이 좌선을 강조한 것이라고 할 수 있다. 즉 상당법어 등 방장의 법문 횟수가 5일 1회에서 15일 1회로 줄어들고, 또 법어 능력도 현저하게 떨어지면서 그 간극을 메우기 위하여 좌선에 더 많은 시간을 배정하게 되었다고 본다. 이는 방장의 지견 부족, 지도 능력 부족과 상관관계가 크다고 할 수 있다.

남송, 원대 방장(주지)들은 총림에 앉아 있는 날이 적었다. 관료, 사대부들과의 잦은 회동으로 정안과 정견을 갖출 시간적인 여유가 없었고, 그에 따라 납자 지도도 매우 등한시했다. 많은 시간을 관료, 사대부들과 만나는 데 할애했다.

방장 대부분이 총림을 비우기 일쑤였고 정기적인 법문을 거르는 때가 많았다(특히 임제-간화계통). 납자들이 독참, 청익을 하고자 해도 며칠을 기다려야 했고, 심지어는 만나도 시간이 없으니 간단히 물으라는

식이었다. 방장 자신이 본분사가 아닌 정치적인 일에 많은 시간을 소비했다(이상은 몇몇 자료와 도겐 선사의 보청 기록 등을 바탕으로 정리한 것이다). 항주로 나가는 것만으로도 하루나 한나절이 걸렸고 귀사하기까지는 적어도 3~4일씩 걸렸다.

특히 임제 간화선 계통의 선승들이 정치에 관심이 많았다. (반면 묵조선 계통은 참신했다. 간화 계통은 도교의 도사처럼 수염 등 장발을 한 주지, 손톱을 기르고 있는 주지가 많았다.) 이렇다 보니 방장 스스로가 정견, 정법안을 확립할 시간적, 정신적인 여가가 없었고, 그 결과 반야지혜의 부족, 법문 능력, 납자 제접 능력 부족 등 지도 능력을 상실하면서 '앉아 있으라'고 좌선을 강조하게 되었다고 본다. 이것은 오늘날 우리나라 선원의 현상과도 비슷하다고 할 수 있다. 더욱더 남송 말에는 「능엄주」가 유행했는데, 선종 사원에서 「능엄주」나 외우고 앉아 있었으니 그 나머지는 논할 가치가 없다.

현존하는 청규 가운데 가장 오래된 청규는 북송 후기에 편찬된 장로종색의 『선원청규』이다. 그런데 여기엔 좌선의 횟수나 시간 등에 대해서는 일체 언급한 것이 없다. 앞에서 설명한 바와 같이 좌선을 했지만 하루 몇 번 하라고 규정한 것이 없다.

이를테면 『선원청규』 6권 「경중警衆」 편은 종고鐘鼓와 판板의 사용에 대하여 서술하고 있다. 거기에는 '어느 당우에서 종鐘과 북(鼓)을 몇 번 치면, 그리고 판板을 몇 번 치는 소리가 나면 무엇을 알리는 소리이다. 그러므로 대중들은 종고鐘鼓 소리에 따라 잘 알아서 행동을 해야 한다고 설명하고 있는데, 좌선을 알리는 종고나 판에 대해서는 일체 언급된 것이 없다.

예컨대 "오경五更(새벽 4시)에 대종을 치면 기상 소리이다" "주전廚前(庫院, 공양처)에서 북소리가 나면 보청(울력)에 나오라는 소리이다" "욕실 아래에서 북소리가 나면 목욕 시작을 알리는 소리이다" 등 자세하게 설명하고 있지만 정작 좌선을 알리는 북소리나 종소리, 혹은 판 소리에 대해서는 언급된 것이 없다.

또 예의범절에 대해서 많이 언급하고 있는 「소참」 편이나 「수좌·유나」 편에도 좌선에 관한 언급은 일체 없다. 반면 상당법어·조참·만참 등 법문을 알리는 것에 대해서는 매우 자세하게 언급되어 있다.

이상으로 본다면 『선원청규』가 편찬되던(1103) 북송 후기까지도 여전히 좌선의 다소多少 여부는 백장회해가 청규에서 밝힌 바와 같이 개인의 뜻에 맡긴 것으로 보인다. 하루 몇 차례 좌선하는 것이 제도화되어 있지 않았던 것으로 보인다.

3. 좌선의 제도화-사시좌선四時坐禪

중국·한국·일본 선원에서는 새벽, 오전, 오후, 저녁 하루 네 번 좌선한다. 이것을 '사시좌선四時坐禪'이라고 한다. 사시좌선이 제도화 된 것은 남송 초부터이다.

처음으로 좌선의 횟수와 시간 등에 대하여 언급하고 있는 청규는 남송 후기에 편찬된 『입중수지入衆須知』 「좌선」 편(1264)과 『총림교정청규총요(함순청규)』 「좌선좌당방참坐禪坐堂放參」 편(1274)이다. 두 청규의 내용은 거의 비슷하다. 편찬된 시기는 『입중수지』가 10년 앞서지만, 내용적으로는 『총림교정청규총요』가 좀 더 구체적이다. 먼저 『입중수지』 「좌선」 편을 살펴보겠다. 참고로 내용을 분류하기 위하여 번호를 붙였다.

①매일 좌선할 때에는 당사堂司(유나실)의 행자는 방장(주지)과 수좌에게 아뢴다(좌선). 이어 중료衆寮(대중방) 앞에 있는 판板이 세 번 울리고, 침당寢堂(방장, 주지실)의 판板(방장판)이 울리면, 모든 승중僧衆(대중)들은 선당禪堂으로 들어와 좌정坐定해야 한다. 이어 수좌료首座寮(수좌실)의 판板(수좌판)을 세 번 치면 수좌는 선당禪堂에 들어와 문수상에 향을 사르고 선당을 한 바퀴 순회한다. (이상은 좌선이 시작될 때를 기록한 것이고, 다음은 좌선이 끝날 때를 기록한 것이다.)

②멀리서 화판火板(주방에서 공양 준비가 완료되었음을 알리는 소리) 소리가 나면 수좌가 먼저 일어나고 이어 대중들도 따라 일어난다(오전 좌선 방선). ③점심 공양 후(齊後)의 판도辦道(공부)는 뜻에 따라 임의대로 좌선한다(오후 좌선). ④사경좌선四更坐禪(새벽참선)에 대한 것은 입중편入衆篇을 참고하라. ⑤혼종昏鍾(저녁 종)이 울리면 선당에 들어온다(저녁 좌선). ⑥그리고 정종定鍾(취침을 예고하는 종)이 울리면 추해抽解(휴식, 방선)한다. 이경이점二更二點

(9시 24분)부터는 베개를 펴고 잘 수 있다.[05]

①은 선당에서 좌선을 시작할 때(入禪)에 관한 절차이다. ②는 좌선을 마칠 때 즉 방선放禪에 관한 것이다. 그런데 이 문장만 가지고는 새벽 좌선(曉天坐禪, 後夜坐禪) 방선을 말하는 것인지, 아침 좌선 방선에 관한 것인지 구분할 수가 없지만, 오전 좌선(早晨坐禪)일 것으로 생각한다. 화판火板(雲版)은 공양 준비가 다 되었음을 알리는 판板이다. 화판 소리가 나면 방선한다.

③은 점심 공양 후 오후 좌선(포시좌선)과 관련된 것인데, 오후 좌선은 해도 되고 안 해도 되므로 각자 알아서 하라는 것이다. 오후 일과가 많은 사람은 하지 않아도 된다는 뜻이다.

④사경좌선四更坐禪이란 시간적으로 새벽 1시~3시 사이를 가리킨다. 말 그대로 새벽 좌선을 가리키는 것인지, 아니면 특별 좌선 즉 야간 좌선인 야좌夜坐를 가리키는 것인지 분명하지는 않다.

⑤는 저녁 좌선인 황혼좌선과 관련된 것이다. ⑥은 취침 내용이다.

이상의 내용에서 하루 몇 차례 좌선한 것인지는 분명하지는 않지만, 오전 좌선, 오후 좌선(齋後辦道), 저녁 좌선(昏鍾入堂, 定鍾起抽解), 그리고

---

05   無量宗壽, 『入衆須知』 1권, 「坐禪」. "每日坐禪, 堂司行者, 覆方丈首座, 鳴衆寮前板三下. 鳴寢堂前板, 僧衆入堂, 坐定. 鳴首座寮前板各三下, 首座入堂燒香, 巡堂一匝. 纔火板響, 首座先起, 衆人自便. 齋後辦道, 隨意坐禪. 四更坐禪, 見入衆篇. 昏鍾入堂, 定鍾起抽解. 至二更二點, 開枕偃息." (신찬속장경 63권, p.560c)

사경좌선四更坐禪(새벽참선)이 있었음을 알 수 있다. 이로 미루어 보아 대략 하루 3~4회 좌선했음을 알 수 있다.

사시좌선四時坐禪(하루 네 번 좌선)에 대하여 보다 구체적으로 기록하고 있는 청규는 도겐의 『영평청규』「판도법」(1245)이다. 도겐은 24세 때 (1224) 천동사 천동여정天童如淨(1163~1228)의 문하에서 약 4년간 좌선 판도辦道(수행) 후 28세에 귀국하여 일본 조동종을 개창한 선승이다. 그의 「판도법」은 앞의 『입중수지』보다는 19년 앞서고, 『총림교정청규 총요(함순청규)』보다는 29년이나 앞선다. 따라서 좌선 횟수에 관한 청규의 기록으로는 가장 앞선다고 할 수 있다.

『영평청규』「판도법」에 나타난 사시좌선四時坐禪은, 후야좌선後夜坐禪 (새벽 좌선), 조신좌선早晨坐禪(오전, 아침 좌선), 포시좌선晡時坐禪(오후 좌선), 황혼좌선黃昏坐禪(저녁 좌선)이다. 아래 주 원문에 밑줄 친 부분이 사시 좌선에 대한 명칭과 기록이다.

조신좌선(오전 좌선)

조신좌선법. 아침 공양을 마치고 조금 후에 유나는 좌선패를 승당 앞에 걸게 한다. 그런 후에는 판을 친다. 수좌와 대중들은 가사를 입고 승당 으로 들어가서 자기 자리에 앉아서 면벽좌선한다. 수좌는 면벽하지 않

는다. 기타 두수 등 대중들은 모두 한결같이 면벽하고 앉는다.[06]

포시좌선(오후 좌선)

방참법. 이른바 방참이라는 것은 포시에 좌선을 하지 않는 것을 말한다. 운당(선당)의 대중들은 점심 공양 후 포단을 가지고 운당을 나가서 중료 (대중방, 큰방)에서 쉬기도 하고 간독상(看讀床, 앉은뱅이책상)에서 경전을 보 기도 하다가 조금 시간이 지난 후 포시가 되면(세속의 미시 끝, 즉 3시), 운당 으로 돌아가 포단(방석)에서 좌선한다.[07]

황혼좌선(저녁 좌선)

황혼좌선. 혼종(저녁 종으로 6시 45분경 친다) 소리를 들으면 가사를 걸치고 운당僧堂(禪堂)으로 들어가서 자기 자리에서 좌선한다. 주지는 의자에 앉 아서 성승聖僧(僧形文殊像)을 향하여 좌선한다.[08]

---

06 『영평청규』「판도법」, "早晨坐禪之法. 粥罷小頃, 維那掛坐禪牌於僧堂前, 然後 鳴板. 首座大衆搭袈裟入堂, 就被位面壁坐禪. 首座不面壁, 自餘頭首, 一如大衆 面壁而坐."(『대정장』82권, p.324b)

07 『영평청규』「판도법」, "放參法. 所謂放參者, 晡時坐禪罷行之. 雲堂大衆, 齋罷收 蒲團而出堂, 歇于衆寮, 就看讀床, 稍經時餘, 將晡時(當世俗之未時之終), 至歸 雲堂, 出蒲團坐禪."(『대정장』82권, p.319)

08 『영평청규』「판도법」, "黃昏坐禪. 聞昏鐘搭袈裟, 入雲堂, 就被位坐禪, 住持人, 就椅子向聖僧而坐禪."(『대정장』82권, p.323a)

후야좌선(曉天坐禪, 새벽 좌선)

후야좌선. 가사를 함궤(벽 쪽에 있는 사물함) 위에 놓되, 흘러내리지 않도록
해야 한다.[09]

이상이 『영평청규』에 기록되어 있는 좌선 시간과 횟수에 대한 기록
인데, 위의 두 청규(『입중수지』『영평청규』)를 종합하여 정리해보면 하루 네
번 좌선(四時坐禪)을 했음을 알 수 있다. 그리고 '후야좌선' 인용글에서
유추해볼 수 있는 것은 새벽 좌선 때에는 가사를 벗고 좌선한 듯하다.

그러나 『입중수지』『영평청규』의 「판도법」『총림교정청규총요』『선림
상기전』『선학대사전』(大修館 발행) 등에서 설명하고 있는 사시좌선 시
간에 대해서는 조금씩 다르다. 시대에 따라 좌선 시간도 변천했다고
생각된다.

이하는 참고 사항이다. 『총림교정청규총요』에는 "점심 공양 후에는
좌선을 알리는 판板을 치지 않는다. 공부하는 학인은 여기에 구애받지
말라"고 말하고 있다. 이로 본다면 포시좌선은 개인의 시간 여하에 맡
겼다고 볼 수 있다. 즉 좌선을 하고 싶은 사람은 3시 이전부터 해도 됐
던 것 같다(隨意坐禪). 오후 좌선인 포시좌선은 가사는 입지 않고 평상
복 차림으로 좌선한다. 그 이유는 소임 등 일상적인 일을 하다가 좌선

---

09   『영평청규』「판도법」, "後夜坐禪. 袈裟安函櫃上, 未能動着."(『대정장』, 82권,
      p.324c)

을 했기 때문이 아닌가 생각한다.

좌선을 할 때는 좌선패坐禪牌를 승당과 중료衆寮 앞에 내건다. 그런데 『영평청규』 「판도법」에는 이 좌선패는 조신좌선 때에만 걸고 포시좌선, 황혼좌선, 후야좌선 등 기타 좌선 때에는 걸지 않는다고 기록하고 있다. 또 조신좌선 시에는 판板을 치고, 황혼좌선 시에는 종을 치고 그 나머지에 대해서는 언급이 없다.[10] 후야좌선과 포시좌선 시에는 가사를 입지 않고 좌선한다고 기록하고 있다(後夜,晡時,不掛袈裟,但坐禪耳). 또 포시좌선의 경우는 차의衩衣(평상복 또는 속옷. 여기서는 평상복)를 입고 승당에 들어가 자기 자리(單位)에서 포단蒲團(갈포 방석)을 깔고 좌선한다고 기록하고 있다.[11]

---

10   『영평청규』, 「판도법」. "早晨坐禪, 掛坐禪牌. 餘時坐禪, 不掛坐禪牌. 放參時掛放參牌. 昏鐘鳴收放參牌. 坐禪法. 早晨鳴板, 黃昏響鐘. 大衆搭袈裟入雲堂. 就被位面壁坐禪. 後夜坐禪, 不掛袈裟, 但坐禪耳. 晡時衩衣入堂. 就單位出蒲團而用坐禪."(대정장 82권, p.324c)

11   『영평청규』, 「판도법」. "大衆搭袈裟入雲堂, 就被位面壁坐禪. 後夜,晡時, 不掛袈裟, 但坐禪耳. 晡時衩衣入堂, 就單位出蒲團而用坐禪. (…) 或結跏趺坐, 謂結跏趺坐."(대정장 82권, p.324c)

4. 좌선 시간

남송시대부터는 하루에 네 번 좌선했는데, 오늘날 우리나라, 중국, 일본도 남송시대와 마찬가지로 하루 4회 좌선하고 있다. 그리고 하루에 좌선할 수 있는 시간은 많아야 다섯 시간을 넘지 않는다. 당송시대는 말할 것도 없고, 남송시대에도 모든 일을 전폐하고 오로지 좌선만 할 수 있는 구조가 아니었다. 상당법문과 조참·만참·독참, 그리고 각자 맡은 바 소임 등을 하고 나면 실제 좌선할 수 있는 시간은 많지 않았다. 다만 비교적 한가한 겨울에는 좀 더 했고, 또 선칠禪七(7일간 용맹정진) 등 특별 정진 기간에는 3시간 정도만 자고 좌선하는 때도 있었다.

그리고 좌선을 할 때는 장향長香 일주향一炷香을 피웠다. 일주향을 피우는 이유는 시간을 체크하기 위해서였다. 향이 다 타려면 약 40분 걸렸는데, 한 번 앉으면 약 40분 정도 좌선했음을 알 수 있다.

당송시대에는 관아官衙는 물론이고, 선원총림에서도 향香을 피워서 시간을 체크했다. 그 향을 '일주향' '장향 일주향', 또는 '선향線香'이라고 불렀는데, 향 한 개의 소진 시간은 약 40분이었다.

입선入禪할 때는 유나가 석목柝木(각목 두 개. 우리나라는 죽비를 친다)을 한 번 치고 인경引罄을 세 번 치면 입정入定(入禪)을 한다. 그와 동시에 일주향을 피운다. 향이 다 타면 향을 관리하는 향사香司가 유나에게 고告한다. 이어 유나가 석목을 치면 주지, 수좌 순서로 일어나서 경행經

行을 한다. 경행 시간은 약 10분~15분가량이다.

선학자인 남회근南懷瑾 선생은 『선종총림제도와 중국사회』(1962, 대만)에서 "매일 장향 일주향을 10개 이상을 사용했다"고 서술하고 있다. 10개 이상이면 하루에 약 6시간 반 정도 좌선한 것인데, 명청 때는 그렇게 했는지 몰라도 남송 때 선원총림의 일과표를 보면 그렇게 좌선할 수 있는 시간은 없고 많아야 5시간 이내로 했다. 좌선을 6시간 반 정도 하려면 시간적 여유가 있는 포시좌선(3시 시작)을 앞당겨서 2시 이전에는 시작해야 한다. 물론 시대적으로 좌선 시간의 차이는 있을 수 있을 것이다.

그리고 평소 개별적으로 더 좌선을 하고 싶을 때는 야좌夜坐를 이용한다. 야좌는 밤 9시 취침종이 울린 이후에 혼자 밖에 나가거나 마루 등 다른 공간에서 혼자 하는 독좌獨坐를 말한다.

또 정규 좌선 외의 정종좌선定鐘坐禪이 있다. 정종좌선은 저녁 좌선인 황혼좌선을 8시 30분경 마치자마자 곧바로 하는데, "정종좌선이오"라고 말하면 잠시 경행을 한 후 계속 좌선을 한다. 도겐선사가 천동여정 문하에서 수행할 적에 밤 10시까지 좌선했다는 기록이 있는데, 아마도 저녁 좌선이 끝나자 마자 계속 이어 야좌나 정종좌선을 했던 것으로 보인다.

그리고 농사 등 잡무가 별로 없는 겨울과 납월臘月 팔일八日(성도일)에는 선칠禪七, 또는 가행정진加行精進 등 특별 정진을 한다. 그렇다고 우리나라처럼 잠을 전혀 자지 않고 하는 것은 아니고, 하루 서너 시간 정도는 자면서 좌선한다.

선종 사원에서는 포살이나 불사, 행사, 본격적인 작무(울력) 등이 있는 날에는 좌선을 하지 않는다. 행사, 법회, 울력 등을 하고 나서 좌선을 하면 졸음이 와서 좌선할 수가 없기 때문이다. 그 외에는 매일같이 4회 좌선을 했다(三時坐禪의 경우는 후야좌선을 생략한다).

5. 경책警策과 경행經行

좌선을 할 때 모든 대중들은 벽을 보고 좌선한다. 그러나 감독자인 수좌首座는 전면을 보고 좌선한다. 주지는 성승상聖僧像(문수상) 앞 복도에서 의자(禪床)에 앉아서 좌선한다. 그 뒤에는 작은 병풍을 친다.[12]

당일 선당의 당번當番을 직당直堂이라고 하는데, 직당은 '경책警策'이라고 쓴 큰 막대를 메고 복도를 왕래한다. '경책'이란 경각警覺·책려策勵한다는 뜻인데, 조는 사람이 있으면 어깨를 친다. 경책은 길이가 4척 2촌으로 약 140센티미터가 된다. 손잡이 쪽은 원형이고 끝 쪽으로 가

---

12   『永平清規』,「辨道法」. "首座大衆搭袈裟入堂, 就被位面壁坐禪, 首座不面壁, 自餘頭首, 一如大衆面壁而坐. 住持人, 就椅子, 向聖僧而坐禪坐禪."(대정장 82 권, p.323a, p.324b)

면서 얇고 평평하다. 참나무과에 속하는 단단한 나무로 만든다.

경책을 우리나라에서는 흔히 '장군죽비將軍竹篦'라고 하는데, 이는 우리나라에서만 쓰는 비속어이다. 운허 스님의『불교사전』'장군죽비' 항목에는 "절의 큰방 어간 문설주에 걸어 두는 장척長尺. 대중의 행좌行坐와 위열位列을 바르게 하는 것인데, 시속時俗에서 이것을 장군죽비라 함은 잘못된 말"이라고 지적하고 있다. 운허 스님이 '시속時俗'이라고한 것을 보면 처음에는 세속인들이 그렇게 불렀는데, 선원에서도 점차오염되어 통용된 것 같다.

'장군죽비'라는 말은 백파긍선白坡亘璇(1767~1852)의『선문수경禪文手鏡』간당십통설看堂十統說과『작법귀감作法龜鑑』하권(139쪽)에도 나온다.『선문수경』에는 "장군죽비를 한 번 치면 벽을 향하여 앉는다(將軍竹篦一聲 向壁而坐)." 그리고『작법귀감』에는 "장군죽비를 벽에 한 번 치면 무명의 껍질을 타파한다(將軍竹篦 擊壁一聲 打破無明殼)"라고 서술되어 있는데, 이로 본다면 '장군죽비'라는 말은 백파 이전부터 사용되었던 것 같다. 조선시대부터 장군죽비는 좌선 시에 경책용으로도 쓰였고, 시식문施食文에서 영가 천도용으로도 쓰였음을 알 수 있다.

경행을 할 때는 대중 모두가 장련상長連床(좌선상)에서 내려와 좌차座次(앉는 순서)에 따라 한 줄로 선당 중앙의 복도를 왕래한다. 경행법은한 호흡에 반보행半步行으로 오늘날과 같다. 경행 시간은 약 15분 전후인데 이때 동사東司(화장실)에 갈 사람은 동사에 가고, 물을 마시고 싶은 사람은 물을 마실 수 있다. 지금 우리나라에서는 1시간을 주기로

50분 좌선하고 10분 경행한다.

6. 수마睡魔와의 전쟁

예나 지금이나 좌선을 시작하면 곧바로 소나기 같은 졸음이 쏟아진다. 수마睡魔(졸음)는 도거(번뇌 망상)와 함께 수행의 최대 적이다. 수마가 덤벼들면 그것을 쫓기 위하여 당송시대 선종 사원에서도 여러 가지 도구가 개발되었다.

■선장禪杖 : 선장은 대나무나 갈대로 만든 막대기이다. 막대기 끝에 나무껍질이나 수건 등을 공처럼 감아서, 수마에 잡혀서 방아를 찧는 납자가 있으면 툭툭 건드려서 깨워주는 역할을 했다. 선장은 주로 법랍이 위인 사람이 아랫사람에게 사용한다. 아랫사람으로서 윗사람이 졸고 있다고 하여 막대기로 '툭툭' 건드릴 수는 없기 때문이다.

■선구禪毬 : 선구는 털(毛)을 뭉쳐서 주먹만 한 크기로 만든 공이다. 좌선 중에 졸고 있는 사람이 있으면 멀리서 던져 잠을 깨워주는 도구이다. 그런데 이 선구를 던질 때는 투수投手의 실력이 매우 좋아야 한다. 잘못 던지면 엉뚱한 사람이 맞을 수 있기 때문이다.

■**선진**禪鎭 : 선진은 당사자가 스스로 활용하는 도구이다. 나무 조각을 홀笏 모양과 같이 만들어 가운데에 구멍을 뚫고 끈으로 꿰어서 그 끈은 귀에 걸고 홀은 머리에 얹는다. 졸음이 와서 머리가 앞이나 옆으로 숙여지면 와다닥 방바닥으로 떨어지면서 잠을 깨운다.

그리고 좌선을 돕는 도구로는 선판禪板이 있다. 선판을 '의판倚版'이라고도 하는데 방선 시간에 몸을 기댄다. 주로 나이든 노승들이 많이 사용한다. 등을 기댈 수 있도록 판면版面을 약간 경사지게 만든다. 다리와 팔 걸개가 없는 의자라고 보면 된다.

■**선대**禪帶 : 선대는 허리띠이다. 좌선할 때에는 항상 허리를 꼿꼿이 세우고 있어야 하는데, 노승들은 허리가 자꾸 구부러지기 때문에 그것을 방지하기 위하여 넓고 두꺼운 허리띠를 두른다. 폭은 1척(약 30센티미터)이고, 길이는 8척(약 240센티미터)가량 된다.

■**포단**蒲團 : 포단은 갈댓잎 등으로 만든 방석이다. 대혜선사의 『서장』 등 선어록에는 '포단상사蒲團上事(포단 위의 일)'라는 말이 자주 나오는데, 이는 곧 좌선 수행을 뜻한다. 그리고 좌선법에 대해서는 자각종색의 『좌선의坐禪儀』가 있는데 여러 가지 선경禪經과 『마하지관摩訶止觀』 『천태소지관天台小止觀』 등을 참고하여 선종 사원에 맞게 저술한 것이다.

17장

부처를 뽑다

수행승의 생활공간, 승당

1. 승당의 기능과 역할

승당僧堂(禪堂)은 수행자들의 좌선 공간 겸 생활공간이다. 매우 중요한 당우로 불전·법당과 함께 칠당가람七堂伽藍[01]의 하나이다.

승당은 좌선과 취침, 공양의 세 가지 기능을 하는 곳이다. 법당이 주지의 법문을 통하여 반야지혜를 갖추는 곳이라면, 승당은 좌선당으로서 선정禪定을 닦는 곳이다. 따라서 모든 납자들은 승당에서 생활하도록 되어 있다. 감원, 수좌, 유나 등 중요 소임자도 좌선과 공양은 대중들과 함께 승당에서 해야 한다.

승당의 별칭이 '선불장選佛場'이라는 데서도 알 수 있듯이, 이곳은 부처를 뽑는 곳이다. 범부가 들어가서 부처가 되어 나오는 곳이 바로 승당이다. 승당에 대한 이칭은 매우 많다. '선당禪堂(참선하는 곳)', '좌선당坐禪堂(좌선하는 곳)', '선불장選佛場(부처를 뽑는 곳)', '운당雲堂(운수납자가 머무는 곳)', '성승당聖僧堂(僧形 문수상을 모신 곳)' 등등.

중국 사람들은 하나의 당우에 대해서도 이렇게 갖가지로 이름을 붙인다. 승당이 여러 가지 기능을 하고 있기 때문에 그 특성에 따라 다양

---

01   칠당가람七堂伽藍 : 일곱 개의 중요한 건물로 산문山門, 불전佛殿, 법당法堂, 승당
      僧堂, 고원庫院, 동사東司, 욕실浴室 등이다. 선종 사원의 가람배치에서 칠당가람
      으로 정형화된 것은 남송시대이다. 그 이전에는 칠당가람이라는 말이 없었다.
      자세한 내용은 앞 「16장-깨달음을 위한 가람 시스템」 참조할 것.

한 이름을 붙이게 된 것으로 보인다.

승당 가운데 가장 큰 승당은 남송시대 5산의 제1위였던 항주 경산사의 대승당이었다. 간화선의 거장인 대혜종고大慧宗杲(1089~1163)가 주지(방장)로 있을 때는 무려 1,700명이나 되는 납자들이 기거했다. 기존의 두 개 승당으로도 부족해서 별도로 '천승각千僧閣'이라는 대승당을 신축했다(대혜종고 50세~53세, 1138~1141). 이름 그대로 '천 명이 기거할 수 있는 승당'이라는 뜻이다.

처음 '천승각'이라는 명칭을 보고서 '중국 사람들은 허풍도 세구나'라고 생각했다. 그런데 천승각은 신축 후 얼마 못 가서 화재로 전소되었다. 1236년 재건했는데 그 과정에서 계랍패戒臘牌가 발견되었다. 계랍패란 나무에 새긴 법랍패로 승당 내에서 좌패坐牌(자기 자리 이름표)로 사용했다. 거기에는 "청중清衆(대중)이 모두 854명이었다"[02]는 기록이 나왔다. 천 명은 아니지만 854명이 살았다는 것이다. 허풍이 아닌 사실이었다. 영은사 승당도 천승각에 버금갔다.

또 묵조선의 거장인 천동정각天童正覺(1091~1157)이 주지(방장)로 있던 천동사天童寺(영파 소재)는 사격寺格이 남송 5산 가운데 세 번째였는데, 대승당大僧堂의 규모가 전면 200척(약 60미터), 측면 160척(약 48미터)으

---

02   張十慶, 『중국강남선종사원건축』, "清衆, 共八百五十四員" p.65, 湖北教育出판사, 2002.

로 약 870여 평이었다.[03] 서울 조계사 대웅전이 155.7평이므로 그곳보다 약 대여섯 배나 큰 건물이다. 큰 대들보가 두 개였다고 하는데, 우리나라에는 대들보가 두 개나 되는 그와 같이 큰 건물은 없기 때문에 상상이 가지 않는다.

2. 수행자 개인의 공간

이렇게 큰 승당이지만 수행자 한 명이 사용할 수 있는 공간은 가로 1미터, 세로 2미터 정도에 불과하다. 요즘으로 말하면 다다미 1장, 혹은 합판 1장 정도인데, 이 공간을 선어록에서는 '삼조연하三條椽下 칠척단전七尺單前'이라고 한다. 1인이 사용할 수 있는 공간 단위에 대한 미학적 표현이다.

『벽암록』 25칙 연봉주장蓮峰拄杖 평창에는 '삼조연하三條椽下 칠척단전七尺單前'이라는 말이 나온다.

여러분들이 만약 (이 소식을) 체득했다면 연화봉 암주와 함께 동참할

---

03   張十慶, 앞의 책, pp.75~76.

수 있지만, 만약에 혹 아직 그렇지 못하다면(체득하지 못했다면) '서까래 세 개 아래, 일곱 자의 단單' 앞에서 자세히 한번 참구해보시오.[04]

이 말은 "(아직 내 말을 못 알아 들었다면) 지금 그대가 좌선, 취침, 공양하고 있는 그 자리(삼조연하 칠척단전)에 앉아서 다시 한번 자세히 참구해보라(試去參詳看)"는 뜻이다.

삼조연三條椽(세 개의 서까래)은 승당 천정에 있는 서까래(椽) 세 개(三條)를 가리킨다. 서까래와 서까래 사이가 약 30센티미터 정도이므로 서까래 세 개 사이의 넓이는 서까래의 두께를 포함하여 약 1미터가량 된다. 그리고 칠척단전七尺單前은 길이 일곱 자(약 2미터 10센티미터) 되는 좌단坐單(앉는 자리)이다. '단單'은 곧 한 사람이 좌선 · 취침하는 면적의 단위이다.

'삼조연하 칠척단전'은 겨우 한 사람이 누울 수 있는 정도의 좁은 공간이다. 그러나 이곳은 '일대사인연一大事因緣' 즉 자신의 문제(깨달음)를 해결하는 중요한 공간이다. 만일 거기서 깨닫는다면(你諸人若見得) 그 공간은 우주보다 넓지만, 깨닫지 못한다면(其或未然) 한 알의 겨자씨도 들

---

04   『벽암록』 25칙, 蓮花峰庵主 頌 評唱, "你諸人若見得, 與蓮花峰庵主, 同參, 其或
      未然, 三條椽下, 七尺單前, 試去參詳看."(대정장 48권, p.166c). '三條椽下, 七尺
      單前'은 선어록과 공안집에 매우 많이 나온다.『벽암록』 49칙, 三聖問雪峰. "且
      道. 二六時中, 以何爲食. 諸人且向三條椽下, 七尺單前, 試定當看雪竇道."(대정
      장 48권, p.185a)

어갈 수 없을 것이다.

사실 오늘날 우리나라 선원도 한 수행자가 좌선하고 잠자는 공간은 삼조연하 칠척단전 정도에 불과하다.[05] 그러나 그 속에서 삼라만상이 전개되고 위대한 부처가 탄생하고 조사가 태어난다.

3. 승당의 내부 구조와 생활상

중국 당송시대 승당(선당)의 내부 구조와 생활상은 어떤 모습이었을까? 이 시대는 이른바 선의 황금시대로 남전, 마조, 황벽, 백장, 위산, 조주, 임제, 운문, 원오극근, 대혜, 천동정각 등 탁월한 선승들이 무수하게 배출되었던 시대이기도 하다.

중국 승당은 납자들의 생활공간인 동시에 좌선당이다. 중국 승당의 구조는 우리나라 선방 구조와는 전혀 다르다. 우리나라는 평면의 온돌 구조지만, 중국 승당은 마루 구조이다. 우리나라에는 중국 승당과 같은 곳은 없다. 반면 일본 후쿠이(福井)에 있는 조동종 에이헤이지(永平

---

05   근래 우리나라 선원에서는 대부분 각방各房을 배정하는 경향이다. 하루 10시간
      이상 참선하므로 방선 후에는 편히 쉴 수 있는 공간이 필요하기 때문이라고 한
      다. 천 년 전 제도를 고수해야 할 이유는 없지만, 각방을 쓴다면 개인주의화되
      고 전통이 사라진다는 단점도 있다.

일본 요코하마에 있는 조동종曹洞宗 소지지(總持寺) 승당 내부. 좌선하고 있는 평상平床
이 장련상長連床이다.

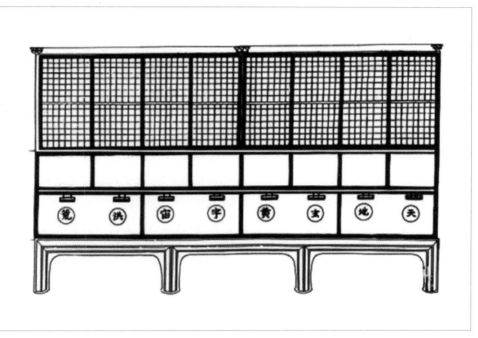

남송 『오산십찰도五山十刹圖』에 수록되어 있는 항주 경산사徑山寺 승당僧堂 장련상長
連床. 안쪽에 천자문 천지현황天地玄黃 순으로 8자가 적혀 있다. 한 칸 가로 폭은 약
90~100센티미터이며, 이것이 한 납자가 생활하는 공간이다. 장련상 하나에 모두 8명이
생활한다. 안쪽 벽면 맨 위쪽은 창문이고, 아래는 개인 사물함이다. 상단에는 개인 용품
을 보관하고, 하단에는 이불과 베개를 넣는다.

寺), 요코하마에 있는 소지지(摠持寺), 토후쿠지(東福寺) 등 일본 선종 사원은 당송시대 승당 구조 그대로이다.

당송시대 중국 선종 사원의 승당은 사진에서도 볼 수 있듯이 가운데는 복도이고 사방은 마루로 되어 있다. 이 마루를 '장련상長連床', '연상連床', '장상長牀', '장련탑長連榻', '장련단長連單' 또는 '좌상坐床' 등 명칭이 다양하다.

장련상의 크기는 큰 평상平床 정도인데, 이런 큰 평상이 사방 벽쪽으로 연결되어 있다. 마루 같지만 실제는 여러 개의 장련상이 연결되어 있다. 출입구 쪽은 폭이 1미터가량 되는 작은 장련상을 설치한다. 이곳은 6지사·6두수 등 소임자들이 좌선하는 곳이다. 소임자들은 승당에서 좌선과 공양만 하고 잠은 개인의 방에서 잔다.

장련상 안쪽(벽쪽)은 갈포褐袍를 깔아서 취침할 수 있게 했고, 앞쪽(복도 쪽)은 목판인데 공양할 때는 여기에 발우를 펴놓고 한다. 좌선할 때는 장련상 위에 포단蒲團(방석)을 깔고 한다. 『서장書狀』에는 '포단상사蒲團上事'라는 말이 자주 나오는데 이는 '포단 위의 일'이라는 뜻으로 곧 좌선 수행을 의미한다.

승당 벽 상단에는 창호지를 사용한 창문이 있고 하단에는 사물함이 상하 2단으로 설치되어 있다. 위 칸에는 잡화雜貨를 넣고, 아래 칸에는 이불 등 침구를 넣는다. 이것을 '단상單箱(상자)'이라고 한다. 그리고 앞 천정에는 가사袈裟를 걸 수 있도록 의가衣架(椸架라고 함. 횃대, 옷걸이)가 설치되어 있다. 당대唐代 승당에는 이 사물함이 없었다. 따라서 개인용 도구는 모두 걸망에 넣어 벽에 걸어 두었다. 방부가 허락되면 걸망을 벽에 걸어 두었기 때문에 입방을 '괘탑掛塔'이라고 한 것이다.

또 승당 벽에는 천자문 순서(天은 1번, 地는 2번)로 일련번호가 붙어 있고(송대에는 사물함에 쓰여 있음), 그 밑에 법랍에 따른 계랍패戒臘牌(수계 나이를 기록한 법랍패), 즉 명패名牌를 붙인다. 그 자리를 '명단名單', '단單', '발위鉢位(발우를 두는 자리)', '피위被位', '좌위座位(앉는 자리)', '단위單位(명패)'라고 한다. 객승이 입방을 하면 법랍에 따라 계랍패를 붙이고, 해제하고 나가면 명패를 떼어 낸다. 그것을 '기단起單(선승이 승당을 하직하고 떠나는 일)'이라고 한다.

승당 중앙에는 문수상을 모신다. 그것을 '성승聖僧', 혹은 '성승상聖僧像'이라고 한다. 평범한 스님이 아니라 성스러운 반야지혜를 성취한 '성승'인 것이다. 그래서 보관寶冠을 쓴 보살형의 문수상이 아니고, 삭발한 스님 모습의 문수상, 즉 '승형문수상僧形文殊像'을 모신다.

문수보살은 석가의 여러 화신 가운데서 반야지혜를 상징하는 화신이다. 『화엄경』에는 시종일관 문수보살이 리더의 역할을 한다. 그리고 반야지혜가 있어야 깨달음을 이룰 수 있지만, 또 깨달음의 목표 역시 반야지혜이다. 중국 선종 사원에서 조석으로 『반야심경』을 외우는 것도 이 때문이다. 또 문수보살을 '불모佛母'라고도 하는데, 이는 '부처님의 어머니'라는 뜻이 아니고, 부처의 모체, 즉 깨달음을 이루게 하는 근본이라는 뜻이다. 승당에서 좌선하는 납자들이 모두 깨달아서 성승이 되기를 바라는 것이다. 총림에 따라서는 가섭존자상迦葉尊者像, 교

진여상憍陳如像 등을 모시기도 한다.

　중국 선원총림 가운데 가장 컸으며, 남송시대 최대 총림인 경산사·영은사·천동사 등 남송 5산의 선당 내부도를 보면, 중간에도 장련상長連床이 여러 줄 설치되어 있음을 볼 수 있다. 많은 납자들을 수용하려면 중간에도 설치하지 않으면 안 되었기 때문이다.

　승당은 크게 전당前堂과 후당後堂으로 나눈다. 승당 안에 모셔져 있는 승형문수상을 중심으로(대략 반) 출입구 쪽인 앞쪽을 '전당'이라 하고, 뒤쪽을 '후당'이라고 한다. 또 선당 안쪽을 내당內堂, 출입구 쪽을 외당外堂이라고 한다.

　승당에서 좌선하는 자리도 정해져 있다. 주지(방장)가 좌선하는 자리는 복도의 승형문수상 앞에 선의禪椅(의자)가 있는데, 그 의자에 앉아서 좌선한다. 수좌·서기·전좌, 그리고 청중淸衆(납자들)은 승당 안쪽, 즉 내당에서 좌선한다. 지사知事 가운데 감원·도사·감사·유나·부사·직세, 그리고 6두수六頭首 가운데 지객·지욕·지전·방장 시자·객승은 모두 외당에서 좌선한다. 소임자들의 좌선 자리가 입구 쪽인 것은 그들의 출입이 잦기 때문이다.

　당·북송시대 승당 형식과 남송시대 승당 형식의 차이는 벽 쪽에 설치된 사물함의 유무로 구분할 수 있다. 즉 사물함이 없으면 당·북송시대 형식의 승당이고, 있으면 남송시대 형식의 승당이다.

지리산 칠불암 아자방 내부 모습. 지금은 터만 남아 있다.

현재 중국 영파 천동사,[06] 아육왕사 승당은 청대에 건축되었지만 승당 내부는 당·북송시대 승당 형식이라고 할 수 있고, 일본 후쿠이에 있는 에이헤이지(永平寺) 승당과 요코하마에 있는 조동종 소지지(總持寺) 선당은 남송시대 선당 형식이다. 그 밖에 임제종 향악사 승당 등 일본 선종 사원의 승당은 대부분 중국 남송 때 승당 양식을 그대로 따랐다.

반면 우리나라의 승당은 모두 온돌이다. 그리고 벽에 사물함 같은 것도 없어서 중국 승당 양식과 같은 곳이 한 곳도 없다. 다만 형식 면에서 중국 승당 모습과 비슷한 곳은 칠불암 아자방亞字房이다. 아자亞字 가운데는 복도이고 벽 쪽은 복도보다 조금 높은데, 여기가 장련상이 놓여 있는 자리이다.

---

06   지금 천동사 선당 크기는 남송시대 선당과 비교하면 7분의 1정도에 불과하고, 좌선하고 있는 스님도 10여 명에 불과했다.

18장

미래의 방장과 부처들

선원총림의 행자 교육

1. 출가자의 조건

'행자行者'란 승려 지망생이다. 붓다의 후보생이 되기 위하여 불문에 들어온 사람이다. 이를 청규에서는 '동행童行'이라고 한다. 출가·입산했지만 아직 계를 받지 못한 소년 행자를 지칭하는 말이다.

지금은 비록 구도의 길에 들어선 어린 입문자에 불과하지만 1~2년이 지나면 그는 사미沙彌·사미니沙彌尼가 되고 비구比丘·비구니比丘尼가 된다. 그리고 훗날에는 이들 가운데서 선원총림을 이끌어갈 방장이 출현한다.

행자를 동행童行·동시童侍·승동僧童이라고 하고 도자道者라고도 한다. 도자는 '도를 닦는 사람', 즉 수행자修行者의 준말인 행자와 같은 뜻이다. 따라서 행자도 아무나 받아들여서는 안 된다. 승단의 규정과 사회제도적인 규정에 따라 받아들여야 한다.

『선원청규』 9권 「훈동행」 편에는 다음과 같은 사람은 행자로 받아들여서는 안 된다고 말하고 있다.

동행童行(행자)이 처음 출가하고자 선원에 들어오면 사주寺主(주지)는 그 근원을 자세히 묻되 모든 요건을 갖추었으면 받아들이되, 만약 그 의도가 의식衣食을 도모한 것이거나, 부역賦役을 피하기 위한 것이거나, 어떤 사건에 연루되어 도망한 자이거나, 부모의 승낙 없이 들어온 자는 모두

받아들여서는 안 된다.[01]

선종 사원은 부처를 이루기 위한 수행 도량이지, 부역 도피자, 범법자, 출세를 탐하는 자, 혹은 입에 풀칠을 하기 위하여 기생寄生하는 자 등 사회 낙오자가 머무는 도피처가 아니다. 이 점은 오늘날 입산 수행자들도 깊이 생각해볼만한 규정이다.

당송시대에는 출가하여 승려가 되고자 하는 자는 다음 사항에 저촉되면 출가할 수가 없었다. 이는 국가에서 제정한 승니법령이었는데, 몸에 문신文身이 있는 자, 형벌을 받아서 몸에 낙인이 찍혀 있는 자, 죄를 짓고 도피 중인 자, 조부모나 부모의 승낙을 받지 아니한 자는 승려가 될 수 없었다. 그리고 집안에 성년 남자가 없을 때는 승려가 될 수 없었다.[02]

이상의 요건에 합당하는 자는 입산 신청서인 '투원장식投院狀式'에 이름과 나이, 본관, 거주지 등을 양식대로 써서 출가하고자 하는 총림에 제출한다. 그리고 상투적인 말이지만 "생사대사生死大事를 위하여 오래전부터 공문空門(佛門)을 흠모하였습니다. 부모의 윤허를 얻어 본원

---

01   장로종색, 『선원청규』 「訓童行」. "童行初來投院, 師主審問根源, 若具正因方可容納, 如其意圖衣食, 規避徭役. 因事逋竄, 及父母不允者, 竝不可留."(신찬속장경 63권, p.548b)

02   최법혜, 『고려판 선원청규 역주』, p.366, 가산불교문화연구원, 2001.

에 들어와 동행이 되고자 합니다(만일 부모도 조부모도 없을 경우에는 '출가하여 동행이 되고자 합니다'라고 씀). 바라옵건대 당두화상(주지)께서는 자비로써 용납하사이다. 삼가 장狀함. ○○년 ○○월 ○○일"[03]이라고 써서 제출한다. 해당 사찰의 주지는 서류상 이상이 없고, 또 그가 출가하고자 하는 뜻이 확실하다면 허락한다는 날인을 하여 지사知事(감원)에게 보낸다.

주지가 서류에 결재하면 행자는 안내자와 함께 고원庫院으로 가서 고원의 책임자인 감원, 고사庫司(재무)스님에게 오체투지의 삼배를 한다. 그런 다음 짐을 챙겨서 동행당童行堂(행자실)으로 가서, 동행당 관리자인 당주堂主(동행당주)에게 신고를 하면 당주는 정식으로 그를 동행당에 입방시키고 자리를 배정해준다.

동행당 당주는 신참 행자를, 행자의 우두머리인 참두행자參頭行者와 고참 행자들에게 인사를 시킨다. 참두행자와 고참 행자들은 신참 행자의 인사를 받기만 할 뿐 답례는 하지 않는다. 위계질서를 잡기 위한 행동이었을 것이라 생각한다. 군대와 똑같다.

---

03   장로종색, 『선원청규』, 「訓童行」. "投院狀式. 投院童行, 姓某名某, 年若干. 本貫某州某縣某鄕某里人事(或是郭下人事). 在身竝無彫靑刑憲及諸般違碍. 今爲生死事大, 久慕空門. 蒙父母情允. 許捨入本院出家爲童行(如無父母, 卽云今欲投院出家爲童行). 伏乞堂頭和尙, 慈悲容納. 謹狀. 年月日具."(신찬속장경 63권, p.548b)

2. 행자가 학습해야 할 사항

갓 입산한 행자는 세속의 티를 벗어버려야 한다. 그러자면 적지 않는 시간이 걸린다. 10대나 20대 초반에 들어오면 2~3년이면 제법 걸음걸이와 행동거지가 이속離俗한 수행승다워 보인다. 그러나 30세가 넘어 들어오면 아무리 떨쳐버려도 겉모습에서부터 속티(俗人態)를 벗어버리지 못한다. 마음도 겉모습과 마찬가지이다(心身一如).

『선원청규』「훈동행」 편에서는 행자의 생활에 대하여 크게 입신立身, 배중陪衆, 작무作務 등 세 가지 주제로 나누어 설명한다. 입신은 행자로서의 마음가짐과 행동거지에 관한 것이고, 배중은 대중생활에서 조심하고 지켜야 할 사항이고, 작무는 보청으로 울력에 관한 사항이다.

입신 편에서는 "행자는 가까이는 큰스님들을 섬기고 마땅히 오계를 지켜야 한다. 첫째는 불살생계이고, 둘째는 불투도계이고, (…) 다섯 째는 불음주계이다. 그리고 아침과 점심 두 끼 외에 오후에는 음식을 먹어서는 안 된다. 총림에서 시키는 심부름 외에는 문밖을 나가서는 안 되고, (…) 참선과 문도問道(진리를 배움), 경학經學을 익히는 데 게으름을 피워서는 안 된다"[04]고 말하고 있다.

장로종색, 『선원청규』, 「訓童行」. "立身第一. 近事大僧, 當持五戒. 一不殺生(有命之屬不得而殺). 二不偸盜(不與而取皆爲盜也). 三不淫慾(遠離淫慾如避火坑).

선불교 | 생활·철학·문화로 본 선불교의 모든 것

행동에 대해서는 "행자는 흰색 신발을 신어야 하며, 의복은 항상 청결하게 해야 한다. 다닐 때에는 두 손을 모으고(叉手) 다녀야 하며, 걸을 때는 팔을 흔들지 말 것이며, 남의 팔을 잡고 함께 걸어서도 안 된다. 어디서든 스님을 만나면 한쪽으로 길을 피한 다음 합장해야 한다"고 주의를 주고 있다.

그리고 행자에게도 자긍심을 주는 대목이 있는데, "행자는 관원이나 시주를 보면 공손하게 읍을 하되 이미 출가하여 계를 지키고 진전의眞田衣(참된 복전을 일구는 옷)인 직철直裰(승복의 일종)을 착용했으므로, 속인들에게 무릎을 꿇고 절을 해서는 안 되며, 부모를 만나더라도 다만 공손하게 읍만 하라"[05]고 훈도하고 있다. 이것은 '사문은 군주에게 절하지 말라'고 하는 『사문불경왕자론沙門不敬王者論』의 영향이라고 생각되는데, 비록 행자지만 사문으로서 대단한 긍지와 자부심을 갖게 하고 있다. 그러나 자긍심은 승려의 가치를 드높이는 긍정적인 면이 있는가 하면, 다른 한편으로는 입산 초기부터 삭도(머리 깎는 칼) 물도 마르지 않은 자에게 아만을 부채질하는 부정적인 면도 있다.

四不妄語(出家之人誠信爲本). 五不飮酒食肉(寧捨身命無犯此戒). 除齋粥外竝不得雜食(所謂果子竝茱粥飮餠飯竝不應食). 非常住差使不得出門. 非大緣事不得請假. 又參禪問道者收攝身心. 不得散亂. 念經求度者溫習經業. 不得懶墮."(신찬속장경 63권, p.548b)

05   "次當祇揖官員施主. 旣出家持戒著, 眞田衣直裰. 竝不得跪拜俗家. 雖見父母只得祇揖."(신찬속장경 63권, p.548b)

배중 편에서는 "이미 출가하여 청정한 대중 속에 들어왔다면, 항상 부드럽고 화목하고 착함을 생각할지언정 아만으로 스스로 높은 척하지 말라. 대자大者(나이 많은 사람)는 형으로 여기고 소자小者는 아우로 여겨라. 말을 천천히 하고 바름을 지닐 것이며, 남의 단점을 말하지 말라. 만일 다투는 자가 있으면 잘 화합하여 자심慈心으로 대할지언정 악한 말로 남의 마음에 상처를 주지 말라. 만약 행자끼리 서로 업신여기고 시비를 부채질한다면 이와 같은 출가는 아무런 이익이 없다"[06]고 당부하고 있다.

위의 이 대목은 보조국사 지눌의 『계초심학인문』에도 거의 그대로 인용되어 있다. 『계초심학인문』은 『선원청규』 가운데서 필요한 부분만 발췌하여 송광사의 청규로 만든 것이다.

그 밖에 "남의 재물이나 의복, 침구는 함부로 손대지 말고, 당중堂中 (행자당)에서는 잠방이를 입지 말라. 행자당 벽에 낙서를 하거나 그림을 그리지 말라. 다탕茶湯(차 공양)이 있을 때에는 모두 일제히 나아가 차를 따르라. 욕실에서 벌거벗고 다니지 말라. 큰소리로 말하거나 웃지 말라. 새벽 기상 종소리를 들으면 곧바로 일어나라. 누워서 뭉개지 말라" 등이 있다.

---

06   장로종색, 『선원청규』 9권, 「훈동행」. "旣已出家, 參陪淸衆, 常念柔和善順, 不得
      我慢貢高. 大者爲兄, 小者爲弟, 徐言持正, 勿宣人短. 儻有諍者, 兩說和合, 但以
      慈心相向, 不得惡語傷人. 若也欺凌同列, 走扇是非, 如此出家, 全無利益." (신
      찬속장경 63권, p.548b)

작무(울력) 편에서는 "보청판을 치면 모두 빨리 나아가야 한다. 울력을 하고 있는 중에는 고성으로 떠들지 말라. 작무를 마치고 나서는 참선을 하고자 하는 자는 조용한 곳에서 참선을 하고, 경을 보고자 하는 자는 책상에서 공부할 것이며, 만참 뒤에는 이곳저곳에서 끼리끼리 모여 이야기하지 말라" 등 행자가 주의해야 할 사항들이 매우 많이 열거되고 있다. 여기서는 몇 가지만 간추려서 옮긴 것이다.

또 『칙수백장청규』 5권 주지 장에는 주지가 특별히 행자들을 위하여 설법한 「위행자보설爲行者普說」이 있다. 보설普說이란 대중적인 설법으로 북송대에는 행자들을 위한 설법이 없었으나 남송 후기, 원대에는 주지가 따로 행자들의 행동거지와 마음가짐에 대하여 훈육한 것이다. 『칙수백장청규』(1338)보다 25년 가량 앞서 편찬된(1311) 『선림비용청규』 10권 「훈동행訓童行」 편에도 주지가 상당법어를 마친 후 행자들을 훈육하고 있는 대목이 있다.[07]

행자 교육에 관한 내용은 『선원청규』 9권 「훈동행訓童行」 편과, 『선림비용청규』 「훈동행」 편, 『칙수백장청규』 「주지」 장에 있는 「훈동행」 편, 그리고 역시 『칙수백장청규』의 「위행자보설爲行者普說」 등에서 나온다.

그리고 행자와 동행은 조금 다르다. 모두 통틀어 행자라고 하지만,

---

07   『禪林備用淸規』권10, 「訓童行」. "五參上堂罷. 當訓童行. 參頭行者. 令喝食行者報各局務行者. 行堂前掛牌報眾. 昏鍾鳴. 行堂前鳴板三下. 集眾. 行者上寢堂排立定. 參頭入方丈. 請住持出. 就座. 參頭進前插香. 鳴參. 同問訊. 九拜. 進前屏息. 拱聽規誨已. 又同眾三拜. 珍重而退."(신찬속장경 63권, p.665c)

나이 19세 이하는 '동행童行'이라 하고, 20세 이상은 행자行者라고 한다. 동행이란 '나이 어린 행자' '소년 행자'라는 뜻으로, 남자는 19세 이하, 여자는 14세 이하를 가리킨다.

3. 행자의 서열과 위계질서

행자는 입산한 순서에 따라 위계질서가 확립된다. 마치 군대에 가면 하루라도 먼저 들어온 사람이 상위(고참)인 것과 같다.

행자들의 위계질서, 기강 등 행자 관리는 우두머리인 참두행자參頭行者와 부참두副參頭가 하는데, 부참두는 참두행자의 보조적인 역할을 한다.

행자는 주로 고원庫院(주방)에 많이 배치된다. 그리고 방장실과 승당, 수좌료, 서기료, 지객료 등 6두수와 감원, 유나료 등 6지사실에 골고루 배치된다. 하위직 소임인 종두鐘頭, 다두茶頭, 욕두浴頭, 열반당두 등도 주로 행자들이 맡는다.

주지실의 행자를 '방장 행자'라 하고, 유나실의 행자를 당사堂司 행자, 고원의 행자를 고사庫司 행자, 지객실의 행자를 객두 행자, 욕실의 행자를 욕두 행자, 불전(대웅전)의 행자를 직전直殿 행자, 각 요사寮舍의 차 담당 행자를 다두 행자라고 한다(그 밖에도 여러 행자가 있다). 공두供頭

행자는 대중들이 공양할 때 승당이나 중료에 들어가서 국·반찬 등의 공양물을 배급한다. 대중들이 점심 공양 후 중료(대중방)에서 차를 마실 때도 행자들이 차를 준비하고 따른다.

그리고 매우 재미있는 행자가 한 명 있는데, 갈식喝食 행자이다. 갈식 행자는 대중들이 승당이나 중료에서 공양할 때 큰 소리로 반찬이나 탕·국 등 음식의 이름을 고지告知하는 행자이다. 특히 새로운 음식일 경우 대중들이 무슨 음식인지 궁금해 하므로 간단하게나마 일일이 그 내용도 고지한다. 갈식 행자를 둔 것은 참으로 재치 있는 발상이다.

4. 수계의 요건과 자격

스님이 되려면 먼저 계를 받아야 한다. 물론 행자에게는 들어오자마자 오계를 알려주는데, 이것은 오계를 받는 것이나 마찬가지이다. 그러므로 행자는 살殺·도盜·음婬·망妄·주酒의 오계를 지켜야 한다.

당송시대 중국 선종 사원에서 수계는 구족계具足戒(비구계·비구니계), 보살계菩薩戒, 사미계沙彌戒의 세 종류가 있다. 이 가운데서 구족계가 대계大戒로서 가장 중요하고 구비된 계이지만, 격식 있게 치러지는 것은 오히려 사미계이다. 사미계부터 사실상 정식 스님으로 인정하고 있기 때문이다.

당송시대 불교는 거의 전 기간에 걸쳐 국가의 관할 아래에 있었다. 따라서 행자 과정을 거쳐서 승려가 되는 것도 국가의 승인을 받아야 했다. 승려가 되기 위해서는 먼저 관아에서 실시하는 시험에 합격해야만 비로소 사미계를 받을 수 있었다. 국가 시험을 거쳐 사미계를 받아야만 정식 승려로 인정되었다.

사미계 고시는 중앙과 각 지방 관아에 있는 사부祠部 소속의 승록사僧錄司에서 주관했다. 당 후기 경종敬宗(재위기간:824~827) 때 치러진 시험 내용을 보면 남자 행자는 『법화경法華經』 등 지정된 경전을 150장 암송해야 하고, 여자는 100장을 암송해야 한다. 그리고 당말오대唐末五代와 송대에는 모두 다섯 가지 시험을 보았는데, ①경전에 대한 설명 ②참선 ③경전 암송 ④논술 ⑤경전에 대한 주석 등이다. 송초宋初의 기록(977)에 의하면 사미계 고시 응시료는 100전이었는데 오늘날 화폐로 계산하면 어느 정도인지는 알 수 없지만, 만만한 돈은 아니었던 것 같다.[08]

국가에서 시행하는 고시에 합격하면 도첩度牒(승려 허가증)과 면정유免丁由(부역 면제증)가 나온다. 합격한 행자는 이 도첩과 면정유를 받아 가지고 해당 총림으로 돌아온다. 총림에서는 방장화상과 계사와 증명법사, 그리고 스승과 대중들이 모두 참석한 가운데 정식으로 득도식(수

---

08   행자의 수계와 시험, 응시료 등에 대해서는 K.S. 케네스 첸, 박해당 옮김, 『중국불교(하)』, pp.265~267 참조. 민족사, 1991.

398 선불교 | 생활·철학·문화로 본 선불교의 모든 것

계 의식)을 거행한다. 이날 비로소 행자 때까지 기르고 있던 긴 머리도 깎고, 계사戒師로부터 10계와 계첩, 그리고 7조 가사와 장삼, 법명 등을 받는다. 그런데 수계 당일에 삭발을 하게 되면 번다하므로 하루 전에 미리 삭발해둔다. 다만 정수리 부분 머리카락만 남겨두었다가 수계식 날 10계문을 낭독한 후 스승이 깎아준다.

당송시대에는 계를 받고 승려가 되면 징병과 부역을 면제받았다. 그리고 총림에서는 계를 받으면 그 사실을 본관本貫(본적지)의 관아에 통지한다. 그러면 관아에서는 그 사람의 호적을 해당 사찰로 이전하고, 동시에 본적지 부역자 명단에서 제외시킨다.

다만 행자 기간에는 부역 등과 관련한 어떤 혜택도 없다. 따라서 계를 받기 전까지는 이 모든 것을 속가에서 처리해주어야 한다. 속가에서는 세금은 돈이나 곡물로 내고 부역은 사람을 사서 대신했다. 따라서 당대唐代는 물론, 송대에도 집안이 가난한 사람은 행자를 거쳐서 승려가 되기 어려웠다. 그리고 당송시대에는 승려가 되고자 입산하는 사람들이 매우 많은 편이었다.[09]

행자에 대하여 인도와 중국의 다른 점은, 인도불교에서는 행자 과정이 없다는 것이다. 누구든 승단으로 들어오면 곧바로 사미계를 주고 21세가 되면 비구계를 주었다. 다만 여성의 경우는 임신 여부를 확인하

---

09   케네스 첸, 박해당 옮김 『중국불교(상)』, p.266, 민족사, 1991.

기 위하여 사미니와 비구니 사이에 2년 과정의 '식차마나니式叉摩那尼'를 두었다. 중국에서는 약 1~2년간의 행자 과정을 거친 다음 사미·사미니계를 준다. 다만 인도와 중국의 같은 점은 20세 이전에는 모두 사미계를 주고, 20세가 넘으면 비구계를 주었다는 점이다.

오늘날 우리나라는 처음에는 모두 사미·사미니계를 주고, 그로부터 4년이 지나서 기초 선원이나 강원 등을 마치면 비구·비구니계를 받을 자격이 주어진다. 물론 20세 이상이어야 한다.

5. 선종사를 뒤바꾼 노행자盧行者

아직 사미계도 받지 못한 행자 신분으로 깨달음을 얻어 훗날 중국 선종사를 홀딱 뒤바꾼 이가 있다. 노행자盧行者 즉 육조혜능이다.

그는 중국 남부의 신흥 출신으로 성은 노盧 씨, 어려서부터 나무 장사를 하여 노모老母를 봉양했다. 어느 날 시장에서 나무를 팔다가 '응당히 머무는 바 없이 그 마음을 내라(應無所住 而生其心)'는 『금강경』 구절에 홀연히 마음이 열렸다.

이후 그는 황매산에서 『금강경』을 강의하고 있는 오조홍인五祖弘忍(601~674)의 문하로 가서 8개월 동안 방앗간 소속 행자(磨院行者)로 디딜방아 찧는 일을 했다. 그러던 어느 날 그는 대통신수大通神秀

(606~706)의 게송을 보고 비판적 성격의 게송을 지어서 승당 벽에 붙였다. 먼저 신수의 게송을 보자.

몸은 보리라는 나무요
마음은 밝은 거울의 받침대라
항상 부지런히 갈고 닦아
티끌이 일어나지 않도록 하라
身是菩提樹　心如明鏡臺
時時勤拂拭　莫使惹塵埃

다음은 육조혜능의 게송이다.

보리(깨달음)에는 본래 나무가 없고
밝은 거울 또한 받침대 없네
본래 한 물건도 없는데
어느 곳에 티끌과 먼지가 있으리오
菩提本無樹　明鏡亦非臺
本來無一物　何處惹塵埃

그 게송을 본 방장 오조홍인은 깜작 놀랐다. 상수제자인 신수의 경지를 월등히 능가했던 것이다. 오조홍인은 야밤에 노행자를 불렀다. 그리고는 그에게 전법傳法의 징표로 가사와 발우를 주고 여기에 있으면 위험하니 새벽이 되기 전에 속히 이곳을 떠나 멀리 남쪽으로 가서 법을 펴라고 당부했다.

오조홍인의 후계자로 자타가 공인했던 대통신수는 하룻밤 사이에 낙동강 오리알이 되었다. 노행자는 신수를 제치고 홍인의 법을 이어 중국 선종의 제6대 조사가 되었다고 여러 전등사서傳燈史書에서 전한다. 전등傳燈은 불 씨앗을 전한다는 뜻으로 전등사서는 선종의 역사서를 가리킨다 그러나 이것은 역사적 사실이 아니다. 혜능을 중국 선종의 6대 조사로 만들기 위한 후대 선승들의 아름다운 픽션, 창작이다. 그 작업은 하택신회 계열에서 했을 것으로 학자들은 추정하고 있다.[10]

---

10   여기에 대한 역사적 사실 여부에 대해서는 정성본,『중국 선종의 성립사적 연구』, pp.559~619(「남종의 祖 육조 혜능」) 민족사, 1991.

19장

조석으로 예불하라

선원총림의 조석예불

1. 선종 사원의 조석예불

백장회해가 청규를 제정한 이후 당말唐末까지 대부분의 선종 사원에서는 불전(대웅전)을 세우지 않았다. 『백장청규』에서 제정한 '불전은 두지 않고 오직 법당만 둔다'[01]는 원칙에 따라 불전을 세우지 않았던 것이다. 동시에 불상도 모시지 않았다. 그러므로 조석예불은 물론 하지 않았을 것이고, 예불문도 있을 까닭이 없다.[02]

그러나 당말을 지나 오대五代(907~959) 때부터는 비록 작지만 불전을 세우기 시작했고, 북송을 지나 남송시대(1126)에는 크게 대웅전을 세웠다. 그리고 부처님도 모셨다. 그러므로 적어도 북송을 지나 남송시대부터는 선종 사원에서도 조석예불을 했을 것이고 예불문도 있었을 것이다. 하지만 당시 편찬된 여러 청규에는 조석예불에 대한 규정이 없고, 조석예불을 했다는 기록도 분명하지 않다. 물론 선종이 아닌 다른 종파는 대웅전과 불상을 모셨으므로 조석예불을 했을 것이다.

그러나 조석으로 예불했음을 시사하고 있는 문구가 전혀 없는 것은

---

01   장로종색, 『선원청규』 10권, 「百丈規繩頌」. "不立佛殿, 唯搆法堂者, 表佛祖親受, 當代爲尊也. 入門無佛殿, 陞座有虛堂, 卽此傳心印, 當知是法王."(신찬속장경 63권, p.550b)

02   그 이유에 대해서는 「제6장 불상 속에는 부처가 없다」 참조할 것.

아니다. 북송 말에 편찬된『선원청규』6권「경중警衆」편과 9권「훈동행訓童行」편에는 "행자들은 저녁 때 불전(대웅전)에 가서 예불禮佛하라"는 말이 있다.

① 황혼(저녁)에 대종大鐘 소리가 나면 행자들은 불전에 올라가서 염불念佛하라.[03]

② (행자들은) 만참晚參(저녁 법문) 때 불전 앞에서 예불하라. 모름지기 전심專心으로 창례唱禮하라. 마음은 다른 일에 가 있고 입만 달싹거리면 안 된다.[04]

이상의 두 자료를 보면, 행자들은 저녁때 예불했음을 알 수 있다. 또 남송 말에 편찬된(1274)『총림교정청규총요』등에도 "불전(대웅전)에 가서 예를 행하다(詣佛殿行禮)" 등의 문구가 보인다. 그러나 여전히 선당의 납자들은 전통대로 조석으로 불상에 분향焚香, 예불하지 않았다. 이것은 오늘날 우리나라 선원의 납자들이 조석예불에 참여하지 않고 대부

03　장로종색,『선원청규』6권,「警衆」. "黃昏鳴大鐘者, 行者上殿念佛也."(신찬속장경 63권, p.539c)

04　장로종색,『선원청규』9권,「訓童行」. "每日晚參, 於佛殿前禮佛. 竝須專心唱禮, 不得心緣他事, 口和音聲."(신찬속장경 63권, p.548c)

분 선방에서 죽비 삼배로 예불을 대신하는 것과 같은 맥락이다.[05] 부처의 실체는 목석木石으로 만든 불상이 아니고 반야지혜였기 때문이다. 이것은 시대에 따라 약간 차이는 있지만, 선이 지리멸렬했던 청대까지도 이어졌다.

청淸 옹정제雍正帝는 선불교를 좋아하여 직접 『어선어록御選語錄』을 편찬하고 간행할 정도였지만, 선승들이 불상에 예배하지 않는 것에 대해서는 비판했다. 원오극근도 『벽암록』 제9칙 평창에서 납자들이 불상에 합장배례하지 않는 것에 대하여 매우 비판했다.

여기에서 사람들은 대부분 잘못 알고서 무사無事 속에 빠져서 부처님에게도 배례拜禮하지 않고 향좔도 사르지 않으니, 그럴싸한 것 같지만(깨달은 것 같지만) 전체가 모두 옳지 않으니 어찌하리오.[06]

무사無事 속에 빠져서 부처님에게도 배례하지 않고 향도 사르지 않으니, 마치 그 행동은 초탈해서 깨달은 것처럼 보이지만(似則也似), 전체가 모두 잘못되었으니(狂禪의 병) 어찌하겠느냐고 탄식하고 있다.

---

05 지금도 그렇지만, 필자가 해인사 강원에 있을 무렵인 1970년대 초 선원의 납자들은 조석예불에 참여하지 않았다. 선원에서는 선방 안에 모셔져 있는 달마상에 죽비 삼배로 조석예불을 대신했다.

06 圜悟克勤, 『碧巖錄』, "到這裏, 人多錯會, 打在無事界裏, 佛也不禮, 香也不燒, 似則也似, 爭奈脫體不是." (대정장 48권, p.149c)

원오극근이 생존해 있을 당시 북송 말·남송 초 선원총림에는 불전이 있었고 불상도 모셔져 있었다. 그러나 선당의 납자들은 불상에 합장 배례하지 않았다는 사실은 원오극근의 비판에서도 알 수 있다.

물론 인용문 가운데 '부처님에게도 배례하지 않고 향도 사르지 않으니(佛也不禮 香也不燒)'가 꼭 조석예불을 가리키는 것이라고 단정하기가 어렵지만 합장 배례를 가리키는 것만은 분명하다.

2. 조과와 만과

선종을 포함한 중국불교에서 새벽 예불을 '조과朝課(早課)'라고 하고, 저녁 예불을 '만과晩課'라고 한다. 그리고 조석예불문을 '조만과송朝晩課誦' 또는 '조모과송朝暮課誦'이라고 한다.

그런데 북송 말에 편찬된 『선원청규』를 비롯하여, 남송 때 편찬된 『입중일용』『입중수지』『총림교정청규총요』그리고 원대에 편찬된 『선림비용청규』『칙수백장청규』등 청규에는 '조석예불'이라는 말도 없지만, 조석예불을 가리키는 '조과朝課(早課)''만과晩課''조만과송朝晩課誦'이라는 말이 일체 없다.

그러나 1338년(원대)에 편찬된 『칙수백장청규』「대중장大衆章 입중법(入衆之法)」에는 오경五更에 조석예불을 했음을 시사하는 대목이 한두 곳 나온다.

● 전당殿堂(불전)에서 예배할 때는 중앙을 차지하여 주지가 들어오는 것을 방해해서는 안 된다. 소리 내어 염불하지 말라. 예배하는 사람의 머리 쪽을 지나가지 말라. 뒤쪽의 빈 곳으로 다녀라. 오경종이 울리면 게송偈頌을 상념하라. '원컨대 이 종소리여, 법계를 넘어 철위유암鐵圍幽暗에도 빠짐 없이 모두 듣게 하소서. 삼도의 고품를 떠나며 도륜刀輪을 파罷하고 일체중생 모두 정각을 이루소서.' 주지(방장)와 수좌가 자리에 앉아 있을 때는 앞문으로 출입하지 말라.[07]

또 『칙수백장청규』 8권 「법기장法器章 전종殿鐘(大雄殿鐘)」에도 조석으로 예불했음을 알 수 있다.

주지가 조석으로 향을 사르고 예불할 때(行香時)는 종을 울리되 일곱 번 친다. 대중들은 모두 모여서 불전으로 올라가야 한다. 반드시 승당의 종과 함께 쳐야 한다. 종은 지전이 맡는다.[08]

---

07   『칙수백장청규』, 「大衆」. "如殿堂禮拜, 不得占中央, 妨住持人來. 不得出聲念佛, 不得行禮拜人頭邊過. 須行後面空處. 五更鍾鳴, 想念偈云(願此鍾聲超法界, 鐵圍幽暗悉皆聞, 三途離苦罷刀輪, 一切衆生成正覺)."(대정장 48권, p.1144c)

08   『칙수백장청규』 8권, 「法器」, 殿鐘. "住持朝暮行香時, 鳴七下. 凡集衆上殿. 必與僧堂鐘相應接擊之. 知殿主之."(대정장 48권, p.1155c)

그런데 인용문 ●의 내용은 『칙수백장청규』에서 처음 나오는 것이 아니다. 그보다 이미 130여 년이나 앞서 남송 중기인 1206년에 편찬된 무량종수의 『입중일용入衆日用』(日用清規라고도 함)에도 거의 똑같은 말이 나오고 있다. 또 이 내용은 『총림교정청규총요』와 『선림비용·청규』 10권에도 수록되어 있다.

전당殿堂(불전)에서 예배할 때는 중앙을 차지하여 주지가 들어오는 것을 방해해서는 안 된다. 소리 내어 염불하지 말라. 예배하는 사람의 머리 쪽을 지나가지 말라. 뒤쪽의 빈 곳으로 다녀라. 오경종이 울리고 주지(방장)와 수좌가 들어와 앉으면 앞문으로 출입하지 말라.[09]

청규에서 처음으로 조석예불을 가리키는 '조과' '만과' 그리고 조석예불문을 가리키는 '조만과송'이라는 말이 등장하는 것은 명말청초의 선승 행원行元(1611~1662)이 편찬한(1639) 『총림양서수지叢林兩序須知』 「수좌수지首座須知」와 「서기수지書記須知」 편이다. 거기에는 "조만과송朝晚課誦은 빠트리지 말고 반드시 하라"[10] "아침저녁에 대중을 따라 예불

---

09   無量宗壽, 『入衆日用』, "如殿堂禮拜, 不得占中央, 妨住持人來. 不得出聲念佛, 不得行禮拜人頭邊過. 須行後面空處. 五更鍾鳴, 住持幷首座坐堂時, 不得從前門出入."(신속장경 63권, NO.1249)

10   행원行元, 『叢林兩序須知』, 「首座須知」. "早晚課誦勿失."(신찬속장경 63권, p.667c)

문을 외워라"[11]라고 하여, 조과·만과를 했고, 예불문이 있었음을 분명
히 언급하고 있다.

　다만 조석예불을 해도 선당의 납자들은 참여하지 않았다. 주지와 소
임자들, 그리고 행자들만 조석예불을 했다고 보여진다.

3. 선원총림의 조석예불문

앞에서 언급했듯이, 현존하는 가장 오래된 『선원청규』(1103)를 비롯하
여 남송시대의 청규, 그리고 원대에 편찬된 『칙수백장청규』 등 북송, 남
송, 원대 청규에는 조석예불문에 대한 언급이 일체 없다.

　『선림비용청규』 「지전知殿」 편과 동양덕휘의 『칙수백장청규』 「지전知
殿」 편에는 "지전知殿은 궤안几案을 깨끗하게 하고 항상 등燈에 기름을
채워야 한다. 성상聖像(불상)은 마땅히 수시로 먼지를 털고 공양을 올리
고 시주가 내는 향전香錢과 유전油錢은 다르니 혼용하지 말라. 부지런

11　　행원行元, 『叢林兩序須知』, 「書記須知」. "朝晚隨衆課誦."(신찬속장경 63권,
　　　p.667c) 청 후기인 1823년에 편찬된 『백장청규증의기』에도 "조석예불 때는 과
　　　송課誦(예불문, 誦經)을 빠트리지 말라(早晚課誦勿失)"는 말이 있다.

히 향과 등불을 받들고 바람에 불이 꺼지지 않도록 하라(축약 번역)"[12]
고 주의를 주고 있을 뿐이다. 남송, 원대 선원총림에서 조석예불은 했
고 그렇다면 조석예불문도 있었을 것이지만, 전혀 자료를 찾아볼 수
없다.

그런데 북송 말에 편찬된『선원청규』9권「훈동행訓童行」편에는 "(행
자들은) 매일 저녁 만참晚參 때 불전 앞에서 예불하라. 모름지기 전심
專心으로 창례唱禮하라. 마음은 다른 일에 가 있고 입만 달싹거리면 안
된다"[13]라고 하여, 무언가 행자들은 불전에서 염송한 것이 있었다. 그러
나 무엇을 외운 것인지는 알 수 없다. 북송 말 무렵 3일과 8일 염송 때
는 주지 이하 대중이 모두 불전에 가서 청정법신 비로자나불 등 십불
명十佛名[14]을 염송念誦했고, 그 밖의 행사 때에도 십불명을 염송했다.

---

12   一咸,『禪林備用清規』,「知殿」. "嚴淨几桉(案), 常滿燈油, 聖像時當拂塵, 供養隨
      宜修設, 施主香錢油錢, 無移互用. 責令行僕勤奉香燈, 或遇風起, 須減爐火, 結
      起幡脚, 勿近琉璃. 朔望節, 假開設殿門, 士庶往來, 隨心瞻仰. 大刹佛殿, 成道涅
      槃, 諷經了煎湯. 毋得多重抄覓燈油錢, 令生厭心, 返招惡果也."(신찬속장경 63
      권, p.647b)
      동양덕휘 編,『칙수백장청규』4권,「知殿」. "掌諸殿堂香燈, 時時拂拭塵埃, 嚴潔
      几案. 或遇風起, 須息爐內香火, 及結起幡脚防顧使勿近燈燭. 施主香錢, 不得
      互用. 佛誕日浴佛, 煎湯供大眾. 四齋日, 開殿門, 以便往來瞻禮."(대정장 48권,
      p.1131c)

13   장로종색,『선원청규』9권,「訓童行」. "每日晚參, 於佛殿前禮佛. 竝須專心唱禮,
      不得心緣他事, 口和音聲."(신찬속장경 63권, p.548c)

14   십념十念이라고도 한다. 십불명은 청정법신비로자나불清淨法身毘盧舍那佛, 원만
      보신노사나불圓滿報身盧舍那佛, 천백억화신석가모니불千百億化身釋迦牟尼佛, 당
      래하생미륵존불當來下生彌勒尊佛, 서방무량수불西方無量壽佛, 시방삼세일체제

따라서 행자들이 불전에 가서 염송한 것도 십불명이라고 생각된다.

최근 중국에서 출판된『중국고대사원생활』과송課誦(예불)편 서론에는 "이것(과송)은 선종 사찰의 과송課誦(예불문)"이라고 밝힌 다음, "현재 선종 사원의 조과早課(아침 예불)와 만과晚課(저녁 예불), 그리고 과송(조석예불문)은 명말明末에 정해졌다"라고 말하고 있다.[15]

명말청초의『총림양서수지』1권「수좌수지首座須知」편에 나열되어 있는 15번째 항목에는 "조모과송朝暮課誦은 빠트리지 말고 반드시 하라"는 말이 있다. 또「서기수지書記須知」편에도 "조석으로 대중들을 따라 과송課誦하라"고 명시하고 있다.[16]

따라서 문헌상 조모과송, 즉 예불문은 명말청초에는 완성되어 있었다. 다만 그 내용이「능엄주楞嚴呪」「십소주十小呪」등인 것으로 보아 이 조석예불문의 원형은 남송 후기, 원대에 시작된 것으로 짐작된다.

『중국고대사원생활』에서 말하는 명말 선종 사원의 아침(새벽) 예불

불十方三世一切諸佛, 대성문수사리보살大聖文殊舍利菩薩, 대행보현보살大行普賢菩薩, 대비관세음보살大悲觀世音菩薩, 대지대세지보살大智大勢至菩薩이다. 그리고 끝마침을 할 때는 "제존보살마하살諸尊菩薩摩訶薩, 마하반야바라밀"이라는 것이 추가된다

15   王景琳,『중국고대사원생활』,「과송課誦」(협서인민출판사, 2002), 聖凱 著,『中國漢傳佛教禮儀』(종교문화출판사, 2001) 42쪽에 있는 早課 내용도 이와 같다.

16   앞의 주 07, 08 참조할 것.

문 순서는 ①능엄주, ②대비주(신묘장구대다라니), ③십소주,[17] ④반야심경을 각각 1편씩 염송하고 마지막으로 ⑤회향문을 한다. 그리고 저녁 예불문은 ①아미타경, ②예불대참회문, ③몽산시식蒙山施食 등이다. 이 속에는 원대의 고승 몽산덕이蒙山德異(1231~1308?)가 만든 몽산시식도 들어가 있는데, 이 몽산시식이 오늘날 중국, 한국 불교의식에 많은 영향을 주었다.

원대에 편찬된 『칙수백장청규』「축리장祝釐章」을 보면 '성절聖節(황제의 생일)' '축수祝壽(황제의 생일 축수)' '기우제' 등 각종 행사 때에 염송하는 송주誦呪가 있었는데, 그것이 ①능엄주 ②대비주 ③십소주 가운데 소재주消災呪(소재길상다라니), 대운주大雲呪, ④십불명十佛名, ⑤ 무량수주(황제 생일의 경우) 등이다. 앞에서 말한 『중국고대사원생활』에 있는 조석예불문과 대동소이하다.

중봉명본中峰明本(1263~1323)의 『환주암청규幻住庵清規』(1317)「월진月進(매달 행사)」, 정월正月 조條에도 "행사일에는 대비주와 능엄주를 외웠다"고 기록하고 있다.

---

17 십소주十小呪란 열 개의 짧은 주문인데, 여의보륜왕다라니如意寶輪王陀羅尼, 소재길상다라니消災吉祥陀羅尼, 공덕보산신주功德寶山神呪, 불모준제신주佛母準提神呪, 무량수주無量壽呪, 약사관정진언藥師灌頂眞言, 관음영험진언觀音靈驗眞言, 칠불멸죄진언七佛滅罪眞言, 왕생정토신주往生淨土神呪, 대길상천녀大吉祥天女呪이다.

정월 초하루는 세단歲旦(새해 첫날)이다. 오경五更(새벽 4시)에 종鐘과 판板을 치면 대중은 모여서 대비주大悲呪(신묘장구대다라니)를 염하며 황제의 장수를 기원하고 법회가 끝나면 대중은 서로 축하하는데 사절四節(元旦, 結夏결제일, 解夏해제일, 冬至)과 같이 한다. 이날은 재齋를 준비하며 반재半齋(朝粥과 午齋 사이) 때에는 능엄주를 외우며 널리 두루 회향한다."[18]

이와 같이 『칙수백장청규』와 『중국고대사원생활』에 있는 중국 선종 사원의 조석예불문 등의 의식문은 밀교적 색채가 강하다. 특히 능엄주와 십소주는 남송 후기, 특히 원나라 불교의 영향을 많이 받아 만들어진 것이라 할 수 있다. 우리나라 예불문이나 의식문도 대부분 원대 의식문이다.

한편 우리나라 각종 염불 의식문에는 선종의 영향이 강하다. 『천수경』은 물론 그 밖의 불공 의식이나 천도재, 의식문 등을 보면 선사상, 선구禪句가 많이 나온다. 선禪의 관점에서 만들어진 의식문이라고 할 수 있다. 이것은 특색이라고 할 수 있다.

---

18   中峰明本, 『幻住庵淸規』(1317, 元 延祐 4년), 「月進」. "正月. 初一日歲旦. 五更鳴鐘板眾集, 大悲呪祝聖罷. 大衆稱賀, 與四節同. 是日營齋, 半齋時諷楞嚴普廻向."(신찬속장경 63권, p.572a)

20장

문자에 빠지지 말라

선종 사원의 좌선과 간경

1. 선禪과 불립문자不立文字

선종禪宗을 대표하는 상징적인 문구가 '불립문자不立文字 교외별전教外別傳 직지인심直指人心 견성성불見性成佛'이다. 이 사자성어가 시사하고 있는 바와 같이 선승들은 경전을 경시했다. 심지어 과격파 선승들은 경전을 일컬어 '피고름 닦은 종이'라고 폄하하기도 했다.

그럼에도 불구하고 천 년 전 당송시대 선종 사원에는 경전을 보관해두는 장전藏殿이 설치되어 있었고, 좌선 시간 외에는 누구든 자유롭게 경전을 독서할 수 있었다. 선승들은 불립문자를 주장했지만, 그 어느 종파보다도 많은 어록語錄(법문집)을 남겼다. 언어 문자를 통하지 않고는 선을 표현할 수도, 전달할 수도 없었기 때문이었다. 불립문자였지만 문자를 떠날 수도 없었다(不離文字).

장전은 장경각藏經閣이다. 오늘날 장경각은 주로 대장경 등 경전을 보관만 하는 곳이지만, 당송시대 선종 사원의 장전은 두 가지 기능을 하고 있었다. 하나는 대장경 등 경전을 보관하는 기능, 그리고 또 하나는 대중들에게 경전을 대출해주어 독서할 수 있도록 하는 기능이다. 다시 말해, 오늘날 도서관과 같은 기능이었다.

『선원청규』「장주藏主(知藏)」편을 고찰해본다면 전자보다는 후자의 기능, 즉 도서관 기능이 훨씬 더 강했다. 이는 언어 문자를 배격했던 선 불교의 이면異面이 아닐 수 없다. 특히 근래 우리나라 선승들은 '책은 독약'이라고 하여 언어 문자로 된 경전을 일체 보지 못하게 했는데, 그 이유는 경전과 어록 등 책은 모두 알음알이(분별심)의 근원이고, 또 책을 보면 깨닫지 못하기 때문이라고 한다. 이것은 사실 착각, 오판이라고 할 수 있다. 불립문자는 '문자에 빠지지 말라' '문자 밖에 의미를 포착해야 한다' '문자를 과신하지 말라' '문자에 적혀 있는 내용을 절대시하지 말라' 등의 의미인데, 의미 파악을 잘못했다고 할 수 있다.

당송시대 선종사원에서는 제도적으로 누구든지 좌선 시간 외에는 마음대로 경전을 볼 수(看經) 있도록 했다. 문자를 모르면 무지, 무식할 수밖에 없고, 무지·무식해서는 반야지혜가 작용하는 선승이 될 수 없다. 깨달아도 법문을 할 줄 모르는 벙어리 조실, 벙어리 방장이 될 수 있기 때문이다. 다만 승당僧堂 내에서는 볼 수 없었다(不得在僧堂內, 看經看冊子).[01] 그러나 좌선 시간 외에는 마음대로 경전을 대출하여 간경당看經堂(독서실)이나 중료(대중방, 큰방)에서 독서할 수 있었다.

『선원청규』『입중일용』『칙수백장청규』 등을 바탕으로 선종 사원의 간경에 대하여 고찰해보고자 한다.

---

01   무량종수, 『入衆日用)』. "不得在僧堂內, 看經看冊子."(신찬속장경 63권, p.558a)

2. 도서관 기능의 장경각

『선원청규』 4권 「장주」 편에는 장전藏殿(장경각) 소임자인 장주의 임무에 대하여 다음과 같이 규정하고 있다.

장주藏主(知藏)는 금문金文(경전)을 장악掌握(관장)한다. 정식으로 궤안几案(책상)을 마련하고 다탕茶湯(차)과 기름(油)과 불(火), 향촉香燭(향과 등불)을 준비하라. 전주殿主(藏主)는 잘 생각하여 총림의 통로(거리, 길목)에 알림장을 붙여서 본료本寮(승당, 선당) 및 경전을 보고자 하는 대중들이 모두 볼 수 있도록 해야 한다.[02]

조신무晨에 대중이 일어난 이후부터, 저녁에는 방참放參하기 전에 장주는 종을 울려서 경전을 교점交點(대출한 경전은 수납), 출납出納(대출)한다.[03]

장주는 경전을 보고자 하는 대중들을 위하여 항상 장경각과 간경

02　　장로종색, 『선원청규』 4권, 「藏主」. "藏主, 掌握金文. 嚴設几案, 準備茶湯油火香燭, 選請(靖)殿主 街坊表白, 供瞻本寮及看經大衆."(신찬속장경 63권, p.532a); 최법혜 역, 『고려판 선원청규 역주』(가산불교문화연구원, 2001) p.181에서 재인용.

03　　위의 책, "早晨大衆起, 晚間放參前, 殿主鳴鐘會經交點出納."

당에 책상과 차茶, 기름(油)과 불(火), 향촉香燭을 준비하여 간경하고자
하는 대중들이 불편함이 없도록 제공해야 한다는 것, 총림의 통로(길
목)에 장경각 개폐에 대한 알림장(表白)을 붙여야 한다는 것이다.

3. 경전 대출 방법과 간경 규칙

장경각의 개폐 시간, 즉 경전을 대출하고 회수하는 시간은 아침 조신晨
晨(아침 8시)부터 저녁 방참放參 전까지였다.[04] 오전 8시부터 저녁 5시까
지는 장경각을 개방하여 선원 대중들이 경전을 열람하고 독서할 수 있
도록 했다.

　다음은 장전藏殿(장경각)에서 경전을 대출한 뒤 간경당看經堂에서 경
전을 열독閱讀하고자 청할 때, 또는 간경당에서 경전을 읽을 때 주의해
야 할 사항이다. 대략적인 것만 열거하고자 한다.

　① "경전을 대출받은 승려는 먼저 장경각 내에서 향을 사르고 예배해야
　　한다. 소중하게 받들되 (간경당이나 중료로 오는) 노중路中에 경전을 들

04　　저녁 '방참종放參鐘은 오후 5시 무렵에 친다.

고 말장난을 하거나 농담을 하지 말라. 책상에 경을 두고 그 위에 붓이나 벼루, 잡물, 선책禪策(죽비)이나 책자 등을 얹어 두지 말라."[05]

② "모르는 글자가 있어서 물을 때는 먼저 편운篇韻(字典)을 찾아보고 난 다음에도 알 수 없을 때 물어야 한다. 모르는 글자를 묻는 것이 잦으면 타인의 간경을 방해할 수 있다. 그러므로 자주 물어서는 안 된다. 만일 잠시 책상을 떠날 때는 반드시 보고 있던 경전을 덮어 두어야 한다. 또한 가사를 개어 경전 위에 두지 말라. 간경할 때에는 단정히 앉아서 간경하되 소리를 내거나 입술을 달싹거리지 말라. 또 다른 일에 관계하지 말라."[06]

위의 인용문에서 공통점은 장경각은 경전을 보관해 두는 기능보다는 경전을 대출·간경하는 도서관 기능을 더 많이 했다는 사실이다. 특히 두 번째 인용문을 주목해보면 '모르는 글자가 있어서 옆 사람(장주, 혹은 간경당 수좌)에게 물을 때는 먼저 편운篇韻(字典)을 찾아보고 그런

---

05   장로종색, 『선원청규』 4권, 「藏主」. "會經僧, 應於藏內燒香禮拜. 慇重捧經. 路中
      不得與人語笑. 案上不得堆經, 安置筆硯雜物及禪策文字."(신찬속장경 63권,
      p.532a)

06   장로종색, 『선원청규』 4권, 「藏主」. "如不識字, 先檢篇韻. 猶有疑者, 方可借問.
      問字若繁有妨看轉, 如暫離案竝須蓋覆. 亦不得將袈裟疊安經上. 看經時, 端身
      正坐, 不得出聲, 及動脣口竝緣他事."(신찬속장경 63권, p.532a)

다음에도 알 수 없을 때 물으라는 것이다. 난자難字를 묻는 일이 잦으면 타인의 간경을 방해할 수 있기 때문인데, 이런 대목을 통해서 당시 장경각에는 간경을 위한 한자사전까지 비치해 두었음을 알 수 있다.

또 간경을 할 때에는 단정히 앉아서 하되 소리를 내거나 입술을 달싹거리지 말라는 등 구체적으로 주의 사항들을 열거하고 있다. 『선원청규』 10권 「백장규승송百丈規繩頌」에는 경전을 볼 때의 주의 사항들이 나온다.

모든 요사에서는 고성高聲으로 경전을 독송하거나 한잡문자閑雜文字(경전이외의 서책)를 독송하지 말라. 자기 책상과 자리, 선책禪策과 문자를 항상 덮어 가지런히 정돈하라.[07]

주의 사항은 고성高聲으로는 경전을 독송하거나 경전 이외의 서책(閑雜文字)은 보지 말라는 것, 자기 책상과 자리, 선책禪策(죽비), 책자 등[08]은 항상 가지런히 정돈하라는 것이다.

이상에서 볼 수 있는 바와 같이 당송시대 선종 사원, 적어도 『선원청규』가 편찬되던 북송시대에는 누구든 제약 없이 마음대로 경전을 열

---

07   장로종색, 『선원청규』 10권, 「百丈規繩頌」. "諸寮舍, 不得高聲讀誦經典, 竝閑雜文字. 自己案分禪策文字常蓋齊整."(신찬속장경 63권, p.552b)

08   『禪學大辭典』, p.683, 大修館書店, 1985.

람하고 독서할 수 있었다. 또 『칙수백장청규』 4권 「지장知藏(藏主)」 장에
도 간경 시 주의 사항이 나온다.

지장은 경장經藏을 관장하며 의학義學(外典)도 함께 갖추어야 한다. 간경
看經하고자 하는 이는 장경각에 가서 먼저 지장知藏에게 고告하고 함께
담당자에게 가서 인사한다. 자리가 정해지면 서로 합장한다. 이것이 옛
법칙이다. 독서는 대개 중료衆寮(대중방)에서 한다. 그래서 요즘에는 장경
각 안에는 책상을 두지 않는다.[09]

장경각의 장서藏書는 경전 외에 외전外典도 갖추었던 것은 사회적 지
식도 필요해서였다. 즉 원나라 때(『칙수백장청규』 시대)에는 불교, 유교, 도
교가 치열하게 서로를 비판하고 논쟁했는데, 이들과의 논쟁에 대비하
자면 외전도 필요했던 것이다.

다음은 선승들이 왜 독서와 간경을 해야 하는지 그 이유와 필요성
에 대한 것이다.

선종은 본래 교외별전이다. 그럼에도 장전藏殿(장경각)을 관리하는 승려(지

---

09   동양덕휘, 『칙수백장청규』 4권, 「知藏」. "知藏, 職掌經藏兼通義學. 凡看經者初
      入經堂, 先白堂主同到藏司相看, 送歸按位對觸禮一拜, 此古規也. 今各僧看經
      多就衆寮, 而藏殿無設几案者."(대정장 48권, p.1131a)

장)를 두는 것은 어째서인가? 부처님의 언행을 가지고 교율敎律로 삼고 있기 때문이다. 그러할진대 어찌 승僧으로서 부처님의 언행을 따르지 않을 수 있겠는가? 특히 우리 선종에서 증득하고자 하는 바는 문자에 빠지지 않으면서 언행의 표면을 뛰어넘어 자성의 묘함을 보는 데 있다. 조사의 뜻은 우리 종도로 하여금 두루 경전과 갖가지 전적을 탐구하여 외모外侮(외부의 경멸과 비난 등)에 대항하며 변화에 무궁하게 대응하기를 바라기 때문이다. 이것이 이른바 (문자와) 부즉불리不卽不離라는 것이다.[10]

중요한 것은 경전 등 문자를 보더라도 그 문자에 빠지지 말고 자성自性을 보는 것이 중요하다는 것인데, 이것이 불립문자의 정의이다. 또 세속인들의 경멸과 비난(外侮) 등에 대응하기 위해서라도 경전을 읽고 문자를 공부를 해야 한다는 것이다. 이것이 이른바 문자와는 떨어질 수도 붙어 있을 수도 없는 부즉불리不卽不離의 관계이다. 깨달았다고 해도 문자를 모르면 무식할 수밖에 없고 무식하고서는 이교도들의 불교 비판에 논리적·합리적으로 대응할 수 없기 때문이다.

10　동양덕휘, 『칙수백장청규』 4권, 「知藏」. "原吾宗旣曰敎外別傳, 猶命僧專司其藏者何也. 以佛之所言所行爲敎律, 而僧有不遵佛之言行乎. 特吾之所證所得不溺於文字, 而超乎言行之表, 以見夫自性之妙焉. 又祖之意, 欲吾徒遍探諸部與外之百氏, 期以折衝外侮, 應變無窮, 所謂不卽不離者是也."(대정장 48권, p.1131a)

4. 도겐의「판도법」기록

일본 조동종의 도겐(道元)은 1224년에서 1228년까지, 즉 24세부터 28세까지 약 3~4년 동안 천동사天童寺에서 조동선曹洞禪(默照禪)을 공부했다. 굉지정각(1091~1157)의 4대 법손인 천동여정天童如淨(1163~1228)으로부터 각별한 가르침을 받고 돌아와서 일본 최대의 선종 사원인 에이헤이지(영평사)를 창건했고, 에이헤이지의 수행 규범인『영평청규』를 저술·편찬했는데, 간경에 대하여「판도법辦道法」에서는 다음과 같이 기록하고 있다.

> 운당雲堂(승당, 선당의 이칭)의 대중들은 점심 공양을 마친 후에는 포단蒲團
> (방석)을 들고 운당을 나가서 중료衆寮(큰방, 대중방)에서 쉰다. 간독상看讀床
> (앉은뱅이책상)에서 (경을 보다가) 포시哺時(3시)가 되면 다시 운당으로 돌
> 아와 좌선한다.[11]

도겐의 기록을 보면 남송시대에는 총림에서 점심 공양 후부터 포시

---

11   道元,『永平淸規』,「辦道法」放參法. "雲堂大衆, 齋罷收蒲團出堂, 歇于衆寮, 就
      看讀床, 稍經時餘將哺時至(當世俗之未時之終), 歸雲堂, 出蒲團坐禪."(대정장
      82권, p.319) 포시哺時는 오후 3시~5시까지인데, 도겐은 주석에서 포시 첫 시각
      인 "當世俗之未時終"이라고 말하고 있다. 未時의 끝은 3시 직전임.

晡時(未時終, 오후 3시) 직전 즉 3시까지는 중료(대중방)에서 쉬기도 하고 또 책상에서 경전이나 조사어록 등 책을 보았음을 알 수 있다. 『영평청 규』「판도법」의 기록을 통해 점심 공양 후의 간경은 당시(남송) 선종 사 원의 일상이었음을 알 수 있다.

또 장십경張十慶이 지은 『중국강남선종사원건축中國江南禪宗寺院建築』 「중료衆寮」 장에는 『남송오산십찰도』를 바탕으로 중료의 용도에 대하 여 다음과 같이 서술하고 있다.

중료는 선종 사원에서 대중들이 경전과 조사어록을 보는 곳으로 이른바 학문의 도량이다. 건축 형제상形制上에서 본다면 중료는 기본적으로 승 당僧堂에 준한다. 중료 안에 장련상長連床 위에 설치한 것은 경궤經櫃(경전 을 두는 函)이다. 도구(생활 용품)를 두는 함궤函櫃는 아니다. (…) 중료에서 는 쉬기도 하고 차를 마시기도 한다.

중료에는 사방에 경전을 보는 간독상看讀床이 배치되어 있고, 경전과 조 사어록, 그리고 차를 마실 수 있는 도구가 갖추어져 있다. 중료 내의 모 든 것은 한결같이 『백장청규』와 같다. 중료 안에서는 당연히 대승경전과 조사어록을 보았다(寮中之儀, 一如百丈淸規. 寮中, 應看大乘經典幷祖宗之語句).[12]

---

12   張十慶, 『중국강남선종사원건축』, p.79, 湖北교육출판사, 2002.

이상과 같이『선원청규』와「백장규승송」『입중일용』『칙수백장청규』 그리고 도겐의「판도법」과 장십경의 연구서 등을 종합해 본다면, 특히 송대 선종 사원에서는 경전과 조사어록 등을 많이 열람하고 독서했다 는 사실을 확인할 수 있다.

사실 유명한 선승들은 모두 교학과 경전에 해박했다. 특히 마조도 일, 백장회해, 위산영우, 황벽희운, 임제의현, 운문문언, 동산수초, 오조 법연, 원오극근, 굉지정각, 대혜종고 등 중국 선종사에서 한 시대를 대 표했던 선승들은 모두 박학다식했다. 그들의 법문 속에는 중요한 대승 경전인『유마경』『금강경』『화엄경』『열반경』『법화경』『능엄경』등이 많이 인용되고 있다. 그리고 그 내용도 공空, 중관中觀, 여래장如來藏, 반 야般若, 불성佛性 사상 등 대승불교의 사상과 일치하고 있다.

원오극근의『벽암록』은 공안집의 백미이다. 그는『벽암록』100칙에 대하여 중국의 고사故事 등을 많이 인용하여 평창評唱을 달았는데, 이 는 중국 고전을 읽지 않았다면 불가능한 일이다. 또 대혜종고는 사대 부들과 주고 받은 편지 모음집인『서장書狀』에서『화엄경』『능엄경』 『법화경』『유마경』등 많은 경전 구절을 인용하여 설명하고 있는데, 이 역시 경전을 탐독하지 않고는 불가능한 일이다.

5. 황벽희운과 간경

당대唐代 조사선祖師禪의 한 사람인 황벽희운黃檗希運(?~850)은 경전을 종종 읽었다. 그것을 보고 제자 임제의현臨濟義玄(?~867)은 인신공격적인 언어로 황벽에게 대들었다.

임제가 반하半夏(45일)에 황벽산을 찾아갔다. 그때 황벽은 경전을 보고 있었다. 임제가 말했다.

"저는 스님을 본분종사(箇人)라고 여겼는데, 이제 알고 보니 그저 검정콩(문자)이나 만지작거리는 노화상이로군요."

임제는 며칠 후 황벽에게 하직 인사를 했다. 황벽이 말했다.

"자네는 하안거를 지키지 않고 와서는 어찌하여 하안거를 마치지도 않고 가는가?"

임제가 말했다.

"저는 그냥 잠시 화상에게 인사를 하러 왔을 뿐입니다."

(인사하러 온 것이지 방부들이려고 온 것이 아니라는 뜻)

황벽이 귀싸대기를 갈겨 그를 내쫓아버렸다. 임제가 몇 리里를 가다가 다시 돌아와 하안거를 마친 뒤 황벽에게 하직 인사를 했다.

황벽이 물었다.

"어디로 갈 생각인가?"

임제가 말했다.

"하남河南이 아니면 하북河北으로요."

그 순간 황벽이 방망이를 잡았다. 임제가 잽싸게 그 방망이를 꽉 붙잡았다. 그러자 황벽이 일장一掌(귀싸대기)을 올려붙였다. 그리고는 '하하' 웃었다. 황벽은 시자를 불러 백장선사(황벽의 스승)의 선판禪版(좌선 후에 기대는 판)과 불자拂子를 가져 오게 했다(전법 표시). 임제가 (선판과 불자를 태워버리려고) 시자에게 불을 가져 오게 하자 황벽이 말했다.

"그대는 다만 가져가기만 하게. 그대는 이후 천하의 납승들의 말을 제압해버리는 선승이 될 것이네."[13]

스승 황벽이 간경하고 있는 것을 보고 임제는 실망했다. 그래서 황벽에게 하직 인사를 하고 떠나갔으나 다시 참회하고 돌아와 깨달음을 얻고 법을 전해 받는 장면이다.

---

13   『宗鑑法林』22권. "臨濟因半夏上黃檗山. 見檗看經次. 師曰我將謂他是箇人, 元來祇是箇按黑豆底老和尙. 住數日便辭去. 檗曰. 汝破夏來, 何不終夏去. 師曰, 義玄暫來禮拜和尙. 檗便打趁令去. 師行數里, 疑此事卻回終夏. 夏後辭黃檗. 檗問甚處去. 師曰, 不是河南便歸河北. 檗拈棒. 師約住. 遂與一掌. 檗呵呵大笑. 乃喚侍者, 將百丈先師, 禪版拂子來. 師召侍者將火來. 檗曰. 汝但將去. 已後坐斷天下人舌頭去在."(신찬속장경 66권, p.417a)『고존숙어록』5권(신찬속장경 68권, p.33b)

6. 약산유엄과 간경

다음은 약산유엄藥山惟儼(745~828)선사가 어느 날 경전을 탐독하고 있
자 어떤 납자가 빈정거리는 말투로 덤벼들었다.

"화상께서는 보통 때는 납자들에게 경經 보는 것을 나무라셨는데, 어째
서 스님께서는 보고 있습니까?"
약산유엄이 말했다.
"나는 단지 눈을 가리고 있는 것뿐이네."
납자가 말했다.
"저도 화상을 따라 해도 좋겠습니까?"
약산이 말했다.
"그대가 만약 경을 본다면 아마 소가죽이라도 뚫을 것이네."[14]

약산유엄선사의 대답은 정말 명답이다. "나는 단지 눈을 가리고 있
는 것뿐"이라는 말은 "나(약산)는 경전을 보아도 경전에 빠지지 않는다"

---

14   『古尊宿語錄』, 「藥山惟儼」(『전등록』 14권, 「藥山惟儼」). "師(藥山)看經, 僧問.
      和尙尋常不許人看經, 爲甚麼卻自看. 師曰. 我祇圖遮眼. 曰. 某甲學和尙還得也
      無. 師曰. 你若看. 牛皮也須穿."(신찬속장경 68권, p.614a)

는 뜻이다. 그러나 "그대가 만약 경을 본다면 소가죽이라도 뚫을 것"이라는 말은 "그대는 경전을 보면 그 글자(자구의 뜻에)에 **빠진다**"는 것이다. 경전을 보되 집착하지 말라는 뜻이다.

7. 목주 화상의 간경

다음은 목주睦州 화상과 진조陳操 상서尙書, 그리고 목주 화상과 어느 납자 사이에 있었던 간경 스토리이다. 『경덕전등록』 12권 목주 장에 나온다.

진조陳 상서操尙書(상서는 오늘날 장관)는 배휴裵休, 이고李皐 등과 동시대의 인물이고, 한퇴지韓退之, 유종원柳宗元과는 친구였다. 『벽암록』 33칙 자복일원상資福一圓相 공안은 진조상서와 목주睦州(陳尊宿) 화상의 선문답이다. 이들(진조, 배휴, 이고)은 모두 유명한 거사로 선승들과 대등할 정도로 법담을 나눈 이들이었다.

목주 화상이 경전을 읽고 있었다.
진조 상서가 그것을 보고 물었다.
"화상께서는 무슨 경전을 보고 계십니까?"
목주 화상이 말했다.

"『금강경』을 보고 있는 중이요."

진조 상서가 물었다.

"육조시대의 번역입니까? 이것은 몇 번째 기권機權에 당합니까?"

목주 화상이 보고 있던 『금강경』을 들고 말했다.

"일체유위법一切有爲法 여몽환포영如夢幻泡影."

또 어느 날 목주 화상이 『열반경』을 보고 있을 때였다.

그에게 어떤 납자가 물었다.

"화상께서는 무슨 경전을 보고 계십니까?"

목주 화상이 보고 있던 경을 들고 말했다.

"이것은 다비품茶毘品 최말후最末後(화장한 나머지)니라."[15]

진조 상서가 "지금 스님께서 보고 있는 『금강경』은 육조시대[16] 번역

---

15   『전등록』 12권. "師看經次. 陳操尙書問. 和尙看什麼經. 師云. 金剛經. 尙書
云. 六朝飜譯. 此當第幾譯. 師擧起經云. 一切有爲法, 如夢幻泡影. 師又因看涅
槃經. 僧問. 和尙看什麼經. 師拈起經云. 遮箇是茶毘品最末後."(대정장 51권,
p.291c)

16   육조시대六朝時代(229~589) : 오吳(229~280), 동진東晉(317~420), 송宋(420~479),
제齊(479~502), 양梁(502~557), 진陳(557~589)을 통칭하여 육조시대라고 한다.
모두 난징(南京, 당시에는 建業, 建康이라고 했음)을 수도로 하였음. 위진남북조시
대(위진시대, 220~420, 남북조시대, 420~589)와 거의 같은 시대이다. 이 시기에 나
온 『금강경』 한역본은 6가지이다. ①후진後秦(384~417) : 구마라집 역, 『금강반
야바라밀경』②북위시대北魏時代(386~534) : 보리류지菩提流支 역, 『금강반야바
라밀경』, ③진陳 : 진제眞諦(499~569) 역, 『금강반야바라밀경』④수隋(581~618) :

입니까? 그 번역은 몇 번째 기권機權(幾는 機와 통용)에 해당합니까(六朝
飜譯, 此當第幾譯)?"라고 물었는데, 얼핏 보면 번역에 대하여 물은 것 같
지만, 그것이 아니고『금강경』번역서들이 어느 정도 기권·기량을 가지
고 있는가, 얼마만큼 제일의제第一義諦를 드러내고 있느냐는 물음이다.

이에 대하여 목주 화상은 "일체의 유위법(一切有爲法)은 모두 몽환포
영과 같다(如夢幻泡影)"고 말했는데,『금강경』등 형상이 있는 모든 것은
언젠가는 무형이 된다는 뜻이다. 그러니 집착하지 말라는 뜻인데, 그야
말로 명답이 아닐 수 없다.

또 어느 날 목주 화상이『열반경』을 보고 있을 때, 어떤 납자가 "무
슨 경전을 보고 있느냐"고 힐난 투로 묻자 목주 화상은『열반경』을 들
고서 "이것은 다비품茶毘品 최말후最末後(화장한 나머지)니라"고 하였다.
죽으면 화장해서 재로 끝난다는 뜻이다. 참으로 멋지고 기상천외한 답
이다. 그냥 자연스럽게 나오는 답인데도, 한마디 한마디가 그대로 척척
공空의 정신에 들어맞는다. 항상 반야지혜가 작동하고 있는 선승이 아
니고서야 어떻게 이렇게 대답할 수 있겠는가?

이상 몇몇 선승들의 간경 사례는 책을 보면 안 된다는 우리나라 선

달마급다達磨及多 역,『金剛能斷般若波羅密經』⑤당唐 : 현장玄奘(602~664) 역,
『능단금강반야바라밀다경』, ⑥당 : 의정義淨(635~713) 역,『능단금강반야바라밀
경(능단금강경). ①~④까지는 모두 육조시대에 한역된 것이다. 그 가운데서도 구
마라집의 한역본이 대표적이다.

승들의 통념을 깨트리고 있다. 이들은 모두 중국 선종사에 이름을 남긴 유명한 선승들이다. 이들은 왜, 무엇 때문에 경전을 본 것일까?

경전을 보지 않으면 선안禪眼이 열려도 안목이 확장될 수가 없고, 다양한 법문을 할 수가 없고, 수많은 납자들을 지도할 수가 없기 때문이다. 단조로운 지도 방법과 단조로운 지혜로는 한 산문을 이끌어갈 수가 없다. 수행자도 마찬가지이다. 경전이나 어록을 보지 않고는 안목을 갖출 수가 없고 지혜가 증장될 수 없다.

본래 선종 사원에는 제창提唱이라고 하는 것이 있다. 제창이란 법문과 강의를 혼합한 것인데, 경전, 조사어록 등 제창을 통하여 반야지혜와 공안 공부를 하였던 것이다. 안목이 열리자면 중요한 조사어록인 『임제록』『벽암록』『무문관』 등 어록 제창은 필수인데, 우리나라 선원에서는 불립문자에 매몰되어 어록을 제창하지 않는다. 이것이 독참과 함께 우리나라 선원의 가장 큰 문제점이라고 할 수 있다. 깨달은 탁월한 선승이 출현하지 못하는 것은 이 때문이다.

21장

공양은 식도락이 아니다

선종 사원의 발우공양

1. 공양의 목적은 깨달음

백장회해는 선원의 규칙인 청규(백장청규)를 제정하면서 공양은 하루 두 번으로 제한했다. 그것을 '이시죽반二時粥飯' '재죽이시齋粥二時'라고 한다. 아침에는 죽, 점심에는 밥을 공양했다. 물론 이것은 율장의 오후불식을 따른 것이지만,[01] 그 이면에는 절약하기 위해서였고, 또 보청普請으로 자급자족하는 입장에서 하루 세끼를 다 먹을 수 없었던 이유 때문이기도 했다.

송초의 한림학사 양억은 그 사실을 「선문규식(古清規序)」에서 다음과 같이 기록하고 있다.

> 밥(齋)과 죽粥으로 마땅히 두 때에 따라 고루 미치도록 한 것은 절약과 검소에 힘쓰고 법法(율장)과 음식이 함께함을 표방한 것이다.[02]

수행승에게 있어서 공양은 식도락食道樂이 아니다. 공양을 식도락으

---

01   원래 오후불식은 오전에 한 끼만 먹는 것을 뜻한다.

02   『전등록』 6권, 「백장회해」 장 부록(대정장 51권, p.251a); 『송고승전』 10권(대정 장 50권, p.770c); 장로종색 『선원청규』 10권 「백장규승송」, "齋粥隨宜二時均遍 者, 務于節儉, 表法食雙運也."

로 여긴다면 그는 수행자의 정신을 망각한 것이나 다름없다. 공양은 보조지눌의 『계초심학인문』에서도 강조하고 있는 바와 같이 깨달음을 성취하기 위하여 먹는 것에 지나지 않는다(但療形枯, 爲成道業).

하루 두 끼 공양, 즉 '이시죽반二時粥飯'의 규칙을 어기고 하루 삼시三時(3번) 공양을 하게 된 것은 북송 말이나 남송 초부터라고 생각한다. 총림에서는 저녁 공양을 '약석藥石(치료)'이라고 하는데, 이 말이 처음으로 등장하는 청규는 남송 중기 때 편찬된 『입중일용청규』이다.

중료衆寮(대중방)로 돌아가 약석藥石한다. 각각 자리로 가서 앉되 먼저 일어나서 음식을 발우에 담지 말라. 소리 높여 죽반粥飯과 짜다 시다(鹽醋)를 찾지 말라. 공양이 끝나면 중료에서 나간다.[03]

또 남송 말인 1264년에 편찬된 『입중수지』에도 '약석藥石'이라는 말이 나오고 있다. 이로 보아 선종 사원(총림)에서 저녁 공양을 하기 시작한 것은 북송 말에서 남송 초, 즉 1103년(『선원청규』) 이후에서 1209년(『입중일용청규』) 사이라고 생각한다.

물론 약석이라는 말은 이들 청규에 앞서 북송 말에 편찬된 『선원청규』에도 한 곳 나오지만, 여기서는 "비시식非時食(오후불식)에는 소식小

---

03   無量宗壽, 『入衆日用』. "歸寮藥石, 各就案位, 不得先起盛食. 不得高聲呼索粥飯, 鹽醋之類, 食罷出寮."(신찬속장경 63권, p.558b)

食·약석藥石(여기서 약석은 藥食임)·과자菓子·미음米飮·두탕豆湯·채즙菜汁 종류도 먹어서는 안 된다. 아침 죽과 점심 밥 두 끼 외에는 모두 먹을 때가 아닌데 먹는 것이다"[04]라고 하여, 12시 이후에는 간단한 약식藥食이나 채즙·과자 등도 먹을 수 없다는 뜻에서 약석이라는 말이 사용되고 있다.

비시식非時食은 '먹을 때가 아니다'라는 뜻으로, 시간적으로는 낮 12시부터 다음 날 아침 공양 시간 전까지가 비시식非時食 시간이다. 이 시간에는 물 외에는 일체 먹지 못한다. 율장에서 말하는 오후불식午後不食이 곧 비시식非時食이다.

총림에서 '약석藥石(기갈병을 치유하기 위하여 먹다)'이라는 이름으로 저녁 공양을 하게 된 이유는 총림의 재정이 과거 대비 풍부해서이고, 또 하나는 젊은 납자들이 점심 공양 후 다음 날 아침까지 배고픔(기갈)을 견딘다는 것이 어렵기 때문이었다.

『황벽청규黃檗淸規』에서는 그 까닭을, "약석은 만식晚食(저녁)이다. 원래 비구들은 정오가 지나면 먹지 않았다. 그래서 저녁을 약석이라고 한 것은, 배고픔과 기갈병飢渴病을 치료하기 위해서이다"[05]라고 밝히고 있다. 기갈을 위로하기 위하여 저녁을 먹었지만 '만죽晚粥(저녁 죽)'이라

---

04   장로종색, 『선원청규』 1권, 「護戒」. "非時食(小食藥石與果子米飮荳湯菜汁之類. 如非齋粥二時, 竝是非時之食也)."(신찬속장경 63권, p.523b)

05   『黃檗淸規』, "藥石晚食也. 比丘過午不食. 故, 晚食名藥石. 爲療飢渴病."

는 말에서도 알 수 있듯이 차마 밥을 먹을 수는 없어서 죽을 먹었다.

오늘날에는 한국, 중국, 일본 모두 하루에 세 번 공양한다. 한국, 중국은 세 끼 모두 밥을 공양한다. 일본 조동종 에이헤이지(永平寺)는 천년 전 당송시대와 다름없이 아침에는 죽을 공양한다.

2. 중국·한국·일본의 발우공양과 차이

공양할 때, 우리나라와 일본의 선종 사원에서는 4합 발우를 사용한다. 그러나 오늘날 중국은 4합 발우를 사용하지 않고 사발沙鉢 두 개만 가지고 공양한다.

발우공양의 형식은 한국과 일본은 거의 같다. 우리나라는 큰방(衆寮)에서 발우 4개를 펴놓고 공양하고, 일본의 대표적 선종 사원인 에이헤이지(永平寺)도 중료衆寮(큰방)에서 발우 4개를 가지고 공양한다. 다만 아침은 죽이므로 3개만 사용한다.

그리고 중국과 대만은 중료가 아닌 재당齋堂(식당, 교회 내부처럼 긴 책상과 긴 의자)에서 사발 두 개만 가지고 공양한다. 사발 하나에는 밥, 하나에는 반찬을 담는다. 왜 4합 발우를 사용하지 않고 주발(또는 사발)을 가지고 재당에서 하게 되었는지는 알 수 없다.

당송시대 선종 사원은 승당僧堂이나 중료에서 발우 4개를 가지고 공양했다. 당대唐代에는 승당에서 했고, 송대에는 중료가 신축되면서 중료에서 공양한 곳도 있고 승당에서 한 곳도 있다. 명대明代에는 고원庫院 내에 식당인 재당을 신축하여 거기서 공양했다. 굳이 재당을 고원 내에 신축한 것은 공양을 승당이나 중료까지 들고 가야 하는 불편함을 줄인 편의성 때문이라고 할 수 있다.

명대 선종 사원의 공양처인 재당은 그 내부 모습이 어땠는지는 알수 없다. 다만 그곳은 공양만 할 수 있도록 만든 건물이므로 오늘날 '식당'과 같은 장소였다. 그런데 오늘날 중국 재당 내부를 보면 성당이나 교회 내부와 같이 긴 책상(폭 약 50센티미터)과 긴 의자가 있고, 거기서 공양한다. 명대 재당 모습도 이와 거의 같았을 것으로 보인다.

중국 선종 사원에서는 언제부터 4합 발우 대신 사발 두 개를 가지고 공양하게 되었는지는 잘 알 수 없다. 더욱 의아한 것은 지금 중국이나 대만 스님들은 4합 발우공양에 대하여 물으면 아는 스님이 거의 없다는 것이다. 몇몇 중국·대만 스님들에게 물어보았으나 원래부터 주발(또는 사발) 두 개를 가지고 공양한 것으로 알고 있다. 4합 발우로 공양하는 법은 없었던가?

공양 절차와 순서, 예절에 대하여 규정해 놓은 것이 청규의 「부죽반赴粥飯(공양에 나감)」 편이다. 먼저 북송 후기에 편찬된 『선원청규』 1권 「부죽반」이다.

"발우를 펼 때(展鉢)는 먼저 합장하라. 다음에는 복파複帕(鉢袋, 발우를 싼

보자기)를 풀고, 발식鉢拭(鉢巾, 발우 수건)을 꺼내서 작게 접는다. 시저대匙筋
袋(수저 주머니)는 몸 가까이 마주보이는 곳에 가로로 놓는다. 그런 다음에
는 정건淨巾을 펴서 무릎 위를 덮는다. (…)
좌측 손을 하늘로 향하게 해서 발우를 잡아서 발단鉢單(장련상 앞부분) 위
에 발우를 놓는다. 양손 두 엄지손가락으로 분자鎭子(발우 4개 중에 작은 발
우 3개를 가리킴), 즉 작은 발우부터 꺼내어 차례로 편다. 소리가 나면 안
된다."[06]

발우를 펴는 법은 우리나라와 똑같다. 그런데 여기에는 모두 4개의
발우가 등장한다. 분자鎭子란 바깥의 제일 큰 어시발우를 제외한 작은
발우 3개를 가리킨다. 즉 발우를 펼 때는 작은 발우부터 꺼내어 차례로
놓으라는 것이다. 만일 자리가 좁으면 3개(三鉢)만 펴도 된다는 것이다.
여기서 보면 분명히 4합 발우를 사용했음을 알 수 있다. 그리고 원대에
편찬된 『칙수백장청규』「대중」 장에 나오는 발우 펴는 법(展鉢之法)에 대
한 설명도 4합 발우를 사용했음을 알 수 있다.
그런데 지금은 사발 두 개로 공양하는데 언제부터였는지는 알 수 없
다. 원나라 때까지는 4합 발우로 공양하였다면 명대에 재당齋堂(식당)이

06   『선원청규』 1권 赴粥飯. "展鉢之法, 先問訊, 解複帕, 取鉢拭, 疊令小. 及匙箸
      袋當面近身橫放, 次展淨巾蓋膝. (…) 仰左手取鉢安單上, 左邊以兩手頭指拼
      取鎭子, 從小次第展之. 不得作聲. 如坐位稍窄, 只展三鉢."(신찬속장경 63권,
      p.525b)

생긴 이후일 가능성이 높다.

요즘 우리나라 총림이나 본사급 사찰과 선원에도 발우 대신 군대에서 사용하는 것과 같은 식판으로 식당에서 공양하는 곳이 점점 증가하고 있는데, 중국 사찰에서 4합 발우에서 두 개의 발우만 가지고 공양을 하게 된 것도 이와 같은 변화의 과정 속에서 생긴 것이 아닌가 생각한다. 이러다 보면 우리나라 역시 100년 후에는 발우공양은 모르고 원래부터 식판으로 공양한 것으로 알 것이다.

우리나라도 공양할 때는 「오관게五觀偈」를 염송하는 등 의식이 있지만, 당송시대 공양 과정은 훨씬 더 길고 많다. 『선원청규』에 서술되어 있는 아침 조죽朝粥 과정이다.

다음에 운판을 길게 치면 대중들은 발우를 내린다(대중은 일시에 入堂한다). 목어木魚를 치면 대중들은 각각 자리에 앉는다(후에는 들어올 수 없다). 이어 북을 3번 치면 주지가 (공양하기 위하여) 승당으로 들어온다. 승당의 소종小鐘을 치면 대중들은 장련상(공양하는 자리)에서 내려와 주지(방장) 화상에게 합장, 배례한다.
다음에 유나가 백추白槌를 치면 발우를 연다(백추 소리에 맞추어서 반야심경을 세 번 외운다). 다음에 백추를 한 번 치면 죽의 의미를 아뢴다(疏文, 告諭文. 즉 죽의 의미를 아뢰는 글). 다음에 백추를 열 번 치면 십불명十佛名(청정법신 비로자나불 등)을 외운다. 또 백추를 한 번 치면 유나가 시죽게施粥偈를 한다. 다시 한 번 치면 죽을 돌린다.

죽 공양을 마치고 백추를 한 번 치면 대중들은 하당下堂한다(주지가 승당을 나가면 대중들은 발우를 올린다).[07]

『반야심경』을 세 번 외우고, 죽의 의미를 아뢰는 고유문告諭文(疏文)을 낭독하고, 다음에는 십불명十佛名(청정법신 비로자나불 등)을 외우고, 그리고 유나가 시죽게施粥偈를 외우면 그때서야 공양한다.

선원총림에서는 공양을 '재죽齋粥'이라고 한다. '재齋'란 밥을 뜻하고 '죽粥'은 죽을 뜻하는데, 아침에는 죽을 공양했고, 점심에는 밥을 공양했다. 저녁은 오후불식午後不食이라고 하여 공양하지 않았으나 남송시대에는 '약석藥石'이라고 하여 저녁도 공양했다. 저녁 공양을 '만죽晚粥'이라는 말에서도 알 수 있듯이 죽을 공양했다.

---

07   장로종색, 『선원청규』 6권, 「警衆」. "次打長版者, 衆僧下鉢也(衆僧一時入堂). 次打木魚衆僧集定也(後到者更不得入堂). 三通鼓鳴者, 住持人赴堂也. 堂前小鐘子鳴者, 衆僧下床祇候問訊住持人. 維那最初打槌一下者, 衆僧開鉢也(隨槌聲白念心經三卷). 次打槌一下者, 白設粥意也(或表歎讀疏). 次打槌十下者, 念十佛名也. 次打槌一下者, 首座施粥也. 又打槌一下者, 粥遍也. 粥罷打槌一下者,衆僧下堂也(住持人出堂, 衆僧方可上鉢)."(신찬속장경 63권, p.539c)

3. 발우를 씻은 물에도 시은施恩이 있다

우리나라에서는 공양 후 발우를 씻은 물, 즉 세발수洗鉢水를 '천수물'이라고 하고, 수거하는 물통을 '천수통'이라고 한다. 그러나 이것은 우리나라에서만 사용하고 있는 잘못된 표기이다. 중국의 선종 청규인 『선원청규』『칙수백장청규』 그리고 무착도충의 『선림상기전禪林象器箋』 등 선문헌 그 어디에도 세발수洗鉢水를 '천수물'이라고 하고 수거하는 물통을 '천수통'이라고 한다는 말은 찾아볼 수 없다.

또 어떤 이들은 세발수를 '퇴수물(退水-)'이라고도 하는데, 이 역시 없는 말이다. 우리나라에서 쓰고 있는 '천수물', '천수통'은 아무런 문헌적인 근거도, 문화적인 근거도 없는 말이다. 천수물, 천수통은 '절수折水' '절수통折水桶'의 와전이다. '바리때' '바루때'는 발우의 비속어이다. 그런데도 올바른 말인 줄 알고 사용하고 있는 점을 미루어 본다면, 천수물도 같은 경우가 아닐까 생각된다.

세발수를 '천수물'이라고 설명한 곳은 『불교사전』(1961년) 천수물(千手水) 항목에서다.

스님들이 공양할 때에 먼저 받아 놓은 맑은 물. 이 물로 발우와 수저를 씻은 뒤 한곳에 모아서 아귀餓鬼들에게 주어 먹게 함. 이물을 천수물이라고 하는 것은, 절에서 큰방 천정에 천수주千手呪를 써 붙여서, 그 글이 받아 놓은 물에 비치게 하고, 이 비치는 천수주의 신력으로 물이 감로수와 같이 되어 아귀에게 주어서 그들이 받아 마셔도, 그것이 불로 변하여 고통을 받는 일이 없이 능히 배고프고 목마름을 면하게 할 수 있으므로 천수물이라 한다 함.[08]

큰방 천정에 천수주千手呪를 써 붙여 놓고서, 발우와 수저를 씻은 물을 모은 천수통에 그 글자(천수주)가 비칠 정도로 맑아야 하고, 또 그 비치는 천수주의 신력으로 천수통의 물이 감로수가 되어 아귀들이 마셔도 고통을 받는 일이 없고 또 능히 목마르고 배고픔을 면하게 할 수 있으므로 천수물이라 한다고 설명하고 있으나, 전혀 그 근거를 찾을 수 없다. 백파긍선白坡亘璇(1767~1852)의 『작법귀감作法龜鑑』 등 의식집에도 그런 설명을 찾아볼 수 없다. 운허 스님 역시 당시 야담처럼 전해 오는 이야기를 그대로 서술한 것이라고 생각된다.

『불교사전』의 설명이 맞다면 총림이나 본사급 사찰의 큰방 천정에는 천수다라니千手陀羅尼가 붙어 있어야 하는데, 해인사, 통도사 등 그 어디에도 큰방 천정에 천수다라니가 붙어 있는 곳은 볼 수 없다. 김천 청암사는 큰방 천장에 천수다라니를 붙여 놓고서 그 밑에 천수물 동이를 놓고 밥알이 있는지 여부를 확인한 다음 버린다고 하여, 직접 확

---

08   운허용하 편 『불교사전』(동국역경원, 1961), p.844, 천수물(千手水) 항목.

인한 결과 예전부터 전해 내려오던 것은 아니고 근래 10년 사이에 새로 만들어졌다는 것이다.

『선원청규』『입중수지』『총림교정청규총요(함순청규)』『선림비용청규』『칙수백장청규』『선학사전』등 선문헌 그 어디에도 세발한 물을 '천수물'이라고 하고, 그 물통을 '천수통'이라고 서술한 곳은 없다. 그리고 큰방 천장에 천수다라니를 그려놓고 그곳에 천수물 동이를 비추어서 깨끗한지 여부를 확인한 후 버린다고 서술한 곳은 더욱더 없다.

『칙수백장청규』「주지」장에는 세발수를 '절수折水'라고 표기하고 있고, 「대중」장에는 '절발수折鉢水'라고 표기하고 있다. 그리고 전발展鉢과 세발洗鉢 등 상세한 것에 대해서는 무량종수의 「일용궤범日用軌範(入衆日用)」에 있는 세발법洗鉢法을 그대로 옮겨놓고 있는데, 거기에는 다음과 같이 기록하고 있다.

"발우를 씻을 때에는 먼저 두발頭鉢(어시 발우)에 물(淨水)을 붓는다. (두발을 씻은 다음) 차례대로 작은 발우를 씻되, 두발 안에서 수저와 작은 발우를 씻지 말라. 네 번째 손가락과 다섯 번째 손가락은 사용하지 말라. 그 물을 마실 때 소리를 내지 말라. 물을 발우에 토하지 말라. 더운 물로 발우를 씻지 말라. 세발수를 절수折水하기 전에 먼저 개슬건蓋膝巾(무릎 덮은 수건. 淨巾)을 거두지 말라. 개슬건으로 땀을 닦지 말라. 절수折水를 할 때는 마음 속으로 게송을 외우라. 「나의 이 세발수는 하늘의 감로수와 같다. 아귀에게 주노니 모두 다 포만飽滿함을 얻을지어다. 옴 마휴라세 사바하」"[09]

『칙수백장청규』「대중大衆」 장의 설명도 같다. 여기에는 "나의 이 세
발수는 하늘의 감로수와 같다. 아귀에게 주노니 모두 다 포만飽滿함을
얻을지어다. 옴 마휴라세 사바하"가 나온다. 우리나라에서 발우를 씻
은 천수물을 아귀에게 준다는 이야기는 여기에서 비롯되었다고 본다.
그러나 천수다라니를 천정에 붙여 놓고서 거기에 비춘다는 말은 두 청
규 모두 없다.

발우를 씻은 물, 즉 세발수를 '절수折水' 또는 '절발수折鉢水'라고 하
는 것은, 공양을 마친 후에 발우를 씻은 물 가운데 윗부분 절반은 깨
끗하므로 절수통(즉 천수통)에 붓고, 아랫부분 절반은 밥알이나 고춧가
루 등이 있을 수 있으므로 버리지 않고 마셨는데, 그 절수통에 버리는
절반의 물을 '절수' 또는 '절발수'라고 한다.

예전에 필자가 오대산 입산 당시 어떤 스님이 세발수를 조용히 붓고
나서 맨 나중 아랫부분을 마시는 걸 보고서 참으로 놀라웠다. 지금 생
각하면 정말로 밥알, 고춧가루 하나라도 소중하게 여기는 스님이었다.

---

09   無量宗壽, 『入衆日用』. "洗鉢以頭鉢盛水, 次第洗鎮子, 不得於頭鉢內洗匙筋并
      鎮子. 仍屈第四第五指. 不得盥漱作聲, 不得吐水鉢中, 不得先盛熱水, 洗鉢未折
      水, 不得先收蓋膝巾, 不得以膝巾拭汗, 不煎以餘水瀝地上. 想念折水偈. 我此洗
      鉢水, 如天甘露味, 施汝諸鬼衆, 悉令得飽滿. 唵摩休羅細娑婆訶."(신찬속장경
      63권, p.557b)

또 고춧가루 등 티가 있는 물을 아귀가 마시면 목에 걸려서 심한 고통을 받는다니 더욱더 그냥 버릴 수가 없었을 것이다.

세발수를 '절수'라고 부르기 시작한 데는 어느 선승의 고사故事가 하나 있다.

중국 오운산五雲山 화엄도량에 지봉志逢 스님이 있었다. 어느 날 보현전普賢殿에서 좌선을 하고 있는데, 갑자기 어떤 신인神人(즉 神)이 무릎을 끓고 나타났다. 지봉 선사가 목에 힘을 잔뜩 주고서 물었다.

"그대는 누군인가?"

"저는 (스님을 호위하는) 호계신護戒神입니다."

"(그렇습니까? 그렇다면 하나 물어보겠소). 나에게 오래전부터 허물이 하나 있는데 아직까지 고치지 못했소. 그대는 알고 있소이까?"

호계신이 말했다.

"스님께 무슨 허물이 있겠사옵니까. 다만 작은 허물이 하나 있을 뿐입니다."

"그것이 무엇이오?"

호계신이 말했다.

"발우를 씻은 물(洗鉢水)도 시주물施主物입니다. 그런데 스님께서는 매번 다 쏟아버립니다. 그것은 옳은 법이 아닙니다."

말을 마치고는 홀연히 보이지 않았다. 지봉선사는 그 일이 있은 후 세발수를 버리지 않고 모두 다 마셨다. 그로 인하여 오래된 위장병이 10년

만에 저절로 완쾌되었다.[10]

　발우를 씻은 물에도 시은施恩이 있다는 호계신의 말에 지봉선사는
느낀 바가 있었다. 지봉선사는 그 후부터는 발우를 씻은 물(세발수) 가
운데 윗부분 절반은 깨끗하므로 절수통에 부었지만, 아랫부분 절반은
시은이 남아 있으므로 마셨다. 위장병이 생겨서 10년 동안 고생했는
데, 그로 인하여 신통하게도 저절로 완쾌되었다. 그 후부터는 세발洗鉢
(발우를 씻은 물)한 물을 '절수折水'라고 부르게 되었고, 그 물을 받아 담
는 통을 '절수통'이라고 하게 되었다고 한다.

　선원총림에서는 공양하러 가는 것을 '부당赴堂' '과당過堂'이라고 한
다. '부당'은 '공양하러 승당으로 나아가다'는 뜻이고, '불착불탐不着不貪
시위과당是謂過堂'이라는 말에서 알 수 있듯이 '과당'은 '탐착하지 말고,
재당에서 (기본적 욕구만 만족시키고) 그냥 통과하라'는 의미라 할 수
있다. 중국과 일본은 지금도 여전히 '과당'이라고 쓴다.

10　『傳燈錄』 6권, 「五雲山華嚴道場志逢大師」 章. "(一日因入普賢殿中宴坐, 倐有一
　　神人跪膝于前) 師問曰. 汝其誰乎. 曰護戒神也. 師曰. 吾患有宿愆未珍汝知之乎.
　　曰師有何罪唯一小過耳. 師曰. 何也. 曰凡折鉢水亦施主物, 師每常傾棄非所宜
　　也. 言訖而隱. 師自此洗鉢水盡飲之. 積久因致脾胃疾. 十載方愈."(대정장 51권,
　　p.422b); 無着道忠, 『禪林象器箋』 20권 「折水桶」 篇.

22장

가사와 발우를 빼앗고, 승복을 벗기다

선종 사원의 규율-벌칙과 추방

1. 살도음망을 범하면 추방

불살생不殺生·불투도不偸盜·불사음不邪婬·불망어不妄語는 승가에서 엄격히 지켜야 할 네 가지 중요한 계戒이다. 살殺·도盜·음婬·망妄[01]을 '사바라이四波羅夷' 또는 '사중죄四重罪'라고 한다. 바라이는 '극악極惡(극악한 파계)'이라는 뜻이다.

네 가지 바라이 죄를 범하면 승단에서 축출·추방되어 승려의 자격이 박탈된다.[02] 오늘날 치탈도첩이나 멸빈과 같다. 또 승려로서의 생명(자격)이 단절되기 때문에 '단두斷頭'라고도 한다. 사회법으로 말하면 사형과 같은 의미이다. 또 함께 살 수 없다는 뜻에서 '불공주不供住'라고도 한다.

살도음망의 사바라이 다음으로 승잔죄僧殘罪라는 것이 있다. '승잔僧殘'이란 바라이보다는 가벼운 죄로, 추방하지는 않고 승단에 남겨둔다는 뜻이다. '승잔'에는 13~16가지 정도가 있는데 이 죄를 범하면 묵

---

01   투도偸盜는 사중寺中의 물건이나 개인의 물건, 금전 등 재산을 횡령·절도한 경우이고, 망어妄語는 깨닫지 못했으면서 깨달았다고 거짓말을 하는 경우, 또는 커다란 거짓말을 하여 총림의 근간을 뒤흔드는 사건일 경우에도 추방된다.

02   승적을 박탈하는 것을 '치탈도첩褫奪度牒(도첩 박탈)' 또는 '멸빈滅擯'이라고 한다. 그의 이름을 승적僧籍에서 삭제하고(滅), 이어 빈척(擯, 축출, 추방)해버린다는 뜻이다. '체탈締奪'이라는 말을 쓰지만 '치탈褫奪'의 잘못된 표기이다.

빈默擯 결정을 내린다. 묵빈이란 '침묵으로 빈척하다'는 뜻으로, 대중 모두가 일정 기간 동안 그 사람과 일체 왕래도 하지 않고 말도 하지 않는 것을 말한다. 그가 말을 걸어 와도 대중 모두가 침묵으로 일관하는 것이다. 요즘 말로 하면 '왕따'다. 얼마 동안 왕따를 시켜서 스스로 반성하게 하는 것이다. 그럼에도 불구하고 참회·반성하지 않으면 그 역시 추방한다. 중국 선종 사원에서는 묵빈 대신 곤장을 친다. 중국적이다.

중국 선종 사원의 규칙과 벌칙 등에 대하여 규정해 놓은 것이 '청규清規'이지만 벌칙과 추방 등에 대하여 일목요연하게 정리되어 있는 곳이 없다. 현존하는 가장 오래된 청규인 『선원청규』에는 별도의 항목은 없고, 「소참小參」 편과 규율 담당인 「유나維那」 편, 그리고 부록으로 첨부되어 있는 「백장규승송」 등에 산발적으로 기록되어 있을 뿐이다.

그 밖에 『총림교정청규총요(함순청규)』 『입중수지』 『선림비용청규』 등에도 벌칙에 대한 별도의 항목은 없다. 다만 『칙수백장청규』에는 「숙중肅衆」 편을 두어서 규정하고 있는데 그 역시 개략적이다. 이것은 『사분율』 『범망경보살계본』 등이 있기 때문이 아닌가 싶다. 여기서는 청규에 나타나 있는 것을 중심으로 서술하겠다.

중국 선종 사원에서도 가장 중징계에 해당하는 벌칙은 추방이다. 승려가 사바라이, 즉 살도음망殺盜婬妄을 범했을 때 추방한다. 초기 인도 불교와 마찬가지로 살도음망을 범한 납자는 승가에서 영원히 축출·퇴출된다. 이것을 『칙수백장청규』 등의 청규에서는 '빈출擯出', '빈벌擯罰', '삭적削籍', '멸빈滅擯', '구빈驅擯', '출원出院' 등 여러 가지로 표현하고 있다. 또 곤장으로 쳐서 내쫓는다고 하여 '추빈篷擯'이라고도 한다.

우리나라에서는 흔히 '치탈도첩褫奪度牒', '산문출송山門黜送', '멸빈滅擯'이라고 한다. 도첩度牒은 고려와 조선시대 때 나라에서 내주던 국가 인증 승려증으로 이것을 빼앗아버린다. 지금은 국가에서 발행하는 도첩 제도는 없어졌다.

산문출송은 대중들이 보는 앞에서 승복을 벗기고 속복을 입혀서 일주문 밖으로 추방하는 것을 가리킨다. 심지어 등에 북을 지워서 마을 밖까지 북을 두드리면서 내쫓는 경우도 있었다. 멸빈이란 승적에서 없애버리고 내쫓는 것을 말한다.

살도음망을 범하면 멸빈시키고, 그 밖에도 총림의 근간을 뒤흔드는 큰 사건(사기, 망어, 횡령, 절도)을 일으키거나, 승가의 화합을 깨뜨린 경우에도 바라이와 같은 중죄重罪(추방)로 다스린다.

2. 추방·축출의 방법

선종 사원에서 범계자를 추방하는 방법은 매우 특이하다. 『칙수백장청규』 주지 「숙중肅衆」 편에는 "신분을 사칭하고 들어와서 소란을 일으킨 자는 추방하라"고 규정한 다음, 추방 방법에 대해서도 자세히 명시하고 있다.

혹 신분을 사칭(假號, 가짜 승려)하고 외모를 가장(竊形, 승복을 입고서)하여 대중 속에 섞여서 소란(喧擾)을 일으키는 자가 있으면 유나는 마땅히 당사자를 검거하여 입방 명단에서 삭제하고 선원에서 축출해야 한다. 청중淸衆의 평안平安을 존중하기 위해서이다. 혹 범범(犯戒, 규율 위반 등)한 일이 있으면 주장으로 곤장을 치고 대중을 모아 의발과 도구를 불태우고, 편문偏門으로 내보내라. 이것은 치욕을 드러내기 위한 것이다.

이 규정에는 네 가지 이익이 있다. 첫째는 대중을 오염으로부터 막고 공경과 신뢰를 위함이고, 두 번째는 승적에서 추방하고 부처님 제도를 지키기 위함이고, 셋째는 이로 인하여 공문公門(관아)을 시끄럽게 하는 것을 막고 옥송獄訟을 덜게 하기 위함이고, 넷째는 총림의 추한 일이 외부에 알려지는 것을 방지하기 위해서이다.[03]

축출 집행은 규율 담당자인 유나가 한다. 그러나 일방적으로 축출하는 것은 아니다. 승려의 범법犯法, 범계犯戒 사실이 드러나면 유나는 이 사실을 먼저 주지에게 보고하고, 그런 다음 대중들을 동원하여 당사자를 검거한다. 증인이 있고 당사자를 조사하여 범죄 사실이 틀림없으

---

03 『칙수백장청규』, 주지「肅衆篇」. "有或假號竊邪混于淸衆, 別致喧撓之事, 卽當維那檢擧, 抽下本位掛搭, 擯令出院者, 貴安淸衆也. 或彼有所犯, 卽以拄杖杖之, 集衆燒衣鉢道具. 遣逐偏門而出者, 示耻辱也. 詳此一條制有四益. 一不汚淸衆生, 恭敬故. 二不毁僧形, 循佛制故. 三不擾公門, 省獄訟故. 四不泄於外, 護宗綱故."(대정장 48권, p.1121e)

면 대중들이 지켜보는 가운데 승복을 벗기고 곤장을 친다. 그리고 가사와 발우 등 도구 일체를 불태워버리고 산문 밖으로 축출한다.

추방할 때는 도첩은 물론이고 수계첩과 면정유免丁由(부역, 병력, 세금 면제증) 등 증명서를 모두 압수한다. 따라서 그에게 주어졌던 부역, 병력 등 특혜도 멸빈과 동시에 박탈한다. 만일 축출된 후에 승복을 입고 다니다가 관아의 나졸들에게 검문당하면 그대로 포박하여 곤장을 쳐서 노역장으로 보낸다.

또 추방할 때는 정문正門이 아닌 편문偏門(쪽문)으로 쫓아버린다. 범죄자는 정문을 사용할 수 없다는 것이다. 따라서 편문은 '추방의 문'이요, '모멸의 문'이라고 할 수 있다. 산문출송(추방)할 때는 승복을 벗기고 속인 옷으로 갈아입힌다. 그리고 범계 사실과 법명, 이름, 사자師資(스승의 이름) 관계 등을 적어서 타 사찰에 통문을 보내어 알린다. 따라서 멸빈 결정을 받고 추방당하면 남아 있을 수가 없다. 그래서 머리를 자른다는 뜻으로 '단두斷頭'라고 한다. '사형 언도'와 마찬가지라는 뜻이다.

이와 같이 모든 대중들이 지켜보는 공개적인 장소에서 곤장을 쳐서 추방하는 이유는 당사자에게 심각한 모멸감을 주어서 다시는 총림 부근에 얼씬거리지 못하게 하기 위해서이다. 한 사람으로 인하여 총림 전체가 흔들리거나 오염되어서는 안 되기 때문이다. 그리고 누구든 중죄를 지으면 이런 식으로 추방당하게 된다는 경고의 의미도 있다. 『선원청규』 10권(부록) 「백장규승송」에는 그 이유에 대하여 다음과 같이 설명하고 있다.

혹 규칙을 범하는 자가 있으면 모름지기 대중 앞에서 주장拄杖으로 치도록 하라. 도구道具(가사와 발우 등 일체)를 모두 불태우고 편문偏門으로 내보내라. 이것은 치욕을 드러내 보이기 위한 것이다. 중계重戒(四重罪:殺盜婬妄)를 범하면 의발衣鉢을 불태워버리고, 대중을 집합시켜라. 산등山藤(칡나무)으로 치는 것은 오로지 치욕을 드러나게 함이니, 구빈驅擯(곤장으로 쳐서 축출함)하여 편문偏門으로 내보내라.[04]

'구빈驅擯'이라는 말은 곤장으로 쳐서 축출하는 것을 말하는데, 이는 『근본설일체유부비나야根本說一切有部毘奈耶』에도 나온다. 이로 본다면 구빈은 중국 선종 사원에서 처음으로 실시한 것이 아니고 인도불교에서 시행되던 것을 채용한 방법임을 알 수 있다. 그리고 멸빈에 해당하는 것이 아니면 가능한 참회할 기회를 준다. 그런데도 참회하지 않을 때는 더 이상 제도할 수 없다고 판단하여 추방한다.

『선원청규』 10권 「백장규승송」에는 특히 몇 가지를 열거하고 있다. 즉 주색酒色을 한 자, 싸움(鬪爭)한 자, 규율을 문란하게 한 자(汚衆), 소란(喧亂者) 등을 범한 자, 시비를 일으켜서 화합을 깨뜨린 자는 추방하라고 규정하고 있다.

04 　『선원청규』 10권, 「百丈規繩頌」. "或有所犯, 卽須集衆, 以拄杖杖之. 焚燒道具, 逐從偏門而出者, 示恥辱也. 犯重焚衣鉢, 應當集衆人, 山藤聊示恥, 驅擯出偏門."(신찬속장경 63권, p.550c)

대중 가운데 혹 남의 물건을 훔친 자나 주색酒色질을 하는 자나 투쟁鬪爭(싸움질을 하는 자), 오중汚衆(규율을 문란하게 한자), 훤란喧亂(총림을 시끄럽게 한자) 등 계율을 지키지 않은 자가 있으면 대중을 모아 놓고 축출·퇴원(추방)시켜라. 재물을 도둑질하고 투쟁하며 술과 여색을 가까이하여 승가의 규율을 더럽히면 속히 추방하여 대중으로부터 떠나게 하라. 머물게 하면 대중을 부패하게 하리라.[05]

또 가짜 승려도 추방해야 한다고 규정하고 있다.

혹은 신분을 사칭(假號)하고, 외모를 가장(竊形)하여 청중 속에 섞이며, 훤요喧擾(소란이나 문제를 야기하는 것)하는 일이 있으면 유나維那는 해당 승려의 자리와 소지품을 점검하여 선원에서 내쫓으라. (…) 떠나가서는 머리를 돌리지 말라(가짜승은 다시는 입산하지 말라는 것).

또 시비是非를 일으켜서 화합을 깨뜨리는 자는 추방하라고 규정하고 있다.

---

05   장로종색, 『선원청규』 10권, 「百丈規繩頌」. "一聖衆內, 或有盜竊酒色及鬪諍汚
      衆喧亂不律等事, 皆集衆棄逐出院. 不從卽聞公, 盜財竝鬪諍, 酒色汚僧倫, 速遣
      離淸衆, 容留卽敗群."(신찬속장경 63권, p.552b)

총림의 청중淸衆(대중)은 주지가 산문을 장악掌握(사중의 일을 집행하는 것이)함이 부족하다 하더라도 대중을 따라 일을 하고 아침과 점심 공양 외에 마땅히 스스로 자기 자신을 살펴서 저마다 분업分業(맡은 소임)을 지키며 덕을 쌓고 도道를 융성하게 하여 총림을 빛나게 하여야 한다. 자기 일이 아닌데 간섭하며 함부로 일을 만들며, 시비是非를 부채질하여 대중을 어지럽혀서 안정을 해치는 자는 총림의 규칙에 의하여 처리하라.

다음은 단순 절도에 대한 사항이다.

승당이나 요사에서 옷이나 물건 등을 도난당했을 경우 의물衣物의 색깔과 개수, 잃어버린 장소와 때를 정확하게 적어서 요주寮主에게 고告하라. 요주는 분실한 물건의 유무와 허실 등 사실 여부를 확인하여, 상황이 중대하면(잃어버린 물건이 매우 중요할 경우) 유나維那에게 알려서 대중을 동원하여 승당과 요사를 수색하라. 훔친 자에게는 공행公行(규율대로 처리)할 것이며, 허위로 도난당했다고 신고한 자에게는 추방하든가 아니면 거처를 옮겨라.[06]

---

06   『선원청규』10권, 「百丈規繩頌」. "一堂中及寮內, 去失衣物等, 須具衣物色數, 時節, 處所, 聞白主首. 驗認有無虛實. 如情理重者, 白堂司集衆搜堂及寮. 犯者公行, 妄者棄衆."(신찬속장경 63권, p.552b)

이것은 불투도不偸盜의 계를 범한 것이다. 그런데 사중의 재산을 팔아먹거나 횡령한 것은 아니고 소소한 단순 절도, 즉 잡범 수준의 경우에 의물衣物을 도난당한 자는 먼저 의물의 색깔과 개수, 잃어버린 장소와 때를 정확하게 적어서 요주寮主(衆寮 관리자)에게 알린다. 그러면 그것이 사실이라고 판단될 경우 요주는 대중을 동원하여 승당과 중료衆寮를 수색한다. 그런데 수색해도 도난당한 것이 나오지 않고, 또 조사 결과 도난당했다는 사실이 허위일 경우 고발 당사자를 추방하거나 대중과 별리別離시키라고 규정하고 있다. 이와 같이 허위 신고에 관한 벌칙 조항도 있었으므로 도난당했다고 함부로 신고할 수는 없었다.

그런데 대중을 동원하여 승당과 중료를 수색하는 것은 매우 소란스러운 일이다. 100여 명 이상이나 되는 대중들의 사물함이나 발낭을 모두 수색해야 하기 때문이다. 그래서 잃어버린 물건이 가벼운 것일 경우 대중을 동원하여 수색하기보다는 가능한 잃어버린 사람을 달래는 것으로 그쳤다.

3. 경범죄에 대한 벌칙

사바라이나 승잔이 아니고 가벼운 계율을 범한 경범輕犯이 있다. 소소한 규칙이나 잘못된 행동을 했을 때 내리는 벌칙이다.

경범죄에 대한 벌칙은 벌전罰錢·벌향罰香·벌유罰油·벌차罰茶·108참회 등이 있다. 벌전은 지금의 벌금형인데, 구체적으로 얼마의 벌금을 물었는지는 알 수 없다. 벌향은 불전에 올리는 향香 대금을 내는 벌칙이다. 벌유는 불전이나 장명등을 밝히는 등유燈油 대금을 내는 벌칙이다. 벌차는 대중들이 마시는 차를 사는 대금을 내는 벌칙이다.

벌전·벌향·벌유·벌차의 벌금 액수가 어느 정도였는지는 알 수 없지만, 매우 재치있는 처리 방법이다. 그리고 소소한 계를 범했을 때 108배 참회를 시키는 벌칙이 있는데, 이는 우리나라에서 많이 사용하는 참회 방식이다. 좋은 참회 방법이라 할 수 있다.

23장

공空의 세계로 돌아가다

선승의 입적과 장송葬送 의식

1. 죽음은 공空의 실현

선승의 죽음을 열반·입적·입멸·원적圓寂이라고 한다. 모두 적멸寂滅을 뜻하는 말이다. 또 육체적 욕망과 동시에 번뇌의 불이 완전히 꺼졌다는 뜻에서 반열반般涅槃·무여열반無餘涅槃이라고도 한다.

일체 존재의 귀착지는 '무無', '공空'이다. 이 공의 길을 바꿀 수 있는 존재는 아직은 없어 보인다. 죽음이란 공과 합일을 의미한다. 붓다는 물론이고 달마도 공으로 돌아갔다. 공, 그것이 안심입명처安心立命處이기도 하다.

선종 사원에는 납자들이 입적하면 화장火葬을 거쳐 장송葬送 의식을 행한다. 그 과정은 시종일관 제행무상諸行無常과 일체개공一切皆空의 관점에서 시행되고 있다.

다비, 장송 의식은 고승과 일반 승려의 경우가 조금 다르다. 현임 주지(방장)나 고승의 경우는 관청, 사대부, 그리고 인근 사찰 등에 부고장을 보내는 등 법식과 절차가 많다. 그러나 일반 승려의 경우는 그런 것 없이 간소하게 연수당(열반당)이나 중병각에서 장례가 이루어진다. 다음은 일반 승려의 장의 절차이다.

2. 열반당과 병승의 입적

병승病僧(환자)이 발생하면 열반당주(혹은 연수당주)는 먼저 수좌·감원·유나 등 상위 소임자들에게 보고한다. 그런 다음 병승을 연수당이나 열반당으로 옮겨서 치료한다.

그런데 병승이 열반당에 들어온 지 3일이 지나도 아무런 차도가 없거나 병이 더욱 악화되면, 간병은 병승을 일반 환자실인 열반당에서 중환자실인 중병각重病閣으로 옮긴다.

중병각에서도 차도가 없거나 악화되면 대중들은 병승의 침상 앞에 불상을 모시고 향촉을 밝힌 다음 경전을 염송念誦하고, 청정법신비로자나불 등 10불 명호를 외우면서 "엎드려 바라건대 일심一心이 청정하고 사대가 편안하며 수명과 혜명을 연장하여 육체도 법신처럼 견고하소서"라고 쾌유를 빈다.

그럼에도 불구하고 병이 점점 더 악화되면 다시 대중들은 병승을 위하여 아미타불을 100번, 관세음보살, 대세지보살, 청정대해중보살을 각각 10번 부른다. 그리고는 "엎드려 원컨대 지금 병에 든 비구 ○○는 인연이 아직 다하지 아니했다면 속히 쾌유하게 하여주사이다. 만일 대명大命(죽음)을 벗어나기 어렵다면 속히 안양국(정토)에 태어나게 하사이다"라고 기원·염불한다.

장로종색의 『선원청규』 6권 「망승亡僧」 편에는 병승이나 망승에 대하여 다음과 같이 대처하라고 당부하고 있다.

> 만약 병세가 점점 더 악화되면 연수당주(간병)는 유나·감원·수좌·장주·
> 서기·지객과 함께 상의하여, 병승으로부터 유언을 받아 기록해 두고, 사
> 부祠部와 의발, 도구 등을 모아서 함函에 넣어 유나실에 보관한다. 수좌
> 는 함函에 봉인封印을 하고 자물쇠로 잠근다. 그런 다음 지사(유나)는 (병
> 승 발생 사실을) 관청에 신고한다. 만약 병세가 위독해지면 재차 위독하
> 다고 신고하고, 천화遷化(입적)하면 관청에 신고한 다음 장송葬送(장례)을
> 청한다. 병승病僧이 입적하면 3일 안에 사부첩祠部牒을 반납해야 한다.[01]

당송시대에는 불교는 거의 국가의 관리 아래 있었다. 따라서 병승이
발생하면 관아에 병승 발생 보고를 비롯해 병승이 위독하거나 사망하
면 그 사실 등에 대하여 관아에 자세히 보고해야 한다.

당송시대 종교를 관장하는 관아는 예부禮部 산하의 사부祠部였다.
새로 승려가 되거나 입적하면 반드시 관할 사부에 신고를 해야 하는
데, 그러지 않으면 제재했다. 사부에서는 승려의 이동 및 변동 사항을
파악하고 있어야 하고, 또 국가에서 발행한 도첩(승려 허가증), 면정유免

---

01   장로종색, 『선원청규』 6권, 「亡僧」. "如僧人病勢稍困, 堂主, 計會維那監院首座
      藏主書記知客, 同共抄箚口辭收祠部. 幷衣物入堂司收掌. 首座封押幷收掌鑰
      匙, 知事申官, 如加病勢, 即再申困重. 如已遷化, 又申官乞行殯送. 三日內繳納
      祠部."(신찬속장경 63권, p.541a)

丁由(부역 면제증), 계첩(수계첩, 사찰 발행), 좌하유坐夏由(하안거 결제 증명서) 등의 '사부첩祠部牒'을 관리해야 하기 때문이다.

병승의 병세가 더욱 위독해지면 연수당의 당직 행자인 직병자直病者는 연수당주에게 고하고, 연수당주는 수좌와 감원, 유나 등에게 알린 다음 함께 병승 앞에 와서 유언을 받아 적는다. 유언을 구사口詞라고 하는데 정해진 양식은 다음과 같다.

> 병승病僧 ○○는 본관은 ○○주州이고, 성姓은 ○○인데, ○○해(年)에 ○○곳에서 도첩을 받고 승려가 되었습니다. ○○년에 ○○사寺에 괘탑掛搭 (입방)하였으나, 지금 와서 포병抱病(병에 걸림)하니 지수화풍 부정不定(일정하지 못함)할까 염려됩니다. 몸에 소유하고 있는 행리行李(의발과 도구 등 소지품)를 기록하여 주시고 사후 문제는 모두 총림의 청규에 의하여 장송葬送해주시기 바랍니다. ○○년 ○○월 ○○일 포병승抱病僧 ○○는 유언하나이다.[02]

유언장의 요점은 사후 처리 및 소유하고 있는 의발, 도구 일체를 모두 총림에 위임하니 청규에 따라 장송葬送해주기 바란다는 것이다. 그

---

02   『칙수백장청규』 7권, 「病僧念誦」. "抱病僧某. 右某本貫某州某姓幾. 歲給到某處度牒爲僧. 某年到某 寺掛搭. 今來抱病. 恐風火不定. 所有隨身行李合煩公界抄箚. 死後望依叢林淸規津送. 年月日 抱病僧 某甲口詞."(대정장 48권, p.1147c)

런데 유언의 내용으로 보아 개인 귀중품 등 재산에 대하여 제자나 속가의 가족들이 개입하여 문제를 일으키는 경우가 있었던 모양이다.

유언을 받은 다음에는 그 스님이 가지고 있던 물건은 모두 함케 속에 넣고는 봉인封印한다. 다만 상하복上下服(直裰)과 괘락掛絡(5조 가사)·속옷·염주·행전·신발·수건 등은 시신屍身을 염할 때 필요하므로 남겨둔다.

3. 망승의 장례 절차

일반 승려의 장례는 며칠 장葬으로 했는지 나와 있지 않다. 그러나 "도첩은 3일 안에 반납해야 한다." 또 『선원청규』「망승亡僧」편에 "이날 밤에 법사法事와 송계誦戒(염불, 독경)를 하여 회향한다. 다음날 아침이나 점심 공양 후 바로 진송津送(葬送)한다"[03]라는 문구가 있는 것으로 보아 특별한 일이 없는 한 일반 승려들의 경우는 입적한 다음 날이나 그다음 날에 바로 장례와 다비를 했다.

병승이 입적하면 연수당주는 감龕(棺)과 욕선浴船(시신을 물 위에 놓고

---

03   장로종색, 『선원청규』 6권, 「亡僧」. "是夜法事誦戒廻向, 來日早晨或齋後津
送."(신찬속장경 63권, p.541a)

목욕시키는 배)을 준비한 다음 조두澡豆(비누)를 사용하여 망승亡僧의 시신을 깨끗하게 목욕하고 삭발을 시킨다. 그리고 속옷과 상하의와 오조가사를 입혀서 나무로 만든 통桶 속에 가부좌 자세로 앉힌다. 눕히는 것이 아니다. 그런 다음 다시 감龕(棺)에 넣어서 연수당 내에 안치하고 위패를 써서 관 앞의 탁자 위에 놓는다.

위패를 쓰는 방식에 대하여 『선원청규』에는 "몰고歿故 ○○상좌지령上座之靈"이라 되어 있고, 후대에 편찬된 『칙수백장청규』에는 "신원적新圓寂 ○○상좌上座 각령覺靈"이라고 되어 있다.

우리나라 사찰에서는 "신원적新圓寂 ○○○○ 각령覺靈"이라고 쓰는데, 이는 『칙수백장청규』의 양식을 따르고 있다고 볼 수 있다. '몰고歿故'는 '고인故人'과 같은 뜻으로 죽은 이에 대한 존칭이다. '신원적新圓寂'이란 '금방 입적에 들었다'는 뜻이고, '상좌上座'는 존칭이다. '각령覺靈'은 '영가靈駕'와 같은 말인데 그냥 영가가 아니라 깨달은 영가를 말한다. 전임 주지의 경우는 "전주前住 ○○사寺 ○○선사지령禪師之靈"이라고 쓰고, 나머지는 직함에 따라 쓴다.

위패를 지키는 행자를 '직영행자直靈行者'라고 한다. 직영행자는 출상出喪 때까지 조석으로 영단靈壇에 죽(아침)과 밥(점심)을 올린다. 유나와 수좌 등은 하루 세 번 차를 올리고 향을 사른다. 초하루와 보름 그리고 경명일景命日(천자 즉위일)에는 출상하지 않는다. 초하루와 보름엔 총림에 정기적인 상당법어 등 행사가 있기 때문이다. 그리고 망승의 시신을 목욕시킬 때 사용한 천은 목욕시킨 사람에게 주고 수건은 삭발시킨 사람에게 준다.

출상出喪, 다비茶毘(화장)하는 날, 즉 장례일에는 유나는 아침 공양이
끝나자마자 백추白槌(망치의 일종)를 한 번 치고 나서 대중에게 알린다.

대중스님들께서는 죽후粥後(만일 점심 공양 후에 다비를 할 경우는 '齊後'라고 함)
에 종을 치면 각기 가사를 수하고 망승을 보내는 법사法事에 동참하여
주시기 바랍니다. 각 요사의 책임자를 제외하고는 모두 나와주십시오.
삼가 아룁니다.[04]

곧이어 종과 북이 울리면 연수당 앞에서 망승을 보내는 장송 의식
이 거행된다. 대중들이 모두 모이고 주지화상 이하는 모두 차례대로
향을 사르고 합장한다. 이어 유나가 장중한 음성으로 염송念誦(독경, 염
불)을 마치면 북을 친다. 대중들은 북소리와 함께 감龕, 즉 관棺을 들어
서 다비장으로 이운移運한다. 나머지 대중들은 번幡(세속의 輓詞)과 향로
등을 들고 뒤를 따른다.

운구運柩가 다비장에 도착하면 장작더미 위에 관을 얹어 놓고 망승
의 왕생정토를 위하여 염불 등 법식을 행한다. 주지 이하 6지사, 6두수
등 중요 소임자들이 마지막으로 향을 사르고 합장한다. 이어 주지가

---

04   장로종색, 『선원청규』 6권, 「亡僧」. "白槌一下云. 大衆粥後(或齋後), 聞鐘聲各具
威儀, 普請送亡僧. 除諸寮頭首竝皆齊赴. 謹白."(신찬속장경 63권, p.541a)

횃불을 잡고서 장작더미에 점화點火를 한다.

주지화상은 점화 후에 무상법문(제행무상을 설하는 법문)을 한다. 대중들은 모두 함께 아미타불을 십념十念하면서 다비식을 마친다. 다음 날 아침에 연수당주와 유나는 다비장으로 가서 유골을 수습하여 물에 뿌리든가 아니면 보동탑普同塔에 안치한다. 보동탑은 대중의 유골을 함께 안치하는 탑이다.

4. 망승의 다비

당송시대에는 한 총림에 200여 명 이상이 함께 수행했다. 그중에는 종종 이승과 인연을 고告하는 납자도 있었다. 그를 망승亡僧이라고 한다. 망승의 마지막 장송 장면은 화염 속의 다비茶毘(火葬)이다. 다비는 제행무상과 공의 이치를 보여 주는 단막 드라마이다.

선종 사원에는 다비장이 갖추어져 있다. 화장을 하기 위해서는 다비장이 넓어야 한다. 좁으면 불꽃이 튀어 산불이 날 위험이 크기 때문이다.

다비 순서는 먼저 참나무 장작을 높이 쌓은 다음 그 위에 망승의 시신이 들어 있는 관(棺/龕)을 올려놓는다. 그런 다음 또 장작을 높이 쌓아 올리고 점화한다. 이것이 정식 다비(화장)이다. 우리나라 사찰에서도 정식 다비는 이와 같이 한다. 그런데 요즘은 정식 다비를 할 수 있는

망승의 마지막 절차인 장송 장면은 다비茶毘 곧 화장火葬이다.

넓은 장소가 없으므로 대부분 약식略式 다비를 한다. 약식 다비는 땅을 약 50센티가량 파서 고랑을 만들고 그 위에 장작을 1미터 정도 쌓은 후 관을 올려놓고 또 장작을 올린다. 그런 다음 물에 젖은 볏짚으로 여러 겹 영을 두른 후 다비를 하면 불꽃은 튀지 않고 하얀 연기만 피어오른다.

망승의 장례와 장송 의식은 규율과 행사 담당인 유나가 집전한다. 유나의 지시에 따라 망승의 관棺을 다비장으로 옮겨서 장작더미 위에 올려놓는다. 그런 다음에 불을 붙이는데, 그것을 '하화下火', 또는 '병거秉炬'라고 한다. 하화나 병거는 부득이한 경우가 아니라면 주지 외의 다른 사람은 할 수 없도록 되어 있다. 주지가 횃불을 잡으면 유나는 감龕을 향하여 다음과 같이 염송한다.

"오늘은 신원적新圓寂 ○○상좌가 인연에 따라 순적順寂(입적에 순응함)하였나이다. 이에 법에 의거하여 다비하나이다. 백 년 동안 불법을 홍도弘道한 몸을 화장하나이다. 한결같이 곧장 열반涅槃으로 가사이다. 존귀한 대중들의 법력에 의거하여 각령覺靈(영가)의 열반길을 자조資助(돕다)하고자 하나이다. 나무서방극락세계 대자대비 아미타불(아미타불을 열 번 하고 마친다)."05

---

05   『칙수백장청규』 7권, 「대중」. "維那向龕念誦云. 是日則有新圓寂某甲上座, 旣隨緣而順寂. 乃依法以茶毘. 焚百年弘道之身, 如一路涅槃之徑. 仰憑尊衆資助覺

하화下火(點火) 후에 다비가 완전히 마무리되려면 하룻밤이 지나야한다. 이때 납자 여러 명이 함께 다비장을 지키고 앉아서 영가가 가는길을 돕는다. 다음 날 아침에 날이 밝으면 납자들이 유골을 수습하여대중들의 공용탑인 보동탑普同塔에 안치한다. 주지(방장)나 고승의 경우는 다비 후 별도로 사리탑을 조성하여 그 속에 안치한다. 이것으로써다비 절차는 끝난다. 다음은 망승의 유품 처리 과정이다.

5. 망승의 소지품 경매-창의唱衣

망승亡僧(입적한 선승)의 가사, 발우 등 유품 일체는 다비 다음 날 대중들을 불러놓고 경매競賣한다. 이것을 '옷값을 부르다'는 뜻에서 '창의唱衣'라고 한다. 일반 승려뿐만이 아니라 주지(방장) 등 고승의 유품도 특별한 것을 제외하고는 모두 경매한다. 망승의 유품을 사중에 귀속시키거나 대중들에게 나누어 주지 않고 굳이 경매에 붙이는 까닭은 무엇일까?

필자는 처음 소지품을 경매한다는 문구를 보고는 "도대체 망승의

靈. 南無西方極樂世界 大慈大悲阿彌陀佛. 十聲罷."(대정장 48권, p.1148c)

유품을 대중들에게 경매하다니 말도 안 되는 소리"라고 힐난했다. 그런데 탁월한 이유가 있었다. 교육적인 이유였는데, 소지품 경매를 통하여 탐착심을 제거하기 위한 것이었다. 많은 물건, 일체는 다 공이라는 가르침을 주기 위한 것이었다.

망승의 유물을 경매하는 것에 대하여 『선원청규』 6권 「망승」 편에는 다음과 같이 말하고 있다.

무릇 망승의 의물衣物을 창의唱衣(경매)하는 것은 이른바 간심慳心(慳貪心)을 파破하고, 망승과 인연을 맺게 하고자 하는 것이다.[06]

망승의 유품을 다비 직후에 곧바로 경매하는 이유가 대중들로 하여금 간탐심慳貪心을 제거하게 하고, 경매 물건을 통하여 망승과 인연을 맺게 하기 위해서라고 말한다. 즉 살아 생전에 물건에 탐착해봤자 죽으면 모두 경매되어버리므로 탐착하지 말라는 의미이다. 이것은 경매를 지켜보고 있는 생자生者에게 시사하는 바가 적지 않다. 충격을 주는 것이다.

창의唱衣(경매)는 주로 점심 공양 후에 한다. 경매의 주관자는 유나이다. 유나는 경매에 들어가기 전에 망승의 유품에 대하여 기본 값, 즉

---

06   장로종색, 『선원청규』 6권, 「亡僧」. "凡唱亡僧衣物, 此謂對破慳心, 及與亡僧結緣."(신찬속장경 63권, p.541b)

시초가를 책정한다. 이것을 고의估衣·고직估直·고가估價라고 한다. 고의는 주지·수좌·감원·유나 등이 참여하여 책정한다. 고의는 절대로 처음부터 값을 높게 정하지 않는다. 경매를 하는 의도가 금전을 모으기 위한 것이 아니고, 탐착심을 제거해주기 위한 것이기 때문이다.

경매 장소는 승당 앞이나 법당 안에서 한다. 경매 준비가 완료되면 유나는 종두鐘頭로 하여금 종과 북을 쳐서 대중들을 모이게 한다. 일반인은 경매에 참여할 수 없고 스님들만 참여할 수 있는데, 참여 여부는 자유였다. 경매에 참여하는 납자들이 많았고 경매도 열기가 있었다. 또 경매를 구경하는 재미도 있어서인지 적지 않은 대중이 모였음을 알 수 있다. 대중들이 다 모이면 유나는 인경印磬(경쇠의 일종)을 한 번 치고 나서 게송을 읊는다.

뜬구름 흩어져서 그림자마저 사라졌네
남은 촛불 다하여 그 빛은 저절로 소멸했네
지금 여기에 고창估唱하나니
그것은 일체가 무상함을 나타내기 위함이네
우러러 대중을 의거하여 ○○상좌를 위하여 받드나니
각령覺靈(영가)은 이것을 바탕으로
정토에 왕생하소서
염송하나이다

청정법신비로자나불[07]

여기서도 유나는 '고창佶唱(경매)하는 것은 일체가 무상함을 나타내기 위함이다'라고 말하고 있다. 이어서 유나는 또 한 번 인경을 친 다음 창의 방법에 대하여 고지한다.

이 창의唱衣의 법은 오래전부터 상규常規로서 이어온 것입니다. 물건이 새것인지 오래된 것인지, 또는 장단점에 대해서는 스스로 잘 파악해야 합니다. 창의가 결정되어 인경을 친 다음에는 번복할 수가 없습니다. 삼가 아룁니다.[08]

경매는 최고가를 써낸 사람에게 낙찰시킨다. 그런데 한 번 낙찰이 결정되면 절대 번복해서는 안 된다. 유나는 경매 대상 물건에 대하여 낱낱이 번호를 매겨서 대중 앞에 나열한다. 물건 번호는 천자문千字文 순서를 따른다(즉 天-地-玄-黃-宇-宙-洪-荒 순서).

예컨대 첫 물건의 경우는 '천자일호天字一號'이고, 다음 물건은 '지자

---

07   『칙수백장청규』 7권, 「대중」. "浮雲散而影不留, 殘燭盡而光自滅. 今玆佶唱用表無常, 仰憑大衆奉爲某甲上座, 資助覺靈, 往生淨土. 念. 淸淨法身毘盧遮那佛."(대정장 48권, p.1149a)

08   『칙수백장청규』 7권, 「대중」. "夫唱衣之法, 蓋稟常規. 新舊短長自宜照顧. 磬聲斷後不許飜悔. 謹白."(대정장 48권, p.1149a)

이호地字二號', 세 번째 물건은 '현자삼호玄字三號'라고 써 붙인다. 이렇게 하여 물건이 20가지면 '왕자이십호往字 二十號'까지 나간다. 번호를 매기는 것은 경매를 원활하게 하기 위해서인데, 천자문에다가 숫자를 합하여 빈틈없도록 했다.

이어 유나는 행자로 하여금 경매할 물건을 들어서 대중들에게 보여준다. 경매하는 물건이 새것이면 '신新'이라 하고, 헌것이면 '구舊', 좀 찢어지거나 손상된 것이면 '파破'라고 한다. 그런 다음 "천자일호天字一號 ○○물건, 값 ○○요"라고 부르면(唱), 유나실의 행자는 다시 큰소리로 대중들을 향하여 복창한다. 낙찰을 받고자 하는 이는 나무판자에 자기 법명을 쓴 다음 "청수請受(매수)요"라고 써서 나무판자를 올린다. 더 높은 가격의 응찰자가 나타나지 않으면 유나는 "천자일호天字一號의 ○○물건은 값 ○○에 ○○상좌 청수請受요(혹은 打與합니다)"라고 말하고 인경을 한 번 치면 낙찰이 결정된 것이다. 만일 더 높은 가격을 제시하는 납자가 있으면 그때부터는 값이 올라간다.

창의 과정에서 좋은 물건의 경우 경매가 과열되기도 한다. 응찰자가 많으면 많을수록 낙찰가는 계속 올라가는데, 낙찰가가 예정가보다 너무 높아질 경우 유나는 대중들에게 "다시 모름지기 자세히 살피시오. 나중에 후회한들 번복하기 어렵습니다(維那卽云. 更須子細, 後悔難追)"라고 하여 주의를 환기시킨다. 그런데도 낙찰이 과열되면 그 물건을 유찰시켜버리는데, 이것을 '쌍파雙破'라고 한다. 양쪽 모두 낙찰을 파破해버린다는 뜻이다. 유찰된 물건은 재경매를 한다.

낙찰이 확정되면 유나실의 행자는 전표를 끊어서 낙찰 받은 스님에게 준다. 지객은 그 스님의 이름과 물건, 값 등을 장부에 기록하고, 행자는 물건을 바구니에 담아서 전표와 교환한다. 낙찰은 번복할 수 없도록 되어 있다.

그런데 『칙수백장청규』「창의唱衣」 편에는 "3일이 지나도 찾아가지 않을 경우 가격을 참조하여 내다 판다"는 말이 있는 것으로 보아 간혹 낙찰 받은 물건을 찾아가지 않은 경우도 있었던 모양이다. 찾아가지 않은 물건은 경매가 아닌 수의계약隨意契約으로 타인에게 팔아버린다.

경매에는 특혜가 없다. 청규에는 설사 주지나 수좌 등 상위직 소임자라 해도 망승의 유물을 취득하고자 할 경우에는 반드시 경매를 통하도록 규정하고 있다.

창의에서 얻어진 수익금은 장례 비용으로 쓰고, 남을 경우에는 영가 앞에서 독경한 스님들과 장례식에 참석한 이들, 그리고 창의 주관자 등에게 골고루 나누어 보시한다. 그러고도 남는 것은 사중 수입으로 계정計定한다. 경매가 끝나면 다음 날(열반 3일째)에는 바로 경매와 관련된 수지收支 명세서를 방榜에 붙여 공개하는데, 그것을 '판장식板帳式'이라고 한다. 단 매수자의 이름은 쓰지 않는다.

『선원청규』에는 병승이 숨을 거두면 즉시 창의하도록 규정하고 있다. 창의를 통하여 장례 비용을 마련함과 동시에 사중의 재정을 아끼고자 한 것이다. 그런데 후대 청규인 『칙수백장청규』에는 다비가 끝난 후에 창의하도록 규정했는데, 이것은 다비식 후에 하는 것이 덜 복잡하기 때문이 아닌가 생각된다.

『선원청규』에 기록되어 있는 장의법葬儀法은 당대唐代에서 북송 때까지의 장의법이라고 할 수 있고, 『칙수백장청규』에 기록되어 있는 장의법은 남송 중기에서 원대까지의 장례법이라고 할 수 있다.

그런데 망승이 일반 승려가 아닌 6지사나 6두수 등 총림의 요직을 역임한 선승의 경우에는 개인 소유물도 꽤 많고 값이 나가는 물건도 있어서 경매 수입도 높았다. 그 경우 경매한 돈으로 특별 공양을 낸다거나 고승을 초청하여 영가법문을 하기도 한다.

6. 망승의 도첩 처리

또한 망승의 도첩, 면정유 등 사부첩 처리에 대해서도 『선원청규』에는 3일 이내에 국가에 반납하도록 규정하고 있는데 반하여, 후대 청규인 『칙수백장청규』에는 경매를 시작하기 직전에 "망승의 도첩 한 통을 대중이 보는 앞에서 가위로 잘라서 파破합니다"라고 하여, 원대에는 관청에 반납하는 방식보다는 대중 앞에서 공개적으로 파쇄해버렸다.

대중들에게 망승의 유물을 나누는 것에 대하여 『칙수백장청규』 7권 「대중」 편에서는 다음과 같이 증휘기增輝記의 내용을 인용하고 있다.

"불교 제도(佛制)에 망승의 옷을 나누는 뜻은 지금 남아 있는 이들로 하여금 저 망승의 물건이 여러 대중에게 나누어지는 것을 보고 사유思惟(제행무상)하게 하기 위함이다. 망자亡者의 물건이 이미 이와 같이 되었으니 그 물건이 나에게 돌아와도 똑같이 될 것이다. 이것을 계기로 탐구貪求(탐욕)심을 다스리게 하기 위함이다. 지금 탐심을 성찰하지 않고 오히려 창의할 때 값을 다투어 시끄럽게 하는 것은 어리석음이 심한 것이다."[09]

총림에서 망승의 물건을 경매하는 과정을 살펴보면 매우 체계적임을 알 수 있다. 오늘날 경매 방법과 별 차이가 없는데, 이것이 선종 사원에서 시작한 것인지, 당시 세속에도 이런 경매 방법이 있었는지는 알 수 없다.

그런데 한편 "창의할 때 시끄럽게 값을 다툰다. 어리석음도 심하다"라고 비판하고 있는 것으로 보아 망승의 물건을 경매하는 과정에서 아름답지 못한 일도 종종 일어났던 것 같다. 세속인들이 경매에서 다투는 것은 흉이라 할 것이 없지만, 선원의 수행자들이 경매 물건을 놓고 다투는 것은 부끄러운 일이다. .

원대元代에는 창의 과정에서 오는 문제점, 즉 과열 등을 보완하기 위

---

09   『칙수백장청규』 7권, 「대중」. "增輝記云. 佛制分衣意, 令在者, 見其亡物分與衆僧, 作是思惟. 彼旣如斯, 我還若此. 因其對治息貪求故. 今不省察, 飜於唱衣時爭價喧呼, 愚之甚也."(대정장 48권, p.1149a)

하여 구염법圖拈法이 채택되었다. 구염법이란 '제비뽑기' 방법인데, 천자문 순서대로 전표를 두 장씩 만들어서 한 장은 응찰자들에게 나누어 주고, 한 장은 통 속에 넣고 모두 섞는다. 그런 다음 통 속에 있는 전표를 한 장씩 뽑는다. 해당 번호를 소지하고 있는 사람에게 응찰할 수 있는 자격이 주어지는데, 낙찰에 응할지 여부는 응찰자의 자유였다. 낙찰받기 싫으면 응찰하지 않으면 된다. 그러면 다시 추첨한다. 이런 구염법을 도입한 이후에는 잡음이 적어졌다고 한다.

24장

차와 선은 하나이다

선종 사원의 차 문화

1. 차茶와 선禪, 끽다거의 의미

'차茶와 선禪은 그 세계가 하나이며 한 맛(茶禪一如, 茶禪一味)'이라고 한다. 선종 사원에서 '끽다喫茶'는 '다반사茶飯事', '일상다반사日常茶飯事', '항다반사恒茶飯事'라는 말에서도 알 수 있듯이, 일상의 하나였다.

선禪이 중국 천하를 석권하는 중당中唐, 만당晩唐 때가 되면 차茶는 더욱 깊숙이 선으로 들어와 다선일여茶禪一如의 세계를 형성한다. 기호식품의 하나였던 차를 선의 정신세계 속으로 끌어올린 것은 단연 선승들이었다. 차는 선을 만나서 정신적 영역을 확충했고, 선은 차를 만나서 문화적 지평을 넓혔다고 할 수 있다.

송대가 되면 차문화는 선원총림뿐만이 아니고 일반에서도 크게 유행하기 시작한다. 차는 사찰과 황실, 사대부의 가정을 벗어나서 도심 한가운데로 진출한다. 다관茶館(다방, 찻집)이 음식점이나 주점보다도 더 많을 정도였고, 심지어는 지방의 작은 마을에도 차를 파는 다방이 있을 정도였다.

중국 선종사에서 처음으로 차를 공안(선문답) 속으로 끌어들인 선승은 무자화두로 유명한 조주선사趙州禪師이다. 그는 지극히 흔한 일상사日常事(尋常事)의 하나에 불과한 '끽다거喫茶去'라는 다어茶語로 납자들의 발길을 멈추게 했다. 그의 끽다거는 단순한 끽다거가 아니고, 선의 진의眞義를 묻는 '여하시如何是 조사서래의祖師西來意'와 같은 말이 되어

'조주끽다趙州喫茶'라는 공안을 낳았다.

어느 날 한 납자가 조주선사를 찾아왔다.

조주선사가 물었다.

"혹시 전에 여기에 와본 적이 있소이까?"

"네, 온 적이 있습니다."

"아 그렇소. 차나 한잔 마십시오."

다음 날 또 다른 납자가 찾아왔다.

"여기 와본 적이 있소?"

"아니 처음입니다."

"아, 그렇소. 차나 한잔 마십시오."

원주가 답답해서 여쭈었다.

"선사, 어째서 와본 적이 있다는 납자에게도 '차나 한잔 마시라'고 하고,

온 적이 없다는 납자에게도 '차나 한잔 마시라'고 하시는 것입니까?"

그러자 조주선사가 "원주" 하고 불렀다.

원주가 "예" 하고 대답하였다.

"자네도 차 한잔 마시게"라고 하였다.[01]

01 　『禪宗頌古聯珠通集』 제20권. "趙州問新到. 曾到此間麼. 曰曾到. 師曰. 喫茶去.
又問僧. 僧曰. 不曾到. 師曰. 喫茶去. 後院主問曰. 爲甚麼, 曾到也云喫茶去, 不
曾到也云喫茶去. 師召院主. 主應喏. 師曰. 喫茶去."(신찬속장경 65권, p.594b)

조주의 차는 무슨 차인가? 결국 조주의 '끽다거'는 일체 사량 분별을 절단시켜버리는 사바세계에서는 보기 드문 희귀한 차茶라고 할 수 있다. 언설言說과 분별이 미치지 못하는 차로서, '덕산방(棒)', '임제할(喝)'과 같은 효과를 갖고 있는 차이고, '살인도殺人刀 활인검活人劍'의 특수한 차라고 할 수 있다.

중국 선종 사원에서 '끽다喫茶', '끽다거喫茶去'는 항상 있는 심상사尋常事의 하나이고, 일상의 하나이다. 즉 '선'이란 행주좌와行住坐臥(일상의 거동), 착의끽반着衣喫飯(옷을 갈아입고 밥 먹고), 아시송뇨屙屎送尿(소대변 보는 일), 그리고 대인접화對人接話(객승과의 대화)의 일상에서 벗어난 다른 특별난 것이 아니라는 뜻이다. 사량 분별을 떠나 차를 마시고 있는 지금 이 순간, 바로 그것이 조주끽다趙州喫茶의 의미일 것이다.

중국 선승들은 차를 매우 애호했다. 눈을 뜨면 차 한잔이 일상이었는데, 산사의 차향茶香과 차색茶色, 그리고 차 맛(茶味)은 언설불급처言說不及處의 세계, 청정한 세계였다. 그와 동시에 선 역시 번뇌 망상을 떠난 청정한 세계, 언어도단言語道斷의 세계였다.

차는 좌선 중에 쏟아지는 수마睡魔를 쫓고 신심身心을 청정하게 해주며, 소화기능을 돕고, 구취口臭 등 몸의 냄새를 제거해주는 기능을 한다. 그리고 금주禁酒의 도량에서 빈객을 접대할 수 있는 격조 있는 음료수도 차였다. 또 차는 대화의 매개체이자 담론의 주제이기도 했다.

2. 차茶의 대화, 설봉과 암두

당말의 선승 설봉의존雪峰義存(822~908)과 암두전활嚴頭全豁(828~887), 그리고 흠산선사欽山禪師가 함께 행각을 하다가 어느 찻집에서 차 한 잔을 놓고 선문답을 했다. 이때 이미 도시에는 찻집 즉 다방茶房이 있었다. 『전등록』 17권 「흠산문수欽山文邃」 장에 나온다.

> 흠산선사가 암두, 설봉과 함께 강서江西 지방을 지나가다가 어느 찻집에서 차를 마시게 되었다.
>
> 흠산이 말했다.
>
> "전신통기轉身通氣를 할 줄 모르는 사람은 오늘 차를 마실 수 없도록 합시다."
>
> 암두가 말했다.
>
> "그렇다면 나는 결정코 차를 마시지 않겠소."
>
> 설봉이 말했다.
>
> "나도 그렇소."
>
> 이에 흠산이 말했다.
>
> "두 노인네가 말귀도 못 알아듣는군!" 하고는 일어섰다.
>
> 암두가 말했다.
>
> "어디로 가는가?"

흠산이 말했다.

"자루 속에 있는 늙은 갈까마귀는 살아 있어도 죽은 것이나 마찬가지요 (당신들은 그와 같다는 뜻)."

암두가 말했다.

"뒤로 물러서시오. 뒤로 물러서."

흠산이 말했다.

"암두 사형은 그렇다 치고, 존공存公(설봉의존)의 뜻은 어떻습니까?"

설봉이 손으로 원상을 그렸다.

흠산이 말했다.

"묻지 않을 수 없군."

암두가 '하하' 하고 웃으면서 말했다.

"너무 빗나갔군."

흠산이 말했다.

"입이 있어도 차를 마시지 못하는 자들이 많구나!"

암두와 설봉은 함께 말이 없었다(良久).[02]

---

02   『전등록』17권,「欽山文邃」. "師與巖頭雪峰因過江西, 到一茶店內喫茶次. 師曰. 不會轉身通氣者, 今日不得茶喫. 巖頭曰. 若恁麼, 我定不得茶喫. 雪峰云. 某甲 亦然. 師曰. 這兩人老漢, 俱不識語在(『오등회원五燈會元』13권에는 話頭也不識 임. 말귀도 모르는구나!). 巖頭云. 什麼處去也. 師曰. 布袋裏老鴉雖活如死. 巖 頭云. 退後著退後著. 師曰. 豁兄且置, 存公作麼生. 雪峰以手畵箇圓相. 師曰. 不 得不問. 巖頭呵呵云太遠生. 師曰. 有口不得茶喫者多. 巖頭雪峰俱無語."(대정장 51권, p.340b)

재미있는 대화다. 여기서 차茶는 반야지혜 작용의 하나로 등장한다. 정신적 질병에 걸려서 전신통기轉身通氣를 할 줄 모르는 자는 차를 마실 자격이 없다는 것이다. 물론 이것은 흠산의 농담이다. 이에 암두와 설봉이 "그렇다면 나는 차를 마시지 않겠다"고 하자 흠산은 "이 노인네들은 말뜻이 어디에 있는지도 모르고 있다"고 핀잔을 주고 있는데, 선문답도 할 줄 모르는 재미없는 늙은이들이라는 뜻이다. 이래가지고 어떻게 같이 행각(만행, 여행)을 할 수가 있단 말인가. 여행도 죽이 맞아야 하지.

다음은 함께 차를 마시면서 선문답을 하는 장면이다. 『동산록洞山錄』에 있다.

> 암두와 설봉, 흠산이 함께 앉아 있을 때에 동산양개洞山良价 화상이 차를 돌렸다. 흠산은 곧 눈을 감았다. 그러자 동산이 물었다.
>
> "어디로 갔는가?"
>
> 흠산이 말했다.
>
> "선정에 들어 있습니다."
>
> 동산이 말했다.
>
> "선정은 본래 문이 없거늘(無門) 어느 곳으로 들어갔다는 것인가?"[03]

---

03   『동산록』. "巖頭雪峰欽山坐次. 師行茶來. 欽乃閉眼. 師曰. 甚麽處去來. 欽云. 入定來. 師曰. 定本無門 從何而入."(대정장 47권, p.514b)

차를 따라 주었는데도 흠산이 차는 마시지 않고 선정에 들은 것처럼 앉아 있으니, 이야말로 꼴불견이다. 동산은 그것을 알아차리고 흠산에게 주인공은 어디로 갔냐고 물은 것이다. 흠산이 지금 자신은 선정에 들어 있다고 하자 선정이란 정해진 문, 들어가는 문이 없는데 어디로 들어갔느냐고 핀잔을 주고 있다. 쓸데없이 엉뚱한 짓 하지 말고 지금 그대의 앞에 있는 차나 마시라는 것이다.

앞의 『전등록』「흠산문수」 장에서 볼 수 있는 바와 같이, 이미 당말唐末의 중국 거리에는 차를 파는 다점茶店, 즉 찻집이 있었다. 그것은 중국 차문화의 발전 상태를 알 수 있는 자료이다. 당말에 이르러 차는 선이라는 매개체를 등에 업고 곧 다가올 송대를 향해서 문호를 확장하고 있었다. 송대에는 찻집이 술집보다 더 많았는데 중국의 차 문화를 알 수 있다.

3. 선종 사원의 차茶

선종의 끽다 문화는 송대에 이르면 가람 구성에도 영향을 주어 법당法堂(설법당)과 방장 사이에 차를 마시는 다료茶寮, 다당茶堂, 다실茶室이 세워진다. 이로 인하여 종래 승당이나 중료衆寮에서 마시던 차가 한층 더 격조를 갖추게 되었고, 다선일여茶禪一如는 선종 사원의 생활 속으로 깊이 들어왔다. 선승들의 생활에서 끽다喫茶와 음다飮茶는 불가분의 깊은 관계가 되었다.

선종 사원에는 전문적으로 차 밭, 즉 다원茶園을 가꾸고 관리하는 사람이 있었다. 제다製茶 기술도 뛰어났고, 명차名茶의 재배와 생산, 그리고 전다煎茶 솜씨도 우수했다. "명차는 사찰에서 나온다"는 말과 같이 몽산차蒙山茶(한나라 普慧 스님이 만듦)와 벽라춘碧螺春(水月茶), 무이암차武夷巖茶에서도 찻잎을 따는 절기에 따라 명성이 높은 수성미壽星眉·연자심蓮子心·봉미용수鳳尾龍須 등 명차는 모두 선승들이 만든 차였다. 선승들은 모두 차의 명인名人이었다고 해도 과언이 아닐 정도다.

차를 달이는 소임을 '다두茶頭'라고 한다. 우리나라에서는 '다각茶角'이라고 하는데(우리나라에서만 쓰는 말), 하위직으로 주로 법랍이 얼마 되지 않는 신참승들이나 행자들이 맡는다. 다두는 승당(선당)의 다두, 방장실의 다두, 수좌료의 다두, 유나실의 다두, 지객료의 다두, 고사庫司(원주실)의 다두 등 각 요사마다 다두가 있다.[04] 승당의 다두와 방장실의 다두는 주로 신참승이 맡고, 기타 다두는 행자들이 맡는다.

송대 선원총림에서는 다석茶席, 다탕茶湯이 많았다. 다석에는 거의

---

04   일본 전국시대 와비차(わび茶, 草庵茶)의 명인 센노 리큐(千利久, 1522~1591)는 오다 노부나가(織田信奈)와 토요토미 히데요시(豊臣秀吉)의 다두茶頭였다. 그는 차를 도道의 경지로까지 승화시킨 인물이라고 할 수 있는데, 만년에는 토요토미 히데요시로부터 절복折腹 명령을 받고 깨끗하게 절복했다. 한 번만 고개를 숙이면 될 일이었지만, 그는 "자신의 차를 권력자의 손에 더럽히고 싶지 않다"고 말하고 죽었다.

모든 대중들이 참석한다. 많은 대중이 참석하므로 법도와 질서가 정연해야 하고 고요·정숙해야 한다. 한 사람이라도 자기 자리를 찾지 못해서 우왕좌왕하면 그날 다석은 망친다. 그래서 각자 앉는 자리가 정해져 있는데, 명패를 붙인다.

100명 이상이 함께 차를 마시지만 아무런 소리가 나지 않아야 한다. 방안에서 무엇을 하는지 알 수가 없어야 한다. 선의 마음으로 차를 마시는 것이므로 소란스러워서는 안 된다. 말을 해서는 더욱 안 된다. 그것이 선이고 선차禪茶이다. 차와 선의 공통점이라고 한다면 여러 가지가 있겠지만, 그 가운데서도 적정寂靜과 정숙, 고요, 청정, 곧 번뇌를 비우는 것(空)이 핵심이다.

선원총림에서 대중들이 하루에 몇 번 차를 마셨는지 자세히 알 수는 없지만, 적어도 점심 공양 후에는 반드시 차를 마셨고, 아침 공양 후에도 마셨음을 알 수가 있다.[05]

다석이나 다탕이 있으면 사전에 대중들에게 고지한다. 그것을 '다탕방茶湯榜'이라고 한다. 다탕이 있음을 알리는 방문榜文(벽보)으로, 주로 특위다탕의 경우에 붙이는데, 승당 밖 양측 벽과 승당 내 상하 칸에 붙인다. 주지가 내는 차의 방은 상칸에 붙이고 기타 지사나 두수가 내는 차의 방은 하칸에 붙인다.

---

05   『총림교정청규총요』에는 "아침 공양 후에 차를 마시다(粥後喫茶)"는 말이 있다.

아래는 남송시대 편찬된 『입중수지』에 나오는 다방식茶榜式인데, 주
지(방장, 堂頭)가 수좌와 대중을 위하여 차를 베풀 때 거는 다방식이다.

다방식茶榜式

당두화상(주지)께서 오늘 아침 공양 후 운당(승당)에서 대중들에게 점다點
茶(차 공양)를 하고자 합니다. 특별히 수좌 및 모든 대중들을 위하여 깃발
을 세우는 위의를 행하는데, 모든 지사(6지사, 6두수를 통칭)들을 청하오니
함께 자리를 빛내주시면 매우 다행이겠습니다.

금월 모일 시사侍司 모某는 공경히 아룁니다.[06]

도원道原의 『경덕전등록景德傳燈錄』에는 "새벽에 일어나면 차를 마신
다"고 하는 기록이 있다. 대중 모두가 마신 것인지, 개인적으로 마신 것
인지는 알 수 없으나 선승들이 차를 많이 마셨음을 알 수 있다. 그리
고 주지는 일 년에도 수십 번 찻자리를 마련하는데, 총림의 4절四節인
하안거 결제일과 해제일, 동지, 정월 초하룻날에는 대중 전체가 함께
마시는 대좌탕大坐湯 자리를 마련한다.

또 선종 사원에서는 '특위차特爲茶'라고 하여 특별히 누구누구를 위

06　　『入衆須知』, "茶榜式. 堂頭(住持)和尚. 今晨齋退, 就雲堂點茶一中. 特爲首座,
　　　暨大衆聊旌(結制解制至節獻歲 或云陳賀名德人甲)之儀, 仍請諸知事, 同垂光
　　　伴. 幸甚. 今月 日 侍司 某 敬白." (신찬속장경 63권, p.561c)

한 다석이 많았다. 방장이 대중들을 위하여 내는 차(堂頭煎点), 방장이 새로 입방한 납자들을 위하여 내는 차(方丈特爲新掛搭茶), 주지가 신구新舊 지사와 두수를 위하여 내는 차, 지사와 두수들이 대중에게 내는 차, 새로 입방한 신도승新到僧이 내는 차 등 『선원청규』와 『칙수백장청규』에 나오는 것만 해도 20여 종이나 된다.

4. 다탕茶湯과 다석茶席

선종 사원에서는 끽다喫茶에 따르는 법식, 다법茶法, 다례茶禮를 매우 중시했다. 그래서 괘탑掛塔(입방)하고자 하는 납자들은 안거 15일 전에 입방을 완료해야 한다. 다법, 다례는 각 총림마다 약간씩 달랐기 때문이다.

> 행각승(객승)이 하안거 결제를 하고자 할 때는 반드시 반월半月 전(15일 이
> 전)에 괘탑(입방)하여야 한다. 중요한 것은 다탕茶湯(차)의 인사人事를 창졸
> 倉卒하지 않게 하기 위해서이다.[07]

---

07 장로종색, 『선원청규』 2권, 「結夏」. "行脚人, 欲就處所結夏, 須於半月前掛搭. 所
    貴茶湯人事, 不至倉卒."(신찬속장경 63권, p.528b) 재정 형편에 따르라(隨家豊

'다탕의 인사'란 다법, 즉 끽다의 법도를 말한다. 총림의 찻자리(茶席, 茶湯)는 그 종류만도 20여 종 이상 되었고, 또 차를 마시는 장소나 공간, 좌석 등이 정해져 있었기 때문에 새로 입방하는 납자가 이를 숙지하자면 15일 정도가 필요했기 때문이다.

물론 우리나라 선종 사원의 경우는 특별히 법도를 갖춘 다석이 있는 것이 아니라서 이런 이야기는 부질없다고 생각할 수도 있겠지만, 당송시대 중국 선원의 다석, 다탕의 법도는 매우 중요했고, 일본 선종 사원의 다도茶道도 선원 생활에서 큰 비중을 차지한다.

『선원청규』에는 객실에서 곧 입방 예정인 객승도 다탕(찻자리)에 참석해야 한다고 규정하고 있는데, 그만큼 다법이 중요했기 때문이다.

신도新到(입방승)는 3일 동안 단과료(객실)에서 머물되, 다탕茶湯에는 나아가야 한다. (⋯) 신도(입방승)가 산문에 오면 특별히 신도를 위하여 점다點茶(차 공양)를 하는데, 그 예禮가 극히 엄중하다. 무릇 접송接送(영접과 배웅)과 잔탁盞橐(茶托. 찻잔을 받쳐 드는 그릇. 끽다의 위의를 뜻함)은 반드시 공손해야 한다. 상하에 읍揖을 하되, 거만하게 예의를 잃어서는 안 된다.[08]

儉)는 말은 좋은 다기茶器를 살리고 하지 말라는 뜻이다.

08   장로종색, 『선원청규』 10권, 「百丈規繩頌」. "新到三日內, 且於堂中, 候赴茶湯. (⋯) 新到山門時, 特爲點茶, 其禮至重. 凡接送盞橐, 切在恭謹. 祇揖上下, 不可慢易有失禮儀."(신찬속장경 63권, p.551b)

"신도新到가 산문에 오면 특별히 신도를 위하여 점다點茶(차 공양)를 한다"는 것은 특위다탕特爲茶湯 가운데 하나인 방장특위신도다탕方丈特爲新到茶湯(방장이 특별히 입방승을 위하여 내는 차)에 해당한다. 새로 입방하는 납자들을 위하여 다탕을 열 때는 일일이 입방승들의 이름을 명기하여 붙인다. 그것을 '다장茶狀'이라고 한다. 새로 입방하는 납자에 대한 배려이다.

또 『선원청규』 1권 「판도구辨道具」 편에는 "총림에 입방하고자 하는 납자는 삿갓, 주장자, (…) 발낭鉢囊, 정병淨瓶, 욕의浴衣 등을 갖추라. 그리고 다기茶器 등은 재정 형편에 따르라"[09]고 나온다. 찻잔은 개인이 준비했는데, 굳이 비싼 찻잔을 준비할 필요는 없고 형편에 따라 준비하라는 것이다.

특위다탕特爲茶湯은 특정인을 초청하는 다석이므로 상하 모두 예의를 갖추어야 한다. 예컨대 당두화상(주지)이 특위다탕을 할 때는 시자가 해당 스님을 찾아가서 합장·반배한 다음 다장茶狀(초청장)과 함께 초청한다는 말을 올린다.

---

09   장로종색, 『선원청규』 1권, 「辨道具」. "將入叢林先辨道具. 所謂爲山笠, 拄杖, 戒刀, 祠部牒, 鉢囊, 鞋袋, 枕子, 鈴口鞋, 脚絣, 前後包巾, 白絹複包, 條包, 枕袋, 蓋包, 小油單, 柿油單, 布臥單, 綿被, 淨巾三條(一蓋被,一喫食,一常用), 小淨瓶, 浴巾, 浴裙, 函櫃小鎖. 如茶器幷其餘衣物, 竝隨家豊儉."(신찬속장경 63권, p.523b)

우리나라 선종 사원의 경우는 특별히 법도를 갖춘 다석茶席이 있는 것이 아니지만 당송 시대 중국 선원의 다석, 다탕의 법도는 매우 중요했고, 일본 선종 사원의 다도茶道도 선원 생활에서 큰 비중을 차지한다. 사진은 우리나라 선원의 소박한 다구茶具.

당두堂頭(주지)화상이 재후齊後(공양 후)에 특별히 ○○를 위하여 점다點茶(차 공양)합니다. 다고茶鼓(차를 알리는 북소리) 소리를 들으면 청함에 참석해 주십시오.[10]

특위다탕은 더욱 예의를 중시했다. 특별히 누군가를 초청하는 자리이기 때문이다. 특위다탕에 대하여 『선원청규』 1권 「부다탕赴茶湯(다탕에 나아감)」 장에는 다음과 같이 당부하고 있다.

선원의 특위다탕特爲茶湯은 그 예법이 매우 정중하다. 초청받은 사람은 마땅히 소홀히 해서는 안 된다. 초청을 받으면 모름지기 무엇보다도 먼저 참석해야 할 곳과 나중에 참석할 곳을 알아서 그 순서를 잊지 말라. 다판茶板(다탕이 있음을 알릴 때 치는 판)과 다고茶鼓가 울리면 도착하는 대로 자기가 앉아야 할 자리를 찾아서 앉되, 급박하게 서두르거나 어수선하게 하는 일이 없도록 해야 한다.[11]

모든 청규에는 별도로 「부다탕」 장이 있다. 그만큼 다석의 위의威儀

---

10   장로종색, 『禪苑淸規』 堂頭煎點. "堂頭齋後, 特爲某人點茶. 聞鼓聲請赴."(신찬속장경 63권, p.536a)

11   장로종색, 『선원청규』 1권, 「赴茶湯」. "院門特爲茶湯, 禮數慇重. 受請之人不宜慢易. 旣受請已, 須知先赴某處, 次赴某處, 後赴某處. 聞鼓版聲及時先到,明記坐位照牌. 免致倉遑錯亂."(신찬속장경 63권, p.526a)

가 중요했기 때문이다. 다석의 예의는 매우 정중하여 그 자체가 인격 형성의 장이었다. 선승의 인격은 지혜와 행위 두 가지가 갖추어져야 한다. 지혜는 수행과 학문을 통하여 정법안을 갖추어야 하고 행위는 계율 등 윤리·도덕을 갖추어야 한다. 행위가 수반되지 않는 깨달음은 말뿐인 관념에 불과하다. 또 모든 대중들이 차를 마실 때의 예법에 대해서도 다음과 같이 기록하고 있다.

> 편안하게 잔탁盞橐(찻잔 받침)을 잡되, 양손을 가슴에 대어 잡는다. 손이 아래로 처지게 하지 말고, 또한 매우 높이지도 말라. 옆 사람과 서로 비교하여 상하上下 고저高低가 가지런해야(齊等) 한다. 그것을 '대묘大妙'라고 한다.[12]

또 『선원청규』에는 다탕의 시작과 끝나는 예의범절에 대해서도 기술하고 있다(장황한 내용을 축약함).

> 차를 마실 때는 초청한 주主를 돌아보고 읍揖을 하고 좌우 사람에게도 읍을 한 다음 마신다. 차를 마실 때는 차가 뜨겁다고 불어서도 안 되며, 잔을 흔들어서도 안 된다. 마시는 소리를 내서도 안 되고, 부딪치는 소리

---

12   장로종색, 『선원청규』 1권, 「赴茶湯」. "安詳取盞橐, 兩手當胸執之, 不得放手近下, 亦不得太高. 若上下相看一樣齊等, 則爲大妙"(신찬속장경 63권, p.526a)

가 나서도 안 된다.[13]

『선원청규』 1권 「부다탕」 장 외에도, 『선원청규』 5권은 모두 총림의 다법, 다례에 관한 것이다. 승당에서 차 마시는 법(僧堂內煎點), 주지(방장)가 내는 차 마시는 법(堂頭煎點), 지사와 두수의 전점煎點, 대중 가운데서 특별히 어른을 초청하여 차를 대접하는 법(衆中特爲尊長煎點), 권속을 위한 전점 등. 또 차를 마실 때는 떡이나 과자를 곁들이는 것이 통례이다.

차를 마실 때 찻잔의 크기는 다완茶碗이라고 하여 오늘날 말차沫茶 잔과 거의 같다. 납자들에게 괘탑(입방)할 때 다기를 갖추라고 한 것을 보면 발우처럼 찻잔 또한 개인이 준비했던 것 같다. 송대에는 차를 마실 때 다실에 향을 피웠다(燒香).

5. 다선일미茶禪一味, 다선일여茶禪一如

선종 사원에서 다탕茶湯, 다석茶席, 끽다喫茶, 음다飮茶에 따르는 다례와

---

13   장로종색, 『선원청규』 1권, 「赴茶湯」. "主人顧揖然後揖上下間. 喫茶不得吹茶, 不得掉盞, 不得呼呷作聲. 取放盞橐不得敲磕."(신찬속장경 63권, p.526b)

행다行茶 등은 그야말로 다법 가운데서도 고준한 다법이다. 그 법도와 격식 등은 전인적 인격의 집합체라고 할 수 있다. 다석은 현실 속의 불국토였다.

다선일미茶禪一味, 다선일여茶禪一如에 대한 해석은 차의 종류만큼 다양하다. 어떻게 해석하든 틀린 것은 아니다. 그러나 선이라고 하는 것이 번뇌 망상을 제거하고 마음의 적정寂靜을 가져다주는 것이라고 할 때 다선일여, 다선일미도 그 범주(청정, 번뇌 망상의 오염을 제거)에서 해석되어야 할 것 같다.

'다선일미茶禪一味'라는 말을 처음 쓴 이는 『벽암록』의 찬자인 원오극근(圜悟克勤, 1063~1135)이라고 한다. 원오극근은 '다선일미'라는 유명한 묵적墨跡을 남겼는데 이 묵적이 어떤 경로를 거쳐 전설처럼 일본에 전래되었고,[14] 현재는 교토(京都) 다이도쿠지(大德寺)[15]에 소장되어 있다고 한다. 다이도쿠지는 무로마치(室町) 시대의 유명한 다승茶僧 잇큐(一休, 1394~1481. 이름은 宗純, 호는 狂雲)가 주지로 있었던 곳이다. 그런데 현재 이 글씨가 다이도쿠지에는 물론 일본 안에는 없다는 설도 있다.

---

14   일본에 임제선을 전한 에이사이(榮西, 1141~1215)선사가 두 차례 중국을 다녀왔는데, 『벽암록』과 함께 이 글씨를 구해 가지고 왔다고 한다.

15   다이도쿠지는 일본 다도의 유서 깊은 절이다. 다승茶僧 잇큐(一休), 그리고 센노리큐(千利休)가 이곳에서 다도를 펼쳤다. 진주암에는 잇큐가 만든 유명한 다실이 있고 또 고토인(高桐院)에는 와비차를 마시는 다다미 3장 짜리의 소박한 '쇼코우켄(宋向軒)'이라는 다실이 있다. 고토인의 가을 단풍은 고혹적이다. 지상에는 없는 곳일 것이다.

조선 후기의 명필이자 불교를 좋아했던 추사秋史 선생은 차를 매우 좋아했다. 그는 차에 대한 시문을 적지 않게 남겼는데, 그 가운데서도 지금까지 수많은 차인茶人들에게 회자되고 있는 글이 '정좌처靜坐處 다반향초茶半香初, 묘용시妙用時 수류화개水流花開'이다.

이 가운데 앞 구는 줄여서 '다반향초茶半香初'라고도 한다. 일반적으로는 "차는 반쯤 마셨는데도 차향은 여전히 처음과 같다" 또는 "차는 반이나 마셨는데도 다향은 처음처럼 그윽하다" 등으로 해석한다. 차를 마시는 차인茶人의 입장에서는 어울리는 해석이라고 할 수 있을 것이다.

앞 구의 첫 문장은 '정좌처靜坐處'이고, 뒷 구의 첫 문장은 '묘용시妙用時'이다. 묘용은 진공묘유眞空妙有의 묘유로, 이는 불佛의 세계, 각覺의 세계에서만 가능한 작용이다. 그렇다면 정좌처靜坐處는 분명 진공眞空, 진여, 법신의 세계일 것이다. 진일보하여 '다반향초茶半香初'를 천착해 본다면, 차는 반쯤 마셨을 때가 번뇌 없는 진여·진공의 깊은 정좌처이고, 향은 첫 향불이 피어오를 때가 번뇌 망념이 없는 진여·무심의 '정좌처'라고 할 수 있다. 다반향초의 대구對句는 '수류화개水流花開'이고, 수류화개가 묘용의 모습이라고 할 수 있다.

송대 선종 사원에서는 대중 전체가 차료茶寮에서 차를 마실 때는 향을 피웠다. 접차點茶에서 차와 향은 하나의 세계였다.

25장

지상의 유토피아

선종 사원의 정원

1. 선禪과 정원 - 중국 선종 사원

선이 추구하는 바는 마음의 적정寂靜이다. 적정의 궁극적 귀착지는 공空이고 그 공은 번뇌를 텅 비운 상태, 무일물無一物의 상태를 가리킨다. 곧 니르바나(열반)의 세계라고 할 수 있다.

선종 사원의 정원은 선의 이상을 가람 속에 끌어들인 것이다. 따라서 선의 정원은 단순·간결하면서도 적요寂寥해야 한다. 적정寂靜, 그것이 선 정원의 가치이자 특징이라고 할 수 있다.

선종 사원의 정원은 일본에서 크게 발달했다. 그러나 그 원류는 중국 고대나 중세의 황실원림皇室園林이나 사가원림私家園林, 또는 선종 사원의 원림에 기원한다. 이미 중국은 고대부터 황실이나 고관대작의 사가私家, 또는 사찰에서 정원을 만들어 산수山水를 향유했는데, 송대에 선불교가 크게 발전하면서 자연과 어울리는 단순미의 정원을 조영造營하는 문화가 생겨났다. 일본 선종 사원에서는 이를 더욱 발전시켜서 오늘날 일본 선종 사원의 정원을 대표하는 '카레산스이(枯山水)'라고 불리는 독특한 정원을 조성하게 되었다.

송대 선종 사원은 가람배치에서부터 자연과 하나가 되어 있다. 그들은 산세山勢와 어울려지는 선종 사원의 배치 구조를 통해 하나의 불국토를 연출해냈다. 그래서 문인文人, 명사名士들의 발길이 끊이지 않았다. 전국의 명승지는 모두 명찰이 차지하고 있다고 말할 정도로, 산수

넓고 수려하며 수목이 깊게 우거진 영은사靈隱寺

가 유려한 곳에는 영락없이 사찰이 세워졌다.

송대 선종 사원 가운데 항주 서호 주변에 있는 영은사靈隱寺와 정자사淨慈寺는 자연 경관과 어우러져서 더욱 명성이 높았고, 영파에 있는 천동사天童寺 경관도 '천동10경天童十景'이라는 말이 생길 정도로 절경을 자랑한다.

그 가운데서도 항주 영은사 정원은 남송 때(1127~1279)부터 정평이 나 있을 정도인데, 범위가 넓고 자연스러우며 인위적인 모습은 조금도 찾아볼 수 없다. 넓고 수려하고 수목이 깊게 우거져서 지금도 영은사는 항주 사람들의 안식처 역할을 하고 있다.

남송의 첫 황제였던 고종高宗(1107~1187)은 1127년부터 1162년까지 무려 35년의 재위 기간 동안 천자의 자리에 있었는데, 퇴위 후에는 5산 가운데 하나인 항주 영은사 경내의 냉천정冷泉亭에서 여생을 보냈다. "문을 열고 나가면 산수가 보였고(出門見山水) 문을 닫고 들어오면 불전이 보였다(入門見佛殿)"고 하니, 선원총림은 그 자체가 그대로 법신불의 세계이자 불국토였던 것이다.

우리나라는 아직 이렇다 할 정원을 갖고 있는 사찰이 없다. 봉암사 등 이름 있는 선원에도, 해인사·통도사·송광사 등의 총림에도 도량에 몇 그루 꽃과 나무가 있을 뿐 정원이라고 보기는 어렵다. 어떤 이는 "우리나라는 산수 등 자연 경관이 수려해서 별도로 정원을 조성할 필요가 없다"고 한다. 언뜻 보면 그렇기도 하다. 그러나 중국, 일본 사찰도 산수 등 경관이 뛰어나기로는 마찬가지이다.

2. 한국 선종 사원의 정원

현재 우리나라 사찰 가운데서 정원이 가장 잘 조성되어 있는 곳은 황악산況嶽山 직지사直指寺일 것이다. 직지사는 해인사나 범어사 같은 종방형縱方形 가람이 아닌 횡방형橫方形 가람이다. 따라서 가람 배치는 물론, 정원을 조성하기에 매우 불리한 조건이다. 그럼에도 불구하고 직지사 가람 정원은 자연을 잘 이용한 정취 있는 정원이다. 특히 도량 한가운데를 가로지르는 수로水路에서 들리는 청아한 물소리가 고요하고 맑은 정취를 자아낸다. 한여름에는 청량감을 더해주고 있다.

당송팔대가의 한 명인 소동파蘇東坡(1036~1101)는 산사의 계곡 소리를 이렇게 표현했다.

계곡의 물소리는 그대로 장광의 법문이요
산색山色은 그대로 청정한 법신이라네
溪聲便是廣場舌
山色豈非淸淨身

직지사 도량은 전체가 하나의 자연스러운 정원이다. 물론 초창기에는 어느 정도는 인위적으로 조성했을 터이지만, 지금은 자연과 하나가 되어 인위적인 모습은 조금도 찾아볼 수 없다. 특히 세속적이지 않아

직지사 도량은 전체가 하나의 자연스러운 정원이다.

서 산사山寺의 정원으로는 모델이 될 만하다. 어느 스님의 안목인지는
몰라도 보기 드물게 탁월하다. 그런데 요즘 사찰을 가보면 일반 가정집
정원과 아무런 차이가 없는 사찰이 많다. 그것은 산사의 정원이라고
할 수 없다. 선종은 무소유와 공 사상을 표방한다. 따라서 정원도 화려
함보다는 단순, 간결하고 소박해야 한다.

3. 일본 선종 사원의 정원

12세기 말 도겐(道元 1200~1253), 에이샤이(榮西, 1141~1215) 등 중국 유학
승에 의해 일본에 선종이 전해지면서 선종 사원의 정원 양식도 함께
전해졌다. 차와 어우러져 정원은 더욱 발전했다.

일본 선종 사원의 정원은 인위적이다. 그렇지만 오래되어서 자연과
함께 잘 어우러져 있다. 교토(京都) 텐류지(天龍寺, 세계문화유산), 난젠지
(南禪寺), 료안지(龍安寺, 세계문화유산), 다이토쿠지(大德寺)의 방장方丈 정원
등 선종 사원의 정원은 말 그대로 지상에 연출되어 있는 선禪의 세계이
다. 특히 료안지 방장 석정石庭(돌 정원)과 다이토쿠지 방장인 다이센인
(大仙院) 석정은 카레산스이(枯山水) 정원의 최고봉이라고 할 수 있다.

'카레산스이'란 '마른 산수(枯山水)'라는 뜻으로 물은 일체 사용하지
않고 모래와 돌로만 산과 물(山水)을 표현한 정원을 말한다. 하얀 모래
는 흐르는 물과 바다를, 바위는 산과 폭포를 상징한다. 써래로 모래를
손질하여 흐르는 물결을 표현하고, 돌을 적절하게 배치하여 섬이나 산
을 표현한다. 나무 한 그루, 풀 한 포기 심지 않고 오로지 돌과 모래로
만 산수를 표현한다. 이것을 '석정石庭'이라고 한다.

'카레산스이'는 일본 선종 사원에서만 볼 수 있는 정원이다. 주로 방
장 건물의 앞이나 뒤에 조성되어 있는데, 선의 세계관인 적요寂寥와 공
空과 무無를 현실 속에 실현시킨 것이라고 할 수 있다. 출세간을 지향

료안지(龍安寺) 카레산스이(枯山水) 정원은 세계문화유산으로 등재되었다.

하는 선승이 머물기에는 이보다 더 좋은 곳은 없을 것이다. 세속적인 가치관은 곧 사라질 허망한 가치관, 무상한 가치관이다.

　동양 3국의 사찰 정원을 비교한다면 중국과 한국은 자연적이고 일본은 인위적이다. 그러나 인위적이라고 해서 격하시킬 것은 아니다. 일본 사람들은 인위적이지만 정원을 만들어서 선의 세계와 호흡하고자 했고, 중국과 한국 사람들은 자연적인 산수를 통하여 선의 세계와 호흡하고자 했다고 할 수 있다.

26장

문자와 비문자의 만남

선禪과 시詩의 세계

1. 선시禪詩와 시詩의 차이

선禪은 문학이 아니다. 선은 불립문자不立文字, 언어도단言語道斷의 영역이다. 그래서 선사들은 '개구즉착開口卽錯'이라고 한다. 입을 여는 그 순간 벌써 선의 본질과는 어긋난다는 뜻이다. 선의 세계와는 거리가 멀다는 뜻이다.

노자는 『도덕경道德經』 제1장에서 "도道를 '도'라고 말할 수 있다면 그것은 영원한 도(진리)가 못 되고, 뭐라고 명명命名할 수 있다면 그것은 불변不變의 이름이 될 수 없다(道可道 非常道, 名可名 非常名)"고 했다.

그러함에도 불구하고 당송 이래 많은 선승들은 탈속 무애한 선시禪詩를 남겼다. 선은 언어문자로 표현될 수 있는 것이 아니었지만 언어문자를 떠나서는 전할 수도 없고, 설명할 수도 없고, 표출할 수도 없었다. 선승들은 시詩라는 도구를 빌려서 심오한 무언無言의 세계, 언어도단의 세계를 표현해냈다.

선의 세계, 깨달음의 세계에 대하여 읊은 시를 '선시禪詩' 또는 '게송偈頌(시구)'이라고 한다. 문학의 백미가 시詩이듯, 선시는 선문학의 백미이다. 선시에는 깨달음의 순간을 노래한 오도송悟道頌, 고준高峻한 선의 경지를 읊은 격외시格外詩, 죽음을 앞에 두고 읊는 임종게臨終偈·열반송涅槃頌, 그리고 일상 속에서 선취禪趣를 느낄 때 읊은 선미시禪味詩 등이 있다. 그러나 어떤 것이든 선시는 기본적으로 '탈속함'이 있어야 한다. 탈속하지 못하다면 그것은 선사의 언어가 아니다. 깨달았다고 하는 선승의 언어가 이별·슬픔·고독·그리움·늙음·허무 등 인간적인 애잔한 감상을 담고 있다거나 세속적인 정情이나 감성 혹은 음풍농월吟風弄月적인 내용을 담고 있다면, 그것은 세속의 명시名詩는 될 수 있어도 선시는 될 수 없다. 부처의 실체인 '반야지혜'가 살아 움직이는 게송이라고 할 수 없다.

그러면 여기서 세속적인 시와 선시가 어떻게 다른지, 몇 편을 감상한 다음 그 차이점에 대하여 이야기해보자.

이백의 「정야사静夜思(고요한 밤에)」
먼저 시선詩仙으로 널리 알려진 이백李白(701~762)의 시다.

> 침상 앞에 쏟아지는 달빛
> 문득 마당에 서리가 내린 것인가 생각했네
> 고개를 들어 산봉우리에 걸린 달을 보네
> 고개를 숙여 고향을 그리워하네
> 床前看月光 疑是地上霜
> 擧頭望山月 低頭思故鄕

이백은 당송팔대가唐宋八大家의 한 사람이다. 그는 이상과 현실의 괴리에서 오는 울분을 삭이며 중국 전역을 방랑했다. 이 시는 당시 이백의 심정을 잘 드러낸 대표적인 시로 평가받고 있다.

1, 2구는 침상 앞에 비치는 교교한 달빛과 서리를 통해서 늦가을 밤의 고독을 표현하고 있고, 이어 3, 4구는 고향과 가족에 대한 그리움을 표현하고 있다. 이 시는 절제된 언어로 고독과 그리움을 탁월하게 형상화한 명시名詩로 손꼽힌다.

이 시 속에는 방랑에서 오는 고독감, 그리고 가족과 고향에 대한 그리움이 짙고 애잔하게 드리워져 있다. 읽고 나면 왠지 마음이 울적해진다. 고향과 가족이 눈앞을 가려 더욱 수심愁心을 깊게 한다.

이규보의 「영정중월詠井中月(우물 속의 달)」

다음은 고려 후기의 문인인 이규보李圭報(1168~1241)의 시다. 이 시는 이규보의 대표작에 속한다.

산에 사는 스님 달빛이 탐나서
물병 속에 물과 함께 길어 가누나
암자로 돌아가면 비로소 깨달으리
물 쏟아 부으면 달도 공空인 것을

山僧貪月色 幷汲一甁中

到寺方應覺 甁傾月亦空

이 시는 '탐욕은 결국 모두 공空이 되어버린다'는 것을 잘 묘사하고 있는 시이다. 산에 사는 무욕한 스님, 우물에 비친 달빛이 매우 청아해서 물과 함께 그 달빛을 병 속에 담아 가지만(貪), 암자에 이르러 물을 부으면 달도 함께 공한 세계로 돌아가 버린다는 것이다. 참으로 기가 막히는 시다.

1, 2구는 달빛이 매우 좋아 탐내고 있는 모습이 무척 아름답고 순수하게 그려진다. "달빛이 탐나서", "물병 속에 물과 함께 길어 가누나"는 문학적으로도 뛰어난 표현이다. 그러나 여전히 탐貪에 젖어있다. 모든 것은 허망한 것, 공이라는 사실을 아직은 모르고 있다.

그런데 3, 4구에서는 "암자로 돌아가면 비로소 깨달으리/물 쏟아 부으면 달도 공인 것을"이라고 하여, '일체는 공이요, 허망한 것'이라는 사실을 일깨워주고 있다. 이 시는 문학적 표현도 뛰어나지만, 그 속에 공 사상이 심도 있게 표현되어 있다.

이 두 시를 비교해본다면 이백의 시는 그리움·고독 등 애잔한 감상들이 마음의 저층底層을 흔들고 있고, 이규보의 시는 독자들에게 탐욕·애착 등 세속적인 것은 모두 무상한 것, 공한 것임을 일깨워 주고 있다. 이백의 시는 문인의 시로서는 극치라고 할 수 있으나 이 시를 읽고 있노라면 왠지 마음이 심란해진다. 방 안을 배회하게 된다. 반면 이규보의 시는 문학성도 높지만 선시로서도 백미이다. 당송팔대가를 능가하는 선시禪詩라고 할 수 있다.

2. 선시의 백미

천동여정天童如淨의「풍령風鈴」

남송 때 천동여정天童如淨(1163~1228)선사가 지은「풍령風鈴」이라는 시가 있다(흔히 '반야송'이라고도 하나 원래는 '풍령'임). 풍경 소리가 반야를 노래하고 있다고 표현한 시이다.

> 온몸 입 허공에 걸려
> 동서남북 바람 아랑곳 않고
> 한결같이 반야를 노래하네
> 땡그랑 땡, 땡그랑
> 通身是口掛虛空 不管東西南北風
> 一等與渠談般若 滴丁東了滴丁東

이 선시는 선의 직관력이 뛰어난 시이다. 시상詩想은 물론, 문학적 표현도 뛰어나다. 천동 문하에서 수행한 도겐선사는 이를 최고의 격을 갖춘 선시라고 평하였다. 도겐은 이 선시에 감동되어 여정을 스승으로 삼았다는 소문이 있을 정도이다.

선시는 기본적으로 두 가지를 갖추어야 한다. 탈속과 문학성이다. 탈속적이기는 한데 문학성이 없으면 읽는 재미가 떨어진다. 문학성만 있고 탈속한 맛이 없으면 사상적으로 허전하다. 오도송이나 선시는 불이不二, 만법일여萬法一如, 무심無心, 무집착無執着, 진공묘유眞空妙有를 담고 있어야 한다. 따라서 선시는 '선과 시'라는 두 장르가 잘 결합되었을 때, 선종사禪宗史와 함께 빛나는 보석이 된다.

선자덕성船子德誠의 「천척사륜千尺絲綸」

선시 한 수를 더 보자. 우리에게는 너무나 잘 알려진 선시이다. 이 시는 당대唐代의 선승인 선자덕성船子德誠의 게송이다. 남송 때 야보선사가 『금강경』에서 다시 읊은 이후 야보의 게송으로 많이 알려져 있으나 선자덕성의 게송이 맞다.

> 천 길 낚싯줄 곧장 드리우니
> 한 물결 일어나자마자 만파萬波 일어나네
> 밤은 고요하고 물 차서 고기는 물지 않고
> 부질없이 배에 가득 달빛을 싣고 돌아오네
> 千尺絲綸直下垂 一波纔動萬波隨
> 夜靜水寒魚不食 滿船空載月明歸

강물 위로 달빛이 쏟아지는 고요한 밤이다, 천길 낚싯줄을 일직선으로 곧게 내린다. 번뇌처럼 잔잔한 파도가 일어난다. 이윽고 일파一波는 만파萬波로 번진다. 삼경 깊은 밤, 물은 차갑고 고기는 물지 않는다. 어차피 공이 될 것인데도 부질없이 빈 배에 가득 달빛을 싣고 돌아온다.

이 선시는 매우 문학적이고 감상적이다. 결구에서 "부질없이 빈 배에 가득히 휘영청 달빛을 싣고 돌아오네(滿船空載月明歸)"는 매우 압권이다. 아마 중국 시사詩史에서 이런 시를 찾아보기란 어려울 것이다. 이것이 선승의 시이다.

선시는 조금도 가식假飾이 있어서는 안 된다. 가식은 인위人爲이고 인위는 불성佛性과 거리가 멀다. 또 선시 속에는 자기自己가 있어서도 안 된다. 인간적인 감정이 들어가 있어서도 안 된다. 선시는 무아無我·공空이어야 한다. 그리고 쓰이는 언어는 번뇌 망상을 제거해주는 청아한 언어라야 한다.

야보선사의 게송-「죽영소계竹影掃階」

이 시는 『금강경오가해金剛經五家解』에 있는 야보선사의 게송인데 매우 문학적이다.

대나무 그림자가 섬돌을 쓸어도 먼지 하나 일어나지 않고
달빛이 연못 밑을 뚫어도 물에는 흔적 하나 없네
竹影掃階塵不動 月穿潭底水無痕

이 게송은 깊은 가을밤을 배경으로 한다. 그런 적요한 야밤에 대나무 그림자가 섬돌을 쓸고 있다. 시상詩想도 기막히지만, 선의 세계에 대

한 표현도 대단히 심오하다. 그림자가 섬돌을 쓸고 있으니 애시 당초 먼지가 일어날 까닭이 없다. 무심無心, 본공本空, 일체무一切無의 입장이다. 번뇌가 한 점도 없는 진여자성의 경지라고 할 수 있는데, 개구즉착開口即錯이다.

2구의 '달빛이 연못 속을 뚫어도 물에는 흔적이 없다'는 표현 역시 입을 다물지 못하게 한다. 앞과 같은 맥락으로 매우 격조 있는 선시이다. 달빛이 극도로 교교皎皎해서 물속을 뚫고 있다. 이런 달빛은 바위도 충분히 뚫을 것이다. 고준한 선시를 가까이 하면 마음이 저절로 청량해지고, 인격에도 한층 도움이 된다. 물론 한 구의 선시에서 언하대오言下大悟하는 경우도 적지 않다.

선승이 읊은 시라면 모두 선시라고 할 수 있을 것이다. 그러나 선시는 무엇보다도 선지禪旨, 선의 경지, 선의 세계를 오롯이 드러낸 시라야 한다.

3. 선시의 기준

선시의 기준은 법신法身, 반야般若, 공空, 불성佛性 사상을 드러낸 시라야 한다. 무아無我·공空·중도中道·불이不二를 바탕으로 무심無心·무집착無執着·몰종적沒蹤迹·일체유심조一切唯心造·불립문자不立文字·언어도

단언어도단斷言道斷 등의 세계를 드러내야 한다.

그렇다고 공·무상이 허무로 빠져버리면 그것은 낙공落空으로 선병禪病의 하나이다. 가장 뛰어난 선시는 공空과 불공不空, 진공眞空과 묘유妙有를 함께 드러낸 언어여야 한다. 공이지만 불공의 이치를, 진공 속에 묘유의 이치를 드러낸 시가 뛰어난 선시라고 할 수 있다.

선시는 선문학의 꽃이다. 그 가운데서도 설두중현(960~1052)의 송고頌古는 고칙, 공안의 의미를 시구 형태로 읊은 것인데 난해하면서도 문학적으로는 매우 뛰어나다. 설두로부터 비롯된 '송고'라는 새로운 장르는 당송시대 시문학계를 흔들어 놓았다. 전대미문의 장르로 꽃핀 선시의 르네상스 시대가 열리자 당송의 사대부들과 문인들은 선종 사원에서 시상詩想을 찾았다.

선과 시에 대하여 처음으로 체계적으로 천착한 사람은 남송 말기의 이론가인 엄우嚴羽(1197?~1253?)이다. 그는 『창랑시화滄浪詩話』에서 "선의 목적은 오직 묘오妙悟에 있다(禪道惟在妙悟). 시의 목적도 묘오에 있다(詩道亦在妙悟)"라고 하여, 선과 시 모두 그 궁극적인 목적은 '묘오에 있다'고 정의했다. '묘오', 그것이 바로 '시선일여詩禪一如' '시선일치詩禪一致'의 요체라고 할 수 있다. 또 그는 선시는 "성당盛唐(765) 때까지가 가장 뛰어났고(第一義), 만당晚唐(835) 이후는 격이 떨어진다(第二義)"고 평했다.

27장

선의 세계를 미술에 담다

선화禪畵와 선미술

1. 정형을 깨트린 비정형의 미美

'선화禪畵'란 선의 세계, 선의 이치를 그림 속에 표현한 것이다. 미술적 기법을 통하여 깨달음의 경지를 나타낸 것으로 '선미술禪美術(Seon Art, Zen Art)', '선종 미술' 또는 '선종화禪宗畵'라고 한다.

선禪은 불립문자, 언어도단의 세계이다. 언어가 접근할 수 없는 심외무법心外無法의 세계는 미술이나 예술로도 접근할 수 없다. 그럼에도 많은 예술가들은 예술 속에 선의 세계를 끌어들였다. 대표적인 선화는 「심우도尋牛圖」, 「달마도達磨圖」, 「설중파초雪中芭蕉」, 「화중연화火中蓮花」, 「호계삼소도虎溪三笑圖」 등이다.

선화는 선禪이 모태가 된다. 선화의 장르로는 고칙 공안의 내용을 표현한 공안화公案畵, 선의 세계를 암시적으로 표현한 상징화, 깨달음의 경지를 묘사한 오도화悟道畵, 선의 이치를 나타낸 선리화禪理畵, 지난한 수행 과정을 그린 구도화求道畵, 보리달마 등 선승들의 모습을 그린 선승의 인물화 등이 있다. 그 밖에도 선적禪的인 것, 그리고 스님이 그린 그림도 '선화'라고 할 수 있을 것이다.

그러나 오늘날에는 선화의 정의와 장르, 영역이 애매모호하다. 예컨대 묵墨으로 객기客氣처럼 크게 휘둘러 놓고서 그것을 '선화'라고 이름을 붙이기도 하고, 종종 동양화나 산수화를 그려 놓고서 선화라고 하는 경우도 있다. 예술의 세계이고 또 선이란 적요寂寥한 것이므로 부정할 수는 없지만, 격외格外의 내용이 없는 그림을 그려놓고서 '선화'라고 하는 것은 동양화나 예술은 되어도 선화는 아니다.

선화禪畵, 선미술은 초세속적인 격외格外, 방외적方外的이어야 한다. 선예술의 핵심은 정형을 깨트린 '비정형의 미' 또는 균제均齊의 미를 벗어난 '불균제의 미'에 있다.[01] 달리 표현하면 '미완의 미', '어눌語訥의 미', '졸拙의 미'가 정형을 거부하는 선과의 일치점이라고 할 수 있다.

『금강경』에서 가장 많이 등장하는 '무유정법無有定法'은 고착화된 사고나 고정된 관념, 가치관에 매몰되지 말라는 것이다. 고정된 짜여진 틀이나 정형은 인간을 통속적인 가치관 속에 가두기 때문이다.

이를테면 현실을 망각해버린 듯 기이한 모습의 「한산습득도寒山拾得圖」, 바보들의 우스꽝스러운 망아忘我의 만남 같은 「호계삼소도虎溪三笑圖」,[02] 초등학생이 겨우 붓을 잡고 쓴 듯한 추사秋史의 '판전版殿' 등은 대표적인 '졸拙의 미' '불균제不均齊의 미'라고 할 수 있다.

---

01   홍윤식, 『한국의 불교미술』(개정증보판), pp.52~61, 대원정사, 2003.

02   동진의 고승 여산혜원廬山慧遠(333~416)은 손님을 전송할 때는 동림사東林寺 입구에 있는 호계虎溪를 넘은 적이 없었다. 그는 항상 "그림자는 산을 나서지 않고, 발자취는 속세에 들어가지 않는다(影不出山 跡不入俗)"라는 글을 벽에 걸어둘 정도로 속세를 멀리했다. 그런데 어느 날 세속의 친구였던 유학자이자 시인인 도연명陶淵明과 도사道士인 육수정陸修靜이 찾아와 머물다가 전송하게 되었는데, 이야기를 하다가 무심코 이 금족禁足의 계곡인 호계虎溪 다리를 넘고 말았다. 그것을 알아차린 세 사람은 서로 마주보며 한바탕 가가대소呵呵大笑했다고 한다. 호계에서 세 사람이 웃은(虎溪三笑) 이 일화를 가지고 남송 화가 석각石恪이 그린 그림이 바로 「호계삼소도虎溪三笑圖」이다. 그 뒤에 많은 화가들이 이 그림을 그렸다.

위 : 남송 화가 석각石恪이 그린 「호계삼소도虎溪三笑圖」
아래 : 추사가 쓴 봉은사 판전의 현판 「판전版殿」

여기서 '졸'이나 '불균제'란 미완의 뜻이 아니고, 정형성을 깨뜨린, 그러나 군더더기가 전혀 없는 '완전의 미'를 의미한다. 특히 추사의 「판전版殿」은 '대교약졸大巧若拙[03]의 극치'이다. 그러나 그 졸拙은 '정형을 거친 졸'이어야 하고 '작위함이 없는 졸', '인위를 떠난 졸'이어야 한다.

2. 선화의 핵심은 탈속脫俗

선미술이나 선예술은 적요寂寥, 적정寂靜, 적멸寂滅, 공空, 무심無心, 무위無爲(무작위) 등 선의 이상을 표현해내야 한다. "언설로 표출할 수 없는 적요한 세계(寂寂寥寥本自然)"가 곧 선예술의 세계라고 할 수 있다.

물론 강물에 비친 달그림자 속에는 달이 있지 않듯이 선禪도 미술이나 예술 등 작품 속에는 있지 않다. 그러나 그곳에서 선의 그림자를 볼 수 있다. 본체는 그림자를, 그림자는 본체를 떠나 있는 것이 아니기 때문이다.

선화의 핵심은 무엇보다도 탈속성이다. 탈속적이지 않다면 그것은

---

03   강우방, 『미美의 순례』, '교졸의 미학.' pp.246~249, 예경, 1993. 노자老子, 『도덕경』 45장. "大成若缺, 其用不敝, 大盈若沖, 其用無窮. 大直若屈, 大巧若拙, 大辯若訥. 躁勝寒, 靜勝熱, 淸淨爲天下正."

일반적인 수묵화는 되어도 선화는 될 수 없다. 마음 내키는 대로 붓을 휘두른 그림을 말하는 것은 더욱 아니다. 높은 수준의 미술적 기법을 터득한 작가가 그 미술적 기법에 구애됨이 없이 선의 내용을 화폭에 담았을 때, 그것이 선화이다.

선화는 진실을 있는 그대로 표현하는 것보다는 암시적·상징적으로 표현해야 한다. 또 선화는 구상화가 아닌 비구상화여야 한다. 구도가 단순해야 한다. 복잡한 것은 세속적인 것이며, 그것은 곧 번뇌 망상을 의미한다. 속제俗諦가 아닌 진제眞諦의 진리를 지극히 간결하게 표현해야 한다. 화법을 벗어나서 한번에 일점一點에서 무일점無一點을, 일사一事에서 무일사無一事를 표현해야 한다.

선화는 공간의 여백이 많아야 한다. 여백 속에 간결하게 그려야 한다. 화판을 가득 채우는 것은 선의 이상향이 아니다. 선의 세계는 무無, 공空, 무소유이다. 선화는 단순·간결하면서도 한편으로는 힘이 있어야 한다. 힘이 없으면 수준 있는 선화가 될 수 없다. 그것이 바로 선화의 생명이기도 하다.

3. 선화의 색채는 묵墨

선미술의 색채는 화사하고 화려한 것을 피하고 단순한 색채나 수묵水墨 하나로 그려야 한다. 농염濃艷을 절제하고 한두 가지 색채에서 머물러야 한다. 농염은 시선을 빼앗아가지만 마음을 탁하게 하고, 묵墨은 마음을 맑게 해주기 때문이다.

선화 가운데서도 대표적인 선화는 「심우도尋牛圖(소를 찾는 그림)」이다. 「심우도」는 인간의 우치한 마음을 소에 비유하여, 수행(=尋牛, 見跡), 오도悟道(=見牛, 得牛), 보임保任(=牧牛), 중생구제(=入廛垂手)에 이르는 과정을 10장의 그림 속에 그린 것이다. 그래서 「십우도十牛圖」라 하기도 하고, 소를 기른다고 하여 「목우도牧牛圖」라 하기도 한다. 송대 곽암廓庵의 그림은 「심우도」라 하고, 송대 보명普明의 그림은 「목우도」라고 한다.

곽암廓庵의 「심우도尋牛圖」
여섯 번째 〈기우귀가騎牛歸家〉 길들여진 소를 타고 피리를 불며 돌아오는 모습이다. 망상에서 벗어나 본성의 자리에 들었음을 비유한 것이다.

4. 중국의 선화와 작가

선화禪畵의 시조는 당나라 때 시불詩佛로 칭송받았던 왕유王維(701~761)이다. 그는 선종의 독실한 거사였으며 왕마힐王摩詰이라고 불릴 정도로 불이선不二禪에 심취했다. 지금은 산실散失되어 전하지 않지만 그가 그린 「설중파초雪中芭蕉」는 선종화의 문을 연 명작이라고 한다.

'한겨울 눈 속의 파초(雪中芭蕉)'는 있을 수 없다. 파초는 봄이 되어야 잎이 나오고 한여름이 되어야 무성해진다. 그러나 왕유는 상식을 벗어나 눈 속의 파초를 그린 것이다. 상식을 뛰어넘은 비상식의 설중파초. 그것이 곧 '화중연화火中蓮花(불 속의 연꽃)' 소식이고, 격외格外(틀 밖)의 소식이며, 불가사의한 불佛의 경지, 선의 경지라고 할 수 있다.

소동파蘇東坡는 그(왕유)의 시를 평하여 "시 속에 그림이 있고, 그림 속에 시가 있다(詩中有畵, 畵中有詩)"라고 평했고, 또 17세기의 유명한 화가 동기창董基昌은 그를 남종화의 시조라고 규정했다(동기창 畵論).

왕유 이후 당대唐代의 선화승禪畵僧으로서 주목할 만한 인물로는 관휴貫休(832~912)가 있고, 송대에는 석각石恪, 목계牧谿(1207~1281), 옥간玉澗, 양해梁楷[04] 등이 있다. 이들은 모두 선종화승禪宗畵僧들이었는데 이

---

04   관휴貫休(832~912). 당대唐代의 선화가禪畵家. 특히 나한羅漢의 그림으로 널리
      알려져 있다. 그의 작품 가운데 알려진 것들 중 가장 유명한 「16나한상」은 현재

들로 인하여 선화는 한층 더 다양하게 전개되었다. 특히 목계와 양해는 선종에서 영감을 받은 즉흥적인 그림을 그렸다. 그들은 단순하게 달마 등 선종 조사들의 초상화나 화초 등을 묘사했는데, 복잡성을 떠난 이 단순미가 선화의 특징이다.

청나라 초기의 유명한 화승 석도石濤(1642~1707)[05]는 그의 『화론畵論』

도쿄 국립박물관에 보존되어 있다. 17세 때 선종禪宗 계통의 절에 들어가 승려가 되었다. 그는 화가뿐 아니라 시인이자 불교학자로도 유명하다.

석각石恪 : 송대의 화승畵僧. 수묵인물화에 대가. 인물화에 있어서 석각의 화풍은 얼굴은 세밀하게, 착의는 거친 필치로 그렸는데, 그의 탈속한 화풍은 일품으로, 이후 중국 수묵인물화의 기본이 되었다. 그가 그린 「이조조심도二祖調心圖」는 석각의 수묵화풍을 가장 잘 나타낸 작품이라고 한다.

목계법상牧谿法常(1225~1265) : 남송 후기에서 원나라 초의 선화승禪畵僧. 촉촉蜀의 목계에 있었으므로 호를 목계라 했다. 같은 촉 출신인 무준無準 밑에서 선禪을 닦고, 절강성 서호西湖 부근의 육통사六通寺에 머물면서 도충道沖·도찬道璨 등 당시 선승들과 교유함. 산수山水·도석인물道釋人物·화훼花卉 등을 주로 그렸는데, 전통적 수법을 벗어난 독특한 화풍을 이루었으므로 중국의 화사畵史나 화론畵論에서는 별로 언급되지 않고 있다. 그의 화풍은 남송대의 극명한 사실성과 강남에 전하는 수묵水墨의 감각적 시정이 잘 조화되어 있다. 호방한 필치에도 불구하고 정적인 화취畵趣는 그의 선禪의 경지를 드러낸 인격의 표현이라고도 한다. 작품으로는 「관음원학도觀音猿鶴圖」 「현자화상도蜆子和尙圖」 「소상팔경도瀟湘八景圖」 등이 있다.

옥간玉澗에 대해서는 전하는 자료가 없다.

양해梁楷(1140~1210) : 중국 남송 때의 선화승禪畵僧. 주로 선종화를 그린 선승화가로 유명하다. 본래는 남송 때 항주에 있던 화원畵院의 화가였는데, 1201년(嘉泰 1) 화원의 대조待詔가 되어 금대金帶를 하사받았으나, 무슨 이유에서인지 화원을 떠나 선승이 되었다. 그가 그린 선종화들은 소탈하여 당시 엄격한 중국의 미술품 수집가들에게는 인기가 없었기 때문에, 그의 작품은 주로 일본에 소장되어 있다. 일본에서 그의 작품은 대단히 호평을 받았으며, 모사模寫의 대상이 되었다. 화풍은 강렬한 감정을 표출하고 있다.

05   석도石濤(1642~1707):법명法名은 도제道濟. 같은 승려인 팔대산인八大山人

에서 "그림을 그리는 것은 누구든 가능하지만 일획一劃은 어렵다(畵乃
人之所有 一畵(劃)人所未有)"라고 하여, 선화의 핵심은 '일획에 있다(『石濤
畫論』遠塵章)'고 논했는데, 그 일획이 바로 무분별심에서 나오는 직관의
붓이라고 할 수 있다.

5. 한국의 선화와 작가

우리나라 화가 가운데 대표적인 선종화가는 「달마도達磨圖」를 그린 김
명국金明國(1600~1662)이다.[06] 그는 17세기 화단의 주류를 이룬 절파화
풍浙派畵風의 대표적인 화가였다. 절파풍의 거리낌 없는 그의 거친 화법

(1626~1705)과 함께 청淸 초기의 유명한 개성주의 화가 중 한 사람으로 꼽힌다. 석도는 한족漢族 출신으로 승려가 되었으나, 팔대산인과는 달리 자기 신분과 출신에 맞는 전형적인 삶을 살았다. 그는 '무정형無整形의 정형'과 '일필휘지一筆 揮之'의 중요성을 강조했다. 그의 『화론畵論』은 수묵화단의 명저이다.

06   김명국金明國(1600~1662). 17세기 화단의 주류를 이룬 절파화풍浙派畵風의 대표
      적 화가. 도화서圖畵署 화원을 거쳐 사학교수四學敎授를 지냈고, 1636년과 1643
      년 두 차례 통신사를 따라 일본에 다녀왔다. 그의 화풍은 굳세고도 몹시 거친
      필치와 흑백대비가 심한 묵법墨法, 분방하게 가해진 준찰皴擦, 날카롭게 각이 진
      윤곽선 등이 특징인데, 「산수도」 「설중귀려도雪中歸驢圖」 「심산행려도深山行旅
      圖」 「기려인물도騎驢人物圖」 「관폭도觀瀑圖」 등에서 전형적으로 볼 수 있다. 이러
      한 절파풍의 산수인물화 이외에도 대담하고 힘찬 감필減筆로 처리된 선종화도
      잘 그렸는데, 「달마도達磨圖」는 그의 대표작으로 호방한 필법을 잘 보여준다.

은 정형과 고정된 사유를 부정하는 선종의 특징과 맞아 떨어져서 선종화禪宗畵의 독보가 되었다. 김명국이 그린 「달마도」와 「달마절로도강도達磨折蘆渡江圖(蘆葉達磨圖)」는 조선시대의 선종화를 대표하는 걸작으로 널리 알려져 있다. 또 그가 그린 「습득도拾得圖」는 멍하니 생각에 잠긴 듯, 잊은 듯, 빗자루에 두 손을 올려놓고 있는 모습이 천진天眞 그대로라고 해야 할 것이다.

선종화는 아니지만, 김명국의 작품 중에 「설중귀려도雪中歸驢圖」「심산행려도深山行旅圖」「기려인물도騎驢人物圖」「기려도騎驢圖」 등은 절파풍의 대표작이라고 할 수 있다. 그는 성격이 매우 호방했고 술을 좋아하여 크게 취해야만 그림을 그리는 벽癖이 있었다고 한다.

현재 우리에게 전해지고 있는 선화에는 「달마도」, 혜가慧可의 구도 과정을 그린 「설중단비도雪中斷臂圖」, 한산寒山과 습득習得의 모습을 그린 「한산습득도」, 마음을 찾아가는 과정을 그린 「심우도」, 여산혜원의 전별餞別 이야기를 그린 「호계삼소도」, 「포대화상도布垈和尙圖」, 「육조재죽도六祖裁竹圖」,[07] 그리고 달마가 갈대를 타고서 중국으로 건너왔다는 「달마절로도강도」 등이 있다.

『벽암록』에 수록되어 있는 공안 가운데, 달마의 확연무성廓然無聖, 마조도일의 평상심시도平常心是道, 동산洞山의 마삼근麻三斤, 운문의 간

---

07   남송대의 화가 양해梁楷가 그린 「육조재죽도六祖裁竹圖」는 육조혜능이 도끼로 대나무를 내려치고 있는 모습을 표현했다. 돈오頓悟에 비유한 것이다.

선종화가 김명국金明國(1600~1662)의 대표작,「달마도達磨圖」

시궐乾屎橛, 일일시호일日日是好日, 조주의 정전백수자庭前栢樹子, 방거사의 호설편편好雪片片, 경청우적鏡淸雨滴(창밖의 빗소리) 등의 공안도 선화 속에 담아 봄직한 대상이다.

28장

선원총림의 한 해가 가다

선원총림의 한 해 일정

1. 선원총림의 한 해 일정

천 년 전 당송시대 선종 사원에서도 정기적인 한 해 일정이 있었다. 매달마다 정기적인 중요한 행사, 연중 행사가 있었다. 그 가운데 가장 중요한 날은 새해 첫날인 원단元旦, 즉 연조年朝(歲旦, 정월 초하루)와 하안거 결제일인 결하結夏(4월 15일), 하안거 해제일인 해하解夏(7월15일), 동지冬至 등이다.

이것을 사절四節이라고 하는데 사절은 백장회해가 정한 백장총림의 제도였다. 이 가운데 결하일(하안거 결제일)과 해하일(해제일)은 인도불교의 제도이고, 연시年始(歲旦)와 동지는 중국 세속의 풍습을 받아들인 것이다. 그 밖에 불탄일, 성도일, 열반일, 달마조사 기일忌日, 백장선사 기일, 개산조사일도 중요한 날이다. 천자의 생일은 성절聖節이라고 하여 중요한 날로 삼았는데, 이것은 남송 이후에 생긴 풍습이다.

매월 정기적인 행사나 일정을 정리한 것을 청규에서는 '월분수지月分須知' '월분표제月分標題' 또는 '월진月進' 등으로 불렀다. 이는 정해진 매달 일정표인 동시에 '연중 행사표'라고 할 수 있다. 북송시대에 편찬된 『선원청규』에는 월분月分 항목이 없다. 그 당시에도 매달마다 정기적인 중요한 행사가 있었겠지만 별도로 정리하지는 않았던 것으로 보인다.

그러나 남송·원대에 편찬된 『총림교정청규총요(함순청규)』『선림비용청규』『칙수백장청규』『환주암청규』 등에는 「월분수지」「월분표제」

「월진」항목이 있다. 그런데 이 몇 개의 청규 내용이 일치하지는 않는다. 또 남송 이전부터 전해오는 것도 있고, 남송·원나라 때 신설된 것도 있다. 예컨대 "세단歲旦(정월 초하루)에는 오경종五更鐘(4시 起牀을 알리는 종)과 판板이 울리면 대중들은 (불전에) 모여서 대비주大悲呪(신묘장구대다라니)를 염하며 황제의 장수를 기원한다" "매달 삭망朔望(초하루와 보름날)에는 대중들이 아침 죽 공양 전에 황제의 장수를 기원한다(祝聖)" 또는 "능엄단을 차려놓고 능엄주를 외운다" 등등은 모두 남송 말, 원대에 생긴 것으로 그 이전에는 없던 전통이다.

2. 선원총림의 월별 일정

여기서는 『칙수백장청규』「월분수지月分須知」편을 바탕으로 기타 여러 청규를 참고하여 선원총림의 한 해 일정을 알아보았다. 날짜는 음력이고 해설이 필요한 곳은 해설을 덧붙였다.

(1) 정월正月

● **1일(초하루)** 정월 초하루, 세단歲旦, 원단元旦. 새벽 4시에 오경종

五更鐘[01]이 울리면 불전佛殿(대웅전)에 향촉과 다과를 올린다. 어떤 총림에서는 사맹월四孟月[02]에 대중 모두가 총림의 당우를 행도行道(巡行)하면서 경을 외우고(諷經) 1년 내내 재앙이 없기를 기원한다(祈保). 다음에는 문장門狀[03]을 갖추어서 관원官員, 단월(신도), 그리고 인근의 여러 사찰에 새해 인사를 한다(賀歲).

● 15일 상원등석上元燈夕(정월 대보름날 저녁)이므로 대비주大悲呪를 외우면서 황제의 수명장수 기원법회를 한다. 또한 매달 삭망朔望(초하루와 보름날)에는 대중들이 아침 죽 공양 전에 황제의 장수를 기원한다(祝聖).

● 17일 백장선사百丈禪師의 기일忌日(열반일)이다.

【해설】 한 해가 시작되는 정월 초하루를 연조年朝·연시年始라고 한다. 결하結夏(4월 15일), 해하解夏(7월 15일), 동지와 함께 총림에서는 4대 명절(四節)로 여긴다. 중봉명본中峰明本(1263~1323) 찬, 『환주암청규幻住庵淸規』(1317, 元 延祐 4년) 「월진月進(매달 행사)」편, 정월正月 조條에는 "초하루는 세단歲旦(한 해의 첫날)이다. 오경종판五更鐘板(4시 起牀鐘)이 울리

---

01   오경종五更鐘 : 오경종은 오경의 정시각인 새벽 4시에 친다. 기상과 예불을 알리는 종.

02   사맹월四孟月 : 4계절 가운데 첫 달. 봄, 여름, 가을, 겨울의 각 첫 달에 해당하는 음력 1월, 4월, 7월, 10월을 말함.

03   문장門狀 : 남의 집을 방문할 때 가지고 가던 붉은 색의 명함을 가리킨다.

면 대중은 모여서 대비주大悲呪(신묘장구대다라니)를 염하며 황제의 장수를 기원한다. 법회가 끝나면 대중들은 서로 축하한다. 4절四節도 이와 같다. 이날은 재齋를 준비하며 반재半齋(朝粥과 午齋 사이) 때에는 능엄주를 외우며 널리 두루 회향한다"[04]고 나온다. 선종 사원에서 행사 때 능엄주와 대비주를 외우기 시작한 것은 남송 후기부터이다.

1월 17일은 백장회해百丈懷海(720~814)선사의 기일(열반일)이다. 백장의 기일은 달마의 기일과 함께 중요한 날이다. 달마는 초조이고 백장은 최초로 청규를 제정했으며, 율종으로부터 선종을 독립시킨 선종의 건설자이기 때문이다. 모든 선종 사원은 반드시 조사당에 달마, 백장 선사를 모신다.

(2) 2월

● 1일 승당僧堂(선당)에 설치되어 있는 화로火爐를 철거한다. 그러나 산사山寺가 높은 곳, 추운 곳에 위치해 있을 때는 여기에 구애하지 않는다.

● 15일 부처님 열반일이다.

04 　중본명본(中峰明本), 『幻住庵淸規』(1317, 元 延祐4년) 「月進」, "正月. 初一日歲旦. 五更鳴鐘板衆集, 大悲呪祝聖罷. 大衆稱賀, 與四節同. 是日營齋, 半齋時諷楞嚴普廻向."(신찬속장경 63권, p.572a)

【해설】승당의 화로火爐는 음력 10월 1일에 설치하여 다음 해 2월 1일에 철거한다. 화로를 설치하는 것을 개로開爐라고 하고 철거하는 것을 폐로閉爐라고 한다. 개로일과 폐로일에는 주지(방장)의 상당법어가 있다. 이것을 개로상당開爐上堂, 폐로상당閉爐上堂이라고 한다. 화로는 승당 복도 몇 곳에 땅을 약간 파고 설치한다. 연료는 숯인데, 숯불을 피워서 냉기를 제거하는 정도였다.

(3) 3월

● 1일 당사堂司(유나)는 초단草單(안거 방함록)[05]을 꺼내어서 승당 앞에 게시揭示한다.

● 한식寒食, 청명일淸明日에 고사庫司(총림의 살림 일체를 관리하는 소임으로 감원, 都寺)는 조사당과 여러 조사의 탑塔, 모든 단월檀越(신도)들의 사당祠堂을 청소한 다음 공양을 올리고 대중을 모아 경전을 외운다(諷經).

● 이 달에는 방榜을 걸어서 차순茶筍(찻잎) 채취를 금한다.

【해설】초단(안거 명부)을 게시하는 이유는 곧 다가올 하안거 결제(4월 15일)에 대비하여 계랍부戒臘簿(안거 방함록)를 만들기 위해서이다. 중국

---

05   초단草單 : 안거 대중 계랍부戒臘簿. 지금의 안거 방함록芳啣錄이다.

선원에서는 안거 15일 전, 3월 30일에 입방을 마감한다. 게시하는 이유는 법명, 은사, 출신 본사 등에 오자誤字가 있을 경우 본인이 보고 수정하기 위해서이다. 3월에는 아직 찻잎이 어리기 때문에 채취를 금한다.

(4) 4월

● 1일 단과료旦過寮(객실)의 문을 닫는다.

● 4일~5일 주지(방장)는 보설普說(법문)하고 입방승들에게 차를 대접한다.

● 8일 불탄일佛誕日(浴佛日)이다. 고사庫司(오늘날 원주)는 흑반黑飯을 지어서 부처님께 올린다. 이날 방장은 하안거를 앞두고 대중들에게 점심點心을 낸다.

● 13일 능엄회楞嚴會를 계건啓建한다.

● 15일 하안거 결제일이다. 날씨를 보아서 승당 안의 난렴暖簾(겨울용 발)을 걷어내고 양렴凉簾(여름용 발)을 친다.

【해설】 당송시대 중국 선원총림에서는 입방 마감일이 3월 말까지이다. 결제 15일 전에 마감했던 것은 총림의 다례茶禮와 다탕법茶湯法(차마시는 법도) 때문이다. 입방승들이 이것을 숙지하자면 15일 정도 소요되었다. 그래서 방부는 3월 말로 마감하고 4월 1일에는 객실을 폐쇄하고 방부를 받지 않는다.

'보설普說'이란 송대에 생긴 법문의 일종으로서 신도를 비롯하여 모든 대중들이 다 함께 듣는 법문이다. '고향보설告香普說'이란 방장화상에게 보설을 청할 때 먼저 향을 사르고 난 다음에 청법한다.

'흑반黑飯'이란 천촉초天燭草의 잎과 즙汁으로 마지(밥)를 청흑색으로 물들인 것으로, 오반烏飯이라고도 한다. 사월초파일, 즉 불탄일(부처님 생일)에는 특별히 부처님께 흑반을 올린다.

'점심點心'이란 선원에서 배고플 때에 조금 먹는 음식을 가리키는데, 오늘날 간식間食과 같다. 가벼운 식사, 과자류 등을 말한다.

'능엄회楞嚴會를 계건啓建한다'는 것은, 4월 13일부터 7월 13일까지 능엄주를 독송하는 능엄회가 시작됨을 알리는 현수막을 내거는 것을 말한다. 세로로 된 현수막을 산문山門 오른쪽에 내다 건다. 또 남송 말, 원대부터 선종 사원에서는 결제 2일 전에 능엄단楞嚴壇을 차리고, 스님들을 모아 능엄주를 독송하는 능엄회가 있었다. 이 담당자(소임)를 능엄두楞嚴頭라고 한다. 날마다 아침 일과 전이나 오시午時에 하여 해제 2일 전인 7월 13일에 마친다. 또 매일 불전(대웅전)에서도 대중들이 함께 능엄주를 염송했다. 능엄주를 염송하는 것은 기복祈福과 제마除魔를 위해서였다.

선종 사원에서 열리는 능엄회는 북송 때(1126)까지는 없던 것이다. 1103년 장로종색이 편찬한 『선원청규』에는 능엄회에 대한 언급이 일체 없다. 그런데 원대 중기인 1274년에 편찬된 『함순청규』에 처음 능엄회에 관한 기록이 나오고 있고, 이어 1311년(원나라 초기)에 편찬된 『선림비용청규』와 1338년 편찬된 『칙수백장청규』에는 능엄회에 대한 것이 더 구체적으로 나타난다. 원나라 때에는 총림의 모든 의식과 행사에 능엄주와 대비주가 필수 염불문이었다.

능엄회의 기원에 대하여 『선림비용청규』 3권에는 진헐청료眞歇清了가 보타산에 있을 적에 하안거 때 병승病僧을 위하여 보회향문을 지어서 외웠는데, 이것이 능엄회의 시작이라고 한다. 능엄도(圖)는 능엄회상의 대중들이 앉는 자리표이다(『불광사전』 6권, p.5493 상단).

'염렴簾'은 커튼인데 햇빛과 바람을 가리는 것이다. 겨울에는 냉기를 막기 위하여 아주 두꺼운 커튼을 친다. 『무문관』 26칙에는 이승권렴二僧卷簾 공안이 있다.

(5) 5월

● 5일 단오. 조신부晨(오전 9시)에 지사知事는 승당 안에 향을 사르고, 다두茶頭는 창포차菖蒲茶를 다리고, 주지는 상당하여 법문을 한다(단오상당). 또 청묘회青苗會(풍년을 위한 기원회)를 계건啓建하며, 당사堂司(유나)는 모든 요사의 요주寮主에게 청묘회에서 독송하게 될 경단經單(경전 명단)을 알려준다. 직세直歲(당우 관리 담당 소임)는 모든 곳에 누수漏水가 없는지 살피고 물길을 만든다. 방장은 하루씩 모든 요사와 탑두塔頭에 나아가 차를 올리고 보살핀다. 승당 안에 문장蚊帳(모기장)을 친다.

【해설】 단오에는 창포차를 달여서 마신다. 일반에서도 단옷날에 머리에는 창포꽃을 꽂고, 또 창포물로 목욕을 했다. 이때부터 승당 안에 모기장을 친다. 당시 모기장은 무엇으로 만들었는지 알 수 없다. 혹시 굵은 삼베가 아닐지. 경단經單이란 법회가 열리기 전에 미리 강설에 쓰일 경전의 이름을 고지해주는 쪽지. 미리 준비하라는 뜻이다.

(6) 6월

● 1일 무더운 날에는 선당의 좌선판坐禪板을 치지 않는다.

● 초복이 되면 유나가 제조提調(지휘 감독)하여 선당의 장련상長連床(좌선상)에 깔았던 자리를 꺼내서 먼지를 털고 햇볕에 쬔다. 탄두炭頭(숯담당자)나 고사庫司는 탄단炭團(숯가루로 만든 조개탄)을 만든다.

【해설】 좌선판을 치지 않는다는 것은 너무 더워서 좌선을 쉰다는 뜻이다. 한여름에 탄단炭團을 만든 이유는 잘 알 수 없다. 겨울철 선당 화로에 쓰이는 연료를 만드는 것인지, 차를 달이거나 주방에서 사용하기 위한 것인지, 또는 습기 제거를 위한 것인지는 분명하지 않다.

(7) 7월

● 초순에 유나維那는 우란분절 때 간경看經·염송念誦할 경전을 정

하여 모든 요사寮舍에 통보한다(주로『부모은중경』을 독송함). 미리 중재衆財
(대중들로부터 갹출하는 것)를 거두어서 우란분절 때 아귀에게 공양할 음
식을 마련한다.

● 13일 능엄회를 해산한다(결제 2일 전에 시작하고 해제 2일 전에 해산함).
● 15일 하안거 해제일. 당일 밤에 우란분회를 설치하고 경전을 외
우고 아귀에게 시식施食(공양을 베풂)한다.

(8) 8월

● 1일 단과료旦過寮(객실) 문을 다시 연다(객승 즉 방부를 받기 시작한다
는 뜻). 지객은 미리 단과료 안의 자리를 꺼내어 햇볕에 쬔다.
● 본색납자는 아직 급하게 기단起單하지 않는다.
● 5월에 쳤던 승당의 모기장을 다시 거두어 들인다.

【해설】 해제하여 그곳을 떠나면 승당 벽에 붙어 있는 이름표(單)를
떼어 내는데, 그것을 기단起單이라고 한다. "본색납자는 아직 급하게 기
단하지 않는다"는 말은 공부하는 본분납자는 해제했다고 하여 서둘러
서 떠나지 않는다는 뜻이다. 즉 한두 철을 더 안거한다는 뜻이다.

(9) 9월

● 1일 수좌는 다시 좌선판을 올린다. 유나의 감독 아래 승당의 창문을 다시 바른다. 양렴凉簾(여름용 커튼)을 내리고 난렴暖簾(겨울용 커튼)을 친다.

● 9일 중양일重陽日 조신부晨(아침 9시)에 지사는 향을 사르고 수유차茱萸茶(산수유차)를 달인다. 주지는 상당하여 법문을 한다. 사방에서 오는 운수납자(입방승)를 면담한다.

【해설】 9월 1일에 다시 좌선판을 울리는 것은 해제 기간이지만 산내 대중들은 이때부터 좌선을 했던 것 같다. 9월 9일 중양절에 산수유 열매를 따다가 차茶나 술을 담가서 마시면 사기邪氣를 물리친다는 속설이 있다. 선원에서는 차를 달여 마셨다. 음력 10월 1일에는 다시 객실을 폐쇄한다. 따라서 방부는 9월에 집중적으로 이루어진다. 입방승들을 면담하려면 주지도 매우 바쁘다.

(10) 10월

● 1일 승당에 화로를 설치한다. 설치 후에는 상당법어가 있다. 방장의 대상간大相看(면접)이 있다.

● 5일 달마조사의 기일忌日이다.

【해설】이때부터 기온이 내려가므로 승당에 화로를 설치한다. 철거는 이듬해 2월 1일에 한다. 대상간大相看은 많은 대중들과 만남을 뜻하는데, 특히 10월 1일 대상간은 입방하고자 하는 납자들을 한꺼번에 모두 면접하는 것을 가리킨다.

(11) 11월

● 22일 제사기帝師忌이다. 동지에는 고사庫司(감원, 副寺)는 미리 자과糤果(버무려서 만든 떡의 종류)를 준비한다. 어떤 때는 이달에 직사職事(지사와 두수)의 진퇴進退(이동)가 있으며, 혹은 세절歲節이 있다. 방장은 동안거에 앞서 대중들에게 점심點心을 청한다.

【해설】제사기帝師忌란 원나라 초대 황제 쿠빌라이칸의 기일忌日을 말한다. '직사職事의 진퇴가 있다'는 것은 6지사와 6두수 등 총림의 중요한 소임자의 임기는 1년 단위로서 주로 11월, 12월에 교체하는 것을 말한다. 세절歲節이란 주지가 총림의 소임자들에게 한 해 동안 수고했다는 의미에서 음식과 차 등을 마련하여 공양하는 것을 말한다. 점심이란 선원에서 배고플 때 조금 먹는 음식인데, 여기서는 간식, 가벼운 식사, 과자류를 말한다.

(12) 12월

● 8일 성도일. 고사庫司(감원, 副寺)는 미리 홍조紅糟(팥죽)를 만든다.
세말歲末(연말)에는 여러 가지 장부帳簿를 마감, 정리하여 주지화상에게
올린다(1년 수입 지출을 총결산하는 것).

참고 문헌

1. 어록, 전등史書류

- 『조당집』(고려대장경 45권)
- 『전등록』 6권 「백장회해」장(대정장 51권)
- 찬영, 『宋高僧傳』 10권 百丈懷海傳(대정장 50권)
- 楊億 「禪門規式」, 『전등록』 6권(대정장 51권)
- 睦庵善鄕, 『祖庭事苑』(신찬속장경, 64권)
- 『五燈會元』(신찬속장경 80권)
- 『五家正宗贊』 「黃檗斷際禪師」(신찬속장경 78권)
- 『釋氏要覽』(대정장 54권)
- 『古尊宿語錄』 「趙州禪師」(신찬속장경 68권)
- 『禪宗頌古聯珠通集』(신찬속장경 65권)
- 『宗鑑法林』(신찬속장경 66권)
- 『청량문익어록』(대정장 47권)
- 『雲門廣錄』(대정장 47권)
- 원오극근, 『벽암록』(대정장 48권)
- 원오극근, 『佛果擊節錄』(신찬속장경 67권)
- 혜홍각범, 『선림승보전』(신찬속장경 79권)
- 혜홍각범, 『임간록』(신찬속장경 87권)
- 『佛祖歷代通載』 19권(대정장 49권)
- 「長蘆慈覺頤禪師龜鏡文」, 『치문』(대정장 48권)
- 『禪林類聚』(신찬속장경 67권)
- 『임제록』(대정장 47권)
- 雪峰義存, 『眞覺禪師語錄』(대정장 47권)
- 天目中峰, 『山房夜話』(선림고경총서 2. 『산방야화』, 장경각)
- 운서주굉, 『正訛集』

2. 清規類

- 慈覺宗賾, 『禪苑淸規』 북송 崇寧 2년(1103)(신찬속장경 63권)
- 無量宗壽, 『入衆日用淸規』 남송 嘉定 2년(1209)(同上)
- 無量宗壽, 『入衆須知』 남송 景定 4년(1263)경(同上)
- 惟勉, 『叢林校定淸規總要』 남송 咸淳 10년(1274)(同上)
- 澤山一咸, 『禪林備用淸規』 元, 至大 4년(1311)(同上)
- 中峰明本, 『幻住庵淸規』 元, 延祐 4년(1317)(同上)
- 東陽德輝, 『勅修百丈淸規』 元, 至元 4년(1338)(대정장 48권)
- 行元, 『叢林兩序須知』 明, 崇禎 12년(1639)(同上)
- 儀潤源洪, 『百丈淸規證義記』 淸, 道光 3년(1823)(同上)
- 道元, 『永平淸規』 嘉禎 3년(1237)-寬元 4년(1246)(대정장 82권)

3. 사전류

- 無着道忠, 『선림상기전』(불광대장경, 禪藏), 대만 佛光, 1994.
- 『불광대사전』, 대만 불광사, 1988.
- 駒澤대학 선학대사전편찬소 편, 『선학대사전』, 大修館, 1978.
- 이철교 편, 『선학사전』, 불지사, 1995.
- 모로하시 데쓰지(諸橋轍次), 『대한화사전』(증보판), 大修館書店, 1982.
- 袁賓康建, 『禪宗大詞典』, 崇文書局, 2010.
- 張志哲 主編, 『중화불교인물대사전』, 黃山書社, 2006.
- 震華法師 편, 『중국불교인명대사전』, 상해辭書출판공사, 1999.
- 운허용하 편, 『불교사전』, 동국역경원, 1961.

4. 기타 참고

- 최법혜 역주, 『고려판 선원청규 역주』, 가산불교연구원, 2001.
- 최법혜 역주, 『칙수백장청규』, 가산불교연구원, 2008.

- 정성본 역주, 『임제록』, 한국선문화연구원, 2003.
- _____, 『무문관』, 한국선문화연구원, 2004.
- _____, 『돈황본육조단경』, 한국선문화연구원, 2003.
- _____, 『벽암록』, 한국선문화연구원, 2006.
- 정성본, 『중국선종의 성립사적 연구』, 민족사, 1991.
- _____, 『선의 역사와 사상』(2판), 불교시대사, 2000.
- 한보광 역주, 『역주 정법안장강의』제1권, 제2권, 여래장, 2006.
- 석지현 역주, 『벽암록』, 민족사, 2007.
- 석지현 역주, 『선시감상사전』, 민족사, 1997.
- 수인, 『청규와 차』, 동국대출판부, 2010.
- 信空, 『청규와 선원문화』, 부다가야, 2008.
- 홍윤식, 『한국의 불교미술』(개정증보판), 대원정사, 2003.
- 강우방, 『미(美)의 순례』, 예경, 1993.
- 박희성, 『원림, 경계없는 자연』, 서울대학교 출판문화원, 2011.
- 『朝鮮僧侶修禪提要』, 조선총독부 학무국, 1928.
- 원색 일본의 미술 10, 『禪寺와 石庭』, 小學館, 1967.
- 누카리야 카이텐(忽滑谷快天), 『禪學思想史』, 玄黃社, 1925.
- 王景琳, 『中國古代寺院生活』, 중국협서인민출판사, 2002.
- 南懷瑾, 『선종총림제도와 중국사회』(민국 51년, 1962, 대만)
- 張十慶, 『중국강남선종사원건축』, 湖北교육출판사, 2002.
- 케네스 첸, 박해당 옮김, 『중국불교』상·하, 민족사, 1991.